Henri Faber

Ausweglos

Henri Faber

AUS WEG LOS

Thriller

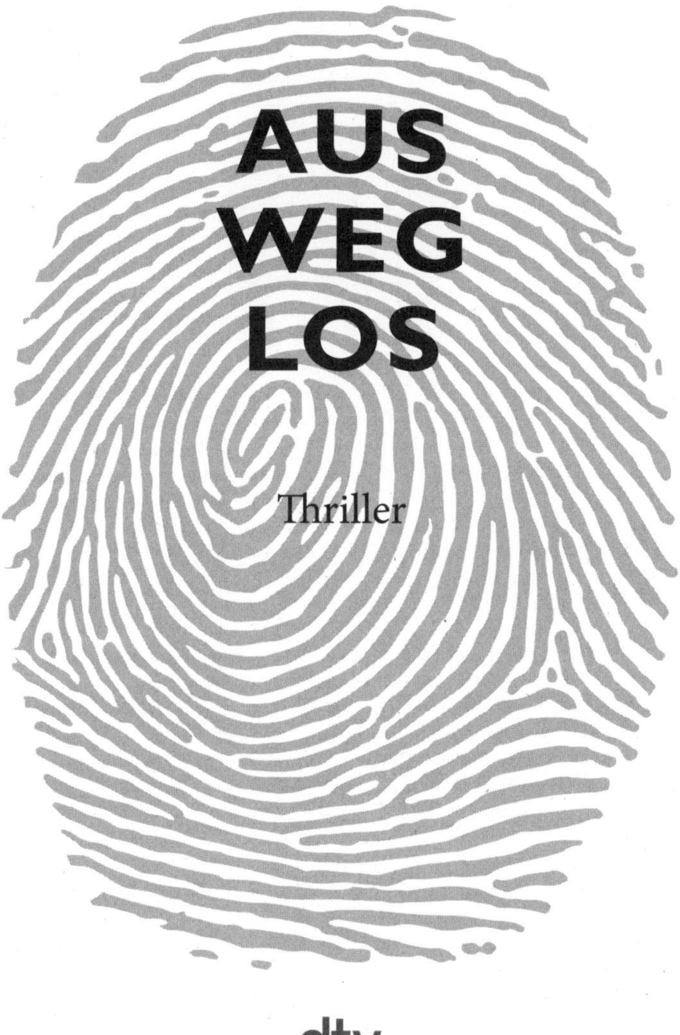

dtv

Für Andrea

Papier aus verantwortungsvollen Quellen
FSC® C083411

Originalausgabe 2021

Umschlaggestaltung: ZERO Werbeagentur GmbH
Umschlagmotiv: MangorinaART/shutterstock.com
Satz: Fotosatz Amann, Memmingen
Gesetzt aus der Minion und der Gill Sans
Druck und Bindung: CPI books GmbH, Leck
Printed in Germany · ISBN 978-3-423-21977-8

Ich laufe.

Es ist 79 Stunden und 44 Minuten danach, meine linke Wade krampft, mein Knie rebelliert, die Lippen sind spröde wie Krepppapier, aber ich laufe. Ohne Musik im Ohr, ohne Pulsmesser, ohne Wasser, Geld oder Ziel, ich laufe einfach. Weiter und weiter, durch den eisigen Regen, hinein in die sterbende Nacht. Am Horizont frisst sich die Sonne in die Dämmerung, überflutet die Stadt mit Schatten, blendet meine entzündeten Augen, doch ich sehe direkt hinein, reiße meine Lider auf und hoffe – nein, flehe, dass sie verschwinden.

Denn 79 Stunden und 44 Minuten danach sind sie immer noch da, die Bilder, tief eingebrannt in mein Gedächtnis. Ihre leichenblassen Glieder, die blutdurchtränkten Laken, der entstellte Leib. Sie verfolgen mich in jeder Minute meines Tages, vergiften nachts meine Träume, rauben mir den Schlaf.

Also laufe ich. Immer weiter. Durch Straßenschluchten, Gewerbeparks und verfallene Lagerhäuser. Ich weiß nicht, wo ich bin, weiß nicht, wie ich hierhergekommen bin oder wie lange meine Beine mich noch tragen werden. Aber ich weiß, dass ich laufen muss, nicht anders kann. Denn 79 Stunden und 44 Minuten nach ihrem Tod liegt die Last schwerer auf mir denn je.

Sirenen durchdringen die Stille. Das Blaulicht hinter mir wirft meine Silhouette an die Wand. Sie wollen, dass ich stehen bleibe.

Aber ich laufe.

TEIL EINS

Noah

6 Stunden und 44 Minuten danach

Als ich die Augen aufschlage, bricht das Licht wie ein Wasserschwall über mich herein. Es durchflutet meine Netzhaut, als wollte es an meinen Pupillen vorbei direkt in meinen Schädel. Ich kann nichts fokussieren, nichts wahrnehmen, es gibt nur dieses totale, alles einnehmende Strahlen; und für den Moment, für diesen winzigen Augenblick, bin ich nichts als schwerelose, von allen Kräften losgelöste Materie. Mein erster Gedanke ist: *Das war's, ich bin tot.* Dann wünschte ich, es wäre so.

Das Pochen meiner Wunden wirft mich zurück in meinen zerschundenen Körper. Wellen von Schmerz rollen durch meine Glieder und explodieren in meinem Kopf. Das strahlende Licht entfernt sich, Bewegungen zeichnen sich ab. Ich beginne zu realisieren, die Umgebung einzuordnen. Ich bin nicht tot. Das ist nicht der Himmel. Das ist auch nicht die Hölle. Es ist die Diagnostikleuchte eines Sanitäters.

Etwas drängt durch meine Kehle, vorbei an der Zunge, einfach hinaus. Schatten spritzen durch die Luft, fallen wieder auf mich herab – ich kann nicht atmen, glaube zu ersticken. Mein Kopf wird zur Seite gedrückt, Finger wühlen in meinem Rachen, der Boden vor mir bedeckt sich mit breiiger Masse. Es ist ekelhaft, riecht nach Galle. Ich schiele daran vorbei, suche Orientierung in der verzerrten Welt.

Neongelbe Gestalten ragen in die Höhe, beugen sich über mich. Münder gehen auf und zu, Geräte blinken, Stiefel treten wenige Zentimeter neben meinem Kopf auf, machen aber keine Geräusche. Da ist nur Vibration, Zittern, Berührung, mehr nicht. Das Laminat knarzt nicht, Reißverschlüsse ratschen nicht, Münder bleiben stumm. Die Welt ist bloß Störrauschen.

Ich werde hochgehoben, der Horizont verschiebt sich. Mein Blick tastet die Umgebung ab, streift breite Rücken, samtgrüne Vorhänge, metallene Bettpfosten, scharlachrote Laken. Bevor ich aus dem Raum getragen werde, sind meine Augen nur noch darauf gerichtet. Das scharlachrote, feucht glänzende Laken und das leichenblasse Bein, an dem es klebt. Und mein letzter Gedanke, bevor ich wieder zurück in die Ohnmacht sinke: Vielleicht ist das doch die Hölle.

Elias

6 Stunden und 58 Minuten danach

Pete sitzt hinter seinem Schreibtisch und spült angewidert zwei Tabletten hinunter, unruhiger Magen vermutlich. Ein Kollege kommt zur Tür herein, fragt, ob er auch eine haben könne – die Nerven liegen blank. Den halben Tag schon werden die Agenten in den Verhörraum gerufen, einer nach dem anderen. Es soll einen Maulwurf geben, alle müssen sich einem Lügendetektortest unterziehen, ausnahmslos. Selbst Pete, der sich sogar eine Kugel für den Präsidenten eingefangen hat. Doch jetzt muss er wie alle anderen seine Loyalität unter Beweis stellen. Ein weiterer Agent kommt vom Verhör zurück.

»Härter als zur Beichte zu gehen«, kommentiert er geschafft, aber auch irgendwie erleichtert. Es ist so weit. Pete ist der Nächste.

Der Raum ist klein, beige-graue Wandverkleidung, vermutlich schalldicht. Um Petes Brust schlingen sich Drähte, eine Manschette schnürt ihm das Blut im rechten Arm ab. Die Verhörspezialistin überwacht den Bildschirm ihres Laptops mit Argusaugen.

Ich murmle: »Sind Sie an einem Komplott zur Ermordung des Präsidenten beteiligt?« Gleich darauf fragt die Verhörspezialistin auf dem Bildschirm das Gleiche, Pete Garrison verneint, leicht genervt.

Dann wieder ich: »Haben Sie in den letzten sechs Monaten etwas getan, was das Leben unseres Präsidenten gefährden könnte?« Die Frau am Bildschirm wiederholt es wortgleich, Pete Garrison antwortet flapsig: »Nicht, dass ich wüsste.«

Siebzehn Minuten später wird ihn Kiefer Sutherland (ich kann mir seinen Filmnamen nicht merken) mit den Testergebnissen konfrontieren: Er hat gelogen. Pete wird verdächtigt, er flieht und hat das halbe FBI und den Secret Service im Nacken, aber am Schluss stellt sich natürlich heraus, dass er unschuldig ist. Er geht in Frühpension und sagt zum Abschied: »Ich werde das hier vermissen«, woraufhin Kiefer Sutherland antwortet, dass man ihn auch vermissen werde, gefolgt von dem obligatorischen: »Pass auf dich auf.«

Ich kenne fast jeden Dialog des Films auswendig – Wort für Wort. Wahrscheinlich habe ich ihn dreißig Mal gesehen, wenn nicht sogar öfter. Dabei finde ich ihn nicht einmal gut. Eigentlich regt er mich nur auf, besonders die Szene mit dem Lügendetektor. Als ob es so einfach wäre.

Die Ergebnisse solcher Tests sagen rein gar nichts aus, sind vor Gericht nicht einmal das Papier wert, auf dem sie gedruckt werden. Aber Hollywood macht allen weis, Polizeiarbeit wäre ein Kinderspiel.

Den Verdächtigen überführen? Kein Problem, schließt ihn doch einfach an den surrenden Kasten an, und schon wisst ihr, ob er lügt. Geht nicht? Warum nicht? Kiefer Sutherland macht es doch auch.

So denken die Menschen. Sie ziehen sich diesen ganzen Blockbuster-Mist rein, dann zappen sie weiter, schalten um zu den hiesigen Nachrichten und hören: immer noch keine Spur, Ermittler tappen im Dunkeln, keine Verdächtigen, Fahndung ohne Ergebnisse. Und in ihren Köpfen spielt das alte Lied: typisch deutsche Polizei, kaputtgespart, breitarschig, streichelweich. Zahnlose Bürokraten in Uniform.

So sieht uns die Öffentlichkeit, ich weiß es ganz genau – es kann gar nicht anders sein, die meisten sind praktisch groß geworden mit diesem Schund. Den Menschen wird die Illusion einer einfachen Welt eingepflanzt, die mit der Realität niemals mithalten kann. Ich hasse das. Und ich hasse diesen Film. Trotzdem kenne ich jede Zeile auswendig.

Ich blicke auf meine Armbanduhr. Es ist kurz nach sieben Uhr morgens, ich konnte die ganze Nacht nicht schlafen und schaue zum einunddreißigsten Mal ›The Sentinel‹ mit Michael Douglas und Kiefer Sutherland, eine andere Ablenkung gibt es nicht. Irgendwie habe ich es seit dem Umzug nicht geschafft, einen Fernsehanschluss anzumelden. Bücher besitze ich keine, Zeitschriften lese ich nicht … Ich hätte nicht einmal diese DVD, wenn sie der Vormieter nicht mitsamt dem Abspielgerät hiergelassen hätte. Aufs Revier kann ich auch nicht, weil ich mir wegen der ganzen Überstunden freinehmen musste. Was soll ich also tun?

»Wollt ihr ein Bier?«, fragt Michael »Pete« Douglas aus dem Bildschirm heraus seine Kollegen. Mein Blick wandert zum Kühlschrank, aber ich weiß, dass sich nichts darin befindet außer einer Tube Senf und einem Ersatzakku für mein …

Mein Diensttelefon läutet. Unbekannte Nummer, ungewöhnliche Zeit. Ich räuspere mich und hebe ab. »Elias Blom, Kripo Hamburg.«

»Ja, äh … Campe, ich glaube, ich hab da was für euch«, krächzt eine aufgeregte Stimme ins Telefon. Ich starre regungslos auf den Fernseher. Helikopter kreisen über Washington und suchen nach Pete. *Campe? Wer zum Teufel ist Campe?* Meine Ratlosigkeit scheint am anderen Ende der Leitung spürbar zu sein.

»Linus Campe, Sie wissen schon … Ihr habt mir die Nummer gegeben, falls mir etwas auffällt.«

Ich antworte nicht, stattdessen hält Kiefer Sutherland im Hintergrund eine gestelzte Rede.

Campe seufzt. »Hören Sie, Mats hat gesagt, wenn ich etwas sehe, soll ich diese Nummer anrufen, bevor ich die Zentrale verständige.«

Mats' Name schießt in meinen Kopf wie ein elektrischer Impuls, der aber sofort wieder abebbt. Es gab in der Vergangenheit einfach schon zu viele Informanten, Kollegen oder sonstige Wichtigtuer, die meinten, sie hätten das entscheidende Puzzlestück, die heiße Spur gefunden. Am Ende war es immer eine Sackgasse.

»Es ist sieben Uhr morgens, ich habe heute meinen freien Tag. Nennen Sie mir einen guten Grund, warum ich nicht auflegen sollte?«

»Ich kann Ihnen einen Finger nennen, wenn Sie wollen.«

Der nächste Impuls, diesmal heftiger. Adrenalin schießt mir in die Blutbahn, meine Zähne malmen, meine rechte Hand beginnt zu zittern. *Könnte es sein? Nach so langer Zeit?* Am Bildschirm hat Kiefer Sutherland Michael Douglas im Visier. Alles, was er tun muss, ist abdrücken. Aber er tut es nicht. Er bringt es nicht übers Herz. Michael Douglas entkommt.

»Hallo, sind Sie noch dran?«, ertönt es am anderen Ende der Leitung.

»Schicken Sie mir die Adresse, ich bin gleich da«, antworte ich mit kehliger Stimme. »Und, Campe?«

»Ja?«

»Fassen Sie nichts an!«

Linda

7 Stunden und 3 Minuten danach

Ich erwache und frage mich wie so oft, ob dieser Tag der Beginn eines neuen Lebens wird oder ob er sich bloß einreiht in eine lange Serie von Enttäuschungen. Wie hat sich mein Körper entschieden? Ich fühle in mich hinein, suche nach Anzeichen: Ist da ein Spannen oder ein Ziehen, vielleicht ein Drücken?

Meine Augenlider sind immer noch geschlossen. Die Welt da draußen interessiert mich nicht, solange ich nicht weiß, was sie diesmal für mich bereithält. Es macht keinen Unterschied, welches Wetter wir haben, welche Uhrzeit, ob Geburtstag, Weihnachten, Ostern oder einfach nur ein ganz normaler Tag im Büro, egal. Mein Leben richtet sich nicht nach äußeren Umständen. Es unterwirft sich einzig und allein einer simplen Frage: Hat es geklappt, oder hat es nicht geklappt?

Die Sekunden vergehen, ich spüre immer noch nichts. Kein Stechen, kein Ziepen, keine Krämpfe, alles ruhig. Ich wage es kaum zu denken, aber … könnte es etwa sein? Könnte heute der Tag der Tage sein, das Ende meiner Odyssee? Ich spanne die Muskeln in meinem Unterleib an, drehe mich leicht, hebe die Hüfte, provoziere es. Nichts.

Hoffnung beginnt zu glimmen. Bilder kommen mir in den Sinn, an die ich nicht denken darf, Wünsche ploppen auf, die ich mir selbst verboten habe, aber warum eigentlich? Warum darf ich nicht träumen? Ich will auch hoffen dürfen, will glauben, will mich bei dem Gedanken erwischen, was wäre, wenn. Ja, was wäre, wenn? Was würde ich dann tun? Was würde ich als Erstes tun?

Ich würde aufspringen, in unser Sportzimmer stürmen und das beschissene Spinningrad einfach aus dem Fenster schmeißen. Und den Stepper gleich hinterher. Macht Platz, ihr Teufelsgeräte, ihr werdet nicht mehr gebraucht. Dieses Zimmer wird nun seiner eigentlichen Bestimmung zugeführt. Springseil, Hanteln, Kettlebells, Bauchweg-Trainer, alles raus. Das würde ich tun, wenn …

Da ist doch ein leichtes Ziehen. Meine Gedanken stocken, der Silberstreif am Horizont verblasst. Mir fällt wieder ein, warum ich mir ein Hoffnungsverbot erteilt habe. Mir fällt ein, dass das Leben nicht im Konjunktiv stattfindet.

Wie ferngesteuert wandert meine Hand über meinen Bauch, schiebt sich erst unter den Saum meines Schlafanzuges, dann in mein Höschen. *Was wäre, wenn* gestatte ich mir noch ein letztes Mal zu denken. Dann taste ich weiter. Und sofort zerplatzen meine naiven Träumereien wie Seifenblasen.

Ich hätte es besser wissen müssen.

All die Hoffnung, bloß weil ich drei Tage überfällig war – wie bescheuert kann man sein? Ich vergrabe mein Gesicht tief in das Kissen, kneife die Augen zusammen. Ich muss nicht hinsehen, um zu wissen, dass das Blut ist zwischen meinen Fingerkuppen. Ich muss nicht ins Bad, um zu wissen, dass ich meine Tage bekommen habe. Ich weiß das alles. Es passiert nicht zum ersten Mal.

Ich bleibe also liegen. Das beschissene Spinningrad bleibt, wo es ist, die Kettlebells werden weiterhin in der Ecke verstauben, der Tag ist für mich gelaufen. Serie schauen, Essen bestellen, Zeit totschlagen – das ist der neue Plan. Morgen wiederholt sich das Trauerspiel, und dann: *Thank God, it's Monday.*

Alle Welt freut sich aufs Wochenende, bei mir ist es genau andersherum. Ich freue mich auf die Aktenberge in der Kanzlei. Dort kann ich mich vergraben, kann mich eindecken mit Arbeit und Überstunden machen, bis die Putzkolonne mich rausschmeißt. Mein Chef hat keine Probleme damit, im Gegenteil. Als Wirtschaftsprüferin sind Überstunden ohnehin Voraussetzung. Mir ist es nur recht. Je mehr ich zu tun habe, desto weniger Zeit bleibt mir, um darüber nachzudenken, warum ich verdammt noch mal schon wieder nicht schwanger geworden bin.

Aber am Wochenende funktioniert das nicht. Selbst diese Branche kann sich dem Work-Life-Balance-Trend nicht gänzlich entziehen, Samstag und Sonntag ist das Office geschlossen, doppelt und dreifach alarmgesichert. »Schönes Wochenende« wünschen sich die Kolleginnen am Freitagnachmittag. »Und was macht ihr so? Wir fahren mit dem Kleinen in den Zoo, die Löwen anschauen.« Ja, fahrt nur in den Scheißzoo und zeigt dem Kleinen die Scheißlöwen. Erzählt euch lang und breit von den Erfahrungen im Kinder-Yoga-Kurs, tauscht euch aus über die familienfreundlichsten Cafés und wie süß der Spatz doch immer schläft, eingewickelt im Tragetuch, dicht an Mamas Prachtbusen. Ich sitze bloß daneben, nicke, lächle angestrengt und zähle bereits die Stunden, bis ich meine Gedanken wieder mit Jahresabschlüssen, Abschreibungen und Bilanzierungsvorschriften betäuben kann.

Bis dahin: *For fuck's sake, it's Saturday.*

Ich liege im Bett, meine Augen sind immer noch geschlossen und bleiben es auch. Kein Millimeter Licht soll zu mir durchdringen, denn jede Sekunde Tag ist eine Sekunde mehr mit meinem unfruchtbaren, verdorrten Körper. Wachsein bedeutet Frust. Schlaf bedeutet Freiheit – die Freiheit, zu träumen. Schlaf ist mein Ausweg. Also sinke ich wieder in meine Dämmerung, gleite hinab ins wattige Schwarz. Der Tag hat 24 Stunden. Je weniger ich davon wach bin, umso besser.

Elias

8 Stunden und 4 Minuten danach

Als ich in die Straße biege, erstreckt sich vor mir die gähnende Leere eines Wohngebiets in Hamburg an einem Samstagmorgen. Ungewöhnlich – kein Notarzt rast mir entgegen, keine Einsatzwagen, die sich gegenseitig blockieren, keine schaulustige Menschenmenge. Ich finde sogar einen Parkplatz. Zur Sicherheit zücke ich mein Telefon und öffne die Nachricht von diesem Campe. Heinsweg 18, ich bin richtig.

Die Straße ist nichts Besonderes, aber nett. Ein Klinkerhaus reiht sich an das nächste, keines höher als drei Stockwerke. Hier wohnen keine Banker, Ärzte oder Staatsanwälte, aber es ist auch nicht so heruntergekommen wie die Sozialgettos in Lurup oder Osdorf. Ein typisches Viertel für den Mittelstand. Lehrer, Beamte, Angestellte, solche Leute.

Ich steige aus, gehe die Straße hinauf und entdecke einen Polizeiwagen – er parkt direkt vor der Nummer 18. Trotzdem bin ich unsicher. Das Haus hat zwei Eingänge, und in Campes Nachricht stand kein Name. Verärgert hole ich erneut mein Telefon hervor, um ihn anzurufen, als plötzlich ein Streifenpolizist aus der rechten Tür taumelt, mich für den Bruchteil einer Sekunde erschrocken anstarrt und mir dann vor die Füße kotzt.

Ein Frischling, noch keine fünfundzwanzig, aber schon in Uniform. Kräftig gebaut, breiter Stand, Stiernacken. Steht wahrscheinlich Tag für Tag um fünf Uhr morgens auf, geht ins Fitnessstudio und pumpt sich die Muskeln wund, damit auch ja jeder versteht, dass er es mit einer Respektsperson zu tun hat. Knapp zwei Meter Recht und Ordnung, proteinbetrieben, testosterongesteuert, amphetaminabhängig. Und jetzt lehnt er an der Straßenlaterne und kotzt sich die Seele aus dem Leib.

Ich sollte ihn fragen, ob alles okay ist. Sollte ihm auf die Schulter klopfen, einen Kaugummi anbieten und so etwas murmeln wie: Wird schon wieder. Mats hätte das getan.

Schweigend gehe ich an ihm vorbei.

Ich bin nicht Mats.

Der Eingangsbereich ist eine tageslichtarme Kanüle zu einer noch dunkleren Treppe, auf deren erster Stufe eine Rolle Absperrband liegt. Oben im dritten Stock erwartet mich ein weiterer Streifenpolizist.

»Was ist mit Ihrem Kollegen?«, frage ich kurz angebunden, während die Treppe unter mir knarzt, als bräche sie jeden Moment zusammen.

»Mit Bernd? Ach …«, antwortet der feiste Polizist und schüttelt meine Hand eine gefühlte Ewigkeit. »Der kommt frisch von der Akademie, hat noch nie einen Tatort gesehen.«

Ich nicke bloß.

»Campe, Linus Campe«, stellt er sich vor. »Ich habe mittlerweile die Zentrale verständigt. Dorn und Köpke haben Dienst.«

»Ich kenne die Kollegen. Warum haben Sie zuerst mich angerufen?«

»Ihr Partner Mats hat …«

»Ex-Partner«, unterbreche ich ihn forsch und kann nicht glauben, dass sich diese Nachricht noch immer nicht bis zu allen durchgesprochen hat.

Campes Lippen kräuseln sich. »Ihr Ex-Partner hat mir diese Nummer gegeben und gesagt, wenn ich etwas Verdächtiges sehe, soll ich zuerst da anrufen, nicht die Zentrale.«

Ich antworte nicht, schnaube nur verächtlich aus. Mats hasste Telefongespräche, er meinte immer, dass er den Leuten beim Reden in die Augen sehen wolle.

»Mats hat gesagt, offene Ohren machen sich bezahlt«, legt Campe nach, während er verzweifelt versucht, in meinem Gesicht zu lesen.

»Sie verstehen schon, eine Hand wäscht die andere …«

»Ich verstehe, dass Sie gegen die Dienstvorschrift verstoßen haben«, entgegne ich trocken. »Ein Vergehen, das ich umgehend melden sollte.«

Campes rosiges Gesicht wird bleich. Er versucht, zumindest optisch den Eindruck eines ordentlichen Polizisten wiederherzustellen, drückt den Rücken gerade, streckt die Knie durch und zwingt seinen massigen Körper in eine aufrechte Haltung.

»Was ist hier passiert?«, fahre ich fort, lasse die Dienstvorschriften links liegen.

»Die Nachbarin aus dem Erdgeschoss hat die offene Tür entdeckt und uns angerufen. Laut ihrer Aussage ist sie gegen 6 Uhr morgens hoch auf den Trockenboden, um sich ein paar Sachen zu holen. Sie musste einen frühen Flug erwischen – Stewardess oder so. Jedenfalls sah es dort oben ziemlich verwüstet aus, sie ist dann wieder runter, hat die Tür offen stehen gesehen und 110 gewählt, weil niemand auf ihre Rufe reagiert hat«, rattert Campe im Stakkato herunter.

Ich nicke und starre an ihm vorbei in die Wohnung. »Waren Sie schon drinnen?«

»Kurz. Den Flur runter rechts, hinten im Schlafzimmer. Sieht ganz nach Ihrem Täter aus«, antwortet Campe gehorsam wie ein Schuljunge.

Schweigend trete ich durch die Tür in das Vorzimmer, das sich genauso gut in einem Schauraum von Ikea befinden könnte. Alles ist ordentlich, aber nicht zu ordentlich. Sauber, aber nicht zu sauber. Man fühlt sich sofort willkommen. Die restliche Wohnung ist wie Umblättern im Katalog. Simple Eleganz gepaart mit kreativem Chaos, aber wohlportioniert. Nichts kullert zufällig herum, alles liegt genau da, wo es hingehört. Die Fenster sind geputzt, die Pflanzen gegossen – fleischfressende Pflanzen, interessant –, kein Geschirr im Spülbecken. Aus den Bilderrahmen strahlt ein glückliches Pärchen beim Wandern, Tauchen, Essen mit Freunden. Ich fühle mich wie ein Eindringling in einer Illusion, die für andere Wirklichkeit geworden ist. Dann geht mein Blick Richtung Schlafzimmer.

Das ist mein geheimes Trostpflaster in diesem Job. Egal, welche Insel der Seligen ich auch betrete, egal, wie viele lächelnde Menschen mir aus Fotos entgegenstrahlen und mein eigenes Leben grau und trist erscheinen lassen: Am Ende fällt die Illusion immer in sich zusammen.

Die Tür zum Schlafzimmer steht sperrangelweit offen.

Galle kämpft sich die Speiseröhre empor, Schweiß dringt aus meinen Poren. *Atmen. Du musst atmen, tief ein und aus.*

Ich schließe kurz die Augen, *21, 22*, öffne sie wieder. *Akzeptiere, was du siehst. Zerlege das Grauen in seine Einzelteile. Lass es nicht an dich ran. Es sind nur Informationen, Indizien, Spuren. Sieh nicht das Blutbad. Sieh, was dahintersteckt.*

Okay, fangen wir an.

Die Leiche ist frisch, keinen halben Tag alt. Glatte Haut, keine Flecken, nicht die geringsten Spuren eines Verwesungsprozesses. Meine Finger zwängen sich in einen Nitrilhandschuh, den ich noch irgendwo zu Hause gefunden habe, und betasten vorsichtig den Leichnam. Die Totenstarre ist schwach ausgeprägt, der Tod kann höchstens vor sechs, sieben Stunden eingetreten sein. Das bedeutet …

»Na, habe ich Ihnen zu viel versprochen?« Campes Stimme hallt aus dem Flur und unterbricht meine Gedankenkette.

Ich antworte nicht, hoffe, dass er mein Schweigen versteht. Tut er nicht.

»Kann natürlich auch ein Nachahmungstäter sein«, schwatzt er weiter, seine Stimme ist nun ganz nahe. »Stand ja in allen Zeitungen, das mit dem Ringfinger.«

»Er ist es«, murmle ich vor mich hin, zähle die Einstiche am Körper.

»Woher wissen Sie das so genau?«

Ich atme tief ein, fletsche die Zähne und lasse den Kopf hängen, als wären alle Muskeln im Nacken gleichzeitig erlahmt. Was bin ich? Die Auskunft? Anscheinend war Campe noch nie an einem seiner Tatorte, sonst würde er nicht so dämliche Fragen stellen. Ich spiele kurz mit dem Gedanken, ihn wegzuschicken, entschließe mich dann aber für eine Nummer, die sich Mats einmal mit einem Kollegen erlaubt hat. Nicht besonders nett, aber … nichts aber. Es ist einfach nicht besonders nett. »Wissen Sie, warum ihn die Presse den Ringfinger-Mörder nennt?«

Campe rollt mit den Augen. »Er schneidet seinen Opfern den Ringfinger ab«, presst er ungeduldig hervor. »Das weiß doch jedes Kind.«

»Und warum weiß das jedes Kind?«

»Na, weil das in dieser Enthüllungsreportage stand, von diesem Zeitungsfritzen … David Dings, äh …«

»Kronen. David Kronen«, helfe ich ihm auf die Sprünge, obwohl ich den Namen dieses Mistkerls eigentlich nie wieder aussprechen wollte. »Der Name ›Ringfinger-Mörder‹ stammt von ihm, ein griffiger Name, finden Sie nicht?«

»Na ja, ich weiß nicht, kann schon sein«, druckst Campe herum.

»Ist doch einprägsam, Ringfinger-Mörder. Wahrscheinlich hat er sich deswegen entschlossen, die anderen Details wegzulassen.«

Schweigen. Ich spüre Campes irritierten Blick in meinem Nacken, kann die Rädchen in seinem Kopf regelrecht rattern hören.

»Welche Details?«

»Die anderen wiederkehrenden Muster des Killers, zum Beispiel das hinter Ihnen«, fahre ich fort, ohne mich umzudrehen. »Was glauben Sie, würde die Presse daraus machen? Fällt Ihnen da vielleicht etwas ein?«

»Teufel auch!« Campe schrickt zurück.

Jetzt erst trete ich zu ihm, mustere sein Gesicht, den offen stehenden Mund, den Schweiß auf seiner Stirn.

»Teufel, guter Name«, brumme ich zustimmend. »Ein anderer Kollege meinte mal, ›der Bestrafer‹ würde passen. Oder ›der Symbol-Killer‹.«

Die Sekunden verstreichen, wir betrachten die Wand, bis Campe das Schweigen unterbricht. »Was … was bedeutet das?«

»Das Zeichen? Keine Ahnung. Das weiß wahrscheinlich niemand außer dem Ringfinger-Mörder selbst. Ich weiß nur, dass es exakt so aussieht wie bei den anderen Tatorten.«

»Ist das … Blut?«, fragt Campe mit brüchiger Stimme und angewidertem Gesicht.

»Das Labor wird mit ziemlicher Sicherheit feststellen, dass es sich um das Blut des Opfers handelt, ja«, sage ich trocken, schlucke schwer. »Er nimmt den abgetrennten Finger seiner Opfer und hinterlässt uns damit diese Botschaft.«

»Und das da unten? Was bedeutet das?«

Ich folge Campes Blick, schüttle irritiert den Kopf. »Sie können doch wohl lesen, oder etwa nicht?«

Er mustert mich abschätzig, starrt dann wieder an die Wand, will etwas antworten, als …

»Polizei Hamburg!«

Aus dem Gang hallt eine Stimme, Campe reckt seinen Kopf in die Richtung, atmet angestrengt aus und trabt los. »Die Kollegen«, murmelt er im Vorbeigehen, aber ich beachte ihn nicht, betrachte nachdenklich den abgetrennten Finger, dann das Wort an der Wand.

Der Killer bleibt sich treu, zieht jedes Mal die gleiche Nummer ab. Zwei blutige Fingerabdrücke, direkt über dem U. Und das Wort … immer und immer und immer wieder dieses Wort.

LÜGENWEIB.

Noah

7 Stunden und 14 Minuten danach

Das Grollen ferner Geräuschwolken dringt in mein Halbbewusstsein. Es vermischt sich mit Mechanischem, Dröhnendem, ich erkenne Getriebe, spüre Beschleunigung. Kräfte drücken mich an Gestänge, ein Schrillen durchschneidet das Grollen und verwandelt sich zu etwas Bekanntem – eine Sirene. Die Geräuschwolke zerfällt in ihre Bestandteile und wird zu Summen, Piepen, Knacken. Ich erkenne immer mehr, höre das Quietschen von Reifen, hupende Autos und dann endlich Stimmen. Erst bloß Silbenklumpen, dann ganze Wörter.

»Gehirnerschütterung«, rollt es über mich herein. »Nasenbeinfraktur, distale Fraktur Mittelfinger links, vermutlich Distorsion Handgelenk, ebenfalls links.«

Steriler Geruch drängt sich mir in die Nase, die Geräusche werden prägnanter, schälen sich aus ihrem wattigen Pelz.

»Kreislauf stabilisiert sich.«

Und plötzlich spuckt mich der Kokon meiner Ohnmacht in die nackte Kälte eines Krankenwagens, Details prasseln auf mich ein. Schläuche, Drähte, Kabel, Gurte, ein Sanitäter in grotesker Pose über mich gebeugt. Was ist passiert?

»Was ist passiert?«, schreie ich automatisch, packe ihn am Arm, aber er windet sich problemlos aus meinem Griff, holt eine Spritze aus einer Schublade.

»Alles wird gut, wir sind gleich im Krankenhaus.«

Ich verstehe nicht, schreie weiter, werfe mit Wortbrocken um mich, während der Sanitäter unbeeindruckt und stoisch gelernte Handgriffe aneinanderreiht. Ampulle zu Spritze. Spritze zu Tropf. Schlauch glattstreifen. Dreißig Sekunden später gleite ich zurück ins Halbbewusste, und sämtliche Eindrücke verflüchtigen sich. Nur ein Gedanke bleibt: das scharlachrote Laken.

Als ich die Augen wieder öffne, erblicke ich eine Triangel aus grauem Hartplastik über mir. Der Krankenwagen ist einem Zimmer gewichen, beige Jalousien tauchen es in gedecktes Licht.

Bin ich wach? Ist das ein Traum?

Wärme durchströmt meine Brust, mein Geist ist träge und matt. Gedanken entstehen und werden augenblicklich davongetragen wie Sand vom Meer. Ich blicke an mir hinab, bewege die Finger und bin gleichzeitig fasziniert und irritiert. Das ist eindeutig mein Körper, mein Arm, meine Hand, aber es fühlt sich an, als wäre ich eine Puppe. Eine ungelenke Marionette, die mein Geist nicht zu kontrollieren vermag.

An meinem Finger zwickt eine Klammer, ich schnippe sie ab. Jetzt erst bemerke ich das rhythmische Piepen, das augenblicklich zu einem durchgehenden Signalton anschwillt. In meiner Halsschlagader setzt ein Trommeln ein, Blut rauscht durch mein Ohr und schießt mir in den Kopf. Eine Tür wird aufgerissen, und mein Zimmer erwacht zum Leben.

Eine Krankenschwester drängt sich in das Halbdunkel

meiner Augenwinkel. Bis ich sie fokussieren kann, dauert es ein paar Sekunden. Ihre Bewegungen ziehen Schlieren nach sich, als wäre ihr Körper umhüllt von wallenden Luftwirbeln. Regungslos verfolge ich ihr Tun.

Sie hantiert an mir herum, überprüft den Infusionsbeutel, kneift die Klammer wieder an meinen Finger, hackt auf ein Tablet ein. Aus ihrem Rücken wächst eine weitere Gestalt, ein Arzt, er zückt eine Diagnostikleuchte. Wieder tanzt Licht vor meinen Augen, diesmal ist es aber nur ein gleißender Punkt, nicht mehr und nicht weniger. Das Licht verschwindet, ich presse die Lider zusammen, flimmernde Tintenkleckse wandern in die Ferne. Als ich die Augen wieder öffne, sind sie verschwunden, und ich sehe den Arzt klar und deutlich vor mir.

Eine imposante Gestalt mit einem groben rotfleckigen Gesicht, dünnen Lippen und buschigen Augenbrauen, aus denen vereinzelt drahtige graue Borsten wuchern. Sein strenger Blick klebt an einem Klemmbrett, während er mich befragt. »Können Sie mich hören?«

Ich nicke.

»Wie fühlen Sie sich?«

»Schwindelig«, will ich sagen, aber Zunge und Lippen sind wie taub, bewegen sich kaum. Trotzdem scheint mich der Arzt zu verstehen.

»Mhm. Wissen Sie, wo Sie sind?«, fragt er, ohne aufzublicken, beantwortet seine Frage jedoch im nächsten Moment selbst. »Sie sind in der Eppendorfer Universitätsklinik, ich bin Doktor Reders, Ihr behandelnder Arzt. Sie haben eine Nasenbeinfraktur sowie eine Kiefergelenkdistorsion, dazu noch eine Rissquetschwunde an der linken Ohrmuschel, eine Stichwunde im Bereich des Schlüsselbeins, gebrochene Fingerknöchel, eine Prellung der Regio scap…«

Der Doktor linst über das Klemmbrett und verstummt. Seine Augen lesen in meinen. Er scheint zu verstehen, dass ich nichts verstehe.

»Hören Sie«, schnauft er und lehnt sich gegen die Bettkante. »Sie haben ganz schön was abbekommen; aber nichts, was wir nicht wieder hinkriegen. Der Schwindel kommt von der Gehirnerschütterung, auch die Lichtempfindlichkeit. Vielleicht wird Ihnen übel, und Sie können sich nicht mehr an alles erinnern, aber das ist ganz normal, die Erinnerungen kommen wieder, keine Sorge.«

»Keine Sorge«, wiederhole ich monoton, diesmal mit einem etwas gelenkeren Zungenschlag. Ich glaube, ich lächle ihn an, denn er lächelt zurück, doch als plötzlich die Tür aufschwingt, verfinstern sich seine Gesichtszüge sofort wieder.

Ein junger Streifenpolizist stürmt herein, baut sich vor mir auf, und noch ehe der Arzt und die Krankenschwester reagieren können, redet er auf mich ein, ohne sich auch nur vorzustellen. »Hallo, verstehen Sie mich? Können Sie mir sagen, was letzte Nacht passiert ist?«

»Also, hören Sie mal«, protestiert Doktor Reders und stellt sich ihm in den Weg. »Der Patient ist gerade erst erwacht. Er braucht absolute Ruhe, mit einer Gehirnerschütterung ist nicht zu spaßen!«

Der Polizist ignoriert ihn, redet einfach weiter auf mich ein. »Wer hat Sie angegriffen? Können Sie den Täter beschreiben? Waren es eine oder mehrere Personen?«

Der Fragenkanon prasselt auf mich nieder, trifft mich wie eine Gewehrsalve. Automatisch verkrieche ich mich in mir selbst, möchte in ein dunkles Loch, Deckel zu, aus. Was wollen die alle von mir? Warum sagt mir keiner, was hier los ist? Wieso hilft mir niemand, wo ist …

Schlagartig bin ich hellwach. »Wo ist meine Frau?«, frage ich in den Raum hinein.

Mit einem Mal ist es still, der Polizist sieht mich irritiert an.

»Ich will mit meiner Frau sprechen, holen Sie meine Frau!«, sage ich, diesmal an den Polizisten gewandt.

Der macht keine Anstalten, das Zimmer zu verlassen, steht einfach nur da. Sein Adamsapfel tritt hervor, als würge er ein riesiges Stück Trockenfleisch hinunter.

Die Anspannung überträgt sich auf mich, das Piepen des EKG-Geräts wird unruhig. »Was ist los? Ist was passiert? Wieso holen Sie nicht meine Frau?«

Der Polizist vergräbt seinen Blick jetzt in seinem Notizblock, presst die Lippen zusammen. Er scheint nachzudenken. Sekundenlang. Dann baut er sich wieder vor mir auf, breitbeinig, mit ineinandergefalteten Händen, fixiert einen Punkt neben meinem Kopf und spricht, als wäre er ein Roboter. »Es tut mir leid, Ihnen mitteilen zu müssen, dass Ihre Frau tot aufgefunden wurde.«

Elias

9 Stunden und 5 Minuten danach

Die Kollegen treffen nach und nach ein. Normale Streifenpolizisten, Forensiker, die Jungs vom Erkennungsdienst, die übliche SpuSi-Truppe. Die meisten haben schon einige Jahre Erfahrung in den Knochen, Leichen gehören zu ihrem Alltag. Kalt lässt das hier trotzdem keinen. Jeder Einzelne bleibt im Türrahmen zum Schlafzimmer stehen, tritt einen Schritt zurück, ringt um Fassung. Die einen brauchen bloß eine Sekunde, die anderen ein paar mehr, je nachdem, wie viel sie schon gesehen haben – irgendwann gewinnt die Routine, und sie arbeiten einfach weiter, machen ihren Job. Aber niemanden lässt das hier unberührt. Man härtet ab, klar, aber man gewöhnt sich nicht daran, niemals.

Tatorte wie diese machen besonders betroffen. Es liegt nicht so sehr an der brutalen Unmenschlichkeit, mit der das Opfer abgeschlachtet wurde – in Hamburg gibt es genug Junkies, die auf irgendeinem irren Trip den Jackson Pollock geben und die Wände ihres Sozialbaukäfigs mit dem Blut ihrer Mitbewohner streichen. Es ist vielmehr die Umgebung. Das Opfer hängt nicht zerquetscht zwischen einem Motorblock und einer Fahrerkabine am Rande einer dunklen Landstraße. Es liegt nicht im kalten Licht einer Leuchtstoffröhre am Boden irgendeiner Raststättentoilette oder treibt mit dem Rücken nach oben im Auffangbecken einer Kläranlage. Die Leiche ist an keinem neutralen Ort. Sie ist zu Hause, in den eigenen vier Wänden, umgeben von Bildern, auf denen sie noch keine Leiche war, sondern Familienvater, Tochter, Sohn oder wie in diesem Fall: eine bildhübsche junge Frau. Leben und Tod im selben Raum – das ist die Tragödie.

Dort drüben im Ankleideraum hat sie sich angezogen, da war ihr Schminktisch, da hat sie ihre Yoga-Übungen gemacht, und hier liegt sie jetzt, abgeschlachtet mit sieben Messerstichen, gebrandmarkt als das Opfer eines Serienmörders, der schon drei weitere Frauen auf dem Gewissen hat und immer noch auf freiem Fuß ist.

Der Polizeifotograf stellt sein Stativ auf, nimmt den entstellten Körper in den Fokus, im Hintergrund das Hochzeitsbild auf dem Nachttisch – es ist eine Schande. Ich betrachte die Aufnahme eine Zeit lang. Das Opfer war eine umwerfende Braut mit perlmuttfarbenem Kleid und gletscherblauen Augen, die ihren Mann anleuchten, als gäbe es nur ihn auf der Welt. *Ihr Mann ...*

Ich springe auf, kämpfe mich durch die Reihen der Spurensicherer. Campe lehnt am Geländer im Treppenhaus und atmet schwer. Heute ist nicht sein Tag.

»Wir müssen den Ehemann verständigen.«

»Zu spät«, schnauft er verächtlich. »Das hat der Täter bereits übernommen.«

Diesmal bin ich es, der irritiert ist. »Wie meinen Sie das?«

Campe spuckt aus, erhebt seinen massigen Körper und nimmt wieder Haltung an. »Der Mann lag am Boden, in der Küche«, antwortet er gereizt. »Er hat einiges abbekommen, aber er lebt. Die Sanitäter haben ihn abtransportiert, bevor Sie gekommen sind.«

»Es gibt einen Zeugen?«, fahre ich ihn an, kann es nicht fassen, dass er erst jetzt mit dieser Information herausrückt.

»Keine Ahnung, er war nicht vernehmungsfähig, aber ja, wahrscheinlich schon. Ich habe Bernd hinterhergeschickt, er soll ihn im Krankenhaus befragen.«

Meine Kehle ist plötzlich so trocken wie Asche, ein Schaudern läuft mein Rückgrat hinunter, breitet sich aus und fährt mir bis in die Fingerspitzen. Doch es ist keine Angst, die diese Reaktion hervorruft. Es ist Euphorie.

Der Ringfinger-Mörder hat drei, jetzt vier Frauen auf dem Gewissen, vier unschuldige Opfer, die sterben mussten. Niemand weiß, warum. Niemand konnte ihn schnappen. Und noch nie gab es einen Zeugen.

Bis jetzt.

Vorgestern vor genau drei Wochen ist es passiert. Es war ein ganz normaler Tag, ein Donnerstag, wenn ich mich nicht irre. Der Laden war halb leer wie meistens um die Uhrzeit, nur ein paar Jugendliche bei den Spielkonsolen, Senioren in der Haushaltswarenabteilung und die üblichen Herumstreuner, die bloß vor dem Wetter ins Warme geflüchtet sind. Seit Tagen hatte kein einziger Sonnenstrahl den nasskalten Boden Hamburgs berührt, kollektive Schwermut hing über der Stadt wie die bleiernen Nebelschwaden, aus denen sie entsprang.

Aber dann kamst du.

Du bist in den Laden getanzt wie eine Artistin zu Beginn einer Varietéshow – alle Blicke waren dir sicher. Natürlich hattest du kein Kostüm, keine Fanfaren, keine wilden Tiere an deiner Seite, aber das war auch nicht nötig. Alles, was du brauchtest, waren dein Lächeln und deine Stimme. Du hast telefoniert, ich weiß bis heute nicht, mit wem. Ich kann mich auch nicht mehr erinnern, was du gesagt hast. Deine Stimme – dieser hinreißende Sopran – und dein Lachen haben gereicht, und sofort war die Welt eine andere.

Für dich waren es nicht die grauen Teppichschluchten eines Elektrofachmarktes, sondern die grünen Heckenlabyrinthe eines prunkvollen Lustgartens. Du bist scheinbar ziellos durch sie hindurchgeschlendert, als hättest du alle Zeit der Welt. Bis du irgendwann doch da warst, wo du hinwolltest.

Ich habe mich sofort unsterblich in dich verliebt. Und ich

wusste sofort, dass du keine Ahnung von Smartphones hattest. Wie du sie in die Hand genommen hast, mit spitzen Fingern, als wären es rätselhafte Apparate aus einer fernen Galaxie. Bis dahin hatte ich gar nicht bemerkt, dass du die ganze Zeit über in ein altmodisches Nokia-Teil gesprochen hast. Allen anderen Personen deines Alters würde man sofort eine aufgesetzte Schrulligkeit bescheinigen, aber bei dir wirkte es wie das Natürlichste auf der Welt. Das war mir auf Anhieb sympathisch.

Und so lernten wir uns kennen, ich denke oft daran. Seitdem haben wir viel gemeinsam unternommen, sind herumgekommen in der Stadt. Die Restaurantbesuche, der Spaziergang im Park, diese unfassbar langweilige Warhol-Ausstellung im Museum für moderne Kunst, dann der Flohmarkt, wo mir irgend so ein Punk ausgerechnet einen schwarzen Kratzer in den Lack meines inkaorangen BMWs gemacht hat, der Nachmittag in der Bücherei – wir hatten wirklich viel Spaß zusammen.

Und jetzt sind wir wieder hier, im Shoppingcenter, ausgerechnet. Ich hasse diesen Konsumtempel, meide ihn wie die Pest, aber du bist gerne hier, besonders in den Modeläden. Du lässt deinen Blick über die Kollektionen schweifen, befühlst Stoffe, probierst, kokettierst, gibst viel Geld aus. Und ich stehe da und staune. Mein Verständnis von Mode ist begrenzt, ich habe kein Auge für Farben, Muster oder Schnitte, aber ich erkenne, dass du eines hast. Du hast eine Gabe, meine Schöne, ein besonderes Talent. Ich bewundere das.

Was ist das? Dieser Blick, diese Signale! Könnte es sein … dass wir gar nicht wegen der Kleider hier sind?

Du verschwindest alleine in Richtung Umkleiden, doch ich

soll dir folgen, habe ich recht? Du hast es nicht gesagt, aber deine Augen verraten es mir, ich kann darin lesen. Du spielst ein kleines Spielchen, nicht wahr?

Ich gehe dir nach, zu den Umkleiden. Fast alle sind belegt, mein Blick wandert die Säume der Vorhänge ab und bleibt bei deinen cognacfarbenen Stiefeletten hängen. Sie stehen bewusst da. Du willst, dass ich weiß, wo du bist.

Ich starre auf den Vorhang. Ein millimeterdünner Stoff hängt zwischen mir und deinem halb nackten Körper, der gerade in das hautenge Abendkleid gleitet, das du vorhin so kritisch beäugt hast. Es steht dir sicher hervorragend. Der Vorhang schließt nicht richtig, er steht einen Spaltbreit offen, drei oder vier Zentimeter – genug, um mir Einblicke zu gewähren. Du kleines Luder, es ist so offensichtlich. Du willst, dass ich dich sehe. Zuerst reckst du mir deinen Hintern entgegen, präsentierst ihn regelrecht, lässt mich wissen, welches Höschen du trägst. Dann dieses Spiel mit deinem Spiegelbild, die Posen, in die du dich wirfst. Ich spüre, wie meine Lust anschwillt.

Ich stelle mir vor, wie ich den Vorhang einfach zur Seite schiebe und zu dir in die Kabine trete. Du schreist nicht, keinen Laut gibst du von dir, weil du mich erwartest – du wartest schon lange auf mich, nicht wahr? Du tust zwar erschrocken, atmest schneller, presst deinen Körper an die Wand, aber das ist keine Angst. Das ist Erregung. Ich strecke meinen Arm aus und streiche dir über die Wange, während du mich anfunkelst wie eine Raubkatze. Wir sprechen nicht, sagen kein Wort, das ist nicht nötig. Deine Zungenspitze tippt gegen die Schneidezähne, deine stummen Lippen formen verräterisch: *Liebe mich!*

Mein Finger, er wandert. Deinen Hals entlang, über dein Schlüsselbein, deinen BH, die feinen Härchen um deinen

Bauchnabel – ich taste mich weiter, immer weiter, spüre die Hitze in dir hochsteigen, dein Zittern. Du bist bereit, willst unbekannte Wege gehen, neue Lippen schmecken, deine Fingernägel in fremdes Fleisch bohren. Aber du hast Angst, solche Angst. Du brauchst dich nicht zu fürchten, meine Schöne. Niemand beobachtet uns. Wir sind ganz alleine, nur du, ich und mein Finger, der immer weiter hinabwandert, über den filigranen Saum deines Höschens.

Ich berühre sie nicht, nein, nein, keine Sorge. Ich bin nicht einer dieser Typen; kein Mann, der sich einfach nur nimmt. Ich will, dass du bereit dazu bist. Will, dass du es willst, dass du danach verlangst, meine Hand packst und dahin führst, wo du sie haben musst. Deine Schenkel, sie beben. Die Muskeln krampfen, die Pupillen flirren, aber ich spüre genau, dass du mich aufnehmen willst, meine Schöne. Deine Lust rinnt über meine Finger, alles, was ich tun muss, ist …

»Entschuldigung, kann ich Ihnen helfen?«, ertönt plötzlich eine quäkende Stimme hinter mir, und ich blicke in die Schweinsaugen einer fetten Verkäuferin. »Dahinten wäre eine Kabine frei. Wie viele Kleidungsstücke?«

DU VERDAMMTE FOTZE, MERKST DU NICHT, WIE SEHR DU STÖRST? Sie merkt es nicht. Sie hat absolut kein Feingefühl, trampelt einfach auf unserem kostbaren gemeinsamen Augenblick herum. Es hilft nichts, ich muss nachgeben, meine Schöne. Wenn die Verkäuferin bemerkt, dass ich hart geworden bin, wird sie Alarm schlagen, das darf ich nicht zulassen. Also gehe ich in die Kabine, starre auf den hässlichen Pullover, den ich mir zur Tarnung mitgenommen habe, und versuche, mich zu beruhigen, meine Erregung abschwellen zu lassen.

Alles ist gut. Wir haben alle Zeit der Welt. Vorgestern vor genau drei Wochen haben wir uns kennengelernt. Es ist eine kleine Ewigkeit, ich weiß. Aber ich kann warten, meine Schöne, und wenn es noch mal so lange dauert – egal. Der Tag wird kommen, und wir werden eins sein, da bin ich mir sicher.

Todsicher.

Elias

9 Stunden und 55 Minuten danach

Zurück im Schlafzimmer versuche ich, die Kollegen in den weißen Overalls auszublenden. Es gibt einen Zeugen, er hat einen Fehler begangen. Vielleicht ist ihm noch ein zweiter unterlaufen. Ich beuge mich über den Leichnam und betrachte die Stichwunden. Sie sind identisch mit denen der vorigen Opfer, so viel steht fest. Ich habe zwar die Fotos der früheren Tatorte nicht dabei, aber Bilder wie diese vergisst man nicht.

Fast alle Stiche sind sauber und kontrolliert ausgeführt. Keine Läsionen der Umgebung, kein ausgefranstes Gewebe – das Opfer hat sich demnach nicht mehr gewehrt, war also mit ziemlicher Sicherheit bereits tot. Es gibt wie immer nur eine unsaubere Einstichstelle: am Hals – so tötet er sie. Man erkennt an den Wundrändern, dass die Opfer noch leben. Sie winden sich, kämpfen gegen das Unabwendbare, bäumen sich ein letztes Mal auf. Bis auch die letzte Kraft aus ihren Gliedern weicht. Dann erst setzt er sein grausames Werk fort. Augen, Brüste, Bauch, Unterleib. Er schlachtet seine Opfer, sticht auf sie ein wie ein Wahnsinniger, aber führt das Messer wie ein Chirurg. Es ergibt keinen Sinn. Es hat noch nie einen Sinn ergeben.

Erneut begutachte ich die Stiche, bleibe am Hals hängen. Du warst schlampiger als sonst. Bist du abgerutscht? Hast du dich verletzt? Die Wunde ist breiter, ausgefranster, die Hautpartien sind fast schon zerfetzt.

»Dieser Bereich muss genauestens fotografiert werden«, sage ich zu irgendeinem x-beliebigen Mann neben mir, der jedoch sofort zurückkeift.

»Seh ich aus wie ein Scheißfotograf?«

Verärgert blicke ich auf und in ein bekanntes Gesicht: Kommissar Dorn. Seine Mutter muss ihm zu lange den Schnuller gelassen haben, man sieht ihn nie ohne Fluppe zwischen den Lippen, und wenn Rauchen verboten ist, nuckelt er an seinem »Silberpfeil«, wie er ihn nennt. Ein ziemlich spitzer Metallzahnstocher, von dem jeder hofft, dass er ihn sich eines Tages durch die Kehle rammt. Hinter ihm taucht Köpke auf, die beiden gibt es nur im Doppelpack. Böse Zungen behaupten, weil Köpke alleine nicht einmal aus der Polizeiparkgarage finden würde.

»Was wollen Sie überhaupt hier?«, fährt mich Dorn an, sein Zahnstocher bebt bei jedem Wort. »Ist hier irgendwo ein Sparschwein abhandengekommen? Hm? Sieht das hier wie ein Einbruch aus?«

»Ich war gerade in der Gegend«, antworte ich kühl und schiele an ihm vorbei zu Campe, der mittlerweile seine Fassung wiedergefunden hat und unnütz im Weg herumsteht. »Und dann bin ich zufällig hier hereingestolpert.«

»Zufälle gibt's …«, leitet Dorn ein.

»… die gibt's gar nicht«, schließt Köpke ab. »Und jetzt raus hier, oder haben Sie schon vergessen, dass Sie nicht mehr bei der Mordkommission arbeiten?«

Mit zusammengekniffenen Augen funkle ich die beiden an. Mehr kann ich nicht tun, denn sie haben recht. Seit meiner Strafversetzung in die Abteilung für Eigentumsdelikte habe ich auf solchen Tatorten nichts zu suchen. Für den Moment bleibt mir also nichts anderes übrig, als nachzugeben.

»Wie Sie meinen.«

»Wie Sie meinen«, äfft mich Dorn nach und bugsiert mich unsanft zur Seite. Ich muss sofort zum Präsidium. Auch wenn die Chance verflucht gering ist – ich muss einfach versuchen, Teil der Einsatzgruppe zu werden. Ich muss.

Als ich schon mit einem Bein zur Tür hinaus bin, vibriert es hinter mir. Jeder fasst sich automatisch an die Hosentaschen, aber schüttelt nur den Kopf. Wahrscheinlich denken alle im Raum exakt das Gleiche: Irgendwo hier läutet ein Handy – vielleicht gehört es dem Täter. Suchende Blicke wandern durch die Wohnung, Hände rücken Polster zur Seite, öffnen Schubladen, heben Zeitschriften an. Bis plötzlich …

»Linus Campe, Polizei Hamburg, mit wem spreche ich?«

Alle Augen starren auf den bulligen Kollegen in der Küche. Schweiß steht ihm auf der Stirn, während er vor sich hin stammelt. »Nein … Sie ist … Ich bin … Entschuldigen Sie bitte.«

Mit einem Satz stehe ich neben ihm, im nächsten Moment schießt Köpke um die Ecke, rutscht beinahe auf den Fliesen aus. Beide hampeln wir wie Kasper vor Campe, drängen ihn stumm, das Telefon abzugeben.

Endlich scheint er zu verstehen. »Warten Sie kurz«, formuliert er seinen ersten geraden Satz ins Telefon und umschließt dann das Mikrofon mit seiner fleischigen Hand.

»Ich … ich verstehe das nicht«, stottert er los und sieht mich mit großen Augen an. »Der Mann will seine Frau sprechen. Wie viele Männer hatte die denn?«

Noah

10 Stunden und 8 Minuten danach

Mein Körper liegt im Bett, ich liege neben mir. Meine Augen starren geradeaus, auf den Arm mit dem Patientenband, aber ich sehe durch ihn hindurch. Ich höre den Arzt keifen, den Polizisten stammeln, die Krankenschwester beschwichtigen, doch ich verstehe sie nicht, mein Gehirn kann die Informationen nicht verarbeiten. Ich bin begraben unter einer meterdicken Schicht aus Apathie.

Meine Frau ist tot.

Ich muss schlafen.

Ich muss einfach nur schlafen, tief und fest.

Schlafen, bis ich aufwache und alles vorbei ist.

Aber ich kann es nicht. Mein Körper pocht, die Leute um mich herum streiten, Tageslicht strahlt durch die Jalousie und blendet mich. Was ist passiert? Warum ist sie tot? Ich versuche, einen klaren Kopf zu bekommen, aber die Gedanken sind wirr und zäh und lassen sich nicht greifen. Ich muss rückwärts vorgehen, geordnet, strukturiert.

Der Polizist: *Ihre Frau ist tot.* Der Arzt: *Alles wird gut.* Der Sanitäter: *Wir bringen Sie ins Krankenhaus.* Die Wohnung, das Licht, das viele Blut. Was ist passiert? Denken, denken, ich muss denken.

Mein Name ist Noah, meine Mutter heißt Ella, mein Vater Gustav, aber er lebt nicht mehr. Ich bin Einzelkind und hatte einen Hund, den ich geliebt habe, und einen Goldfisch, den ich gehasst habe. Wir haben in Aschaffenburg gewohnt – meine Mutter wohnt immer noch dort, ich bin aus Aschaffenburg hierhergezogen, genau. Ich bin 37 Jahre alt, ich lebe in Hamburg, mit meiner Frau, im Heinsweg 18. Wir mögen die Gegend, aber die Wohnung nicht. Wir lieben die Berge, aber hassen wandern. Wir haben die ›Hamburger Morgenpost‹ abonniert und vergessen immer wieder, sie abzubestellen. Wenn uns langweilig ist, imitieren wir Filmcharaktere, und Rocky kann ich am besten, ich bin Noah …

Eine Fliege reißt mich aus meinen Gedanken, als sie auf meinem Daumen landet und sich die Beine reibt. Ich bewege mein Handgelenk, sie fliegt davon, und mein Blick wandert wieder zurück, fokussiert das Patientenarmband.

»Sie ist nicht tot!«, rufe ich plötzlich aus und strecke dem Streifenpolizisten meinen Arm entgegen.

»Ich bin Noah Klingberg, das hier ist nicht mein Name!«

Er blickt mich irritiert an, zögert, kommt dann aber näher und liest mit zusammengekniffenen Augen den Namen von meinem Band ab.

»Sie sind nicht Paul Falk?«, fragt er mit unsicherer Stimme, doch ich bin nicht imstande zu antworten. Denn jetzt fällt mir alles wieder ein.

Mein Name ist Noah Klingberg. Ich bin 37 Jahre alt, ich wohne in Hamburg. Meine Frau lebt.

Aber Emma ist tot, und es ist meine Schuld.

Linda

10 Stunden und 11 Minuten danach

Der Tag zieht an meinen Augenlidern. Ich wälze mich von links nach rechts, wehre mich gegen das Aufwachen. Mein linker Arm wandert auf seine Seite des Bettes und ertastet bloß ein kaltes Laken. Er ist schon wach? Es hilft nichts. Ich muss aufstehen. Und aufstehen bedeutet kämpfen.

Sobald ich das Schlafzimmer verlasse, kann ich mich nicht mehr hinlegen, denn aus der Küche wird es nach Tee und Brötchen duften, vielleicht liegt die Zeitung auf dem Tisch, und er hat frische Blumen besorgt. Ich werde aus dem Badezimmer kommen, er wird seinen Laptop zuklappen, mich mit seinem Dackelblick ansehen und sagen: »Guten Morgen, Schlafmütze, schöne Träume gehabt?« Und ich werde müde lächelnd nicken und mich an den Tisch setzen. Das Frühstück steht sicher schon bereit, Sojajoghurt mit Früchten, Dinkelbrötchen, mein veganer Aufstrich, Kräutertee. Er wird aus der Zeitung vorlesen oder irgendeine Anekdote erzählen, die er beim Bäcker aufgeschnappt hat, und ich werde nicken, aber nicht zuhören.

Denn ich bin in mir, Lagebesprechung. Pläne schmieden, Strategien entwickeln: Wie bekomme ich die nächsten Stunden rum, ohne in einen Weinkrampf zu verfallen? Wie rette ich mich vor diesem einen Gespräch? Seinem mitleidigen Blick, den herabhängenden Schultern. Er weiß, dass es so weit sein müsste, kennt die Daten mittlerweile genauso gut wie ich, versteht, was die roten Kringel im Kalender bedeuten, die blauen …

Aber er wird es nicht ansprechen. Noch nicht. Er wird bloß seinen treuherzigen Hundeblick aufsetzen, irgendetwas Harmloses fragen wie: »Möchtest du noch Orangensaft?« Oder: »Wie ist der Joghurt? Noch ein bisschen Honig dazu?« Und ich werde irgendetwas murmeln, aber innerlich schreie ich: ES IST MIR EGAL, WIE DER JOGHURT SCHMECKT! ICH BIN SCHON WIEDER NICHT SCHWANGER! Und eine Sekunde später wird eine andere innere Stimme zurückschnauzen. *Wie kannst du nur! Du bist schuld! Er kann doch nichts dafür! Er meint es doch nur gut!* Es ist wie vorprogrammiert. Ich habe immer ein schlechtes Gewissen, auch jetzt.

Ich liege wach im Bett und traue mich nicht hinaus, weil der Mann, den ich liebe, mit Frühstück auf mich wartet – das ist doch bekloppt. Ich muss mich zusammenreißen, Schluss, aus, ich stehe jetzt auf.

Leise husche ich ins Bad, schließe geräuschlos die Tür hinter mir, drehe behutsam den Schlüssel im Schloss. Er scheint mich nicht bemerkt zu haben, gut. Ich brauche noch einen Moment für mich alleine, um dem Tag zu begegnen.

Kritisch betrachte ich mein Spiegelbild, graublaue Augen stieren matt und müde zurück. Ein schwaches Lächeln zieht an meinen Mundwinkeln und schneidet winzige Fältchen in meine blasse Haut. Ich streife den Schlafanzug ab und mustere meinen Körper. Schmale Arme, kaum Busen, kein Arsch – absolut flach. Meine Beine sind zwei dürre Pfähle, die ein hageres Konstrukt aus Haut und Knochen balancieren. Kein Wunder, dass in so einem Körper kein Leben heranwachsen kann.

Früher haben sie mich um meine Figur beneidet, zumindest in der Schule. Einmal hätte ich mich sogar fast bei einem Model-Wettbewerb angemeldet – warum habe ich das damals eigentlich nicht gemacht? Ich denke mir heute noch manchmal: Kämmt mich, schminkt mich, hängt mir irgendeinen teuren Fetzen um den Leib, und ich laufe bei der Pariser Fashion-Week unbemerkt neben all den anderen traurigen Hungerhaken her. Ein Schmunzeln huscht über meine Lippen. Abrupt richte ich mich auf, werfe mich in verschiedene Posen, blicke übertrieben lasziv in den Spiegel, zucke aber sofort wieder zusammen. Stiche durchbohren meinen Unterbauch, erinnern mich schmerzhaft daran, weswegen ich Modelmaße habe. Ich würde sie sofort gegen eine Mama-Figur eintauschen. Cellulite, Schwangerschaftsstreifen, Schlabberhüften, Hängetitten, egal – ich nehme alles in Kauf, Hauptsache, ich bekomme dafür ein Baby.

Es vergehen einige Sekunden, bis ich mich dazu aufraffen kann, meine morgendliche Routine zu beginnen. Ich spritze mir kaltes Wasser ins Gesicht, entferne die Ohropax aus meinen Ohren, will sie wie immer abspülen, halte inne. Was ist das für ein Lärm?

»Schatz!«, rufe ich, aber niemand antwortet.

Barfuß tapse ich aus dem Bad, durch den Flur in die Küche und starre aus dem Fenster. Unten stehen Dutzende Einsatzwagen, Blaulicht tanzt über die schimmernden Fassaden. Die Straße ist abgesperrt, Polizisten strömen in unser Haus, andere kommen heraus. Ängstlich laufe ich durch die Wohnung, schaue in jedes Zimmer.

»Schatz? Schatz, wo bist du?«

Er ist nicht hier. Draußen auf dem Gang werden Stimmen laut, ich haste zur Eingangstür, reiße sie auf und will wieder »Schatz« rufen, aber das Wort bleibt mir im Halse stecken.

Gegenüber steht ein großer, dürrer Mann im Türrahmen der Nachbarn. Als er mich bemerkt, stakst er auf mich zu und hält mir einen Ausweis vors Gesicht.

»Elias Blom, Kriminalpolizei. Suchen Sie jemanden?«

Elias

10 Stunden und 43 Minuten danach

Als sie zu mir in den Wagen steigt, werfe ich einen prüfenden Blick in den Rückspiegel. Niemand ist ihr gefolgt, Köpke und Dorn haben offenbar nichts mitbekommen. Dann fällt mein Blick auf ihre Socken. Links weiß, rechts beige. Den Pullover trägt sie verkehrt herum, die Frisur ist struppig. Ein schwaches Lächeln zeichnet meine Lippen, verschwindet aber sofort wieder.

»Fahren Sie«, faucht sie mich an, obwohl die Beifahrertür noch offen steht. »Na los!«

Ich nicke, verkneife mir den Hinweis, dass sie sich anschnallen soll, und steige aufs Gaspedal. Gleich nach der ersten Kurve bremst uns eine rote Ampel.

Sie protestiert. »Haben Sie kein Blaulicht?«

»Doch, aber ich darf es nicht anmachen. Das hier ist kein Notfall.«

»Kein Notfall?«, bellt sie zurück, mit weit aufgerissenen Augen. »Mein Mann liegt im Sterben, und das ist kein Notfall?«

»Ihr Mann liegt nicht im Sterben, Frau Klingberg. Er ist verwundet, aber man hat mir telefonisch versichert, sein Zustand sei stabil«, antworte ich beschwichtigend.

Es vergehen einige Sekunden, die Häuser ziehen an uns vorbei, wir schweigen. Aus den Augenwinkeln beobachte ich, wie die Spannung nach und nach aus ihrem Körper weicht und ihre Augen glasig werden. Mit der linken Hand taste ich das Fach der Fahrertür nach einer Packung Taschentücher ab.

»Es tut mir leid … ich bin nur, ich kann mir nicht erklären … Was hat er nur da drüben gemacht?«, murmelt sie beinahe unverständlich in sich hinein und lehnt die Stirn gegen die kalte Scheibe der Beifahrertür. Aber nur kurz, eine Sekunde später reißt sie den Kopf zurück und presst beide Hände an die Stirn, als ob sie Angst hätte, ihr Hirn könnte erfrieren.

»Ist schon gut, ich verstehe das«, versuche ich sie zu beruhigen, als plötzlich ein Alarm losgeht.

Fluchend wühlt sie in ihrer Handtasche, drischt auf ihr Smartphone ein und holt dann etwas hervor, das mich überrascht. Solche Tablettenboxen kenne ich sonst nur aus Altenheimen, meine Großmutter hatte auch so eine. Pro Tag ein Fach voll bunter Pillen, fein säuberlich geordnet. Aber ihre Box ist leer. »Verdammt«, flucht sie und legt ihren Kopf in den Nacken.

Ich weiß nicht so recht, was ich davon halten soll, sage das Erste, was mir durch den Kopf geht. »Keine Sorge, im Krankenhaus haben die sicher etwas zur Beruhigung.«

»Nein, das sind …«, setzt sie an, überlegt es sich jedoch anders, seufzt. »Da waren bloß Nahrungsergänzungsmittel drin. Aber ich hab sie vor ein paar Tagen versehentlich ausgeschüttet und … ach, egal.« Sie verstummt und wendet sich ab, starrt lethargisch aus dem Fenster.

Eigentlich wollte ich die Autofahrt nutzen, um sie zu befragen, aber in Anbetracht ihres Zustandes scheint mir das keine gute Idee. Aber wir sind ohnehin gleich da.

Als wir im vierten Stock der Universitätsklinik aus dem Fahrstuhl treten, bemerke ich den Streifenpolizisten von vorhin sofort, meine Begleitung ebenso. Sie stürmt auf ihn zu, er will sie noch aufhalten, aber da ist sie auch schon an ihm vorbei ins Zimmer. Verwirrt glotzt er ihr hinterher, dann auf mich.

»Alles in Ordnung, äh … Bernd, richtig? Die gehören zusammen«, sage ich mit fester Stimme und blicke dabei ins Zimmer.

Da liegt er, Noah Klingberg, der wohl einzige Mensch, der den Ringfinger-Mörder je gesehen hat und noch lebt. Endlich haben wir einen Augenzeugen. Der Atem des Streifenpolizisten neben mir riecht noch immer sauer, vorschriftsmäßig betet er seinen Rapport herunter, ich höre ihm gar nicht zu. Mein Blick haftet auf dem Paar, das sich weinend in den Armen hält. Klingbergs Kopf liegt kraftlos auf der Schulter seiner Frau, als wäre er zu schwach, ihn aufrecht zu halten. Ihr Gesicht ist zum Fenster gerichtet, seines mir zugewandt. Er ist übel zugerichtet.

Mir bleibt wahrscheinlich nicht viel Zeit, bevor Dorn und Köpke hier aufkreuzen. Ich muss ihn so schnell wie möglich befragen.

Ich betrete das Zimmer, ziehe mir einen Stuhl heran und setze mich an das Fußende von Klingbergs Bett.

Er bemerkt meine Anwesenheit und mustert mich irritiert. Ich lächle sanft, warte einen Augenblick, räuspere mich dann. Irgendwann tippt er seiner Frau auf die Schulter und richtet sich auf.

»Guten Tag, mein Name ist Elias Blom, Kripo Hamburg.«

»Noah Klingberg«, antwortet er mit erstickter Stimme,

während sich seine Frau die Tränen aus den Augenwinkeln wischt.

»Ich weiß, das ist alles sehr schwer für Sie, und es tut mir leid, dass ich Sie so schnell damit überfallen muss, aber Sie werden sicher verstehen, dass in so einer Angelegenheit jede Sekunde zählt.«

Er nickt, bewegt seinen Kopf dabei höchstens zwei Millimeter, seine Augenlider beginnen zu zucken.

»Wenn Sie vielleicht einen Augenblick nach draußen gehen könnten …«, wende ich mich an seine Frau, hole mir aber prompt eine Abfuhr ein.

»Sie denken doch nicht ernsthaft, dass ich meinen Mann alleine lasse?«, protestiert sie lautstark, funkelt mich wütend an.

»Ist schon gut, Schatz, alles wird gut«, versucht Klingberg sie zu beruhigen. Vergebens.

»Nichts ist gut, gar nichts. Sieh dich doch mal an! Du brauchst Ruhe!«

Angespannt knirsche ich mit den Zähnen, bohre meine Fingernägel in die Handflächen. Ich habe keine Zeit für langwierige Diskussionen. »Okay, Kompromiss: Sie können bleiben, aber wir machen weiter, in Ordnung?«, schlage ich vor, rede sofort weiter, sodass ihr keine Gelegenheit bleibt, zu widersprechen. »Also, können Sie mir sagen, was gestern passiert ist?«

Noah Klingberg senkt den Blick. Seine Augen werden immer glasiger, Tränen tropfen auf die Bettdecke. Er versucht, sie wegzuwischen, als wären es Krümel.

»Ich wollte doch nur noch schnell die Wäsche aufhängen«, setzt er an, aber ein Heulkrampf nimmt ihm die

Stimme. Seine Frau umarmt ihn wieder, beginnt ebenfalls zu weinen, ich blicke betreten zu Boden und versuche, nicht zu ungeduldig zu wirken. Mats hätte gewusst, was in solchen Situationen zu tun ist, mit Menschen war er einfach unschlagbar. Aber ich bin nicht Mats. Also warte ich, unschlüssig. Starre zu Boden und zähle die Sekunden.

Zweieinhalb Minuten später zieht Noah noch einmal die Nase hoch, drückt seinen Rücken durch, nimmt einen Schluck Wasser, räuspert sich.

Und dann erfahre ich endlich, was heute Nacht passiert ist.

Es ist so leicht, fast schon ein Kinderspiel. Die Leute fragen nicht nach, sie schenken Glauben, sind naiv wie kleine Kinder. Alles, was ich tun muss, ist lügen. Paketdienst, bitte aufmachen – ich sage nicht einmal, welche Firma. Trotzdem surrt die Gegensprechanlage, und im nächsten Moment schnappt die Tür auf, und ich bin drin, stehe in deinem Hausflur, blicke auf deinen Briefkasten. Von oben hallt das Krächzen ungeölter Türscharniere durch den Gang. Ich stelle mir vor, wie der Bewohner auf einen Paketboten wartet. Aber ich komme natürlich nicht hoch. Ich bleibe unten stehen, fummle lautstark an den Briefkästen herum, öffne die Eingangstür und lasse sie wieder ins Schloss fallen. Dann bin ich still, kein Laut. Die Tür oben geht zu. Niemand sieht nach, wer da gekommen ist. Niemanden stört es, dass ein völlig Fremder im Haus ist – so unbekümmert sind die Menschen heute. Sie machen es mir leicht.

Ich klappere die Türen ab, entdecke aber nirgendwo Namensschilder. Erdgeschoss, erster Stock, zweiter Stock – wo bist du, meine Schöne? Im obersten Stockwerk steht eine Stahltür offen, dahinter liegt ein Trockenboden. Niemand da, absolute Stille, perfekt. Ich lasse meinen Blick über die Wäscheleinen streifen. Schweinchenrosa Kindersocken, karierte Hemden, übergroße Shirts mit lächerlichen Sprüchen, ein orangefarbener Trainingsanzug, fast der gleiche Ton wie das Inkaorange meines BMWs. Aber wo sind deine Sachen?

Vielleicht diese hier? Die ausgewaschenen Jeans mit den Löchern in der Hose, hast du die nicht letztens getragen, als wir in diesem thailändischen Restaurant waren? Und diese Shirts? Sie kommen mir nicht bekannt vor, aber deine Garderobe ist breit gefächert, und sie könnten dir passen. Dieser Bademantel – hüllst du deinen feuchten Körper nach dem Duschen darin ein? Spannt sich der Stoff an deinem Hintern, wenn du dich hinunterbeugst, um deine Beine einzucremen? Öffnest du ihn manchmal kokett und posierst vor dem Spiegel, wirfst dir Küsse zu und lässt tief blicken, so wie damals in der Ankleide, als du dieses hinreißende Etwas anprobiert hast? Da, dieses Kleid! Jetzt bin ich mir sicher, du hast es doch neulich erst gekauft. Der BH daneben scheint etwas klein, aber diese Spitzen, dieser Duft – er muss deiner sein, er bringt mein Blut zum Kochen. Wie es mich erregt, wie es in mir brodelt, wie er anschwillt, wenn ich nur daran denke. Endlich bin ich dir nahe. Kann den Stoff fühlen, der sich um deine Brüste schmiegt, die ausstaffierten Polster berühren, gegen die sich deine Nippel pressen, wenn du erregt bist oder du frierst.

Ich werde hier auf dich warten, meine Schöne. Werde in der dunklen Ecke kauern und die Minuten zählen, bis du hochkommst zu mir. Wir werden eins sein.

Draußen ist es dunkel geworden, hier drinnen stockfinster. Ich kann kaum die Hand vor Augen sehen, geschweige denn das Ziffernblatt meiner Uhr, aber es muss nach zehn sein, bestimmt schon elf, und du bist immer noch nicht da. Wieso lässt du mich so lange warten, warum machst du das? Willst du, dass ich wütend werde? Willst du mich leiden sehen? Meine Ungeduld wird von Minute zu Minute drängender, sie frisst sich in all meine Gedanken, höhlt mich von innen aus. Aber du lässt mich verdammt noch mal hier oben verrecken.

Da, ein Geräusch. Ein Schlüssel scharrt an einer Tür, ein Riegel schnappt auf, zu, ich weiß es nicht. Versperrst du deine Pforten, oder kommst du zu mir – bist du es überhaupt? Eine Türangel quietscht, ein Schalter wird betätigt, Licht strahlt aus dem Flur herein – jemand kommt hoch, oh Gott, bitte lass es geschehen. Die Geräusche sind nahe, die Schritte auf der Treppe wenige, du kommst aus dem obersten Stockwerk, ich höre es genau. Gleich bist du bei mir, gleich werde ich dir näher sein als jemals zuvor. Zwei nackte Glühbirnen flackern auf, erhellen den Trockenboden spärlich, ein Schatten zeichnet sich ab. Aber er ist kantig und groß, die Bewegungen eckig, das Haar zu kurz. *Verdammte Fotze. Du bist es nicht. Du versteckst dich vor mir in deinem Nest, entziehst dich mir!*

Ruhig bleiben, ich muss ruhig bleiben, durchatmen, alles ist gut. Ich darf nicht die Nerven verlieren, es wird ein nächstes Mal geben. Es gibt immer ein nächstes Mal. Ich warte einfach, bis dieser Typ seine Wäsche abgenommen hat und verschwindet. Ich komme morgen wieder oder übermorgen. Vielleicht finde ich auch einen anderen Weg, um dir nahe zu sein. Aber was … *Was macht dieser Dreckskerl? Er fasst deine Unterwäsche an!*

Ruhig bleiben, einatmen, ausatmen, ich muss ruhig bleiben. Kann es sein? Ist das dein Mann? Ich dachte, er wäre verreist? Hast du nicht gestern deiner Freundin am Telefon erzählt, er müsse geschäftlich nach Wien? Vielleicht habe ich mich verhört, es war ganz schön laut in dem Café. Aber macht ja nichts, so lernen wir uns wenigstens einmal kennen. Guten Tag, mein braver Hausmann, wie geht es Ihnen? Er ist ganz bei der Sache, hängt in aller Ruhe Wäsche ab, und das zu dieser späten Uhrzeit. Er hat deine Höschen in der Hand, faltet sie ordentlich und sorgfältig, du kannst dich glücklich schätzen, so einen Mann zu haben.

Aber kann er dich auch beschützen? Kann er dich verteidigen, wenn es drauf ankommt? Es gibt so viel Dreck und Abschaum da draußen, so viele Verrückte, die es nicht ertragen können, dass so etwas Kostbares wie du existiert. Sie wollen alles Schöne zerstören, das Gute vernichten, davor musst du dich schützen, das ist dir doch bewusst, oder? Du brauchst jemanden an deiner Seite, der auf dich aufpasst, der dich behütet, verstehst du? Würde dein Mann das für dich tun? Würde er sein Leben aufs Spiel setzen, damit dir nichts passiert? Ich kann das gerne für dich herausfinden, meine Schöne, gleich hier und jetzt. Ich habe alles dabei, was ich brauche.

Langsam, ganz vorsichtig. Auf Zehenspitzen, bloß keine Hektik. Er ahnt nichts, nimmt unschuldig deine Höschen von der Leine, der brave Hausmann. Gleich bin ich bei dir, mein Freund, gleich werden wir dich auf die Probe stellen, ob du ihrer würdig bist. Die Messer finden es heraus, sie wissen, wer lügt und wer nicht, vertrau mir. Vor der Klinge zeigen alle ihr wahres Ich.

Es geht ganz schnell, er weiß nicht, wie ihm geschieht. Die scharfe Schneide lässt ihn augenblicklich erstarren. Ich kitzle ihn ein bisschen damit, schneide ihm ins Fleisch, aber nicht tief. Nur ein leichtes Ritzen, nichts Lebensbedrohliches. Er soll nur wissen, dass das hier kein Spiel ist; dass sein Leben jetzt in meinen Händen liegt.

Denn wenn ich wollte, könnte ich ihn aufschlitzen, einfach so. Es ist nur eine rasche Bewegung, und sein Blut wäre auf deinen Höschen, deinen Shirts – überall. Es würde in Strömen aus ihm herauslaufen, auf den alten Dielenboden, vielleicht tropft es sogar durch bis zu dir. Vielleicht räkelst du dich gerade im Bett, denkst an deinen braven Mann, kannst es kaum erwarten, dass er zu dir ins Bettchen kommt. Und plötzlich spürst du etwas auf deinen Wangen. Einen Tropfen, du wischst ihn ab, zerreibst das rote Zeug ratlos zwischen den Fingern, aber es hört nicht auf. Es tropft und tropft und tropft, auf die Bettwäsche, auf deine Schultern, in dein Haar – dein blutroter Mann tropft durch die Dachbodendielen auf dich nieder.

All das könnte ich machen, einfach so – aber natürlich mache ich es nicht. Ich bin doch kein Verrückter, kein Barbar. Ich will ihn ja nur testen, ihm ein bisschen auf den Zahn fühlen, was er bereit ist, für dich zu tun, meine Schöne. Ob er es wert ist, dein Mann zu sein.

»Du brauchst keine Angst zu haben, wir gehen nur ein Stückchen«, flüstere ich ihm ins Ohr, stopfe ihm dabei ein Shirt von dir in den Mund. »Wir besuchen jetzt deine Frau.«

Ach, wenn du ihn nur sehen könntest. Wenn du nur hören könntest, wie er wimmert, wie er dich verleugnet und mich für dumm verkaufen will. Mit einem Spitzenhöschen in der Hand will er mir weismachen, dass es keine Frau gibt in seinem Leben. FÜR WIE DUMM HÄLT ER MICH, DIESER BASTARD! Das macht mich wütend, meine Schöne, wirklich wütend. Er kann doch nicht ernsthaft glauben, dass er so etwas Wertvolles wie dich an seiner Seite haben darf, ohne dafür zu kämpfen? Er muss es beweisen: Ist er deiner würdig oder nicht?

Aber leider muss ich dir sagen: Ich kenne die Antwort bereits, meine Schöne. Ich rieche die Angst in seinem Schweiß. Er winselt und japst, der Rotz tropft ihm aus der Nase. Gleich wirst du es sehen: Dein Mann ist eine Schande. Er könnte sich wehren, könnte versuchen, mich zu überwältigen, mir das Messer aus der Hand reißen – irgendetwas. Aber er steht einfach nur da und heult, es ist abstoßend. Er hat sich sogar eingepisst, dieses Schwein. Verstehst du? Dein Mann pisst sich ein, anstatt dich zu verteidigen. Wie erbärmlich. Ich halte ihm ein Messer an die Kehle, und er führt mich zu dir! Das ist einfach nur erbärmlich. Er kann ja nicht wissen, dass ich dir nichts Böses tun will, er muss denken, ich wäre ein Psychopath, ein wahnsinniger Mörder. Und trotzdem geht er mit mir die Treppe hinunter, dieses feige Schwein. Ich würde mein Leben geben, um dich zu beschützen; dein Mann pisst sich ein wie ein alter Köter. Gleich wirst du es sehen.

Stufe für Stufe gehen wir die Treppe hinunter, ganz langsam, damit er mir nicht umkippt, dieser Schwächling. Gleich ist es geschafft, nur noch ein paar Schritte. Alles, was ich noch brauche, ist der richtige Schlüssel für die richtige Tür, dann präsentiere ich ihn dir, deinen Ritter in vollgepisster Rüstung. Seine Bewegungen werden immer langsamer, seine Knie geben nach, er sträubt sich, windet sich – er weiß genau, dass er dich verraten wird, dieser Judas.

Wir sind da. Links und rechts eine Tür. Welche ist es? WELCHE IST ES? ZEIG ES MIR! Die Spitze meines Messers bohrt sich in sein Schulterblatt, der Schmerz explodiert in seinem Gesicht. Er will wegbrechen, sich in die Ohnmacht flüchten, aber ich lasse ihn nicht entwischen, keine Sorge, meine Schöne, er bleibt bei uns. Der Stoff seines Shirts saugt sich voll mit Blut, sein Körper bebt, er ist kurz davor, ich spüre es genau. Und dann passiert es. Einfach so.

Mit zittrigen Fingern zupft er einen Schlüssel vom Bund. Sein

Körper dreht sich nach links, er steckt ihn vorsichtig ins Schloss – er passt. Das ist dein Zuhause, dein Nest, er hat es mir gezeigt. Dein Mann hat dem Verrückten mit dem Messer in der Hand verraten, wo du wohnst. Das macht mich wütend, meine Schöne.

Wirklich, wirklich wütend.

Elias

13 Stunden und 12 Minuten danach

Klingberg spricht immer langsamer, sinkt mehr und mehr in sich zusammen, ist kaum noch zu verstehen.

»Es ging alles so schnell, so verflucht schnell. Ich konnte nicht klar denken, nicht atmen, ich hatte solche Angst, verstehen Sie? Was hätte ich tun sollen, er hatte dieses Messer, ich war doch … ich war mir so sicher …«

Alles danach ist unverständliches Murmeln. Wortbrocken, die in Klingbergs Wimmern untergehen.

Ich beiße mir auf die Lippen, schlucke meine Ungeduld hinunter. *Was? Bei was warst du dir sicher?* Es ist zum Aus-der-Haut-Fahren. Die ersten 48 Stunden nach einem Mordfall sind entscheidend, und mein Zeuge kriegt seine Nerven nicht in den Griff! Am liebsten würde ich die Sätze aus ihm herausschütteln.

»Haben Sie sein Gesicht gesehen? Können Sie ihn beschreiben? Was hatte er an?«, bohre ich nach, aber er vergräbt bloß den Kopf in den Händen und stammelt immer wieder: »Ich war mir so sicher. Ich war mir so sicher. Ich war mir so sicher.«

»Bei was waren Sie sich sicher?«, versuche ich es noch einmal, fast schon flehend, aber es ist zwecklos. Seine Stimme bricht weg, erstickt in Rotz und Wasser.

Ich kenne diesen Typ Mensch aus unzähligen Zeugenbefragungen. Der Schock sitzt tief, die Bilder sind zu präsent – Druckmachen führt zu nichts außer dem völligen Kollaps. Mir bleibt nichts anderes übrig, als zu warten. Am besten, ich fasse kurz zusammen und stelle eine simple Frage, lenke seine Aufmerksamkeit auf einfachere Dinge. »Okay, also: Sie waren auf dem Dachboden, der Angreifer hat Sie hinterrücks überfallen und bedroht. Dann wollte er in Ihre Wohnung, hat Sie mit vorgehaltenem Messer hinuntergeschleift, aber Sie haben ihn nicht in Ihre, sondern in die Wohnung der Nachbarn geführt«, resümiere ich in einem möglichst neutralen Tonfall. »Woher haben Sie die Schlüssel?«

Mein Plan geht nicht auf. Im Gegenteil: Die Frage scheint ihn nur noch mehr zu belasten. Klingberg bricht in Tränen aus, seine Frau übernimmt.

»Sie haben uns einen Zweitschlüssel gegeben, falls etwas sein sollte, wenn sie verreisen.«

»Sie hätte nicht da sein sollen!«, schluchzt Klingberg ihr jetzt entgegen und reißt dabei die Arme in die Höhe, sodass sich die EKG-Klammer von seinem Finger löst. »Warum war sie nicht weg, warum?«

Dann sinkt er wieder ins Kissen und in sich zusammen. Ich blicke verlegen zu Boden. Niemand sagt mehr etwas, der durchgehende Signalton des EKG-Geräts ist das einzige Geräusch im Zimmer, bis eine Krankenschwester hereinplatzt, das lose Kabel sieht und mich vorwurfsvoll anfunkelt. Sie steckt die EKG-Klammer wieder an Klingbergs Finger und verschwindet so schnell, wie sie gekommen ist.

»Wir dachten, sie sind verreist, Emma und Paul«, unterbricht Linda endlich die Stille. »Emma kam vorgestern zu uns und hat uns gefragt, ob wir so lange die Blumen gießen können. Noah hatte den Schlüssel.«

Ich nicke. Das macht Sinn. Der Mörder schleicht sich ins Haus, versteckt sich auf dem Dachboden. Wahrscheinlich will er der Frau auflauern, stattdessen kommt Klingberg. Er zwingt ihn mit vorgehaltenem Messer in seine Wohnung. Klingberg fällt ein, dass die Nachbarn nicht zu Hause sind, und führt ihn in die falsche Wohnung. Die Nachbarin ist doch da, die Situation eskaliert – so weit, so logisch. Aber warum lässt ihn der Mörder am Leben?

»Was ist in der Wohnung passiert?«

»Ich weiß es nicht«, antwortet Klingberg teilnahmslos, den Kopf zur Seite gedreht, den glasigen Blick stur auf die Jalousie gerichtet. »Er hat mich noch vor der Tür von hinten niedergerungen, mich gewürgt, irgendwann war alles schwarz.«

»Mhm«, murmle ich und mustere ihn dabei. »Und die ganzen Verletzungen?«

Klingberg starrt noch immer regungslos auf die Jalousie. Ich kann seine maskenhafte Miene nicht deuten, nichts regt sich mehr, nur die Pupillen tanzen, als beobachte er einen Funkenflug.

»Irgendwann bin ich aufgewacht, ich weiß nicht, wann«, fährt er mit monotoner Stimme fort. »In der Küche, auf dem Boden. Alles war finster, ich konnte nichts sehen, ich wusste gar nicht, wo ich war. Ich bin aufgestanden, in das Licht getorkelt, und plötzlich stand ich in ihrem Schlafzimmer. Emma, sie war ...« Für einen Moment unterbricht er. Seine Lippen öffnen und schließen sich stumm, als suchte er nach den richtigen Worten. »Das Blut war überall«, presst er schließlich heraus. »Ich habe so etwas noch nie gesehen.«

»Und der Angreifer?«

»Er war noch da. Ich habe ihn nicht kommen hören, im nächsten Moment hat er meinen Kopf gegen die Wand gedonnert, auf mich eingeschlagen, eingetreten. Dann war wieder alles schwarz.«

»Haben Sie sich gewehrt?«, frage ich gedankenlos und beiße mir im nächsten Moment auf die Unterlippe. Idiot.

Klingberg blickt mich jetzt direkt an. Da, wo gerade noch tanzende Pupillen waren, sind jetzt zwei kohlschwarze Stecknadeln, die mich eisern fixieren.

Es gibt nur wenige Regeln bei einer Vernehmung. Regel Nummer 1: Beeinflusse den Zeugen nicht. Regel Nummer 2: Stelle einfache Fragen. Und Regel Nummer 3: Piss ihm verdammt noch mal nicht ans Bein.

Besonders Männer reagieren ziemlich empfindlich, wenn man sie als Feiglinge hinstellt, noch dazu vor ihren eigenen Frauen. Und was mache ich? Genau das.

»Was mich interessiert, ist, ob der Angreifer vielleicht eine Verletzung hat, an der wir ihn erkennen können«, versuche ich die Situation zu retten.

»Nein«, antwortet er kühl.

»Können Sie ihn sonst irgendwie beschreiben?«

»Männlich, weiß, tiefe Stimme, größer als ich.«

»Haarfarbe? Kleidung? Besondere Merkmale? Akzent vielleicht?«

Als Antwort bekomme ich nur ein Kopfschütteln.

»Vielleicht ein …«, setze ich erneut an, werde aber unterbrochen. Eine wuchtige Krankenschwester kommt herein, geht schnurstracks auf Klingberg zu.

»Wir haben jetzt ein Date«, säuselt sie, »der Kernspintomograph wartet schon auf uns.« Sie zwinkert übertrieben, löst die Bremsen des Krankenbettes und schiebt Klingberg aus dem Zimmer.

Mit zusammengekniffenen Augen sehe ich ihnen nach.

Die Zeit läuft mir davon.

Linda

13 Stunden und 42 Minuten danach

Die Pflegerin schiebt Noah aus dem Zimmer, der Kommissar bekommt einen Anruf, und ich versinke augenblicklich in mir selbst.

Was ist, wenn Noah bleibende Schäden davonträgt? Irgendwas mit dem Kopf oder mit den Nerven; er könnte innere Blutungen haben, ein Aneurysma oder eine Sepsis, so etwas übersehen die Ärzte schnell einmal. Was ist, wenn ihm der Angreifer zwischen die Beine getreten hat, wenn er nicht mehr zeugungsfähig ist? Was sollen wir dann tun? Es ist ja schon schwer genug, dass mein Unterleib absolut unbrauchbar ist, aber was, wenn jetzt auch sein …

Dein Mann wurde schwer verletzt, und du denkst nur an dich!

Mein schlechtes Gewissen rüttelt mich wieder wach. Ich muss mich zusammenreißen. Noah braucht mich, ich muss für ihn da sein. Er ist es schließlich auch für mich.

»Ich melde mich später«, mault der Kommissar in sein Telefon und stopft es in die Innentasche seines Mantels, der so abgetragen und schmutzig grau aussieht wie er selbst.

Seine Haut, das matte, struppige Haar, der Schleier in seinem Blick, alles an ihm wirkt fahl, verbraucht, unbestimmt – so als könnte sich kein Detail entscheiden, welche Farbe und Form es haben will. Irgendwie widerstrebt sein ganzes Auftreten einer Einheitlichkeit, nichts will zusammenpassen. Die Schuhe nicht zur Hose, die Krawatte nicht zum Hemd, die dürren Arme nicht zum breiten Oberkörper. Trägt er etwa eine Weste unter dem Hemd? So ein gestepptes Gilet, damit er bulliger wirkt? Einfach lächerlich.

»Frau Klingberg«, reißt er mich aus den Gedanken. »Es sind noch einige Fragen offen, vielleicht könnten wir das klären, während wir hier auf Ihren Mann warten.«

»Bitte«, hauche ich heiser, wende den Blick von ihm ab.

Er kramt wieder in seiner Manteltasche, zieht diesmal einen Notizblock hervor. »Also, vielleicht fangen wir einfach mit den Personendaten an«, sagt er, setzt die Spitze seines Kugelschreibers auf das Papier und notiert akribisch, während ich alle Eckdaten herunterbete.

Noah 37, geborener Wesemann, Mutter Ella Wesemann, Vater verstorben. Ich 38, geborene Klingberg, beide Eltern verstorben. Verheiratet seit sieben Jahren – ja, richtig gehört, er hat meinen Namen angenommen –, gemeinsam wohnhaft in Hamburg. Von Beruf Wirtschaftsprüferin, Noah Autor. Dann natürlich wie immer die obligatorische Frage: »Autor, oh, mhm. Vielleicht hab ich schon etwas von ihm gelesen?«, gefolgt von meinem verkrampften Lächeln und dem einstudierten »Nein, aber das ist nur eine Frage der Zeit«. Wir nicken beide, schweigen wieder.

Der Kommissar blättert zwei Seiten seines Notizbuches zurück, runzelt die Stirn. »Waren Sie gestern Abend zu Hause?«

»Ja.«

Er blickt erneut ins Notizbuch. »Das Ganze muss sich irgendwann zwischen 22 und 23 Uhr abgespielt haben, vielleicht auch gegen Mitternacht. Haben Sie nichts gehört?«

»Nein, ich habe einen sehr tiefen Schlaf«, antworte ich nüchtern und ruhig, aber mein Gewissen geht auf die Barrikaden. *LÜGE! LÜGE! DAS IST EINE LÜGE!*, schreit meine innere Stimme, doch sie verhallt schnell. Natürlich ist das eine Lüge – eine Notlüge. Alle Menschen tun so etwas, jeden Tag, andauernd.

Wie geht es dir? Gut. Wie hat dir das Essen geschmeckt? Sehr gut. Warum kannst du nicht kommen? Krank. Warum hast du nicht zurückgerufen? Keine Zeit. Warum haben Sie nicht gehört, wie Ihr Mann nebenan halb totgeschlagen wurde? Tiefer Schlaf, nein, *sehr* tiefer Schlaf, habe ich gesagt – einfach lächerlich.

In manchen Nächten liege ich schweißgebadet im Bett, wälze mich unruhig hin und her und starre stundenlang in die Dunkelheit, löse mich darin auf. Und irgendwann, tausend Gedanken später, wenn alle Sorgen zerdacht, alle Flüche ausgestoßen, alle Hoffnungen auf den Klapperstorch fahren gelassen und alle Möglichkeiten abgewogen und wieder verworfen worden sind, wenn es draußen beginnt hell zu werden, selbst dann sinkt mein Körper in eine Phase, die formal zwar als Schlaf bezeichnet werden kann, aber real diesem Zustand nicht einmal ansatzweise nahekommt. So quäle ich mich dahin, manchmal viele Nächte lang, bis es einfach nicht mehr geht. Dann nehme ich eine Tablette, damit ich schlafen kann.

Aber das kann ich natürlich nicht sagen. Fällt das Wort »Tablette«, fällt der Kommissar sein Urteil. »Möglicherweise psychisch labil« wird er dann in sein kleines schwarzes Büchlein kritzeln, während er mich nach dem Grund für die Tablette fragt. Und wenn er fragt, muss ich erklären. Und wenn ich erkläre, wird er in seinem Notizbuch ergänzende Kommentare anfügen wie »bedauernswert« oder »hoffnungsloser Fall«, und wenn er begabt ist, zeichnet er eine lustige Karikatur von mir, wie ich ein fremdes Baby aus der Geburtsklinik stehle, und drei Vögelchen, die um mein zerzaustes Haupt flattern. Irgendwann wird er einen Bericht anfertigen, alles in den Computer tippen, und seine Notizen landen in den Akten, finden ihren Weg in irgendwelche Datenbanken, ziehen ihre Kreise, werden gehackt, verkauft oder bloß abgefragt. Und plötzlich werde ich bei der nächsten Beförderung übergangen. Plötzlich steht die Personalerin in meinem Büro und faselt irgendetwas von Umstrukturierung und Neuorientierung und dass sie meine Stelle leider streichen müssen, was natürlich alles kompletter Bullshit ist. In Wirklichkeit wollen sie einfach nichts mehr zu tun haben mit so einem frustrierten, nervlichen Wrack, das jeden Moment sinken könnte und wer weiß was alles mit sich reißt. Und deswegen: sehr tiefer Schlaf.

»Mhm«, kommentiert der Kommissar trocken meine Aussage und unterstreicht etwas in seinem Notizbuch oder streicht es durch. »Sind Sie mit den Nachbarn bekannt?«

»Ja, wir kennen sie gut.«

»Deswegen auch der Zweitschlüssel«, murmelt er vor sich hin. »Und Ihr Mann und Sie dachten, die beiden wären verreist?«

»Ja«, antworte ich rasch, mit einer lauteren Stimme als zuvor, und plappere sofort weiter. »Emma war vorgestern bei uns, hat gefragt, ob wir die Blumen gießen könnten, weil sie und Paul für eine Woche nach Madeira fliegen. Sie haben sich in einer kleinen Frühstückspension eingemietet, direkt an der Küste.«

Ich rede immer weiter, erzähle, dass die beiden öfter verreisen, auch mal nach Asien oder Südamerika. Dass sie so ein glückliches Paar sind, wie füreinander geschaffen, dass ich sie nie streiten gehört habe, nie ein böses Wort gefallen ist, Emma so eine herzensgute Person war, die jeder mochte. Ich beginne zu weinen, schluchze in mein Weinen hinein, was das für eine Tragödie sei, was für ein Mensch so etwas tun könne, kriege mich wieder ein, erzähle weiter von Emma, von ihren vielen Hobbys, dass sie gemalt hat, gesungen, sich selbst Klavierspielen beibringen wollte. Ich rede und rede und rede ohne Punkt und Komma; damit ich sie nicht hören muss. Damit ich ausblenden kann, wie sie immer lauter, immer heftiger, immer wilder in mir tobt und mit spitzen Krallen an meinem Gewissen scharrt.

Ich rede, denn meine innere Stimme schreit.

LÜGE!

Elias

14 Stunden und 34 Minuten danach

Mein Fuß wippt nervös auf und ab. Es ist eine Dreiviertelstunde vergangen, keine Spur von Noah Klingberg. Angespannt versuche ich, Linda Klingbergs Redeschwall zu folgen, notiere die wenigen brauchbaren Informationen in meinem Notizblock und sehe zwischendurch immer wieder aus dem Fenster, behalte den Parkplatz im Blick. Es ist nur eine Frage von Minuten, bis Dorn und Köpke hier aufkreuzen. Erwischen sie mich zum zweiten Mal, kann ich meinen Nacken schon mal für die Dienstaufsicht frei machen. Die Uhr tickt, mir läuft die Zeit davon.

Aus den Augenwinkeln bemerke ich, wie mich der Streifenpolizist vom Flur aus beobachtet. Er telefoniert, nickt immerzu mit dem Kopf, dann betritt er abrupt das Zimmer, presst dabei sein Telefon an die Brust. Er unterbricht den Redeschwall von Frau Klingberg mit einem übertrieben lautstarken Räuspern und sucht meinen Blick. »Wie, sagten Sie noch gleich, ist Ihr Name?«

Ich ignoriere ihn, lasse die Frage im Raum stehen, erhebe mich umständlich. »Frau Klingberg, der Kollege und ich müssen kurz etwas besprechen. Warten Sie bitte hier.«

Sie nickt zögerlich. Ich packe den Polizisten an der Schulter und dränge ihn zurück in den Flur.

»Bernd, richtig? Passen Sie auf, es ist folgendermaßen …«, setze ich an, fahre mir dann aber irritiert an die Brust und fingere mein Telefon aus der Innentasche meines Mantels.

»Ja?«, belle ich hinein, lasse zwei Sekunden vergehen und ziehe die Augenbrauen hoch. »Verstehe, nein, ich habe Zeit, schießen Sie los.«

Der Polizist versucht es noch einmal, baut sich neben mir auf und formt mit seinen Lippen überdeutlich die Worte »Ihr Name«.

Ich winke nur ab, umschließe mein Telefon mit der Hand und zische zurück: »Fünf Minuten«. Dann wende ich ihm den Rücken zu, gehe den Flur auf und ab, murmle immer wieder kurze Satzbrocken in den Hörer, aber niemand antwortet.

Kein Wunder, es ist auch niemand dran.

Aus dem Augenwinkel beobachte ich den Polizisten, wie er ebenfalls sein Telefon zum Ohr führt und sich von mir wegdreht. In dem Moment reiße ich die Tür zum Treppenhaus auf und haste sechs Stockwerke hinunter zum Parkplatz. Ich muss hier weg, muss die Sache klären, bevor es zu spät ist.

Behände lenke ich meinen Dienstwagen an den parkenden Autos vorbei, hinaus auf die Straße, den Eppendorfer Park entlang Richtung City Nord. Das Polizeipräsidium liegt zwanzig Minuten entfernt, bei zähem Verkehr dreißig, aber selbst wenn ich konzentriert wäre, würde die Zeit nicht reichen, um mir eine Strategie zurechtzulegen. Egal, welche Argumente ich auch vorbringe, sie werden mich nie zu diesem Fall hinzuziehen, keine Chance. Bei all dem, was geschehen ist, den Skandalen, den Dutzenden Artikeln von diesem Schmierfinken …

Trotzdem, ich muss es versuchen. Ich muss einfach!

Langsam wühlt sich mein Wagen durch den Verkehr, Stop-and-go vor einer Baustelle, ich starre auf den dunklen Fleck auf dem Beifahrersitz. Bei Observierungen hat Mats immer literweise Kaffee in sich hineingeschüttet und unablässig geredet. Über seine glückliche Jugend, die wilde Zeit im Internat, seine ersten Liebschaften, die Ausbildungsjahre. Früher sei alles besser gewesen, hat er immer augenzwinkernd geflachst. Damals eine hohle Phrase. Heute hundert Prozent zutreffend.

Mit Mats war alles anders. *Ich* war anders. Wir hatten noch den Job bei der Mordkommission, hatten einen guten Ruf, waren berüchtigt. Mats, der charmante Menschenfänger mit seinem verschmitzten Lächeln und den magischen Fingern, um die er jeden mühelos wickeln konnte; ich, der blasse Analytiker mit dem Auge fürs Detail. Jeder für sich war mit seinen Talenten auf verlorenem Posten, aber als Team konnte uns niemand das Wasser reichen. Bering, der damalige Chef der Mordkommission, hat uns Dutzende Fälle zugeschanzt, einer vertrackter als der andere. Der Brudermord im Einkaufszentrum, die zerstückelte Leiche am Elbufer, das Eisdielenblutbad, die Geschichte im Seniorenheim, der Raststättenschütze, der mich fast erwischt hätte, selbst das Massaker unter den Hells Angels – wir haben alle Fälle gelöst, die er uns aufgetischt hat. Und jeder war zufrieden. Wir hatten unseren Job gemacht, Bering hatte Futter für die Presse und der Polizeichef endlich einen Nachfolger für Bering, der seine Pensionierung kaum noch hinauszögern konnte. Natürlich war Mats vorgesehen, ich sollte bloß den Stellvertreter geben, aber das war mir nur recht. Im Rampenlicht stehen und dem Polizeichef das Händchen halten, gehört nicht gerade zu meinen Stärken, geschweige denn, die Vögel von der Presse zu bespaßen – nein, danke. Mats hätte das gekonnt, er wäre in diesem Job aufgegangen. Aber es kam anders.

Er kam.

Fast drei Jahre ist das jetzt her. Sein erstes Opfer war eine Prostituierte, Natascha Lechefsky, 22 Jahre jung. Hat eine Weile in der Maxstraße angeschafft, bis zu der Schießerei, dann empfing sie die Freier in ihrer Privatwohnung. Ist mit ihrer SM-Nummer anscheinend gut gefahren, die Rechnungen waren bezahlt, der Mercedes neu. Es schien gut für sie zu laufen, bis zu jener Nacht am 18. Dezember 2016.

Eine Freundin wollte ihr nur kurz etwas vorbeibringen, die Tür stand offen, keine Spuren eines Einbruchs. Natascha lag tot auf dem Boden ihres Schlafzimmers, sieben Messerstiche, verteilt am ganzen Körper, der Ringfinger abgeschnitten, das Geschmiere an der Wand, genau die gleiche Sauerei wie heute. Die Tat eines Wahnsinnigen, ohne Zweifel.

Natürlich hat Bering uns auf den Fall angesetzt, auch wenn eigentlich ein anderer Kollege zuerst vor Ort war. Prio 1 hieß es, volle Aufmerksamkeit und Unterstützung von drei Mann: Frahm, Hustedt und Steiger, Mats und ich die Direktive. Bering hat alles andere abgeblockt, hat uns den Rücken frei gehalten, wo es nur ging. Es gab nur uns und den Fall Lechefsky.

Aber nicht lange.

Gerade einmal zweieinhalb Monate später wurde die

nächste Leiche gefunden. Helena Kiel, wieder jung, 27, aber meilenweit von der Rotlichtszene entfernt, Laborassistentin. Und knapp sieben Wochen danach das dritte Opfer, Maren Kemp, Anwaltsgehilfin, 25. Die Frauen kannten einander nicht, hatten keine gemeinsamen Bekannten, verkehrten nicht in denselben Kreisen. Bei Lechefsky gab es wenigstens noch Gerüchte, dass sie ihre Freier erpresst haben soll, aber bei Prostituierten gibt es immer irgendwelche Gerüchte, und bei den anderen beiden Opfern gab es rein gar nichts. An den Tatorten fand man weder übereinstimmende Fingerabdrücke noch DNA-Spuren oder sonst irgendetwas Brauchbares. Wir hatten nichts, absolut gar nichts, tappten im Dunkeln wie die reinsten Anfänger, und der Druck stieg von allen Seiten. Der Polizeipräsident stand mittlerweile täglich bei Bering auf der Matte, die Presse belagerte das Präsidium wie Aasgeier, der Parkplatz war ständig voll von Übertragungswagen. Im Fernsehen liefen sich die selbst ernannten Experten die Hacken wund, um rechtzeitig von einer Talkshow zur nächsten zu gelangen und ihren Schwachsinn abzusondern.

Selbst intern drohte die Stimmung zu kippen. Frahm war schon immer ein Arsch, aber jetzt war er noch dazu aufsässig. Hustedt machte sowieso nur das, was Frahm machte, und dieser sture Bock Steiger stemmte sich von Anfang an gegen alles. Den Jungs hat es einfach in den Fingern gejuckt, die wollten an ein paar aktenkundigen Perversen Dampf ablassen, bei der Befragung mal die Samthandschuhe beiseitelegen, der Presse etwas liefern, eine Razzia, ein paar Hausdurchsuchungen, irgendeinen Erfolg vorweisen. Aber das war nicht unser Stil. Mats und ich, wir hatten unsere eigene Vorgehensweise. Observieren, befragen, alle Informationen sammeln und auswerten, Strategien entwickeln und an den entscheidenden Stellen den Köder auswerfen, bis wir die Richtigen am Haken hatten. Und dann kam Mats' Sternstunde.

Er war wie ein Chamäleon, konnte sich jeder Person anpassen, sie glauben lassen, er wäre das Beste, was ihr je passiert ist. Er hat die Verdächtigen manipuliert und gleichzeitig so getan, als wäre er ihr einziger Freund. Und alle sind ihm in die Falle gegangen, selbst die, die wussten, dass es eine Falle ist. Mats konnte das; ich habe dieses Talent nie wirklich verstanden.

»Mord ist leicht«, hat er einmal gesagt. »Es ist nur schwer, damit davonzukommen. Man muss nicht nur lügen, man muss die Lüge auch leben, und das können die wenigsten. Alle stolpern früher oder später von selbst darüber, man muss nur wissen, was sie ins Straucheln bringt, und ein bisschen nachhelfen, mehr nicht.«

So haben wir gearbeitet, Fall für Fall für Fall. Bis dieser Dreckskerl aufgekreuzt ist und alles über den Haufen geworfen hat.

Wir kamen einfach nicht weiter, traten auf der Stelle. Sein Täterprofil ergab keinen Sinn. Massiv gestört, aber absolut kontrolliert. Die Tötungsart einerseits extrem affektgeladen und impulsiv, andererseits ausgeführt wie von einem Chirurgen. Nirgendwo Anzeichen eines Einbruchs, keine Zeugen, nicht die kleinste Spur. Er kam wie ein Geist und hinterließ ein Blutbad, die Opfer anscheinend wahllos ausgewählt. Wir haben Wochen gebraucht, bis wir aus den wenigen Indizien wenigstens den Ansatz eines Verdachts zusammengepuzzelt bekamen. Aber weit sind wir damit nicht gekommen.

Sechs Wochen nach dem dritten Mord erschien die Reportage, die uns das Genick brach: Der »Ringfinger-Mörder« war geboren. Ein Acht-Seiten-Special im ›Memento‹, dem größten deutschen Nachrichtenmagazin. Beruhend auf geheimen, polizeiinternen Akten, verfasst von David Kronen, einem freien Journalisten aus Hamburg.

Schlagzeile: *Der Ringfinger-Mörder.*

Unterzeile: *Warum er immer noch auf freiem Fuß ist.*

Es war der größte Polizeiskandal des Jahres, und wir waren machtlos dagegen. Der Bericht enthielt keine Fotos vom Tatort, von entblößten Leichen oder dergleichen, nichts, weswegen wir das Blatt drankriegen konnten. Im Grunde hat dieser Kronen nur die Sache mit dem Ringfinger verraten, von dem Geschmiere und den Einstichen dagegen kein Wort. Vielleicht wusste er es nicht, vielleicht hat es ihm auch nicht in seine Ringfinger-Mörder-Schublade gepasst, wer weiß. Wir haben nie herausgefunden, welche Akten Kronen wirklich hatte und welche nicht, aber das war im Grunde auch egal. Entscheidend war, was er daraus gemacht hat: eine Hinrichtung.

Die Reportage las sich wie eine einzige Anklageschrift, jede Zwischenüberschrift war ein Nagel in unserem Sarg. Überforderte und unfähige Ermittler, internes Kompetenzgerangel, ein Versagen des gesamten Polizeiapparates. Der Pleiten-, Pech- und Pannendienst vom LKA Hamburg verrenne sich in abstruse Hypothesen über vermeintliche Auftragsmorde, organisierte Kriminalität und Täter mit angeblichem Insiderwissen. Das Offensichtliche werde trotz interner Warnrufe außer Acht gelassen, zwei weitere Frauen hätten seither sterben müssen, und die Leiter der Ermittlungen wanderten immer noch auf der falschen Fährte Richtung nirgendwo. Wie lange würden sie noch weiterstümpern, wie viele Frauen noch sterben müssen? Seien die Bürger Hamburgs noch sicher? Wer trage die Konsequenzen? Und, und, und …

Es war übel, richtig übel. Acht Seiten lang Anschuldigungen. In 862 000 Exemplaren. Tagelange Berichterstattung auf allen Kanälen, Schlagzeilen auf jeder Titelseite des Landes, alle haben sich das Maul zerrissen, alle. Besonders über Mats – ihm hat dieser Schmierfink noch dazu ein Alkoholproblem angedichtet. Mats stand im Rampenlicht, hat den Kopf hingehalten, die Ermittlungsarbeit verteidigt, wo es nur ging. Aber es war zwecklos. Die Medien hatten die Meinung der Öffentlichkeit längst im Griff, niemand wollte mehr Argumente hören, Köpfe sollten rollen. Und so kam es auch.

Mats und ich bekamen erst mal Sonderurlaub aufgedrückt, die übliche Maßnahme. Bei Bering waren sie weniger zimperlich, er wurde von einem Tag auf den anderen in Pension geschickt, ohne Pauken und Trompeten, wie er es verdient hätte, sondern sang- und klanglos durch die Hintertür, seine Sachen waren schon gepackt.

Steiger hatte jetzt das Sagen. Er übernahm die Ermittlungen und ließ als Erstes die halbe Innenstadt zum Gefahrengebiet erklären, eine Maßnahme, bei der die Presse normalerweise auf die Barrikaden geht, aber diesmal nicht. Diesmal haben sie alle brav die Klappe gehalten, etwas von »dem Anlass entsprechend« geschrieben und »in Ausnahmesituationen begründet«. Die Razzien fanden sie gerechtfertigt, die Dutzenden Hausdurchsuchungen einen Schritt in die richtige Richtung, sie haben jede Festnahme gefeiert, selbst wenn sie noch so irrsinnig war. Steiger hat jeden in die Mangel genommen, der irgendwann einmal etwas ausgefressen hatte, alles im Namen der öffentlichen Sicherheit. Und der Polizeipräsident, die Innenbehörde, der Bürgermeister, alle haben sie weggesehen, Hauptsache, die Leute konnten sich wieder sicher fühlen.

Und so sind die Monate verstrichen. Neue Morde blieben aus, und die Welt drehte sich weiter. König Fußball, Klimawandel, Promi A gegen Promi B. Menschen vergessen schnell, wenn die nächste Sau durchs Dorf gejagt wird. Dass man den Ringfinger-Mörder nie fassen konnte, war höchstens eine Randnotiz im Lokalteil wert. Und was aus mir und Mats wurde, hat sowieso niemanden mehr interessiert.

Ich kam glimpflich davon, die Abteilung für Einbruchsdelikte war zwar nicht meine erste Wahl, aber immerhin durfte ich noch aktiv ermitteln. Mats hat es schlimmer erwischt. Nach dem Sonderurlaub haben sie ihn in der Innenbehörde hinter einem Schreibtisch versteckt, Referent für Terrorprävention. Berichte schreiben, Maßnahmen prüfen, Arbeitsgruppen koordinieren; ein Abstellgleis. Das und Steigers Erfolg – Mats war ein gebrochener Mann.

Kaffee hat er immer noch literweise getrunken, aber mit ein paar mehr Umdrehungen. Das angedichtete Alkoholproblem wurde real: Die Kollegen mussten ihn regelrecht anflehen, dass er doch Wodka nehmen solle statt Whisky, den rieche man wenigstens nicht. Aber es war ihm egal. Seine Ehe, seine Karriere, unsere Freundschaft, alles ist den Bach runtergegangen. Irgendwann mussten sie ihn rausschmeißen, es ging nicht mehr anders, er war untragbar. Seitdem habe ich ihn nie wiedergesehen, wir haben den Kontakt verloren.

Ich biege ab, fahre die Hindenburgstraße entlang, das Polizeipräsidium ist schon von Weitem zu sehen. Ein prachtvoller Rundbau, von oben eine gläserne Sonne, von vorne einfach nur imposant. Früher mein täglicher Arbeitsweg. Vierter Stock, linker Flügel, LKA 41, Fachkommissariat für Mord- und Tötungsdelikte, unser Büro war am Ende des Ganges, direkt neben dem von Bering.

Ich parke den Wagen, atme tief ein und aus. Mats hatte recht. Früher war alles besser. Bering gibt es nicht mehr. Heute sitzt der neue Chef der Mordkommission an seiner Stelle. Und Steiger hasst mich wie die Pest.

Noah

14 Stunden und 2 Minuten danach

»Darf ich vorstellen: unser Ofen«, witzelt die Krankenschwester und deutet dabei auf den riesigen Apparat inmitten des steril weißen Raumes. Ich starre den Ofen an, dann sie, dann wieder den Ofen.

»Kleiner Scherz«, plappert sie weiter, während sie mich auf die Liege vor dem Kernspintomographen bugsiert und mir eine Schaumstoffrolle unter die Kniekehlen schiebt. Kurz hält sie inne, mustert argwöhnisch mein Bein.

»Was haben Sie denn da gemacht?«

Ich hebe den Kopf, folge ihrem Blick, seufze. »Da hab ich mit dem Wasserkocher nicht aufgepasst«, antworte ich kurz angebunden, hebe beide Hände. »Zwei linke Hände. Ist aber schon lange her.«

Sie zwinkert mir zu. »Vor unserem Ofen müssen Sie keine Angst haben. Er wird nicht heiß, kochen tun sie hier nur in der Kantine, und auch da nicht wirklich, wenn Sie verstehen, was ich meine.«

Ich versuche zu lächeln, aber es gelingt mir nicht, meine Mundwinkel sind wie gelähmt, jeglicher Muskel in meinem Gesicht versagt mir den Dienst.

Die Krankenschwester scheint das jedoch nicht zu bremsen, im Gegenteil. Unbeirrt scherzt sie weiter, schnallt dabei meinen Kopf an die Liege, drückt mir einen Notfallknopf in die rechte Hand und legt meinen Daumen darauf, als wäre ich ein kleiner Junge, der das Prinzip Taste noch nicht verinnerlicht hat. »So, jetzt bringen wir mal Schwung in die Kiste. Dauert nicht lange: Rein, raus, und nach zwanzig Minuten ist alles vorbei. Kann's losgehen?«

Ich nicke.

Die fleischigen Finger der Krankenschwester fliegen über ein winziges Bedienfeld, und augenblicklich erwacht der Tomograph zum Leben. Vibrationen durchdringen die Liege unter mir, wandern über meine Schulterblätter in den Brustkorb und in meinen gesamten Körper.

Die Krankenschwester zwinkert mir aufmunternd zu. »Wenn was ist: einfach den Knopf drücken, Schwester Doris eilt herbei«, flötet sie und entschwindet gleich darauf aus meinem Blickfeld.

Eine Tür fällt ins Schloss, bis auf das vibrierende Surren herrscht Stille. Plötzlich erlischt das Licht im Raum, und die Maschine über meinem Kopf beginnt, mich Zentimeter für Zentimeter in sich hineinzuziehen. Ich höre das Zischen einer Hydraulik, mechanische Teile rasten ein und kalibrieren sich. Irgendwo saugt ein Ventilator heiße Luft aus dem Gehäuse; sie verteilt sich im Raum und streift kurz meine nackten Zehen, bevor mein Körper gänzlich im Bauch der Maschine verschwindet. Ich fühle mich wie Munition im Inneren eines Torpedorohres, geladen und entsichert, bereit zum Abschuss auf den Feind. Ein Knacken gesellt sich zur Geräuschkulisse, Schwester Doris' Stimme krächzt durch einen Lautsprecher.

»Jetzt bitte nicht bewegen, damit wir Ihren Kopf auch klar und deutlich draufkriegen.«

Ich atme tief ein und versuche mir vorzustellen, was die Ärzte auf den Monitoren erkennen, rufe sämtliche Filme, Serien und Dokumentationen ab, die ich je darüber gesehen habe, und spiele die Bilder noch einmal vor meinem geistigen Auge ab. Die Szenen sind immer ähnlich. Bläulich graue Gehirnmasse und Schädelkonturen wabern wie kunstvolle Rauchschwaden über die Bildschirme, darunter spaltenweise Zahlen und kryptische Buchstabencodes. Laien erkennen darin nichts, Sachkundige einfach alles; zumindest haben sie das in dieser einen Dokumentation gesagt.

Für Ärzte sind MRT-Bilder umfassende Atlanten menschlicher Gedanken, Gefühle und Verhaltensweisen – sie blättern sich Schicht für Schicht durch unsere Gehirnareale, lesen uns wie ein offenes Buch. Von schwerwiegenden Erkrankungen wie Schizophrenie, Psychosen oder Demenz über vergleichsweise harmlose Störungen wie Höhenangst, Narzissmus oder introvertierte Tendenzen bis hin zu Scham, Furcht, Erregung oder anderen Alltagsbefindlichkeiten – alles liegt offen vor ihnen, klar und deutlich, grau auf schwarz auf weiß.

Schwester Doris' Stimme reißt mich aus meinen Gedanken.

»Ist Ihnen kalt? Sie zittern so stark, dass wir die Aufnahme nicht scharf kriegen. Soll ich Ihnen vielleicht eine Decke bringen? Pfötchen hoch für: Ja, ich will.«

Meine Hand bleibt liegen. Ich presse meine Kiefer fest zusammen, hole tief Luft und versuche, meine Angst wegzuatmen, aber es gelingt mir nicht. Meine Gedanken kreisen unentwegt um den kleinen Bildschirm mit meinem wabernden Gehirn darauf. Und ich frage mich, ob sie sehen, dass ich mich frage, was sie sehen, oder ob sie tiefer blicken können.

»Ooookay, keine Decke für den Prinzen.«

Ich frage mich, welche Areale in meinem Hirn gerade aktiv sind und welche nicht. Welche Teile stärker durchblutet sind, welche weniger und ob sich Schwester Doris und Doktor Unbekannt überhaupt dafür interessieren.

»Wir versuchen es einfach noch einmal.«

Ich frage mich, wie sich Lüge und Wahrheit in meinem Kopf unterscheiden.

»Schön stillhalten, Sie Zappelphilipp.«

Und ich frage mich, ob es irgendwo ganz tief drinnen, verborgen in den untersten Schichten der Hirnsubstanz, ein eigenes Areal für Geheimnisse gibt.

»Los geht's!«

Ich halte die Luft an, presse die Zähne aufeinander, konzentriere mich auf einen Punkt über mir. Ich frage mich, ob sie es sehen können, dieses ganz spezielle Areal. Wie es blinkt und funkt und arbeitet. Ich frage mich und zittere am ganzen Leib.

Linda

14 Stunden und 43 Minuten danach

Verloren stehe ich am Fenster, starre durch die Schlitze der Jalousie hinunter auf den Parkplatz und durch die Zeit zurück. Es ist gar nicht so lange her, da war ich hier quasi Dauergast, zwei Stockwerke weiter oben, im Kinderwunschzentrum. Damals glaubte ich noch an die Götter in Weiß, dachte, sie könnten mir helfen. Doch ich wurde eines Besseren belehrt.

Endometriose, verklebte Eileiter, vielleicht eine hormonelle Störung oder eine Infektion? Sie hatten jedes Mal eine neue Diagnose für mich parat, und jedes Mal dachte ich: Ja, das wird es sein. Daran liegt es, sie werden die Ursache finden, sie behandeln, und dann wird es endlich klappen. Ich habe alles über mich ergehen lassen, Hormontherapie, Polkörper-Biopsie, Hystero-Salpingo-Sonographie, Hysteroskopie – alles, was auf -ie endet und schmerzt, wurde durchgeführt, jeder Quadratzentimeter meines Unterleibs abgecheckt, ohne Resultate. Und als ihnen die Eingriffe mit -ie ausgingen, haben sie die richtigen Klopper ausgepackt: die ion-Endungen. In-vitro-Fertilisation, Insemination – jeder Versuch mindestens 3000 Euro. Da zeigen sich die Krankenkassen knausrig. Am Ende war all unser Erspartes aufgebraucht. Ich hatte immer noch kein Baby im Bauch. Und die Ärzte kannten nur noch einen Satz: Manchmal soll es halt einfach nicht sein, Frau Klingberg.

Manchmal soll es halt einfach nicht sein? Was ist das für eine Antwort? Sie transplantieren Herzen, klonen Schafe, machen aus Männern vollständige Frauen, aber sie schaffen es nicht, mich schwanger zu bekommen? Wie kann das sein? An Noah liegt es nicht, seine Spermien sind tipptopp, also liegt es an mir – wie kaputt muss mein Körper sein? Wie … Ach, was rege ich mich eigentlich auf.

Kraftlos sacken meine Schultern nach unten, ich seufze lautstark auf. Bei meiner letzten fehlgeschlagenen In-vitro-Fertilisation stand ich genauso da, in einem ähnlichen Zimmer, mit dem gleichen bleischweren Gefühl im Magen. Ich habe hinunter auf den Parkplatz gestarrt und gewartet, bis Noah kam und ich mich in seinen Armen verkriechen konnte. Jetzt stehe ich wieder hier und warte auf ihn. Aber diesmal ist alles anders. Diesmal …

»So, hier ist er wieder, fast wie neu«, reißt mich die Stimme der stämmigen Krankenschwester von vorhin aus den Gedanken. Mit ihrem breiten Gesäß drückt sie schwungvoll die Tür auf, zieht das Krankenhausbett mit Noah darin hinter sich her. »Hat ein bisschen gedauert, aber dieser Zappelphilipp hält ja keine Sekunde still.«

Mein irritierter Blick wandert von der Krankenschwester zu Noah. In seinem Gesicht gefriert ein verkrampftes Lächeln.

»Ist alles … okay mit ihm?«, frage ich zögerlich.

»Alles in bester Ordnung«, beschwichtigt die Krankenschwester, während sie das Bett in die richtige Position wuchtet. »Keine größeren Blutungen, keine Brüche, keine Splitter. Außen eine dicke Beule, innen ein kleines Hämatom, aber nichts Bedenkliches, keine Sorge. Eine Runde

Schlaf, ein paar Ibu und die nächsten Tage Ruhe, dann sollte sich alles wieder einrenken. Aber das wird Ihnen der Doktor noch genauer erklären.«

Ich nicke, ziehe einen Stuhl heran, setze mich neben Noah und nehme seine Hand in meine, aber ich weiß nicht, was ich sagen soll, bin wie paralysiert. Diese ganze Geschichte, Emma, das ist alles so absurd, so unglaublich abwegig, als wären wir gestern zu Hause eingeschlafen und heute in einem schlechten Sonntagnacht-Thriller auf RTL aufgewacht. Vielleicht liegt es an dem, was beim MRT vorgefallen ist, vielleicht ist es unsere Schweigsamkeit, meine hölzerne Art, Noahs Hand zu streicheln, sein leerer Blick oder alles zusammen – die Krankenschwester fühlt sich jedenfalls bemüßigt, uns ihre Hilfe anzubieten.

»Hören Sie«, raunt sie Noah verschwörerisch zu und legt dabei ihren Kopf schief. »Wenn Sie mit jemandem reden wollen, der'n bisschen mehr auf'm Kasten hat als die alte Schwester Doris, kein Problem. Wir haben da eine gute Seele im Haus, die hat schon alle möglichen Läuse von der Leber gejagt, selbst die ganz fetten. Keine Pastorin, eine vom Fach. Doktor Helene Witten, approbierte Therapeutin vom Psychosozialen Notdienst, sehr kompetente Frau. Wenn Sie wollen, kann ich der ja mal Bescheid geben, dass …«

»NEIN!«, höre ich mich rufen, viel zu laut, viel zu forsch.

Die Krankenschwester glotzt mich mit großen Augen an, sagt kein Wort mehr.

»Ich meine … nein, danke«, versuche ich in einem sanfteren Tonfall die Wogen zu glätten. »Ich glaube, wir brauchen einfach Ruhe und ein bisschen Zeit für uns, das ist alles, nicht wahr, Schatz?«

Noah sieht mich an. Seine Augen sind so glasig, dass ich mich darin spiegeln kann. Mein Herz schlägt bis zum Hals. *Bitte, bitte, sag nichts Falsches. Bitte!*

Er blinzelt, räuspert sich und lächelt scheu. »Ja, ich denke auch, eine Therapeutin wird nicht nötig sein. Aber danke für das Angebot.«

Die Krankenschwester mustert uns mit gehobenen Augenbrauen, ihre Stirn legt sich in Falten, glättet sich jedoch gleich darauf wieder. »Wie Sie meinen. Können Sie sich ja noch mal überlegen, Schwester Doris ist immer für Sie da. Haben Sie eigentlich schon was zu essen bekommen?«

Noah schüttelt den Kopf. Ich atme erleichtert aus.

»Ja, kein Wunder, dass Sie zittern wie Espenlaub, Sie Ärmster! Ich schau gleich mal, was ich noch auftreiben kann. Hat man Ihnen das mit dem Speiseplan schon erklärt? Bei uns funktioniert jetzt nämlich alles elektronisch«, verkündet sie mit stolzer Stimme und zieht den am Nachttisch befestigten Bildschirm zu sich heran. »Das sind unsere Multimediageräte, aber ich sag immer Alleskönner dazu, weil Sie können da alle …«

Sie schnattert weiter in einer Tour. Während sie Menüpläne, Fernsehkanäle und die Telefonfunktion erklärt, blickt mich Noah verstohlen an. Ich forme mit meinen Lippen überdeutlich ein Danke, versuche, ihm ein Lächeln zu schenken. Seine Mundwinkel heben sich zaghaft, dann nimmt ihn die Krankenschwester wieder in Beschlag.

Mein Blick fällt auf das Ziffernblatt meiner Uhr. Heute ist der 12. Oktober 2019. Die letzte Sitzung bei meiner Therapeutin ist jetzt zwei Jahre, acht Monate und fünfzehn Tage her. Bleiben noch knapp 28 Monate, dann haben wir endlich eine

Chance. So lange darf uns kein Fehler unterlaufen, weder mir noch Noah. Selbst nach so einem Erlebnis nicht, und das bricht mir das Herz. Noah hätte alles Recht der Welt, mit einem Therapeuten zu reden, aber es geht einfach nicht, wir dürfen nicht riskieren, dass irgendwelche Einträge in seine Akten gelangen und unsere einzige verbleibende Option auf eine Familie zunichtemachen. Denn wenn nicht irgendein Wunder geschieht und mein kaputter Uterus doch noch anspringt, bleibt uns nur eine Adoption. Aber wenn wir nicht aufpassen, wird auch das nicht klappen.

Ich sehe die Dame vom Jugendamt schon vor mir, eine knöcherne alte Spinster mit streng nach hinten gebundenen grauen Haaren. Hager, mit scharfer Nase und hohlen Schläfen thront sie hinter ihrem billigen Pressspanschreibtisch und mustert unsere Akten, minutenlang. Sie nimmt unsere Vergangenheit auseinander, zerlegt sie in winzige Bausteine, wiegt jedes Teil in einer hochsensiblen Waagschale. Ich kann förmlich hören, wie ihre kratzige Stimme durch die Amtsstube schnarrt. »Das Wohl des Kindes muss immer im Vordergrund stehen.«

Ich kann sehen, wie sie mit spitzen Fingern Zeile für Zeile jedes einzelnen Blattes entlangfährt, bis die Akten vor ihr endlich die Information ausspucken, nach der sie so akribisch gesucht hat.

»Sie waren in therapeutischer Behandlung, Herr Klingberg?«

Vor meinem inneren Auge zeichnet sich alles ganz deutlich ab. Noah wird zuerst starr vor Schreck, dann windet er sich in seinem Stuhl, und es bricht unkontrolliert aus ihm heraus, dass es nur zwei oder drei Gespräche gewesen seien, mehr nicht. Damals sei etwas Schreckliches passiert, die Nachbarin sei ermordet worden, er selbst niedergeschlagen, und er habe mit jemandem darüber reden wollen, das müsse sie doch verstehen.

Doch die Dame vom Jugendamt wird einfach nur dasitzen, mit starrer Miene und dünnen Lippen, und sie wird trocken nachhaken: »Passieren viele Verbrechen in Ihrer Gegend?«

Und dann ist die Geschichte gelaufen.

Noah wird weiter auf die Dame einreden, er sieht nicht, dass die Entscheidung längst gefällt ist, nicht anders hätte gefällt werden können. Er sieht nur den Menschen, aber das ist eine Behörde. Behörden haben keine Augen, die sie zudrücken, keine Beine, mit denen sie einem entgegenkommen, kein Herz, dem sie einen Ruck geben können. Alles, was sie haben, sind Richtlinien, Vorschriften, Pflichten und Gesetze. Passt man da nicht hinein, wird man aussortiert. Keine Diskussion.

»Das Wohl des Kindes muss immer im Vordergrund stehen«, wird die Dame wiederholen. »Wir verstehen Ihren Wunsch nach einer Adoption, aber Kinder brauchen ein stabiles, sicheres Umfeld. Und leider muss ich Ihnen mitteilen, dass ich das bei Ihnen nicht im ausreichenden Maße sehe.«

Sie muss das sagen, kann nicht anders, sie ist nur das Sprachrohr. Ich weiß, wovon ich spreche, ich bin Wirtschaftsprüferin. Ich bin das Sprachrohr von Aktiva, Passiva, Erträgen und Bilanzen. Sagen die Zahlen Rot, kann ich nicht Schwarz sagen, *that's the way it is*. Und sagen die Daten »psychotherapeutische Behandlung«, kann die Beamtin nicht »Adoption bewilligt« sagen. So einfach ist das, so funktioniert die Welt.

Aber natürlich gibt es Tricks.

Es gibt immer Tricks, auch da kenne ich mich aus. Frisierte Bücher zu erkennen und aufzudecken ist mein Job, und ich bin gut in meinem Job, sehr gut sogar. Aber die meisten Betrüger machen es mir auch leicht. Fast jeder Schwindel fliegt auf, weil die Menschen ein und denselben Fehler begehen: Sie versuchen, *mich* auszutricksen, nicht das System.

Aber das funktioniert nicht. Man muss das System akzeptieren, muss versuchen, die Mechanismen zu durchschauen, das Regelwerk in- und auswendig lernen. Erst dann kann man sie erkennen: die *anderen* Wege. Schleichwege, Nebenstrecken, schmale Trampelpfade, gut versteckt und schlecht ausgeschildert, aber es gibt sie. Gewiefte Unternehmen kennen diese Wege. Ich kenne sie auch, aber mir sind die Hände gebunden, die Grenzen des Systems sind auch meine Grenzen.

Auch in unserem Fall gibt es einen *anderen* Weg. Ich habe nicht lange gebraucht, um ihn zu finden, aber wir brauchen lange, um ihn zu gehen: fünf Jahre. Fünf Jahre ohne Einträge von psychotherapeutischen Behandlungen, weder bei mir noch bei Noah. Fünf Jahre – länger darf das Amt nicht zurückblicken, so will es der Gesetzgeber. Fünf Jahre, um trotz aller Widrigkeiten ans Ziel zu gelangen. Es bleiben noch zwei Jahre und vier Monate. Dann werden die Damen vom Amt machtlos sein. Und wir bekommen endlich die Chance auf unser Glück.

»... und wenn Sie Radio hören wollen, dann drücken Sie diesen Knopf.«

Die Krankenschwester erklärt Noah so voller Stolz die Funktionen des Computers, man könnte meinen, sie hätte ihn erfunden. Ich kann diese übertrieben fürsorgliche Person nicht ausstehen.

»So, aber jetzt bring ich Ihnen mal was zu essen.«

Endlich. Bitte, geh! Geh doch einfach.

»Sind Sie krüsch?«

Noahs Stirn runzelt sich leicht.

Die Krankenschwester verdreht die Augen. »Ob Sie wählerisch sind, Vegetarier oder Veganer oder wie das alles heißt …«

»Nein.«

»Wunderbar, dann geht's schneller. Bin sofort wieder da!«, flötet sie im Hinausgehen, und ich überlege ernsthaft, ob sich die Türen versperren lassen, damit ich mit Noah endlich über alles, was passiert ist, reden kann.

Doch mir bleibt nicht einmal Zeit, ein einziges ungestörtes Wort mit ihm zu wechseln. Ruhe findet man hier anscheinend nur als Wort auf den vergilbten Hinweisschildern an der Wand.

»Guten Tag, mein Name ist Dorn«, stellt sich der große, kräftig gebaute Mann vor, der plötzlich im Türrahmen steht. Er kaut auf irgendetwas herum, das aussieht wie eine kleine Stricknadel. Neben ihm taucht ein zweiter auf, kleiner, schmächtiger, er putzt seine Brille und würdigt uns keines Blickes. »Das ist der Kollege Köpke. Wir sind von der Polizei, genauer gesagt, Mordkommission«, sagt der, der sich als Dorn vorgestellt hat.

Sie schließen die Tür hinter sich und treten näher. »Wir hätten da einige Fragen an Sie, Herr Klingberg«, meint der Schmächtige und setzt seine Brille wieder auf. »Sind Sie … Frau Klingberg?«

Mich beschleicht das Gefühl, dass etwas nicht stimmt. Wer sind diese zwei Vögel? Vielleicht Reporter? Schmierig genug sehen sie aus.

»Können Sie sich ausweisen?«, fahre ich die beiden an.

Sie zücken ihre Ausweise, pressen gleichzeitig die Lippen zusammen – anscheinend bekommen sie diese Frage öfter zu hören. Sie sind tatsächlich von der Polizei.

Aber jetzt verstehe ich erst recht nicht, was das soll. »Wir haben doch schon mit Ihrem Kollegen gesprochen, was wollen Sie denn noch wissen?«

Die beiden tauschen irritierte Blicke aus, runzeln die Stirn.

»Kollege?«, fragt der namens Dorn. »Welcher Kollege?«

Elias

15 Stunden und 3 Minuten danach

Es vergehen neun zähe Sekunden, bevor der Aufzug hält. Mit einem *Ping* öffnet sich die Tür – das Geräusch ist mir noch nie aufgefallen, jetzt erinnert es mich an einen Boxkampf. Der Gong gibt den Ring frei, einen Kampfrichter gibt es nicht, mein Gegner ist ein Schwergewicht. Er wartet in der anderen Ecke des Großraumbüros, ich höre ihn von Weitem toben, aber noch ist er mit sich selbst beschäftigt.

Ein Schritt aus dem Aufzug, sofort schlägt mir der Mief abgestandenen kalten Rauchs entgegen. Im Gebäude herrscht absolutes Rauchverbot, und eigentlich hält sich jede Abteilung an diese Regel. Aber für die Mordkommission unter Steiger sind Regeln da, um gebrochen zu werden.

Natürlich gibt es Beschwerden, zuhauf.

Es ist kein Geheimnis, dass die Compliance-Abteilung extra wegen Steiger und seiner Truppe neue Aktenschränke bestellen musste. Jeder weiß über die Unsitten innerhalb der Mordkommission Bescheid, aber solange von oben kein Druck kommt, sind die Verwarnungen der Kollegen aus der Internen bloß Bisse zahnloser Tiger. Steigers Leute kommen mit ihren linken Nummern immer wieder davon, selbst wenn sie die Hälfte der Dienstzeit im Fleetstübchen verbringen, ihrer Stammkneipe. Aber wie man so hört, ist das das geringste Problem.

Spurlos verschwundene Geldbeträge bei Festnahmen, Kontakte in dubiose Milieus, Sachbeschädigungen, Pöbeleien, überzogene Brutalität, hohe Überstundenabrechnungen, noch höhere Spesenabrechnungen – jeder hat irgendwie Dreck am Stecken, aber wirklich nachweisen kann man den Jungs nie etwas. Und es sind ausschließlich Jungs, Frauen sucht man in der Mordkommission vergebens. Selbst die härtesten unter ihnen haben hingeschmissen, länger als vier Monate wollte sich keine diesen Pumakäfig antun.

Steiger und die Frauen, das ist sowieso ein Kapitel für sich. Angeblich ist ihm früher das ein oder andere Mal die Hand ausgerutscht. Bei männlichen Verdächtigen drücken die Kollegen der Aufsicht ja gerne mal ein Auge zu, aber bei Frauen verstehen sie keinen Spaß. Drankriegen konnte ihn trotzdem keiner, aber befördert haben sie ihn auch nie. Er wurde immer übergangen, kam nie zum Zug, bis diese ganze Ringfinger-Misere der halben Abteilung den Kopf gekostet hat. Danach blieb fast niemand mehr über, außer Steiger.

»*Bringt mir diesen verdammten Idioten!* Sucht ihn, jagt ihn, nehmt ihn von mir aus fest, mir egal. Aber ich will diesen Bastard Blom bei mir auf der Matte liegen sehen. Pronto, verstanden?«

Mein Aufkreuzen am Tatort hat sich anscheinend schon bis zu ihm herumgesprochen. Der Schatten seines massigen Körpers tigert auf der zugezogenen Jalousie seines Büros hin und her, jedes einzelne Wort dringt durch die papierdünnen Rigipswände zu mir durch.

»Und noch etwas: Dieser Klingbrett …«

Eine Sekunde Stille. Dann wieder, umso lauter: »Ist mir *scheißegal*, wie dieser Typ heißt! Ist mir auch scheißegal, wem er was erzählt hat. Bringen Sie diesen Klingberg zum Reden, sonst nagel ich Sie an die Wand, Köpke!«

Hartplastik knallt auf Hartplastik, irgendetwas kracht gegen die Wand, schwere Schuhsohlen lassen den Boden erzittern.

Ich versuche, ruhig zu bleiben, aber mein Puls spielt ein anderes Lied.

Die Bürotür wird aufgerissen. Steiger sieht mich, bleibt abrupt stehen, sein Kopf wird puterrot. *»Sie!«*

Er packt mich am Kragen, zerrt mich in sein Büro und drückt meinen Körper brachial gegen die Wand. »Wissen Sie, was ich gerne mit Ihnen machen würde?«

Seine Faust schnellt auf mich zu, kracht knapp neben meinem Kopf in die Wand, schlägt ein Loch in den spröden Rigips. Putz rieselt mir auf die Schulter. »*Was bilden Sie sich ein?!* Warum verhören Sie meine Zeugen? Was machen Sie an meinem Tatort? Sie sind raus, Blom, raus aus der Mordkommission, Sie haben's vermasselt!«

Steiger brüllt wie am Spieß. Er hat sich so dicht vor mir aufgebaut, ich kann sehen, wie ein Äderchen in seinem linken Auge platzt, kann riechen, was er zu Mittag hatte. Jedes Wort, das er mir an den Kopf donnert, wird von einer Salve Spucke begleitet.

Ich bin dumm. So unendlich dumm – wie konnte ich annehmen, dass auch nur eine winzige Chance bestehen würde, mit einem Choleriker wie Steiger ein einziges vernünftiges Wort zu wechseln? Das hier war vorprogrammiert, ich bin zu hundert Prozent selbst daran schuld. Ich spähe links und rechts an ihm vorbei, suche nach einer Fluchtmöglichkeit, als plötzlich …

»Steiger!« Der Ruf gellt scharf durch den Raum.

Steiger lässt von mir ab, zieht seine Faust aus der Wand und reibt sich den Putz von den Knöcheln. »Herr Präsident«, murrt er grimmig in sich hinein, räuspert sich ein paar Mal hintereinander, richtet sich den Krawattenknoten.

Ich löse mich von der Wand, würge den riesigen Kloß in meinem Hals hinunter, nicke zur Begrüßung steif. Steiger und ich müssen aussehen wie Schulkinder, die sich in der Pause geprügelt haben und vom Lehrer erwischt wurden.

»Was soll dieses Theater?« Der Polizeipräsident steht kerzengerade im Türrahmen, mit kohlenschwarzen Augen funkelt er Steiger an.

Ich überlege, wann ich das letzte Mal mit ihm zu tun hatte. Wahrscheinlich damals, als ich zwangsversetzt wurde, seither hab ich kein Wort mehr mit CC gewechselt.

Das Smartphone in seiner Hand vibriert. Ohne auf das Display zu blicken, hebt er ab. »Clausen? 19:30. Korrekt. Korrekt. Danke.«

Christof Clausen, richtig. Manchmal gerät der Name einer Person beinahe in Vergessenheit, wenn man immer nur den Spitznamen hört, und polizeiintern nennen ihn alle nur CC. Vielleicht wegen der Alliteration, vielleicht weil er über alles und jeden ständig informiert werden möchte – so genau weiß das niemand. Sein Smartphone steht nie still, er legt es kaum aus der Hand, als wäre es mit ihm verwachsen. Er ist der erste Polizeipräsident dieses Typs – sein Vorgänger ließ sich noch von seiner Sekretärin die E-Mails ausdrucken und trug den Titel »Pfeifenraucher des Jahres 2003«. CC dagegen ist von ganz anderem Schlag. Jugendlich schlank, braun gebrannt, trägt modische Slim-Fit-Anzüge. Typ: Marathonläufer, Topmanager oder beides. Steht wahrscheinlich morgens um fünf auf, arbeitet Mails ab, läuft fünfzehn Kilometer, trinkt Tee statt Kaffee. Niemand weiß genau, warum er bei der Polizei gelandet ist und nicht irgendeine Agentur oder einen Digitalkonzern leitet.

»Entschuldigen Sie meinen Ausbruch, Herr Präsident, aber der Kollege Blom behindert mutwillig Ermittlungen«, setzt Steiger zum Angriff an.

Ich will mich erklären, aber CC kommt mir zuvor. »Sparen Sie sich das, ich will nichts von Ihrem Kleinkrieg hören. Sagen Sie mir nur eins: Stimmt es? Ist dieser Psychopath wirklich zurück?«

»Das kann ich Ihnen nicht mit absoluter Sicherheit beantworten. Wie gesagt: Der Kollege Blom hat eigenständig und ohne jede Absprache wichtige Zeugen vernommen, den Tatort möglicherweise verunreinigt, er …«

»Wie bitte?«, schnauzt CC in meine Richtung. »Was soll das, Blom?« Die Frage klingt scharf, aber nicht aggressiv.

Ich zögere einen Augenblick, räuspere mich, lege mir die Worte zurecht.

»Ich habe einen anonymen Tipp bekommen«, antworte ich mit belegter Stimme. »Und wenn ich mir erlauben darf: Es ist noch zu früh, um mit absoluter Sicherheit zu sagen, wer der Täter ist. Wir müssen noch abwarten, bis …«

»Blom!«, unterbricht mich CC forsch. »Raus damit, ist er es, oder ist er es nicht?« Erwartungsvoll starrt er mich an, Steiger ebenso.

»Die Einstiche, das Symbol, das Wort an der Wand, der fehlende Finger – ja, ich denke, der Ringfinger-Mörder ist wieder aktiv.«

CC atmet laut aus, wird gefühlt einen halben Kopf kleiner, sagt kein Wort mehr. Sein Smartphone beginnt wieder zu vibrieren. Einmal, zweimal, dreimal – er hebt nicht ab.

»Herr Präsident – lassen Sie uns nicht gleich den Teufel an die Wand malen«, versucht Steiger zu beruhigen. »Warten wir doch erst einmal ab, was meine Ermittler sagen, vielleicht …«

»Steiger!«, schneidet ihm CC entnervt das Wort ab. »Man hat Ihnen diesen Job gegeben, weil Sie uns damals *ver·sichert* haben, dass Sie diesen Psychopathen schnappen werden. Sie haben die halbe Stadt auf den Kopf gestellt, jedes Budget gesprengt und alle, aber wirklich *alle* Grenzen ausgereizt, die der Rechtsstaat hergibt. Und was ist das Ergebnis?«

»Die Morde haben aufgehört, die Menschen konnten sich wieder sicher fühlen, es war …«

»Das Ergebnis ist, dass dieser Mistkerl noch immer frei herumläuft und Frauen abschlachtet! Wissen Sie, was das bedeutet? Wissen Sie, wie sich die Presse darauf stürzen wird?«

»Aber Herr Präsident, es wird doch …«

»Raus!«

Steigers Pupillen flackern, sein weißes Hemd ist klatschnass geschwitzt. Er wird sicher nicht zum ersten Mal aus einem Büro geschmissen, aber wahrscheinlich zum ersten Mal aus seinem eigenen. Man kann sehen, wie es in ihm brodelt, doch die Vernunft siegt. Steiger ist ein Choleriker, aber nicht dumm. Er weiß, dass er diesen Kampf nicht gewinnen kann. Mit protestierend gerecktem Kinn tritt er den Rückzug an, verlässt lautstark das Büro.

Ich will ihm folgen, doch CC stellt sich mir in den Weg.

»Sie nicht.«

Steiger bleibt ruckartig stehen, dreht sich um, will etwas sagen, aber lässt es, ballt nur stumm die Fäuste. Dann zieht er ab. Der Nächste, der ihm über den Weg läuft, tut mir jetzt schon leid.

CC schlägt die Tür hinter Steiger zu, setzt sich auf dessen Schreibtischstuhl und versinkt für einen Moment in Gedanken. Dann blickt er auf, mustert mich mit einem bitteren Lächeln auf den Lippen. »Blom, richtig? Elias Blom.«

»Korrekt.«

»Sie und Ihr Partner haben damals die Ermittlungen geleitet, bis zu dieser … unschönen Geschichte.«

Seine Stimme wird von Silbe zu Silbe leiser, das letzte Wort kann ich kaum noch verstehen. Ich bin unsicher, ob das eine Frage oder eine Aussage war, antworte entsprechend vage.

»Die Reportage, ja.«

Er schürzt die Lippen, wendet sich einen Moment lang Steigers Schreibtisch zu und schiebt mit spitzen Fingern einen Aschenbecher von sich weg.

»Haben Sie noch Kontakt zu Ihrem Kollegen? Mats …«

»Jäger«, helfe ich ihm auf die Sprünge, obwohl ich genau weiß, dass er seinen Namen nicht vergessen hat. »Wir haben uns aus den Augen verloren. Leider.«

CC nickt verständnisvoll, legt den Kopf leicht schief. »Er ist nicht mehr bei der Polizei, richtig?«

Ich schlucke meine Wut hinunter, gebe ihm die Antwort, die er längst kennt. »Gekündigt.«

Unsere Blicke treffen sich flüchtig. Ich frage mich, was dieses Geplänkel soll. CC erhebt sich wieder aus Steigers Stuhl, betrachtet die vielen Fotos an den Wänden. Sie fallen mir jetzt erst auf, das Büro ist damit zugepflastert. Alles Bilder von Oldtimern, Steigers Hobby. Es müssen mindestens zwei Dutzend Aufnahmen sein, sie hängen kreuz und quer verteilt, wurden ohne erkennbares Muster an die Wände geklatscht.

»Soweit ich weiß, arbeiten Sie aktuell in der Abteilung für Einbruchsdelikte. Irgendetwas Dringendes auf dem Tisch? Etwas Brenzliges?«

Endlich beginne ich, das Gespräch zu verstehen. »Nein«, antworte ich wie aus der Pistole geschossen.

CC wendet sich von den Fotos ab, fixiert mich wieder. »Sie sind kein Mann vieler Worte, nicht wahr?«

»Nein.«

»Gut, das soll auch so bleiben«, sagt er trocken. »Okay, hören Sie zu: Ich will vollen Fokus auf diesen Fall. Sie haben die Erfahrung, Sie haben das Wissen, Sie sind nicht auf den Kopf gefallen, ich weiß das. Sie sind ab sofort und *ausschließlich* für diesen Fall wieder bei der Mordkommission.«

Ich nicke, murmle ein kehliges »Danke«.

»Aber Blom: Sie sind ein Schatten, ein Geist, es gibt Sie gar nicht, verstanden? Wenn ich Ihr Gesicht auch nur auf einem einzigen Pressefoto sehe, Ihren Namen in irgendeinem Käseblatt lese – dann sind Sie raus.«

»Verstanden.«

»Dieses Debakel von damals darf sich nicht wiederholen.«

Wir stehen uns gegenüber, mustern einander, CC zupft an seiner Krawatte. Er wendet sich ab, will gehen, überlegt es sich aber noch einmal. »Und wegen Steiger … Ich rede mit ihm. Er wird akzeptieren müssen, dass Sie mit von der Partie sind, Sie müssen akzeptieren, dass er die SoKo leitet. Und Blom: Provozieren Sie ihn nicht unnötig. Sie wissen ja, wie er ist.«

Ich nicke stumm, er ebenso.

Sein Smartphone beginnt erneut zu vibrieren, im nächsten Moment presst er es ans Ohr und eilt mit federnden Schritten Richtung Fahrstuhl.

Nachdenklich sehe ich ihm hinterher. Dann fällt mein Blick auf eines der Fotos an der Wand. Ich kenne mich nicht aus mit Oldtimern, aber die Aufnahme ist beeindruckend. Der Lack glänzt silbrig in der prallen Sonne irgendeiner menschenleeren Salzwüste, lange Schatten ziehen sich über den schneeweißen Boden.

Mein Blick wandert. Dreißig Zentimeter neben dem Bild prangt das Loch, das Steigers Pranke in die Wand gerissen hat. Ich sehe mich um, betrachte die überall im Raum verteilten Aufnahmen, fokussiere dann wieder die Salzwüste. Vorsichtig nehme ich das Bild ab.

In der Wand dahinter prangt ein weiteres, noch größeres Loch. Mein Herz setzt für einen Schlag aus. Hastig zähle ich die Bilder; es sind knapp dreißig Stück.

Das Büro hat mehr Löcher als ein Schweizer Käse.

Noah

15 Stunden und 8 Minuten danach

Schwester Doris kommt zurück ins Zimmer, stellt ein Tablett auf meinen Nachttisch, lüftet die eckige Käseglocke und verdreht mit übertriebener Hingabe die Augen. »Hmm, das duftet ja himmlisch«, schwärmt sie und schiebt den Nachttisch näher an mein Bett. »Pannfisch à la Krankenhaus. Ungepfeffert, ungesalzen, ungenießbar – aber der Hunger treibt's rein!«

Ich bedanke mich, nehme sie aber kaum wahr. Linda und die beiden Männer haben das Zimmer verlassen und stehen draußen auf dem Flur. Angestrengt versuche ich, das Gespräch zu belauschen, aber ich verstehe kein Wort, besonders weil Schwester Doris einfach nicht aufhören will, zu plappern.

»Hier, die habe ich Ihnen mitgebracht«, sagt sie und zwinkert mir zu. »Vielleicht ist da etwas für Sie dabei.«

Irritiert blicke ich zu ihr auf, dann in meinen Schoß. Vor mir liegen ›Lara‹, ›Ella‹ und die ›Happy‹. Ein Hauch von Nostalgie treibt meine Mundwinkel nach oben, Schwester Doris reagiert erfreut.

»Na, da bin ich aber beruhigt«, sagt sie. »Ich dachte schon, Sie hätten Ihr Lächeln verloren.« Abermals zwinkert sie mir zu, trägt dann etwas in meine Patientenakte ein und verschwindet zur Tür hinaus.

Zaghaft zupfe ich mit meiner heilen Hand die ›Lara‹ aus dem Stapel, starre gedankenverloren auf das Cover. Sie hat sich kaum verändert, sieht genauso aus wie früher, als ich dort gearbeitet habe – nein, als ich dort arbeiten *musste*.

Damals bin ich eigentlich nach Hamburg gekommen, um komplett neu anzufangen. Ich wollte ein Mann der großen Worte werden, bedeutende Reportagen schreiben, aufdecken, nachforschen, kritisch hinterfragen – nicht wie mein Vater mein Leben lang bei irgendeinem unbedeutenden Lokalblatt versauern. Doch es sollte nicht sein. 2010 waren die großen Zeitschriften und Zeitungen so tot wie die Bäume, auf die sie gedruckt wurden. Alles, was die Verlage wollten, war Mitarbeiter loswerden, nicht einstellen – schon gar kein Landei wie mich, das beim ›Aschaffenburger Boten‹ die Rubrik »Weitere Meldungen« betreute. Eigentlich hätte mir das auch klar sein müssen, aber ich war blind. Ich dachte, wenn ich den provinziellen Mief dieses Käseblattes erst einmal abgelegt hätte, dann würden sie mich einstellen, ganz bestimmt. Also habe ich meinen Job gekündigt, bin nach Hamburg gezogen, wollte durchstarten – ganz unten in der Nahrungskette, aber ganz oben in der Verlagswelt, bei den Spitzenblättern. ›Memento‹, ›Spiegel‹, ›Stern‹, ›Zeit‹, ›Abendblatt‹, eines dieser Formate sollte es werden. Aber genommen hat mich keiner, nicht mal als Praktikant.

Doch ich ließ mich nicht entmutigen. Niemand fängt ganz oben an, habe ich mir zugeredet, eine Nummer kleiner tut's auch. Kritiken schreiben bei einer Fernsehzeitschrift, eine Stelle im Kulturteil der Lokalzeitung, vielleicht als freier Mitarbeiter ein paar Reportagen anbieten. Absagen, Absagen, Absagen – alles, was ich bekam, waren Absagen. Ich war so pleite, dass ich wochenlang nur Nudeln und Tütensuppen aß. Kurz bevor ich meine Wohnung räumen musste, nahm ich die einzige Stelle an, die man mir angeboten hatte. Miserabel bezahlt, befristet und absolut nicht das, was ich wollte.

LARA! Inspirierend, lebensnah, vielseitig. Alles über Mode, Beauty und Lifestyle plus leckere Rezepte, jede Woche neu. LARA – Dein Magazin der Müller Media Group.

Ich war der erste männliche Redakteur, den dieses Format je hatte, und wahrscheinlich der Einzige, der bereit war, für diesen Hungerlohn zu arbeiten. Meine Aufgabe war es, jede Woche zwei Seiten Haushaltsratgeber zu befüllen: Tipps für streifenfreie Fenster, Anleitungen für selbst gemachte Putzmittel, tolle Lifehacks für die Küche, solcherlei Geschichten. Und danach sechs Seiten Rezepte für Rhabarberkuchen und bunten Hackfleischeintopf. Es war der langweiligste Job, den ich je in meinem Leben verrichten musste, aber ohne ihn hätte ich Linda nie kennengelernt.

Ich hebe meinen Kopf, spitze wieder die Ohren. Die Polizisten nehmen sie immer noch in Beschlag. Damals, bevor wir uns näher kannten, war es genauso. Ich betrachtete sie nur aus der Ferne, traute mich nicht, sie anzusprechen. Sie war ständig umzingelt von Männern in Anzügen – als wäre ihr Auftreten nicht schon einschüchternd genug. Wahrscheinlich hätte ich mich so oder so nicht getraut, zu ihr zu gehen, aber zu meiner Verteidigung muss ich sagen: Den meisten ging es ähnlich.

Als ich sie zum ersten Mal sah, stand ich mit Kolleginnen im Aufzug. Die Tür ging auf, Linda trat ein, und augenblicklich wurde es still. Damals dachte ich, es hätte jedem die Sprache verschlagen, so wie mir. Sie war die eleganteste Frau, die ich je gesehen hatte. Eine hellhäutige Schönheit, groß, feingliedrig, fast schon androgyn schlank, mit einem ebenmäßigen, mit Sommersprossen getüpfelten Gesicht, schmalen Lippen, hohen Wangenknochen und einer rostroten Mähne, die sie mit allerlei Spangen und Nadeln straff zu einem Dutt gezähmt hatte.

Ich wusste damals noch nicht, dass sie keine Redakteurin aus dem Verlag war, hätte es aber ahnen können. Alleine ihr Mantel war wahrscheinlich teurer als sämtliche Klamotten aller anderen Personen im Aufzug. Aber dass eine so hinreißende Frau eine Wirtschaftsprüferin sein konnte – das hätte ich nicht gedacht. Doch es erklärte das eisige Schweigen meiner Kolleginnen.

Kaum schloss sich die Fahrstuhltür hinter ihr, ging das Geschwätz los.

»Die Eiskönigin der Bilanzen ist wieder da«, zischelte Karin, Mode & Beauty. »Wenn die etwas findet, dreht sie uns den Laden schneller zu, als uns lieb ist«, stieg Regina, Lifestyle & Horoskope, ins Gespött mit ein. Alle kicherten hämisch. »Bei der musst du aufpassen, was du sagst«, raunte mir Andrea, Familie & Reise, verschwörerisch zu.

Ich fand den Gedanken lächerlich. Als ob unbedeutende Redakteure Informationen besäßen, aus denen eine Wirtschaftsprüferin dem Verlag einen Strick drehen könnte. Meine Kolleginnen mieden sie trotzdem wie die Pest, und auch die anderen Journalisten schnitten sie, tuschelten hinter ihrem Rücken. Man sah Linda immer nur mittags in der Kantine, begleitet von Anzugträgern aus der Geschäftsleitung, aber selbst für die schien es eher eine lästige Aufgabe als ein Vergnügen zu sein. Jeden Tag saß einer dieser

Typen neben ihr, sah pausenlos auf sein Smartphone, zählte vermutlich die Sekunden. Sie wurde weitergereicht wie ein anstrengendes Pflegekind. Und dennoch traute ich mich nicht, sie anzusprechen. Ich habe sie nie woanders gesehen als in der Kantine und dieses eine Mal im Aufzug. Bis zum 28. Oktober 2010 – der Tag, an dem wir uns kennenlernten.

An diesem Tag wurden die Müller Media Awards verliehen, eine lächerliche Veranstaltung, bei der sich der Verlag Jahr für Jahr selbst feierte. Es war ein Freitagnachmittag, die Mitarbeiter mussten alle erscheinen, schließlich durften die Sitzreihen nicht leer aussehen, aber dass sie selbst Linda zur Veranstaltung schleiften, wunderte mich. Wahrscheinlich hatten sie Angst, dass eine Wirtschaftsprüferin alleine und unbeaufsichtigt das Verlagsgebäude durchstöbern könnte.

Sie saß ganz vorne in der ersten Reihe zwischen den Geschäftsführern, ich bei meinem Team, weit hinten. Bis heute habe ich Linda nie gefragt, was sie über die Veranstaltung dachte, ich selbst fand sie jedenfalls schrecklich. Alles Geld, das man den Redakteuren vorenthielt, wurde in diesen Abend gesteckt. Deswegen langte bei der After-Show-Party auch jeder tüchtig zu, nahm, was er kriegen konnte – als Ausgleich sozusagen.

Die Stimmung wurde immer ausgelassener, die Augen glasiger, die Zungen lockerer, und der Geschäftsleitung wurde Linda zunehmend gleichgültiger. Mit jedem Gin Tonic lichteten sich die Reihen der Wachhunde mehr und mehr, und als dann Schnaps ausgeschenkt wurde, vergaß man sie völlig. Sie stand mitten im Saal, vollkommen allein, es gab keinen besseren Zeitpunkt als diesen, um sie anzusprechen.

Aber ich tat es nicht.

Ich war zu feige, verharrte im sicheren Kreis meiner Gruppe, bestellte ein Bier nach dem anderen und redete mir ein, mir Mut antrinken zu müssen. Doch statt mutiger wurde ich einfach nur betrunkener, statt zu Linda ging ich auf die Toilette, und als ich zurückkam, war sie verschwunden. Meine Chance war vertan. Ich verließ die Party abrupt, verabschiedete mich von keinem, wollte nur noch nach Hause, mich im Selbstmitleid suhlen.

Doch es kam anders. Der Bus kam nicht. Und ich kam auf dumme Gedanken.

Natürlich wollte ich mich nicht von der Brücke stürzen, es war nur ein depressiver Anflug, eine meinem Hang zur Theatralik geschuldete Kurzschlussreaktion, absolut unbedenklich und vollkommen undenkbar. Mir war einfach danach, mich auf die Brücke über dem Zollkanal zu stellen und zumindest so zu tun, als hätte ich den Mut, meinem Leben ein Ende zu bereiten.

Und da sah ich sie, unten am Wasser.

Sie stand alleine in einer Vertiefung der Hafenmauer, den Oberkörper weit über den Kanal gebeugt, mit ausgestrecktem Arm und breitem Grinsen auf den Lippen. Zuerst erkannte ich sie nicht, aber als der Blitz ihres Smartphones ihr Gesicht erhellte, wusste ich, dass sie es war. Volle zehn Minuten beobachtete ich sie dabei, wie sie ein Foto nach dem anderen von sich schoss, ihr Display immer wieder kritisch betrachtete und dann von Neuem ansetzte.

»Es liegt am Blitz«, hörte ich mich rufen und konnte im nächsten Moment nicht glauben, dass es tatsächlich aus meinem Mund gekommen war. Ich weiß bis heute nicht, ob es am Bier lag oder daran, dass sie so hilflos aussah. Jedenfalls hatte ich keine Angst mehr, sie anzusprechen. »Sie müssen ihn ausschalten, sonst wird das nichts.«

Erschrocken fuhr sie herum, sah hoch zur Brücke, starrte mich zuerst verunsichert, schließlich neugierig an. »Verstehen Sie was von Fotografie?«, rief sie mir zu.

»Ich bin Journalist, das gehört zu meinem Job«, log ich.

Ihre Augenbrauen hoben sich. »Kommen Sie auch von dem Müller Media Award?«

»Leider«, sagte ich trocken, schmunzelte dabei. »Soll ich vielleicht ein Foto von Ihnen machen?«

Sie überlegte, trat von einem Bein aufs andere. Ihre Absätze schrappten über den Pflasterstein.

»Wenn es Ihnen nichts ausmacht …«

Fünfzehn Sekunden später stand ich vor ihr, ziemlich außer Puste.

»Nein, macht mir nichts aus«, antwortete ich kurzatmig. »Kein Problem.«

Sie lächelte etwas gequält, zögerte kurz und reichte mir dann ihr Smartphone. »Wo soll ich mich am besten hinstellen? Da drüben?«, fragte sie, plötzlich sehr ernsthaft, als wäre das ein Modeshooting.

»Ganz an den Rand, genau, da.« Ich nahm das Smartphone, hielt es quer, ließ die Kamera fokussieren, sah auf das Display. Es war wie ein Gemälde. Die wolkenlose Nacht, der übergroße Mond, die Glut ihrer feuerroten Haare. Das Lächeln in ihrem Porzellangesicht. Eine Brise fegte den

Kanal entlang, wehte ihr eine Strähne in die Stirn. Ich drückte den Auslöser. Es gab kein schöneres Bild als dieses.

»Lassen Sie mich mal sehen.«

Ich reichte ihr das Telefon, beide blickten wir auf das Bild, sie kritisch, ich fasziniert. Plötzlich vibrierte das Gerät. Eine Benachrichtigung schob sich vom Rande des Displays über das Foto. Das Rouge auf ihren Wangen flammte auf.

Parship. Hurra. Sie haben eine neue Anfrage.

Erschrocken zuckte sie zusammen, wischte mit den Fingern hektisch über das Display, doch die Benachrichtigung blieb. Sie versuchte die andere Richtung, von unten nach oben, stärker, schneller, fummelte gleichzeitig mit der linken Hand am Einschaltknopf herum, drückte so heftig, dass ihr das Smartphone entglitt. Wie in Zeitlupe segelte es zu Boden, krachte auf die Kante der Hafenmauer und versank mit einem unspektakulären Plumps im schwarzen Wasser.

Beide starrten wir ungläubig hinterher.

»Das war … mein Telefon«, sagte sie ziemlich verdattert.

Ich traute mich nicht, zu antworten.

»Mein … mein Telefon ist weg«, stammelte sie weiter und sah mich mit großen Augen an.

Verlegen richtete ich meinen Blick zu Boden, rang nach Worten, da entfuhr ihr ein spitzer Laut. »Ha!«

Erschrocken sah ich wieder hoch, musterte sie überrascht. Zuerst schien sich nur der Anflug eines Lächelns abzuzeichnen, eine kaum erkennbare Bewegung ihrer Lippen. Doch ihre Mundwinkel kletterten immer weiter nach oben, um ihre Augen bildeten sich Dutzende Fältchen, und dann brach es plötzlich schallend aus ihr heraus. Sie lachte, ein Lachen von ganzem Herzen, als hätte ich gerade den lustigsten Witz aller Zeiten erzählt … Und ich lachte mit.

Wie zwei Bekloppte standen wir mitten in der Nacht am Kanal, die feuchte Kälte kroch uns in die Kleider, die Augenlider waren schwer, aber unsere Backen waren rosig und wir strahlten über das ganze Gesicht.

So haben wir uns kennengelernt. Mit einem Lachen.

»Warum lächelst du?«

Lindas Stimme holt mich zurück in die Gegenwart. Irritiert sieht sie mich an.

»Ich … dachte gerade daran, wie wir uns kennengelernt haben.«

Fast unmerklich zuckt sie zusammen, wechselt schnell das Thema. »Die geben nicht nach. Die wollen, dass du ihnen alles erzählst, was du dem anderen Polizisten erzählt hast. Schaffst du das?« Lindas Handtasche vibriert, sie ignoriert es.

Ich schiele an ihr vorbei zu den beiden Männern im Türrahmen, die mich grimmig fixieren, als wäre ich ein Verbrecher. Als hätte ich gerade einen Lastwagen in eine Menschenmenge gelenkt und müsste verhaftet, angeklagt und lebenslänglich weggesperrt werden.

Wieder vibriert es. Entnervt verdreht Linda die Augen, wühlt in ihrer Handtasche.

»Was kann ich für Sie tun?«, seufze ich derweil resigniert. Sie werden ja doch keine Ruhe geben, bevor sie mich nicht verhört haben, also kann ich es auch gleich hinter mich bringen. Doch bevor die Polizisten auch nur eine Frage stellen können, gellt ein spitzer Schrei durch den Raum.

»Oh Gott!«, kreischt Linda, lässt das Telefon fallen und presst beide Hände an den Mund. Irritiert eilen die Polizisten herbei, wollen helfen, wissen nicht, wie.

Ich bleibe liegen, starre auf das Smartphone auf der Bettdecke. Meine Kehle wird trocken.

Erneut fängt es an zu vibrieren. Das Display leuchtet, darauf der Name des Mannes, der gestern Nacht seine Frau verloren hat. Das Telefon verstummt.

Zwei Sekunden später versucht Paul es wieder.

Und wieder und wieder und wieder und wieder.

Wo ist sie, wo zum Teufel habe ich sie hingetan, sie war doch immer hier, hier in diesem Fach! Meine rechte Hand wühlt hektisch in den Ablagen der Mittelkonsole, mit der anderen lenke ich den Wagen durch die Nacht. Taschentücher, Kaugummis, ein Feuerzeug, ein Ladekabel … *Wo ist dieses verdammte Ding?*

Ich suche weiter, verliere dabei immer wieder die Straße aus dem Blickfeld, finde die Fernbedienung trotzdem nicht. Erst knapp vor der Einfahrt zu meinem Wohnblock erhellt das spärliche Licht der Straßenlaterne die Fahrerkabine, und mir entfährt ein Seufzer. Da ist sie.

Hastig drücke ich die Taste, starre ungeduldig auf das automatische Garagentor, trommle mit den Fingern auf das Lenkrad. Mach schon, mach hin!

Nach zehn Sekunden reißt mir der Geduldsfaden, ich rase los, noch bevor das Tor ganz geöffnet ist, mein BMW passt gerade so darunter durch. Viel zu schnell kurve ich die Serpentinen hinunter, erstes Untergeschoss, zweites Untergeschoss, bis zu meinem Parkplatz. Mit quietschenden Reifen kommt mein Wagen zum Stehen, der Motor verstummt, die Scheinwerfer gehen aus, das kalte Leuchten der Neonröhre zieht einen weißen Lichtstreif über den inkaorangen Lack der Motorhaube.

Regungslos verharre ich im Sitz, lasse nur meinen Blick wandern. Rückspiegel, Seitenspiegel, Seitenfenster links, rechts, niemand zu sehen. Ich checke die Zeit. Die Uhr in meinem Wagen geht falsch, aber es muss zirka halb sechs Uhr morgens sein. Wer ist um diese Uhrzeit schon in der Tiefgarage? Partygänger kommen mit dem Taxi, Nachtschichtler haben noch ein bisschen was vor sich, Sicherheitspersonal gibt es nicht. Trotzdem, ich muss vorsichtig sein. Schweiß dringt aus meinen Poren, mein Hemd klebt mir am Rücken, die Frontscheibe läuft bereits an. Ich muss mich beruhigen, muss hoch in meine Wohnung, alle Spuren vernichten.

Umständlich steige ich aus dem Wagen, schließe vorsichtig die Autotür, sperre ab und schleiche die Wand entlang zum Aufzug; er kommt sofort. Ich drücke die Sechs, bitte, nein, bete, dass niemand zusteigt, werde erhört. Oben angekommen, husche ich im dunklen Gang hinüber zu meiner Tür, taste blind nach dem Schlüsselloch. Der Riegel schiebt sich zurück, ich haste hinein, schließe hinter mir ab. Es vergehen mehrere Sekunden, bis ich realisiere, dass ich in Sicherheit bin. Aber ich fühle mich nicht erleichtert. Im Gegenteil: Wut steigt in mir hoch, mein Magen verkrampft sich. Wie wild geworden tobe ich durch die stockfinstere Wohnung, will schreien, erlaube es mir aber nicht.

Wie konntest du nur? Wie konntest du mich nur so hintergehen, meine Schöne? Du hast mich angesehen, als wäre ich ein Ungeheuer. *Mich*! Dabei war doch alles so eindeutig zwischen uns, ich habe es in deinen Augen gesehen, auf deinen Lippen gelesen, im Einkaufszentrum, im Museum, in der Umkleide – du wolltest es! War das denn alles eine Lüge? Eine Farce? Ein schlechter Scherz? Wir hatten doch eine Verbindung zueinander, eine Seelenverwandtschaft, und dann, aus heiterem Himmel … der Ekel in deinem Blick, dieser angewiderte Gesichtsausdruck, ich war nur noch ein Stück Dreck in deinen Augen. Eine abscheuliche, bemitleidenswerte Kreatur, die es nicht verdient hat, dieselbe Luft zu atmen wie du.

Wer gibt dir das Recht, mich so zu behandeln, so auf mich herabzublicken? Deine Blicke, deine Signale, deine Flirterei – das war alles ein Spiel, eine perfide, gemeine, hinterlistige Masche. Du hast mich vorgeführt wie einen dummen Jungen, damit du dich lustig machen kannst über mich – so war es doch, nicht wahr? Das ist deine Masche. *Aber damit ist jetzt Schluss, du Lügenweib.*

Du wirst nie wieder mit jemandem spielen. Nicht mit mir oder mit einem deiner anderen Männer.

Elias

32 Stunden und 46 Minuten danach

Es ist kurz vor neun, das Meeting beginnt in wenigen Minuten. Über die Spiegelung der Fensterscheiben kann ich beobachten, wie sie mich beobachten. Wie sie, einer nach dem anderen, vor der gläsernen Front stehen bleiben, zögern und sich lieber erst einen Kaffee holen, ein Schwätzchen halten, noch einmal die Toilette aufsuchen oder irgendetwas in ihr Smartphone tippen. Niemand setzt auch nur einen Fuß in den Konferenzraum, keiner will mit mir alleine sein. Es ist mir egal. Ich hefte weiter Fotografien an die zur Wand gedrehten Pinnboards, sortiere die Fälle nach Opfern, bringe Ordnung in das Chaos, das die Bürohengste vom Archivardienst hinterlassen haben. Drei Menschenleben, archiviert in acht angestaubten Kartons 30 mal 60 mal 35 mit der Aufschrift eines Möbelhauses. So enden Schicksale.

Mit spitzen Fingern öffne ich die Akte des dritten Opfers, pinne das Foto ans Board. Maren Kemp, 25 Jahre jung. Sandfarbenes Haar, Sommerbräune im Gesicht, Mandelaugen, Schwanenhals, eine kleine Narbe am Kinn. Ihr Vater hat mir anvertraut, dass sie als Kind von einem Klettergerüst gefallen ist und dass er dachte, ihr Kiefer wäre gebrochen. Er hat mir Dutzende Geschichten seiner Mari erzählt – ich habe es nie übers Herz gebracht, ihn zu unterbrechen. Sie war sein Ein und Alles, sein Engel. Er hat sie behütet wie einen Schatz. Und ich habe ihm versprochen, den Mann zu finden, der ihm seinen Schatz genommen hat. Es war mein letztes Versprechen.

Ich ziehe das Tatortfoto aus dem Ordner.

Maren Kemp, 25 Jahre jung, nur noch identifizierbar durch die winzige Narbe am Kinn. Blutverkrustetes Haar. Leichenblasses Gesicht. Statt Augen Mulden voll weißlich gelbem Brei. Der Hals, eine klaffende Wunde.

Wahrscheinlich schickt ihr Vater immer noch Hassbriefe an meine alte Adresse. Der Nachmieter tut mir leid.

Die Kollegen vor der Tür werden unruhiger, die Smalltalk-Themen sind abgearbeitet, die Kaffeebecher leer. Plötzlich schießt CC um die Ecke. Den Blick starr auf sein Smartphone gerichtet, pflügt er blindlings durch die lose Gruppe und stößt die gläserne Schwingtür des Konferenzraums so fest auf, dass sie gefährlich gegen die Wand kracht. Kurz darauf schleicht der Rest hinterher, jeder sucht sich einen Platz, setzt sich schweigend. Es ist neun Uhr. Der Raum ist nicht einmal zur Hälfte voll. Die Mordkommission fehlt komplett.

CC lässt das Smartphone sinken, nimmt zum ersten Mal seine Umgebung wahr, mustert die zur Wand gedrehten Boards, die Kollegen, das Ziffernblatt der Wanduhr. Sein Blick verfinstert sich, sucht nach irgendeinem Opfer, alle sehen zu Boden.

»Die Besprechung war für neun Uhr anberaumt. Nicht drei nach neun. Nicht vier nach neun. Punkt neun Uhr. Wo zum Teufel ist Steiger?«

Kollektives Schulterzucken. Die nächsten Minuten dauern

Stunden. Wir verbringen sie zähneknirschend und schweigend.

Um acht nach neun hallt Steigers trockenes Husten durch den Flur, gefolgt von einem Getrampel, dass man meinen könnte, die Elefanten aus dem Zoo hätten Ausgang. Kurz darauf betritt er den Konferenzraum. Im Schlepptau: sechs Mann aus der Mordkommission, geschlossen hinter ihm, Köpke und Dorn wie zwei Pinscher bei Fuß. Keiner aus der Truppe würdigt CC eines Blickes. Eines muss man Steiger lassen. Er hat seine Vasallen gut abgerichtet.

»Meine Herren«, kommt es CC säuerlich über die Lippen, während sich jeder aus der Truppe einen Platz möglichst weit weg von mir sucht. »Schön, dass sie es alle einrichten konnten.« Alle im Raum spüren, dass er Steiger am liebsten in der Luft zerfetzen würde, aber er tut es nicht, würgt seine Wut hinunter. Wahrscheinlich will er nicht schon von Anfang an böses Blut riskieren.

»Ich möchte keine großen Reden schwingen, sondern nur die Verhältnisse klären. Ab sofort sind alle hier Anwesenden Teil einer Sondereinheit. Dieser Konferenzraum ist bis auf unbestimmte Zeit Ihr neues Büro. Sie haben bis morgen Mittag Zeit, Ihre bestehenden Aufgaben an Kollegen zu übergeben, danach widmet sich Ihre volle Aufmerksamkeit der Aufklärung dieses Falles. Mit Ihren Vorgesetzten wurde alles besprochen, sollte es da noch Rückfragen geben, direkt an mich verweisen. Irgendwelche Unklarheiten?«

Die Frage ist rein rhetorisch, er lässt keine Sekunde verstreichen, bevor er weiterredet.

»Gut, mich kennen Sie ja sicherlich, der Kollege Steiger ist für die meisten auch kein Unbekannter – er wird diese Sondereinheit leiten. Alle anderen … bitte kurzfassen.«

Das Milchgesicht links neben CC starrt ihn mindestens drei Sekunden an, bis sich der Schalter in seinem Kopf endlich umlegt. »Ach so, ja … äh, Gerd Krämer, IT und Kommunikation, seit vier Jahren dabei.«

Der schwarz gelockte Teenage-Hardbody im Nadelstreifenkostüm neben ihm ist deutlich zackiger. »Mira Klos, Forensikerin, bis vor kurzem in Berlin, jetzt hier bei euch. Um was geht es hier eigentlich, wenn ich fra-«

»Später!«, unterbricht sie CC scharf, blickt den Nächsten in der Runde fordernd an. Jeder stellt sich vor, einer nach dem anderen, ich höre nicht zu. Ich kenne sie bereits, habe alle Namen, die im Terminkalender für dieses Meeting hinterlegt waren, in der Personaldatenbank überprüft. Bis auf Steigers Chaostruppe solide Leute, keine Überraschung dabei. Wahrscheinlich bin ich die größte Unbekannte in dieser Gleichung.

» … Fallanalytiker und Ausbilder seit sieben Jahren«, höre ich Rainer Lugers gelangweilte Stimme neben mir, ich bin der Nächste und Letzte in der Runde. Aber es wird mir nicht einmal vergönnt, mich selbst vorzustellen.

»Und das ist Elias Blom«, übernimmt CC kurzerhand. »Abteilung Einbruchsdelikte, früher ebenfalls Mordkommission. Er ist speziell für diesen Fall abgestellt und wird uns im Hintergrund in beratender Funktion und mit seinem Wissen dienlich sein.«

»Blom?«, unterbricht Luger ungelenk, in seinen wässrigen, blassblauen Augen blitzt Interesse auf. »Waren Sie nicht mit Mats Jäger an dem … Moment, geht es hier etwa um …«

»Ich sagte *später*!« CCs Stimme gellt ungewohnt spitz durch den Raum. Eine Strähne löst sich aus seinem akkurat gezogenen Scheitel, aber er streicht sie sofort zurück, räuspert sich, setzt wieder sein Teflonlächeln auf.

»So, alle kennen sich, wunderbar. Bevor Sie der Kollege Steiger instruieren wird, möchte ich noch eines vorwegnehmen. Diese Angelegenheit hat höchste Priorität. Ich will eine präzise Aktenführung, effizientes Arbeiten und vor allem: keine Überraschungen. Kein Wort zur Presse, kein Wort zu Ihrem Nachbarn, kein Wort zu Ihren Kollegen und auch nicht zu Ihrer Familie und Freunden, ist das klar? ›Kein Kommentar‹ wird zu Ihrem neuen Mantra, haben wir uns verstanden?«

Kein Widerspruch.

»Gut. Wir haben einen Staatsanwalt in Bereitschaft, Haftrichter ebenso, eine Direktleitung zu zwei SEK-Teams, eigene Gerichtsmediziner, Pathologen, und im Labor stellen sie gerade Feldbetten auf. Vergessen Sie alles andere in Ihrem Leben. Das hier hat Vorrang. Kollege …«, CC nickt Steiger zu, knöpft den obersten Knopf seines royalblauen Slim-Fit-Anzuges zu und versinkt noch im Hinausgehen im Display seines Smartphones.

Alle Augenpaare begleiten ihn hinaus, fokussieren dann Steiger. Er wuchtet sich schwerfällig auf die Beine, lehnt seinen massigen Körper über den Tisch und poltert mit einem süffisanten Grinsen im Gesicht: »So, Kinder: Mami ist weg, jetzt hat Papi das Sagen.«

Steiger-Humor par excellence. Fast genauso miserabel wie seine Briefings.

»Also«, beginnt er schleppend. »Gestern um 6 Uhr 44 wurde eine Frau tot aufgefunden, Emma Falk, 27 Jahre, ermordet in ihrer eigenen Wohnung. Aber allein deswegen findet der ganze Zirkus hier nicht statt.« Im nächsten Moment segelt eine Aktenmappe durch die Luft und landet krachend auf dem Tisch. Einzelne Tatortfotos lugen hervor, alle Blicke wandern zu den herausblitzenden Aufnahmen von Emma Falks blutüberströmter Leiche. Steiger selbst sieht nicht hin. Er hat sich dazu entschlossen, mich wahrzunehmen.

»Aufgrund der besonderen Tötungsart besteht der Verdacht, dass es sich um keine Einzeltat handelt, sondern um die Tat eines Serienmörders. Ein alter Bekannter für manch einen in der Runde.« Er fixiert mich mit seinen rot geäderten Augen.

»Kollege Blom«, zwischen seinen fleischigen Backen blitzt ein bernsteinfarbenes Lächeln auf, das so falsch ist wie die Nacht schwarz. »Warum zeigen Sie uns nicht, was Sie da Hübsches auf Ihren Boards haben?«

Dorn entfährt ein kehliges Lachen, über die Gesichter der übrigen Vögel aus der Mordkommission huscht ein Schmunzeln. Alle anderen sitzen einfach nur mit festgetackerten Mundwinkeln da und tauschen irritierte Blicke aus.

Ich räuspere mich, sehe übertrieben auffällig zur Glasfront, hinaus auf den Gang. »Vielleicht sollten wir vorher die Innenjalousie zuziehen, andere Kollegen könnten irritiert werden durch …«

»Blom, wir sind hier nicht im Kindergarten«, donnert Steiger. »Das ist ein Polizeirevier, jetzt machen Sie schon.«

Ich lecke mir über die Lippen, seufze. Mein Spielraum für Diskussionen mit Steiger ist begrenzt, warum ihn für solche Lappalien ausreizen. Befehl ist Befehl, er ist der Chef.

Schwerfällig trotte ich hinüber zum ersten Board, wende

es, trete zur Seite. Aus den Augenwinkeln sehe ich, wie Hälse länger werden, Brillen auf Nasen wandern, Münder sich öffnen. Beim zweiten Pinnboard geht das Getuschel los, beim dritten wird es lauter, die meisten sind aufgestanden, der Kollege von der Sitte flüstert: »Ich wusste es.« Vor dem vierten Pinnboard halte ich kurz inne, zögere, drehe es dann doch um. Der Raum wird wieder still. Jegliche Bewegung gefriert, nur Steiger kommt langsam auf mich zu.

Er baut sich vor den Boards auf, mustert mich abschätzig, blickt dann in die Runde. »Wie vielleicht der eine oder andere erkannt hat, sind das die …«

Ein lautes Scheppern unterbricht ihn. Der Schreck lässt jeden im Raum zusammenzucken. Vor dem Konferenzraum steht eine junge Frau, die Augen weit aufgerissen. Mit einer Hand stützt sie ihren verkrampften Körper an einer Säule ab, die andere krallt sich in den Stoff ihres Rockes. Auf dem Boden liegen Scherben und die Überreste einer Frühstücksplatte. Brötchen für die Chefetage nehme ich mal an.

Während das IT-Milchgesicht hinauseilt, um der Sekretärin zu helfen, spüre ich Steigers bohrenden Blick in meinem Nacken.

»Köpke«, knurrt er, ohne ihn anzusehen. »Jalousien.«

Aber Kollege Köpke ist nicht gerade der Hellste.

»Wie … Jalousien?«

»Schließen! Sie sollen die Jalousien schließen, sofort!«

Köpke eilt, stolpert, drückt. Die elektrischen Innenjalousien beginnen sich im Schneckentempo vor die Glasfront zu schieben. Köpke drückt noch fester auf den Schalter, aber es hilft nichts, der kleine Motor arbeitet nicht schneller, surrt dröge vor sich hin.

Draußen sammeln die Sekretärin und das Milchgesicht Ciabatta-Teile vom Boden auf. Drinnen starren immer noch alle auf das vierte Pinnboard. Sie starren auf Natascha Lechefsky, Helena Kiel und Maren Kemp. Oder zumindest auf das, was der Ringfinger-Mörder von ihnen übrig gelassen hat.

Linda

32 Stunden und 58 Minuten danach

Als ich aufwache, überfällt mich sofort das schlechte Gewissen. Wie passend, ich bin ja auch damit eingeschlafen. *Dein Mann liegt im Krankenhaus, und du ratzt zu Hause im gemütlichen Bettchen,* ätzt meine innere Stimme. Dass ich nicht lache! Als ob dieser Schlaf erholsam gewesen wäre. Außerdem kann ich mich ja wohl schlecht zu Noah ins Krankenbett legen, rede ich mir zu. Aber mein schlechtes Gewissen ist lauter.

Ich fahre hoch, als wäre der Teufel hinter mir her, springe aus dem Bett, raffe alles Nötige zusammen. Shirt, Socken, irgendeinen Pullover, die Hose habe ich noch an. Rasche Katzenwäsche, dann seine Sachen. Noahs Schrankseite ist beinahe einfarbig. Geordnete Stapel in Graublau, ab und an etwas Schwarzes, ein einziges weißes Hemd. Keine Muster, keine Farbakzente, keine Experimente. Er trägt seinen Look wie eine Uniform, kauft immer nur Basics, Standards, bloß nichts Extravagantes – nichts an ihm ist das. In einer Frauenzeitschrift stand neulich, der deutsche Durchschnittsmann sei 1,79 Meter groß, wiege 82 Kilo, habe dunkelblonde Haare, braune Augen, Schuhgröße 44 und dreizehn Sexualpartner in seinem Leben, und bis auf Letzteres entspricht diese Beschreibung exakt Noah. Er ist eine lebend gewordene DIN-Norm, wie am Reißbrett erdacht. Deswegen wird er auch ständig mit jemandem verwechselt. Und deswegen passen ihm auch so gut wie alle Klamotten.

Ich stopfe von jedem Stapel etwas in eine Tasche, ein Paar Schuhe, seinen Jogger, die Schlappen – keine Ahnung, ob sie ihn dabehalten, aber wenn, dann soll er sich wohlfühlen. Ich werfe mir die Jacke über, krame in meiner Handtasche nach dem Autoschlüssel, bin schon fast bei der Tür, als mein Blick auf mein Smartphone fällt. 14 Anrufe in Abwesenheit. Alle von derselben Nummer. Paul. Ich habe weder abgehoben noch zurückgerufen, konnte es einfach nicht.

DU UNMENSCH!

Was? Was sollte ich denn sagen? »Ja, hallo, Linda hier. Du, es tut mir furchtbar leid, dass mein Mann einen Killer zu deiner Frau geführt hat und sie abgeschlachtet wurde. Mhm, mhm, ja, ganz schreckliche Geschichte, ich weiß. Hm, wie bitte? Ach, danke der Nachfrage, Noah geht es so weit ganz gut. Und bei dir? War's schön auf Madeira?« *What the fuck!*

Es ist ja nicht so, dass es irgendwelche Leitfäden für solche Fälle gibt. Ich konnte einfach nicht zurückrufen, und ich kann ihm auch jetzt nicht begegnen, das wäre … das würde … nein, das schaffe ich nicht.

Meine Hand legt sich auf die Türklinke, zuckt sofort zurück. Ich schlucke schwer. Was ist, wenn er da drüben ist? Vorsichtig beuge ich mich vor, ein Auge am Türspion, die Ohren gespitzt. Kein Geräusch zu hören. Die Tür gegenüber ist geschlossen, das Verschlusssiegel der Polizei … Ich kann es kaum erkennen. In Hollywoodfilmen sind solche Klebestreifen meist riesig und leuchtend gelb, aber diese armseligen Schnipsel, die sie in Hamburg verwenden, übersieht man selbst von Nahem. Es klebt noch an Ort und Stelle, so viel steht fest. Aber ist es heil? Ist das nur ein Schatten in der Beuge, oder wurde es eingerissen? Kam Paul gestern Nacht noch nach Hause? Ich beiße mir auf die Lippe, starre unschlüssig in den Gang hinaus, zögere.

Vielleicht sollte ich Noah noch seinen Laptop und das Schreibzeug einpacken? Sicher ist sicher. Ich mache kehrt und gehe ins Arbeitszimmer, räume den halben Schreibtisch in eine zweite Tasche. Wenn er länger im Krankenhaus bleiben muss, kann er sich wenigstens beschäftigen. Vielleicht noch ein Buch oder zwei, etwas Unterhaltsames, keinen Thriller oder Krimi, das wäre unpassend. Was liest er denn derzeit? Mein Blick sucht das Regal ab, geht dabei aber immer wieder hinüber zur Eingangstür. Ein einziger Lichtpunkt scheint in der Luft zu schweben, der Türspion. Hat sich da draußen gerade etwas bewegt?

Ich lasse die Taschen fallen, vergesse die Bücher, tapse mit Riesenschritten zur Tür. Kaltes Aluminium auf meiner heißen Stirn, panisch suche ich jeden Quadratzentimeter des Ganges ab. Nichts.

Ich kneife die Augen zusammen, spähe angestrengt hinüber. Diese verdammte Weitwinkellinse, die Nachbarswohnung ist gerade mal drei Meter entfernt, aber durch den Spion sind es gefühlt dreißig. Ich kann das Siegel nicht erkennen, beim besten Willen nicht. Was ist, wenn ich die Smartphone-Kamera gegen den Türspion halte? Kann ich dann nicht zoomen? Schnell – wo ist das Telefon? In der Tasche! Hastig eile ich zurück ins Arbeitszimmer, krame es hervor, als plötzlich … draußen am Gang, Schritte.

Ich zucke zusammen, das Smartphone entgleitet meinen Fingern, landet krachend am Boden.

Wieder Schritte.

Dann Stille.

Mein Herz hämmert gegen die Brust, wie gelähmt stehe ich da, starre auf die Tür. Am Gang wird etwas abgestellt, etwas Schweres – *sein Reisekoffer.* Meine Gedanken überschlagen sich. Das ist Paul, das muss Paul sein! Hat er mich gehört? Natürlich hat er das, der Krach war kaum zu überhören. Was jetzt? Paul war in seiner Jugend ein Draufgänger – das hat mir Emma einmal erzählt, angeschwipst, zu später Stunde bei irgendeiner ihrer Partys. Barschlägereien, illegale Straßenrennen, sogar bei Ladendiebstählen soll er erwischt worden sein. Ich konnte mir das nie vorstellen, aber jetzt, nach dieser Sache … Was ist, wenn er die Nerven verliert? Wenn er ausflippt und mir irgendetwas antut? Er hätte allen Grund dazu.

Ich höre, wie er mit den Füßen schabt, auf der Stelle tritt wie ein Stier. Ich starre auf die Tür, wage kaum einen Wimpernschlag. Niemand ist da, der mir helfen könnte. Ich bin allein mit einem Mann, der blind vor Wut sein muss. Der nichts mehr zu verlieren hat, weil ihm das Wichtigste genommen wurde.

Ich sehe ihn vor mir, Paul, wie er sich mit aller Kraft gegen die Tür wirft, wie er sie aus den Angeln wuchtet. Er wird mich zur Rede stellen, wird mich anbrüllen, warum seine Frau sterben musste und ich lebe, warum …

Ding Dong.

Elias

33 Stunden und 40 Minuten danach

Während Köpke die Kopien des SpuSi-Berichts verteilt, rattert Dorn die Eckpunkte der Tatnacht im Stakkato herunter. Alle lauschen gebannt, ich starre auf einen Sonnenfleck an der Wand, quäle mich mit alten Fragen.

Warum sie? Warum ausgerechnet sie? Wie oft ich mir diese Frage schon gestellt habe. Bei Natascha Lechefsky, bei Helena Kiel, Maren Kemp; was hatten diese Frauen an sich, dass sie sterben mussten? Was hatten sie gemeinsam? Sie waren attraktive, junge Frauen, ja, aber auch keine außergewöhnlichen Schönheiten. Es gab keinerlei übereinstimmende Merkmale – tausend Stunden Recherche, Dutzende Befragungen: ergebnislos. Und jetzt, nach zweieinhalb Jahren, fängt alles von vorne an.

Köpke drückt mir den Bericht in die Hand, ich interessiere mich eher für etwas anderes. »Was ist mit Falk?«, flüstere ich ihm zu. »Konnten Sie ihn erreichen?«

Er will antworten, doch jemand anderer kommt ihm zuvor.

»Entschuldige, Blom – langweilen wir dich mit Details?«

Seufzend wende ich den Kopf. Dorn funkelt mich an, schiebt seinen silbernen Zahnstocher von einem Mundwinkel in den anderen. »Sollen wir die Mordnacht lieber überspringen und gleich zu deinen Fragen kommen, hm?«

Dorns Stimme geht vor Sarkasmus über, Köpke schafft es trotzdem, ihn zu überhören.

»Also, dieser Falk«, beginnt er seelenruhig, teilt weiter die Kopien aus. »Der ist auf dem Weg, ich hab mit ihm telefoniert, da war er noch auf Madeira. Er hat gesagt, dass der erste Flug zurück nach Hamburg ausgebucht war und die übrigen nach Deutschland ebenfalls. Er wollte irgendeinen anderen nehmen, ich glaube, nach Lissabon, und von dort dann weiter. Aber ich erreiche ihn nicht mehr, wahrscheinlich sitzt er im Flieger oder Akku leer.«

Er drückt dem Letzten in der Runde den Patho-Bericht in die Hand, blickt auf und weiß nichts mit der entgeisterten Miene seines Kollegen anzufangen. »Was ist? Ich sag ja nur …«

Dorn verdreht die Augen, verkneift sich aber einen Kommentar. »Egal jetzt … Wo war ich?« Er dreht sich zu den Pinnboards, glotzt sie an, als würde dort die Antwort auf seine dämliche Frage stehen. »Also«, schnauft er dann resignierend. »Noch mal im Schnelldurchgang. Laut Klingbergs Angaben geht er um zirka 22 Uhr hoch auf den Wäscheboden, wird von einem maskierten Mann von hinten angegriffen. Der Täter hält ihm ein Messer an die Kehle, zwingt ihn dazu, dass er ihn zu seiner Frau führt. Er gehorcht …«

»Weichei«, murmelt irgendein Vogel von der Mordkommission hinter mir, leise, aber dennoch für alle hörbar.

»Er gehorcht, sie gehen in den dritten Stock hinunter, aber ihm kommt eine Idee, und er führt den Angreifer nicht in seine Wohnung, sondern in die der Nachbarn gegenüber, zu der er den Schlüssel hat.«

»Was für ein verdammtes Weichei!«, tönt es wieder, Dorn ist es egal, Steiger ist schon vor einer Ewigkeit zu irgendeinem Meeting abgerauscht. Unter Bering wäre so ein Arschloch in hohem Bogen aus der Besprechung geflogen, aber Disziplin ist für diese Truppe ein Fremdwort.

»Noah und Linda Klingberg geben beide an, dass sie dachten, die Nachbarn seien verreist. Daher auch der Schlüssel – sie sollten die Blumen gießen, nach dem Rechten sehen; die Paare Klingberg und Falk sind gut bekannt.«

»Er wollte den Angreifer in die leere Wohnung locken, um seine Frau zu schützen«, diktiert sich Mira Klos halblaut ihr Resümee, schreibt es in winzigen Buchstaben auf das vollgekritzelte Blatt Papier vor ihr.

»So hat es Klingberg zumindest ausgesagt«, antwortet Dorn. »Aber die Wohnung war nicht leer, Emma Falk noch da und … ja, ab hier wird die Zeugenaussage etwas schwammig.« Er blättert in seinem Notizbuch, braucht ein paar Sekunden, hat anscheinend Probleme, seine eigene Schrift zu entziffern.

»Klingberg gibt an, dass ihn der Angreifer noch auf dem Hausflur niedergerungen hat. Irgendwann später ist er in der Küche aufgewacht, hat dann die Leiche von Emma Falk im Schlafzimmer gefunden, der Täter war aber noch in der Wohnung und schlug ihn erneut nieder. Am frühen Morgen ist eine Nachbarin hoch auf den Trockenboden, hat das Chaos gesehen, die Eingangstür der Falks stand einen Spaltbreit offen, sie hat den Notruf gewählt. Zwei Streifenpolizisten haben Emma Falks Leiche gefunden, Noah Klingberg lag verletzt und bewusstlos daneben. Er befindet sich zurzeit in der Universitätsklinik.«

Dorn klappt sein Notizbuch zu, blickt in die Runde. Für einige Sekunden herrscht Stille.

Dann wieder die Forensikerin: »Hat denn keiner was gehört? Wie viele Parteien wohnen im Haus?«

»Na ja, die Frau, die den Notruf gewählt hat, ist Flugbegleiterin, wohnt im Erdgeschoss und gibt an, nichts bemerkt zu haben. Den Mieter nebenan konnten wir nur telefonisch erreichen. Laut seiner Aussage ist er selten da, er lebt eigentlich bei seiner Partnerin in Jork. Die Wohnung darüber, im zweiten Stock, steht seit einem halben Jahr wegen Renovierungsarbeiten leer. Gegenüber wohnt 'ne alte Frau mit zwei Katzen, die musste bei der Befragung erst mal ihr Hörgerät suchen, und im dritten sind links die Falks und rechts die Klingbergs, darüber ist nur der Trockenboden. Also nein, niemand hat etwas gehört oder gesehen.«

»Und die Frau von diesem Klingberg?«, hakt Mira Klos nach.

Als Antwort beginnt Dorn wieder in seinem Notizbuch zu blättern.

Ich springe ein. »Sie war schon im Bett und gab an, einen tiefen Schlaf zu haben. Die Abwesenheit Ihres Mannes hat sie erst am nächsten Tag bemerkt.«

Kollektives Nicken. Plötzlich durchschneidet ein schriller Pfiff den Raum. Alle Köpfe drehen sich, fixieren einen der Vögel von der Mordkommission, der mit hochgezogenen Brauen die sichergestellten Fotos von Emma Falk durchblättert. »War 'n steiler Zahn, diese Linda«, säuselt er mit einem ekelerregend süffisanten Grinsen im Gesicht. »Als ich noch bei der Sitte war, sind uns so hübsche Vögelchen häufig zugeflogen. ›Der Chef hat mir sein Ding unter die Nase gehalten, auf der Weihnachtsparty sind sie über mich hergefallen …‹ Solche Geschichten.«

»Emma! Sie heißt Emma Falk. Linda ist die Nachbarin«, korrigiere ich ihn spitz, trommle ungeduldig mit den Fingern auf die Tischplatte. Es wird Zeit, die wichtigen Themen anzusprechen. »Die entscheidende Frage ist doch: Wer war das eigentliche Opfer? ›Wir besuchen jetzt deine Frau‹ – das waren die Worte, die der Angreifer Klingberg gegenüber benutzt hat. Demnach war Emma Falk nicht sein Ziel.«

Dorn verdreht die Augen. »Der Typ hat Spaß daran, Frauen abzuschlachten. Dem ist doch scheißegal, ob die Linda oder Emma oder Mitzi oder Tini heißen, Hauptsache, ihm geht einer ab.«

Eine zähe Sekunde verstreicht, nagt an meinen Nerven. Mit Dorn zu diskutieren, hat keinen Sinn. Alles, was von mir kommt, ist für ihn ein rotes Tuch. Ich will schon aufstehen und gehen, als neben mir ein leises Räuspern ertönt. Gott sei Dank – das Interesse des Fallanalytikers scheint erwacht.

»Das halte ich für eher unwahrscheinlich«, wendet Luger ein. »Alle psychopathologischen Befunde von Serienmördern mit einem ähnlich ausgeprägten Ritual- und Signaturverhalten sprechen dagegen. Wir gehen doch davon aus, dass er seine Opfer observiert, korrekt?« Er richtet seine Frage an mich, ignoriert Dorn komplett.

»Ja. Es ist relativ gesichert, dass er die Frauen über längere Zeit beobachtet. Er scheint perfekt informiert, kennt die Gegenden, die Wohnungen, weiß, wo alles ist, hinterlässt nie Einbruchsspuren.«

Luger sinniert kurz, nickt. »Wenn Emma Falk die Falsche war, hätte er sie vielleicht getötet – aber nicht auf die gleiche

Weise wie seine anderen Opfer. Er tötet ja nicht irgendwie: Der abgetrennte Ringfinger, die Einstiche, das blutige Zeichen, die Fingerabdrücke, Lügenweib – aus irgendeiner verqueren Logik heraus haben es die ausgewählten Frauen verdient, auf diese Art hingerichtet zu werden«, erklärt er mit ruhiger Stimme.

Ich mustere ihn. Fallanalytiker sind in der Regel praxisferne Drehstuhlbeschwerer, die in der Theorie jeden Kriminellen durchschauen, aber im echten Leben noch nie einem begegnet sind. Doch in dieser Sache wissen wir beide, dass er recht hat.

»Ich denke viel eher, dass der Angreifer diesen Klingberg für Emma Falks Ehemann gehalten hat«, setzt er nach, legt den Kopf schief und schiebt seine Brille hoch. »Sehen sich die beiden ähnlich?«

»Nicht besonders«, murmle ich gedankenverloren. »Aber …« Mit einem Ruck erhebe ich mich vom Stuhl, dränge mich an Dorn vorbei, suche die Pinnboards nach den richtigen Aufnahmen ab. »Die Hausfront: alle Fenster zur Straßenseite sind Gangfenster. Unten am Klingelbrett sind keine Namen, bloß Nummern – selbst wenn er das Haus beobachtet hat, konnte er nur schwer feststellen, wer Emma Falks Mann ist.« Meine Finger wühlen in den Taschen, finden nichts. Dorn hält sein Telefon in der Rechten.

»Was findet man, wenn man ›Paul Falk Hamburg‹ bei Google sucht?«, frage ich ihn, fixiere sein Smartphone.

Er rührt keinen Finger. »Ich bin doch nicht ihr Scheißassistent,« mault er mich an und lässt sich betont bockig auf einen der Stühle fallen.

Ich seufze, richte den Blick auf Luger, der sofort versteht.

»Ein Allerweltsname. Es gibt Hunderte Paul Falks«, erwidert er, scrollt sich durch eine Flut an Gesichtern, hält dann inne. »Gab es denn in der Wohnung Aufnahmen von ihm?«

»Dutzende.«

»Vielleicht ist Klingberg deswegen noch am Leben. Dem Täter ging es allein um die Frau. Klingberg war nur ein Türöffner, und als der Täter dann feststellen musste, dass es nicht einmal ihr Mann war … Selbst Serienmörder kennen Mitleid.«

Ich nicke erst, schüttle dann den Kopf. »Aber wieso hält er Klingberg für Paul Falk?«

Schweigen. Schulter um Schulter wird gezuckt, Lippen kräuseln sich, bleiben stumm.

»Ich hätte noch ein paar Fragen zu den früheren Fällen«, durchbricht Mira Klos endlich die Stille, sieht mich erwartungsvoll an, ich sehe Dorn an. Er macht keine Anstalten mehr, etwas beizutragen, kaut beleidigt auf seinem Silberpfeil herum. Was bleibt mir also anderes übrig?

Eine halbe Stunde später nippe ich an meinem Glas, spähe über den Rand hinüber zur Wanduhr. Der große Zeiger schluckt die nächste Minute. Klos stellt gefühlt die tausendste Frage, ich beantworte sie so präzise wie möglich.

»Den abgetrennten Ringfinger lässt er immer zurück, so auch diesmal. Er lag am Boden, scheinbar achtlos fallen gelassen. Und die Tatwaffe … handelsübliches Küchenmesser, Klinge einseitig, nicht gerillt oder gezackt; beim ersten Mord 16 Zentimeter, beim zweiten 20, dann 18. Er wechselt, in dem Bereich hat er keine speziellen Vorlieben.«

Klos notiert sich meine Antwort, als wäre das hier ein Diktat. »Und die Einstichstellen? Absolut gleich?«

Endlich mal eine interessante Frage. »Die Ergebnisse aus der Patho liegen noch nicht vor, aber augenscheinlich ja. Emma Falk weist an den exakt gleichen Stellen Einstiche vor, sieben an der Zahl. Zwei in die Augenhöhlen, einer in die Kehle, bei beiden Brüsten knapp unterhalb der Brustwarzen und jeweils ein Stich in den Bauch und in den Unterleib. Die Stiche sind präzise ausgeführt, bis auf diesen hier.« Ich deute auf alle Fotografien, auf denen die Halspartien zu sehen sind, bleibe vor Emma Falks Aufnahmen stehen.

»Bei dem Stich in den Hals leben die Opfer noch, sie wehren sich, daher auch die ausgefransten Wundränder. Wobei die Wunde von Emma Falk noch breiter ist als die der anderen.« Ich tippe mit dem Finger zweimal auf die Fotografie, verliere mich kurz darin. »Wie gesagt, eine genaue Analyse ist noch nicht da, aber wie Sie sehen können, hat der Täter etwas unsauberer gearbeitet, außerdem scheint die Blutverteilung abzuweichen, das Opfer weist ...«

»Was ist hier los?«, poltert Steigers Stimme durch den Raum. Er steht plötzlich hinter mir, wirft Dorn einen Blick zu, der ihm mindestens zwanzig Zentimeter aus dem Hinterkopf dringen müsste. Dann richtet er ihn gegen mich. »Wer hat Ihnen das Kommando erteilt?«

Blitzartig weicht sämtliche Spannung aus meinem Körper. Die Eindrücke aus Steigers Büro sind noch frisch, meine Gedanken wie gelähmt. Mühselig suche ich nach den richtigen Worten, aber er lässt mir keine Zeit.

»Wenn ich nicht hier bin, hat der Kollege Dorn die Leitung, niemand sonst. Haben Sie das verstanden?«

Die Schwerkraft zieht an mir, als wäre sie plötzlich doppelt so stark. In Gedanken rede ich mir zu, dass er ja nur ein Mensch ist, ein großer, tumber, hässlicher Halbaffe, nichts weiter. Aber es hilft nichts. Dieser Halbaffe hat eine Präsenz, die mein Hirn automatisch umpolt, Körper und Geist verfallen in eine Schockstarre.

»Ich sagte: Haben Sie das verstanden?«

Ich nicke. Steiger fixiert mich immer noch. Im Unscharf meiner Augenwinkel erscheint Köpke, in der einen Hand sein Smartphone, mit der anderen fuchtelt er wild durch die Luft, als wollte er Fliegen verjagen.

»Was ist, Köpke?«, knurrt Steiger, wendet sich ab, und ich gewinne die Kontrolle über meinen Körper zurück. Ein verstohlener Blick in die Runde verrät, dass mir gerade bei lebendigem Leib die Eier abgeschnitten wurden. Aber das ist nicht das Schlimmste.

»Es ist wegen Paul Falk«, höre ich Köpke sagen, der Steiger sein Smartphone entgegenstreckt.

Irritiert starrt Steiger ihn, dann das Telefon an. »Was soll ich damit? Wo ist dieser Falk? Er soll herkommen, zur Befragung!«

Köpke streckt den Arm durch, hält ihm das Teil noch deutlicher unter die Nase, räuspert sich. »Schätze, das wird ein Problem.«

Ich schlucke.

Das ist das Schlimmste.

Noah

Ich erwache wie eine Maschine. Kein halb bewusstes Dämmern, kein Flackern der Augenlider, keine Traumausklänge, die in die Wirklichkeit hallen, nichts. Ich bin sofort da, blinzle mir den Schlaf aus den Augen, weiß in der Sekunde, wo ich bin. Draußen das Trommeln der Regentropfen auf dem Wellblech des Fenstersimses, lang gezogene Schatten der Jalousie an der Wand, die Haltegriff-Triangel über mir – ich liege in meinem Zimmer im Krankenhaus.

Es herrscht Stille, kein Tuscheln der Pfleger am Flur, kein leises Radio. Bis auf das blassorange Schimmern der Straßenlaternen ist es stockfinster im Raum, es muss mitten in der Nacht sein, trotzdem bin ich hellwach. Wie lange noch bis zum Aufstehen?

Meine Augen gewöhnen sich schnell an die Dunkelheit, suchen den Raum nach einer Wanduhr ab, bleiben am Bett neben mir hängen. Ich habe einen Zimmergenossen? Seit wann liegt er hier? Ich kann mich nicht erinnern, auch nur ein einziges Wort mit ihm gewechselt zu haben. Vielleicht haben sie ihn hereingeschoben, während ich geschlafen habe? Seine Decke ist hochgezogen bis fast über den Kopf, es blitzen nur ein paar straßenköterblonde Strähnen hervor.

Ein Geräusch irritiert mich. Etwas tropft.

Ich greife nach dem Haltegriff, beiße die Zähne zusammen, ziehe meinen Oberkörper hoch, lasse mich gleich darauf erschöpft zurück ins Kissen sinken.

Sie haben den Katheder vergessen.

Keine Ahnung, was der Typ hat, aber etwas tropft aus seinem Bett, und zwar auf der Höhe seines … na ja, da, wo eben ein Katheder sein sollte, wenn man nicht aufstehen und sich erleichtern kann. Ich taste nach dem Notfallknopf, betätige ihn einmal kurz. Immer noch höre ich es tropfen. Nichts rührt sich auf dem Flur, niemand kommt. Ich drücke noch mal, diesmal länger. Kein Signal, kein Klingeln im Stationsraum, nichts. Haben sie vergessen, das Kabel anzuschließen?

Genervt werfe ich die Decke zurück, schwinge meine Beine aus dem Bett und wuchte mich in eine aufrechte Position. Kurz verharre ich an der Bettkante, gebe dem Kreislauf einen Moment. Mein Blick geht hinüber zu der Lache unterhalb des Bettes. *Was zum …* Panik fährt mir in die Glieder. Das ist kein Urin.

Das ist Blut.

»Er verblutet«, krächze ich kaum hörbar in den Raum hinein, springe auf, stolpere zum Bett, weiß nicht weiter. Die Schwester holen? Zuerst helfen? Wie? Was tun? Tausend Fragen schießen mir in den Kopf, zerplatzen wie Seifenblasen.

»Hilfe«, rufe ich, diesmal kräftiger. »Kommen Sie, schnell!« Das müssen sie gehört haben, selbst wenn die Tür zur Station zu sein sollte. Kurz zögere ich, dann rüttle ich den Mann an der Schulter. »Hey, Sie!«, zische ich ihn an. »Wachen Sie auf!« Aber er rührt sich nicht. Panisch reiße ich ihm die Decke vom Leib.

Der Anblick trifft mich wie eine gewaltige Welle, holt mich von den Beinen, wirft mich um.

Nein, das kann nicht sein, das ist nicht real! Ich schlage mir mit der flachen Hand gegen den Kopf, kneife mich, zähle rückwärts, aber sie verschwindet nicht, liegt regungslos da. Ihr Blick leer und kalt. Ihre Haut blass wie gemahlene Knochen. Ihr Schoß blutüberströmt. *Das kann nicht sein.* Emma starrt mich an. Ihr Mund bewegt sich, ich höre nichts, aber ich sehe es, weiß, welche Worte ihre Lippen formen. *Hilf mir!*

Ungelenk stolpere ich durch den Raum, reiße meine Decke vom Bett, presse sie auf ihre Wunde, um die Blutung zu stillen. Aber das Weiß wird rot, ihr Blut quillt zwischen meinen Fingern hindurch, läuft in zähen Rinnsalen auf den Boden, über meine Zehen. *Hilf mir, Noah. Bitte!* Ich tue alles, drücke fester, aber es ist überall. Auf ihrer Brust, die Flecken werden immer größer, ihr Nachthemd saugt sich voll, und ich presse und drücke, schreie und stöhne, heule und flehe sie an, bei mir zu bleiben. *Hilf mir Noah, hilf mir.* Ich knie auf ihr, am Ende aller Kräfte, mein Schweiß tropft auf sie hinab, vermischt sich mit ihrem Blut. Ihre Augen rollen nach oben, verdrehen sich, bis ihre Pupillen kaum noch zu erkennen sind. Bis das Weiß zu schmelzen scheint, gerinnt, ihre Wangen hinabläuft wie Tränen. »Hilfe, Schwester, Hilfe!« Ich breche zusammen, schmecke Blut. Ihr lebloser Körper, alles verschwimmt, ich kann nichts tun. *»Schwester!«*

Panisch fahre ich hoch, schweißnass, das Nachthemd klebt mir an der Haut. Meine Stirn pocht, mein Herz hämmert, ich reiße den Kopf herum: das Bett neben mir, leer. Das Zimmer, irgendwie anders. Der Boden, kein Blut. Emma … Niemand ist da.

Nach Luft japsend, sitze ich kerzengerade im Bett, beginne erst nach und nach zu realisieren. *Es war nur ein Traum, alles ein Albtraum.* Metallischer Geschmack liegt mir auf der

Zunge. Wie automatisch fahren meine Finger in den Mund, bringen Blut zum Vorschein. Ich hab mir die Wangen aufgebissen. Irritiert starre ich auf die roten Flecken. Das Blut … Der Anblick wirft mich wieder zurück in den Albtraum. *Nein, Schluss damit.* Ich hechte aus dem Bett, stürme ins Bad. Seife, Bürste – ich schrubbe alles ab, spüle mir den Mund aus, gründlich, mindestens ein Dutzend Mal; säubere die Oberflächen penibel, damit kein einziger rötlicher Spritzer mehr sichtbar ist, nicht an der Spüle und nicht an mir. Aber ich spüre es immer noch, das Blut, es klebt an mir. Wie im Wahn reiße ich mir das Nachthemd vom Leib, drehe die Dusche auf, warte nicht, bis das Wasser warm wird, stelle mich unter den eiskalten Strahl. Wieder seife ich mir die Hände ein, den ganzen Körper, rubble meine Haut wund. Ich pumpe mir die Hälfte des Desinfektionsmittels in meine Handfläche, reibe mich damit ein, ignoriere die Bandagen, den beißenden Geruch, das Brennen in meinen Wunden, es stört mich nicht. Es beruhigt.

Mittlerweile ist das Wasser kochend heiß. Ich drehe den Hahn zu, steige aus der Dusche, frottiere mich ab. Im Spiegel steht ein Mann, den ich kaum erkenne. Puterrote Haut, weit aufgerissene Augen, Blutergüsse im Gesicht. Der Gips um meine Nase ist durchgeweicht, der Verband um meine geschiente linke Hand baumelt lose an meinen Fingern.

Ungelenk ziehe ich den Föhn aus der Halterung an der Wand, schalte ihn ein und richte den lauen Luftstrahl auf den Gips an meiner Nase. Das dauert, egal. Ich muss mich irgendwie ablenken, das Denken abstellen. Irgendetwas … einfach machen. Schlafen kann ich ohnehin nicht mehr.

Zwei Stunden später platzt die Krankenschwester, ohne zu klopfen, herein, marschiert ins Zimmer, wird immer langsamer und sieht sich irritiert um. Ich beobachte sie aus den Augenwinkeln, das Gesicht tief in meiner Zeitschrift vergraben. Wahrscheinlich habe ich etwas übertrieben.

»Was ist denn …«, stottert sie verdutzt. »Was haben Sie denn …?«

»Ich habe ein bisschen aufgeräumt«, erkläre ich unbeholfen. »Das Bett gemacht, Fenster geputzt, Staub gewischt, die Flächen gereinigt …«

Sie fährt mit dem Finger über die staubfreie Steckerleiste hinter dem Bett, zerreibt sterile Luft zwischen ihren Fingerkuppen.

Eilig setze ich nach, bevor sie mir die Aktion krummnehmen kann. »Nicht, dass es hier so dreckig gewesen wäre. Aber ich war schon so früh wach, und deswegen … Mir war langweilig, wissen Sie. Ich wollte nur irgendetwas Nützliches machen.«

»Mhm«, antwortet sie gedehnt und mustert mich argwöhnisch. »Warum liegen Sie nicht im Bett? Sie brauchen Ruhe.«

»Hier am Fenster ist besseres Licht.« Ich hebe den Kopf, deute auf die Zeitschrift.

Jetzt erst bemerkt sie meine bloße linke Hand, ihr Blick verfinstert sich. »Was haben Sie mit Ihrem Verband gemacht?«

»Der ist mir irgendwie abhandengekommen …«

Die Krankenschwester stemmt ihre Hände in die Hüften, zieht eine Schnute und gleichzeitig ihre Augenbrauen nach oben. »Wie bitte?«

Ich zucke mit den Schultern, lächle verkrampft, sehe wahrscheinlich aus wie ein ertappter Schuljunge. Schweigend mustern wir uns gegenseitig. Aber das Spiel ist ihr schnell zu blöd.

»Na gut, Herr Klingberg, dann alles noch mal von vorne«, kommentiert sie salopp, zieht eine Schublade auf und holt Verbandszeug heraus.

»Dürfte ich Sie um etwas bitten?«, frage ich vorsichtig.

Abrupt lässt sie alles wieder in die Schublade plumpsen, wirft mir einen genervten Blick zu.

Ich ignoriere ihn gekonnt. »Müssen Sie meine *ganze* Hand verbinden?«

Ihre rechte Augenbraue schiebt sich wieder nach oben.

»Wissen Sie, meine Frau und ich, wir haben so ein kleines Ritual«, beginne ich zu erklären, kratze mir verlegen das Kinn. »Es ist albern, ich weiß, aber es hat sich irgendwie eingespielt. Wenn wir spazieren gehen oder auf der Rolltreppe stehen oder im Lift, dann verhaken wir immer die kleinen Finger ineinander – wie Händchenhalten, nur ohne die ganze Hand.« Ich lächle, die Gesichtszüge der Krankenschwester verändern sich keinen Millimeter. »Linda trägt ihre Handtasche links, also nimmt sie immer meinen linken kleinen Finger mit ihrem rechten, deswegen … Könnten Sie meinen kleinen Finger bitte nicht mit einbandagieren?«

Die Krankenschwester legt ihren Kopf schief, mustert mich von oben bis unten, holt tief Luft und sagt: »Das ist das Süßeste, was ich je in meinem Leben gehört habe.«

Erleichtert atme ich aus.

»Mein Mann und ich, wir hatten früher auch so ein Ritual«, erzählt sie mit verträumtem Blick, ihr Gesicht sieht plötzlich aus, als wäre sie zwanzig Jahre jünger. »Immer wenn wir bei Freunden waren, zum Essen oder Pokern, dann hat er unterm Tisch meine Hand in seine genommen und mit dem Daumen ganz sanft über meinen Handrücken gestreichelt.« Sie kichert wie ein Schulmädchen, ihr Groll auf mich ist komplett verflogen.

Wir erzählen uns Geschichten von »ihrem Robert« und »meiner Linda«, dabei legt sie mir einen frischen Verband an, lässt den kleinen Finger selbstverständlich frei.

Danach geht alles im Akkord. Eine andere Schwester serviert mir Frühstück und drei Pillen, kurz darauf kommt die Visite. Händeschütteln, Kopfschütteln, Platitüden und flotte Sprüche. Ich soll ein paar Bewegungen ausführen, sagen, wenn es wehtut, alle nicken zufrieden, ich bin ein vorbildlicher Patient. Sie geben mir Rezepte, eine Packung Schmerztabletten, die Entlassungspapiere, Kontrolltermin in zwei Wochen. Danke, passen Sie auf sich auf, kommen Sie gut nach Hause, Bettruhe einhalten. Als die Ärzte wieder gehen, steht Linda schon vor der Tür.

»Darfst du nach Hause?«, fragt sie, hievt zwei schwere Taschen auf den Tisch.

Ich betrachte ihre Hände. Zart und feingliedrig, die Nägel kurz gestutzt, fast schon burschikos, der kleine Finger leicht abgespreizt. Unser kleiner Finger, denke ich, lächle. Sie drückt mir einen Begrüßungskuss auf, er fühlt sich irgendwie kühl an.

»Ja, ich zieh mich schnell um, dann können wir los«, antworte ich. Endlich raus, endlich weg von hier, endlich bei ihr sein. Ich steige aus dem Krankenhauskittel, schlüpfe in frische Sachen. Linda starrt aus dem Fenster.

»Die Polizei war noch mal da«, setzt sie an, verfällt wieder in Schweigen und blickt zu Boden. Ein bitteres Lächeln huscht über ihre Lippen. »Ich dachte, es wäre Paul, und hatte eine Scheißangst.«

Ich knöpfe den letzten Hemdknopf zu, seufze. »Ist alles okay bei dir?«

Sie wischt meine Frage mit einem übertriebenen Nicken beiseite, versucht, stark zu wirken. Aber ihr Blick ist glasig.

»Was wollte die Polizei?«, frage ich so beiläufig wie möglich, schlüpfe in meine Schuhe.

»Sie haben den Flur fotografiert und die Eingangstür der Falks. Und sie brauchten den Kellerschlüssel.«

Kurz halte ich inne, betrachte meine Schnürsenkel, als hätte ich vergessen, wie man sie bindet. »Wieso, was wollten sie in unserem Kellerabteil?«

»Sie wollten in das Abteil der Falks.« Ihre Stimme klingt plötzlich gereizt. »Aber sie brauchten den Schlüssel für die Tür zum Kellerabgang, die ist doch auch versperrt.«

Ich nicke, greife mir die Taschen. »Ab nach Hause«, lächle ich sie an, strecke ihr die linke Hand entgegen.

Lindas Blick löst sich vom Boden. Schnurstracks geht sie an mir vorbei Richtung Ausgang.

Hat sie meine Hand nicht gesehen? Irritiert eile ich ihr hinterher, kann kaum Schritt halten. *Meine Frau und ich, wir haben da dieses Ritual …* Stumm gehen wir nebeneinander den Flur entlang, fahren mit dem Lift, stehen auf der Rolltreppe, suchen gemeinsam im Parkhaus nach dem Auto. *Es ist albern, aber es hat sich irgendwie eingespielt …* Ich blicke an mir herab, auf den abgespreizten kleinen Finger an meiner linken Hand.

Sie sieht einfach nicht hin. Den Blick kerzengerade, geht sie zum Auto, steigt ein, schnallt sich an. Stumm tue ich es ihr gleich.

Warum ist sie so zu mir? Was habe ich ihr denn getan? Es ist, als wäre ich … Okay, Schluss mit der Fragerei, aus. Natürlich ist sie anders, wer wäre das nicht bei dem, was passiert ist? Sie hat sich bloß ein wenig eingekapselt und hinter ihre Mauern zurückgezogen – kein Grund zur Sorge. Es war einfach zu viel für sie, für mich, für uns alle. Aber das wird wieder. Wir mussten schon so viele Rückschläge wegstecken, so viele Hürden meistern, nichts konnte unserer Beziehung etwas anhaben. Wir sind die Klingbergs, in guten wie in schlechten Zeiten, uns kriegt man nicht so schnell klein.

»Ich hab dich gefragt, wo er ist.« Lindas Stimme reißt mich aus den Gedanken.

Irritiert sehe ich sie an. »Wer?«

»Na, der Kellerschlüssel! Die Polizei wollte ihn, aber er war nicht im Schlüsselkasten.«

»Keine Ahnung«, antworte ich nervös, zucke mit den Achseln. »Vielleicht hinter das Schuhregal gerutscht.«

Linda war seit unserem Einzug nicht mehr im Keller. Sie hat Angst vor den Krabbelviechern. Der Schlüssel liegt schon lange nicht mehr im Schlüsselkasten.

»Ist ja auch egal, die Nachbarin vom Erdgeschoss hat ihnen aufgesperrt.«

Ich nicke stumm, senke den Blick, betrachte meine Hände. Sie liegen übereinander in meinem Schoß, die beiden kleinen Finger ineinander verhakt. *Wir sind die Klingbergs, uns kriegt man nicht so schnell klein.*

»Kannst du ein bisschen schneller fahren?«, sage ich, wische mir den Schweiß von der Stirn. »Ich glaube, mir wird schlecht.«

Elias

36 Stunden und 33 Minuten danach

»Fuck! Fuck, fuck, fuck!«

Meine Fäuste schlagen unkontrolliert auf das Lenkrad ein, der letzte Hieb geht zu sehr in die Mitte, die Hupe gellt durch die Häuserschlucht und lässt eine alte Frau an der Bushaltestelle hochschrecken. Entgeistert starrt sie mich durch ihre getönte Brille an, presst ihre Handtasche an sich, schüttelt den Kopf. Für sie bin ich wahrscheinlich nur ein Grund mehr, das Haus nicht ohne Pfefferspray zu verlassen. Ein Verrückter, der sich in seinem Auto aufführt wie ein wild gewordener Affe. Sie hat recht. Ich muss mich beruhigen, wieder einen klaren Kopf bekommen.

Die Adresse ist schnell eingegeben, das Navi berechnet die Zeit. Drei Stunden. Meine Rechte ballt sich zur Faust, der Fingernagel meines Mittelfingers bohrt sich in mein Fleisch. Kein Wunder, dass Steiger mich dahin schickt. So ist er mich den ganzen Tag los. Ich schaffe es heute nicht mal mehr zurück, selbst wenn ich die Tempolimits nicht so genau nehme. Und dass Rasen keine gute Idee ist, hat Paul Falk eindrucksvoll bewiesen. Armer Teufel.

Nach allem, was wir wissen, ist er von Madeira nach Lissabon geflogen, sofort weiter nach Paris Charles de Gaulle, und da hat er sich einen Mietwagen genommen, wahrscheinlich weil alle Flüge nach Hamburg ausgebucht waren. Aber mit dem Wagen ist er auch nur bis Wildeshausen gekommen.

»In 150 Metern bitte rechts halten.«

Ich schalte mein Navi auf stumm, schiele mit einem Auge auf den Verkehr, mit dem anderen auf mein Smartphone, suche die richtige Nummer. Freizeichen.

»Krankenhaus Johanneum, im Moment sind alle Leitungen belegt. Der nächste freie Mitarbeiter wird sich sofort mit Ihnen verbinden.«

Warteschleifengedudel. Ich stelle das Handy auf Freisprechmodus, trommle mit den Fingern ungeduldig auf das Lenkrad und rechne mir die Chancen aus, Paul Falk lebend anzutreffen. Laut Polizei Wildeshausen ist er den Bremsspuren nach mit mindestens 180 Sachen unterwegs gewesen, als der LKW auf die zweite Spur gewechselt hat. 180 km/h treffen auf 80 km/h – ich hoffe, die Autovermieter haben ihm nicht irgendeine Dreckskarre angedreht.

»Johanneum-Krankenhaus«, flötet eine Stimme aus den Boxen. »Was kann ich für Sie tun?«

»Blom, Kripo Hamburg. Heute wurde ein Mann bei Ihnen eingeliefert, schwerer Autounfall auf der A1, können Sie mir …«

»Einen Moment, ich verbinde.«

Wieder Warteschleife. Der Verkehr um mich herum gerät ohne erkennbare Ursachen ins Stocken. Das Navi korrigiert die Ankunftszeit nach hinten.

»Unfallambulanz Johanneum, ja bitte?« Die neue Stimme in der Leitung klingt weitaus kratziger als die zuvor.

»Blom, Kripo Hamburg«, antworte ich, schiele hinüber in den Fußraum des Beifahrersitzes, zum mobilen Blaulicht.

»Heute wurde ein Mann bei Ihnen eingeliefert, schwerer Autounfall auf der A1, Paul Falk ist der Name. Können Sie mir sagen, wie sein Zustand ist?« Um mich herum beginnen die Autos zu hupen, am anderen Ende der Leitung paart sich Schweigen mit der üblichen Geräuschkulisse eines Krankenhauses. »Nein, kann ich nicht.« Automatisch greife ich zum Telefon, schalte den Freisprechmodus aus und presse mir das Gerät an die Backe. Vielleicht versteht sie mich ja nicht richtig.

»Hören Sie, noch mal: Ich bin von der Kripo Hamburg, wir ermitteln in einem …«

»Ich habe Sie schon verstanden«, zischt sie giftig. »Aber woher soll ich denn bitte schön wissen, dass Sie tatsächlich von der Polizei sind?«

Es lag nicht an der Freisprecheinrichtung.

»Sie können mir hier einen vom Pferd erzählen und sind in Wirklichkeit irgendein perverser Spinner.«

Der Verkehr bewegt sich keinen Zentimeter, ich greife nach dem Blaulicht, zögere. »Welcher Perverse interessiert sich für den Gesundheitszustand von irgend-«

»Die Rechtsabteilung ist seit der neuen Datenschutzverordnung sehr streng, tut mir leid.«

Kiefermalmen. Paragraph 38 der Straßenverkehrsordnung regelt genau, in welchen Situationen man ein mobiles Blaulicht einsetzen darf. Diese ist keine davon. Ich hätte gut Lust, mit Vollgas durch den Verkehr zu pflügen und dieser idiotischen Schnepfe meinen Ausweis ins Gesicht zu knallen. Aber ich weiß, dass ich es nicht tun werde. Das Blaulicht purzelt wieder in den Fußraum.

»Sagen Sie mir wenigstens, ob er am Leben ist.«

Leitungsknistern. Unentschlossenes Zungenschnalzen. Resignierendes Seufzen. »Der Patient ist am Leben.«

»Sehr gut«, antworte ich, atme erleichtert auf. »Dann sagen Sie Ihren Ärzten, sie sollen dafür sorgen, dass es so bleibt.«

Drei Stunden später komme ich endlich an. Noch bevor ich die Unfallstation betrete, weiß ich, wonach es riechen wird. In diesem Punkt gleichen sich diese Betonklötze wie ein Ei dem anderen. Klebriges Linoleum trifft auf schweißnasse Bettbezüge, gepaart mit dem omnipräsenten Odem der Kranken. Und über alldem die beißende Note von Jod und Desinfektionsmittel. Aber je näher ich dem Empfang komme, desto mehr schießt mir ein weiterer Geruch in die Nase: Kölnisch Wasser 4711 – das Parfum meiner Großmutter. Sie ist schon vor Jahren gestorben. Die Empfangsdame scheinbar auch, sie weiß es nur noch nicht.

»Ja bitte?« Ohne ein zwischengeschaltetes Telefon klingt ihre Stimme noch kratziger, als würde sie jeden Morgen mit Reißnägeln gurgeln.

Trotzig zeige ich ihr den Polizeiausweis, wiederhole meinen Namen und warte, dass es bei ihr klingelt. Doch ihr Blick verharrt unbeeindruckt auf dem Bildschirm, als hörte sie ihn zum ersten Mal. »Wir haben telefoniert, vor nicht einmal drei Stunden«, setze ich nach. Immer noch keine Reaktion. »Ich brauche die Auskunft zu einem Mann, Paul Falk, er wurde heute hier eingeliefert.«

Endlich löst sich ihr Blick vom Bildschirm, wandert kurz zu meinem Ausweis und sofort wieder zurück. In aller Gemütsruhe kreisen ihre Finger über der Tastatur und finden ab und an den Weg auf eine Taste. »Paul Falk wurde heute hier eingeliefert, Autounfall.«

»Ja, das weiß ich«, entgegne ich, entgeistert ob derartiger Ignoranz. »Wie ist sein Zustand?«

Tastaturgehacke. Flinke Pupillen. Träge Worte.

»Sein behandelnder Arzt hat noch keine Informationen eingetragen. Er wird gerade operiert.«

»Und wie lange dauert das?«

»Das kann ich Ihnen nicht sagen.«

»Kann ich sonst mit jemandem reden?«

Das Fossil neigt den Kopf, hebt die Augenbraue. »Die dort haben vorhin schon nach Paul Falk gefragt.« Sie wedelt mit ihren violett lackierten Fingernägeln zu ihrer Rechten, deutet hinüber zum Wartebereich. »Ich denke, das sind seine Eltern.«

Augenblicklich vergesse ich die Krankenschwester, reiße meinen Kopf zur Seite. Wie zum Teufel kommen Paul Falks Eltern hierher? Ich stelle mich auf die Zehenspitzen, spähe durch die Glasfassade. Auf den Wartebänken sitzt gut ein Dutzend Menschen, aber ich erkenne die Eltern sofort. Zwei zusammengesunkene Gestalten, aneinandergelehnt wie baufällige Gebäude, die nur noch aufrecht stehen, weil sie sich gegenseitig stützen. Sein Arm umschlingt ihren Körper, ihre Hände auf seinem Knie, die Blicke starr zu Boden. Sie sehen mich erst kommen, als ich schon vor ihnen stehe.

»Entschuldigen Sie, sind Sie die Eltern von Paul Falk?«

Zwei Köpfe schnellen nach oben, vier tränennasse Augen funkeln mir aus grauen Gesichtern entgegen, mustern mich. Einen Augenblick später weicht das Funkeln purer Enttäuschung.

»Wie geht es meinem …«, setzt die Frau an, versteht aber im nächsten Moment, dass ich nicht der bin, auf den sie so verzweifelt wartet. Irritiert starrt sie an mir vorbei, sucht die Gänge ab, während der trübe Blick ihres Mannes auf meiner Hand ruht, in der ich noch immer den Dienstausweis halte.

»Sie sind von der Polizei«, stellt er mit brüchiger Stimme fest.

»Ja, ich hätte ein paar Fragen an Sie, mein Name ist Elias Blo-«

»Sie haben Fragen? Sie?« Die Frau fährt mich an, als wären wir Erzfeinde. Er will ihre Hand nehmen, aber sie lässt es nicht zu.

»Beruhig dich, Hedi, bitte.«

»Nein, Klaus, ich beruhige mich nicht!«, keift sie ihn nieder, entreißt sich seiner Umklammerung und springt mir fast an die Gurgel. »Ich sag Ihnen mal was, jetzt beantworten Sie erst meine Fragen! Seit Jahren ist dieses Problem bekannt, seit Jahren! Die sind oft monatelang auf Achse, schlafen kaum, trinken zu viel, die Autobahn ist voll von denen.« Ihre kehlige Stimme springt von Wort zu Wort über ganze Oktaven, ich verstehe sie kaum, aber selbst das Wenige, das ich verstehen kann, lässt mich ratlos zurück.

»Slowenen, Bulgaren, Rumänen – diese …«

»Hedwig!«, unterbricht er wieder, diesmal schärfer, beinahe drohend.

Sie lässt sich nicht bremsen. »Diese Ausländer kommen sonst woher, und dann bauen sie auf unseren Autobahnen einen Unfall nach dem anderen. Und die Polizei tut nichts, rein gar nichts!«

Endlich begreife ich. Automatisch wandern meine Hände

in Taillenhöhe, und in kleinen Wippbewegungen drücke ich mit gespreizten Fingern ein fiktives Objekt sanft zu Boden. So haben sie uns das damals auf der Polizeiakademie beigebracht. Ein universelles Zeichen des Schützens, eine Geste des Behütens, wirkt beruhigend auf alle Menschen. Außer auf Hedi Falk.

»Unser Sohn hatte noch nie einen Unfall! Noch nie! Und jetzt auf einmal mit diesem Laster, diese ganzen Lkws …« Tränen nehmen ihr die Stimme. Hektisch kramt sie in ihrer Handtasche, findet nichts, taumelt ein paar Schritte zurück. Ihr Mann will sie stützen, doch sie lässt ihn nicht. »Ach …«, faucht sie ihn an, wendet sich ab. »Ich … ich bin … ich muss …«, dann stapft sie davon.

Schweigend stehen wir nebeneinander, sehen ihr nach, wie sie auf der Toilette verschwindet. Ich weiß, dass ich etwas sagen sollte, aber mir fällt nichts ein.

Herr Falk knetet sich verlegen die Hände. »Es tut mir leid, sie ist normalerweise nicht so, aber Sie verstehen doch …«

Ich nicke bloß.

»Meine Frau, Hedi, sie wollte eigentlich nur anrufen und fragen, wie das Hotel ist. Und dann hebt plötzlich jemand Fremdes ab und sagt, dass Paul im Krankenhaus ist, hier in Wildeshausen, nicht auf Madeira. Wir sind natürlich sofort losgefahren, von Hannover ist es ja nicht weit. Und jetzt warten wir hier und wissen nicht, was mit Paul wird. Die OP dauert schon …«, er schoppt den Ärmel seines kariert gemusterten Wollpullovers hinauf, doch da ist nur sein nacktes Handgelenk. Fahrig tastet er seine Taschen ab, vermutlich sucht er sein Telefon. Ich zücke meines, halte es ihm hin. »…

mehr als vier Stunden«, seufzt er und schüttelt resignierend den Kopf. »Mein armer Junge.«

Ich stehe da wie festgewurzelt. Meine Zunge ist wie mit einer Schraubzwinge fixiert, ich bin unfähig, auch nur einen einzigen geraden Satz auszusprechen. Ich sollte ihn trösten, aber jedes Wort scheint unpassend, anbiedernd, falsch. Also sage ich gar nichts, verkrampfe wie immer, wenn ich nicht weiß, was ich sagen soll. Gratuliere Blom, wieder hast du die Chance verpasst, wie ein echter Mensch zu wirken. Es ist zum Kotzen.

Der alte Mann scheint zu verstehen, dass von mir nichts kommt. Entweder hält er mich jetzt für ein eiskaltes Monster oder für so nah am Wasser gebaut, dass ich den Mund nicht aufkriege, ohne gleich loszuheulen. Was davon stimmt, weiß ich selbst nicht so genau. Wir stehen da wie bestellt und nicht abgeholt.

Ich räuspere mich. »Also, wie gesagt, Elias Blom, Kripo Hamburg, ich hätte eigentlich ein paar Fragen an Ihren Sohn, aber vielleicht können Sie mir bis dahin weiterhelfen.«

»Kriminalpolizei? Hamburg? Ich verstehe nicht …« Der Alte starrt mich verwundert an. Mich beschleicht ein komisches Gefühl. Könnte es sein, dass …? Im nächsten Moment steht Frau Falk neben uns und zieht die Aufmerksamkeit ihres Mannes wieder vollends an sich. »Hedi, geht es dir gut? Ist alles in Ordnung?«

»Es geht schon«, antwortet sie knapp, würdigt mich dabei aber keines Blickes. »Ich geh noch mal vor zur Stationsschwester und frage, ob es vielleicht schon etwas Neues gibt. Du bleibst hier, falls jemand …«

»Herr und Frau Falk?«, ertönt eine sonore Stimme von

Weitem. In meinen Augenwinkeln erscheint ein dicker Mann mit heruntergezogener Atemschutzmaske und froschgrünem Kittel. Er kommt auf uns zu, zieht sich seine OP-Haube vom Kopf und stopft sie in die Hosentasche. Die Falks starren ihn an, als wäre er Jesus Christus persönlich. »Paul hat die OP gut überstanden.«

»Oh, Gott sei Dank!«, entfährt es Hedi Falk lautstark.

»Sein linker Arm und der Ellenbogen sind gebrochen, die Schulter geprellt, hier und da Quetschungen, sonst nichts Dramatisches. Aber wir mussten ein paar Nervenstränge verbinden, das hat gedauert. Er liegt jetzt im Aufwachraum, wahrscheinlich schläft er noch ein paar Stunden, dann können Sie zu ihm. Die Schwester wird sich um Sie kümmern.«

»Danke schön Herr Doktor, vielen, vielen Dank!«

»Ja, äh … bitte. Ich muss weiter, guten Tag«, entgegnet der Arzt peinlich berührt, schüttelt jedem die Hand und zieht wieder ab.

Die Falks fallen sich in die Arme, schluchzen, umklammern sich so fest, dass ihre Knöchel weiß werden.

Ich stehe reglos daneben. Etwas irritiert mich. Natürlich, die Erleichterung, keine Frage, aber diese Freude?

»Paul geht es gut, Hedi. Er wird wieder gesund.«

Diese ungezügelte, beinahe kindliche Glückseligkeit, das Strahlen in ihren Gesichtern. Als wäre tatsächlich alles gut.

»Unser Sohn ist stark, ein Kämpfer, er kommt wieder auf die Beine.« Die beiden trennen sich voneinander, wischen sich die Freudentränen aus dem Gesicht, blicken drein, als wären alle Sorgen mit einem Schlag verflogen. Als wäre in den vergangenen 24 Stunden nichts passiert und ihre Schwiegertochter noch am Leben.

»Okay, ich fahre heim, vielleicht finde ich noch einen alten Schlafanzug von Paul«, sagt Hedi Falk mit einem seligen Lächeln im Gesicht.

Und allmählich begreife ich.

»Und du versuchst es noch mal bei Emma, irgendwann muss sie ja rangehen.«

Klaus nickt und tastet erneut seine Hosentaschen ab, findet wieder nichts. Sie verdreht die Augen, und gemeinsam durchwühlen sie ihre Handtasche, klopfen seine Jacke ab. Ich stehe da und denke an meine Zeit als Streifenpolizist.

Damals musste ich einer Frau mitteilen, dass ihr Sohn bei einem Autounfall ums Leben gekommen war. Überhöhte Geschwindigkeit, enge Kurve, massive Eiche. Als sie mir die Tür öffnete, roch es nach Rotkraut, sie hatte Abendessen gekocht. Ich habe meinen einstudierten Text heruntergespult, das war's. Mehr kam mir nicht über die Lippen. Sie sank vor mir auf den Boden, brach in einen Heulkrampf aus, aber ich konnte einfach nur dastehen, wie gefangen in mir selbst. Als ihr Schluchzen immer lauter wurde, kam die Nachbarin aus der Tür, nahm sie in den Arm. Mein nützlicher Beitrag: das angebrannte Rotkraut vom Herd nehmen.

Von allen Polizisten dieses Landes ist wahrscheinlich niemand ungeeigneter, eine Todesnachricht zu überbringen, als ich. Dennoch bleibt mir nichts anderes übrig. »Herr und Frau Falk ...«

Beide ignorieren mich, suchen noch immer das Telefon.

Ich räuspere mich laut, keine Reaktion. Ich muss deutlicher werden. »Sie können aufhören zu suchen«, sage ich mit gepresster Stimme. »Emma wird nicht abheben.«

Jetzt habe ich ihre ungeteilte Aufmerksamkeit.

Linda

37 Stunden und 2 Minuten danach

Ich finde sofort einen Parkplatz, trotzdem sehe ich mich um, suche die Straße ab nach einem Streifenwagen. Keiner zu sehen. Wenn Paul da ist, kann uns niemand beschützen, kein Freund und Helfer weit und breit.

Zögerlich betrete ich den Hausflur, Noah schleicht die Treppe hoch, ich zuckle ungeduldig hinterher. Oben angelangt, dränge ich ihn in die Wohnung, drehe den Schlüssel zweimal im Schloss und schiebe den Sicherheitsriegel vor. Mit den Taschen in der Hand lehne ich an der geschlossenen Tür, keuche, als wäre ich fünfzehn Stockwerke hochgesprintet. Es ist alles gut, das Polizeisiegel war ganz, Paul ist nicht hier, beruhige ich mich. Noah bekommt davon nichts mit, streift die Schuhe ab, geht zuerst ins Bad und dann ins Wohnzimmer. Ich warte, bis sich meine Atmung normalisiert, dann eile ich ihm hinterher. »Was darf ich dir bringen? Möchtest du einen Tee?«

Noah winkt ab, will einfach nur aufs Sofa.

Ich wirble herum und suche mir eine andere Beschäftigung. Die Taschen ausräumen – seine Klamotten, der Laptop, die Arbeitssachen, alles kommt wieder an seinen Platz. Zehn Minuten später bin ich fertig. »Soll ich dir etwas zu essen machen?«, rufe ich hinüber ins Wohnzimmer. »Ein Omelett vielleicht?«

»Nein, danke«, antwortet er mit dünner Stimme.

Unschlüssig stehe ich in der Küche, die Hände in den Gesäßtaschen vergraben. Mein Blick haftet am Ziffernblatt der Küchenuhr, es ist kurz nach 12 – der Tag ist noch lange, was jetzt? Den Fernseher einschalten? Serien gucken oder Dokus? Das fühlt sich irgendwie nicht richtig an. Ich könnte die Versicherungsakten endlich sortieren oder den Küchenschrank ausmisten, da müssten noch etliche abgelaufene Konserven drinstehen. Oder vielleicht einen Kuchen backen? Ich öffne die Vorratslade, nehme das Mehl in die Hand, lege es aber nach kurzem Zögern wieder zurück.

Es geht einfach nicht.

Fernsehen, Kuchen, Hausarbeit – das ist alles so normal, so alltäglich, so absolut nicht der Situation angemessen. Die Nachbarin wurde abgeschlachtet, egal, was gibt's Neues auf Netflix … Ich kann doch nicht einfach weitermachen, als wäre nichts passiert? Aber was soll ich dann machen?

Am liebsten würde ich in die Arbeit fahren, mich in irgendwelche Akten vergraben, mein Hirn mit Zahlen und Bilanzen betäuben. Aber ich kann Noah doch nicht alleine lassen, er würde das auch nicht tun, Noah lässt mich nie im Stich, niemals. Außerdem hat das Büro sonntags geschlossen.

Ich öffne den Kühlschrank, starre mit großen Augen hinein, als lägen darin Antworten parat. Stattdessen liegt da nur Käse, eine Tube Senf, Butter. Mein Blick bleibt an dem kleinen Moët & Chandon hängen, ein Schmunzeln huscht über meine Lippen. Wie lange hält sich Champagner eigentlich? Bestimmt ist er vergoren, so lange, wie er da schon steht. Die Flasche ist ein Andenken an vergangene Tage, an eine

Zeit, in der wir noch naiv hoffen durften. Damals war unsere Entscheidung für ein Baby vergleichsweise frisch, wir hatten es noch nicht lange versucht, vielleicht acht Monate, höchstens ein Jahr. Uns war zwar klar, dass es keine »Ein Schuss, ein Treffer«-Nummer werden würde – der Menstruationskalender hing schon, der Ovulationstest lag griffbereit im Badezimmerschrank. Aber wir waren noch nicht so verkrampft, nicht so verkopft, wir wussten noch nicht, was uns alles bevorstand. Mein Eisprung war noch kein Pflichttermin, den es zu absolvieren galt, sondern ein freudiges Ereignis. Wir zelebrierten die drei, vier Tage im Monat, an denen die Chance einer Schwangerschaft am höchsten war, verbrachten sie in romantischen Hotels, nahmen uns viel Zeit, wollten es gut machen, richtig machen, wollten dem Kind eines Tages erzählen können, dass es in Liebe entstanden war. Monat für Monat freuten wir uns auf die neue Chance, die uns gegeben wurde, und hassten jede, die man uns nahm.

Ich weiß den genauen Tag nicht mehr, aber es muss September gewesen sein, der jährliche Kongress der Wirtschaftsprüferkammer findet immer im September statt. In diesem Jahr schickte die Kanzlei mich und einen weiteren Kollegen hin: St. Gallen, fünf Sterne, nobel-nobel. Es war einerseits eine Ehre, weil ich noch nie zu einem dieser Kongresse hatte fahren dürfen, andererseits überschnitt sich das Datum mit meinen fruchtbaren Tagen, und das war natürlich ärgerlich. Alles halb so tragisch, dachte ich noch, ich muss ja nicht bis zum letzten Tag bleiben. Aber dann hatte mein Allergiker-Kollege seinen Epi-Stick zu Hause vergessen, eine Biene hatte vergessen, dass sie eigentlich längst Winterschlaf halten sollte, und ich konnte meine Abreise vergessen. Der Titel seines Vortrags lautete »Wirtschaftsprüfung 4.0: Auf dem Weg in eine digitale Zukunft«, und nachdem er ins Kantonsspital übersiedelt war, war es mein Vortrag.

Ich hatte absolut keinen Bock.

Es war der Tag meines Eisprungs, die letzte Möglichkeit, diesen Monat schwanger zu werden, und es sollte ins Wasser fallen wegen einer sechzigseitigen Powerpoint-Präsentation und einer verirrten Biene. Ich hätte nicht einmal die letzte Maschine nehmen können – alles restlos ausgebucht –, also musste ich wohl oder übel bleiben. Es war kein Weltuntergang für mich, wir hatten es ja damals auch noch nicht so lange versucht, aber ich war traurig. Und das hat für Noah gereicht.

Er stieg in Hamburg ins Auto, fuhr quer durch Deutschland, 900 Kilometer, zehn Stunden, nachts! Und als ich beim Frühstücksbuffet gerade das letzte Croissant aus dem Körbchen fischen wollte, tippte er mir von hinten an die Schulter und fragte: »Noch etwas Gebäck, Madame?«

Ich kann gar nicht beschreiben, was ich in dem Moment gefühlt habe, so überwältigt war ich davon. Dieser verrückte Idiot – dabei hasst er es, nachts Auto zu fahren.

Wir haben es selbstverständlich den ganzen Tag über getrieben, in jeder freien Minute. Im Zimmer, auf der Toilette, in dem Raum hinter der Bühne, wo der Putzwagen stand. Am Ende des Tages konnte er kaum noch die Augen offen halten, aber alles andere ging noch, es war … Es war einfach das Süßeste, was je ein Mensch für mich getan hat.

Am nächsten Morgen hat er dann die Flasche Moët aus der Minibar genommen und gesagt: »Wenn du schwanger bist, stoßen wir zu Hause damit an – auf Firmenkosten quasi. Und du kriegst natürlich nur ein Schlückchen.« Und dann ist er wieder gefahren. Zehn Stunden. 900 Kilometer. Bis nach Hamburg. Seitdem steht dieser Champagner hier. Und keiner von uns beiden traut sich, ihn wegzuschütten. Es ist zum Heulen. Der Moët versauert in der Ecke, und wir versauern mit.

Ein Piepen reißt mich aus den Gedanken, der Temperatursensor des Kühlschranks schlägt Alarm, die Tür möchte geschlossen werden.

»Willst du vielleicht einen Kaffee?«, rufe ich wieder. Keine Antwort. Wahrscheinlich eingeschlafen. Ich beuge mich nach hinten, luge zum Wohnzimmer. Die Tür ist angelehnt, aber durch den milchglastrüben Lichtausschnitt sehe ich seinen Schatten hin und her wippen. Beunruhigt gehe ich hinüber, bleibe fassungslos stehen. »Was … was machst du da?«

Er blickt auf, sieht mich an, als wäre ich begriffsstutzig. »Bügeln?«

»Ja das sehe ich. Aber warum? Du solltest dich ausruhen, hat der Arzt gesagt. Das kann ich doch machen.«

Noah zieht die Mundwinkel ein, rollt mit den Augen. »Schatz, wann hast du denn das letzte Mal gebügelt? Es sind ja nur die paar Teile, das geht ganz schnell. Sonst hast du morgen nichts anzuziehen fürs Büro!« Er lächelt, kippt Wasser in die Dampfbügelstation und sieht wieder hinüber zum Fernseher.

Irritiert folge ich seinem Blick, sehe Wildtieren beim Grasen zu, während der Sprecher stoisch erklärt, dass weibliche Rehe Ricken heißen. Ich komme mir vor wie im falschen Film. Der Fernseher läuft, das Bügeleisen zischt, mein Mann steht vollgepumpt mit Schmerzmitteln und bleich wie ein Löschblatt da und bügelt meine Blusen, damit ich morgen wieder ordentlich zur Arbeit gehen kann. Als wäre es das Normalste auf der Welt. Als wäre nichts geschehen vorgestern Nacht.

»Aber … wie …?« Mir fehlen die Worte. Alles ist verkehrt.

Noah sieht mich mit seinem Dackelblick an. »Ist alles okay bei dir?«

What the fuck? Passiert das gerade wirklich? *Er* fragt *mich*, ob alles okay ist? Ich versuche, etwas zu antworten, aber es gelingt mir nicht, mein Mund ist völlig ausgetrocknet.

Mit tattrigen Bewegungen legt er das Bügeleisen beiseite, kommt zu mir, umarmt mich – wie immer, wenn es mir schlecht geht. Plötzlich dröhnt ein Alarmsignal dumpf aus meiner Handtasche. »Zeit für deine Ching-Chang-Chong-Tabletten«, säuselt er leise.

Meine Kiefermuskeln spannen sich automatisch an, Wut steigt in mir auf. Ich hasse es, wenn er sich irgendwelche lustigen Bezeichnungen für meine Kräuter einfallen lässt. *Huang Ginseng Ming Long Fu Ente süß-sauer M 12,* ha-ha-ha, was habe ich gelacht. Von wegen. Es sind pflanzliche Nahrungsergänzungsmittel aus der chinesischen Medizin – nicht mehr und nicht weniger. Sie bringen mich ins Gleichgewicht, entgiften, stärken mein Qi, regulieren den Blutdruck, und eigentlich sollten sie mir auch helfen, schwanger zu werden. Noah glaubt nicht daran, aber es gibt Dutzende Frauen, die darauf schwören, man findet praktisch kein Babywunschforum, in dem es keine Erfolgsberichte gibt. Ich bin nicht die Einzige, bei der die Schulmedizin versagt. Aber anscheinend bin ich die Einzige, bei der nicht einmal die tausendjährige Weisheit chinesischer Medizin hilft. Trotzdem: Seitdem ich sie nehme, fühle ich mich besser, ausgeglichener, ruhiger. Und wer weiß, vielleicht machen sie mich ja doch noch schwanger, die Hoffnung stirbt zuletzt. Alleine deswegen sollte er sich seine blöden Sprüche verkneifen. Es ist nicht witzig und jetzt schon gar nicht. Wie kann er gerade überhaupt an Witze denken?

»Alles wird gut, mach dir keine Sorgen«, sagt er mit samtweicher Stimme.

Ich liege wie ein Brett in seinem Arm, zucke leicht zusammen, als sich seine Hände um meine Hüfte legen. Was passiert hier? Noah ist mein Mann, mein Fels in der Brandung, er ist der Grund, warum ich noch funktioniere, warum es mich nicht schon längst aus der Bahn geworfen hat. Aber wie zum Teufel kann ihn das alles *nicht* aus der Bahn werfen? Wieso flippt er nicht aus, wirft Teller gegen die Wand, heult, schreit oder liegt lethargisch herum – zeigt irgendeine Art von Gefühlsregung, jede Reaktion wäre verständlich. Aber er bügelt bloß meine Blusen und macht sich Sorgen um mich.

»Ich wollte mir morgen eigentlich freinehmen, mich um dich kümmern«, höre ich mich verdattert sagen.

»Ich komm schon zurecht, geh du ruhig ins Büro.«

Sonst beruhigt mich seine Stimme, aber jetzt nicht. Jetzt macht sie mich aggressiv. Wie kann er nur so tun, als wäre alles normal? Nach all dem, was ihm angetan wurde. Nach all dem, was er mit ansehen musste. Nach all dem …

»Alles wird gut.«

Nach all dem, was er mit seinem Gewissen vereinbaren muss.

Elias

45 Stunden und 51 Minuten danach

Patienten mäandern durch die Gänge, kaum verständliche Lautsprecherdurchsagen hallen hinter ihnen her. Zeit verrinnt zäh im Johanneum-Krankenhaus. Ein Blick auf die Uhr verrät: kurz vor 22 Uhr. Ein Blick auf den Kaffeeautomaten verrät: Café Hag ist aus. Klaus Falk wollte einen Café Crème, Hedi einen Koffeinfreien, jetzt geht sie leer aus – wieder kein Pluspunkt für mich. Aber für sie bin ich ohnehin Luft.

Seit knapp sechs Stunden warten wir an Pauls Bett auf sein Erwachen, keine einzige Sekunde davon hat sie mich eines Blickes gewürdigt. Nur er spricht mit mir, erzählt, dass er Förster war, dass er seit ein paar Jahren in Pension ist und so weiter. Weiterhelfen kann er mir nur bei der Frage, warum Paul und Emma getrennt geflogen sind. Ein kurzfristig anberaumter Agentur-Termin in Wien, Paul musste umbuchen, wollte direkt von Österreich nach Madeira fliegen und sich dort mit Emma treffen, das ist die ganze Geschichte. Kein Ehestreit, bloß Geschäft.

Ansonsten beschränkt sich die Konversation auf Smalltalk und die üblichen Fragen. Wie kann ein Mensch so etwas nur tun? Weiß man, wer es war? Hat man schon Spuren? Musste sie sehr leiden? Fragen, die man in solchen Situationen eben stellt. Aber Hedi hat nur Augen für ihren Sohn. Überwacht jedes einzelne Piep aus den Maschinen, die sie nicht versteht. Beaufsichtigt mit Argusaugen die Flüssigkeiten in den Schläuchen – ob sie denn regelmäßig und verlässlich fließen. Schließt das Fenster, wenn sie der Meinung ist, es ziehe, öffnet es im nächsten Moment wieder, weil es ihr zu stickig wird. Die Nachricht von Emmas Tod war ein Schock für sie, keine Frage. Heulkrampf, Verzweiflung, alles – sie hing in den Seilen. Aber es war kein K. O. Keine Mutter gibt den Kampf auf, wenn das eigene Fleisch und Blut ihres Schutzes bedarf. Mutterliebe ist bedingungslos, sie steht über allem, und sie übersteht alles. Solange es sich zu kämpfen lohnt. Solange er noch da ist, ihr einziger Sohn. So hat es mir Klaus erklärt, vorhin auf dem Flur. Er kam mir nach – heimlich –, als ich zum Kaffeeautomaten ging.

»Er ist unser Schatz. Wir haben nur ihn«, sagte er und blickte immer wieder in Richtung des Krankenzimmers. Wahrscheinlich hat er seiner Frau erzählt, dass er auf die Toilette müsse. »In seiner Jugend war Paul ein wilder Kerl. Hat uns viele Sorgen bereitet, der Junge, zahllose schlaflose Nächte«, schmunzelte er mit dem lachenden und weinenden Auge eines Vaters, der seinem geliebten Kind alles vergeben, aber nichts vergessen hat. »Er war wirklich ein Rabauke, unser Paul.«

Reflexartig schlugen meine Sensoren an. »Ein Rabauke mit Vorstrafen?«

Von einem Moment auf den nächsten stand er kerzengerade da, mit hochrotem Schädel, die Hände fest an die Schenkel gepresst. »Nein, also … ja, aber das ist wirklich schon lange her!«, antwortete er energisch. »Das waren dumme Jungsstreiche! Und er hat daraus gelernt, hat das in den Griff bekommen. Hat das Abitur nachgemacht, studiert und jetzt … Waren Sie in seinem Büro? Haben Sie gesehen, was er auf die Beine gestellt hat?«

Ich schüttelte den Kopf.

»Eine eigene Agentur mit zwölf Angestellten! Paul hat das alles alleine aufgebaut und die Vergangenheit hinter sich gelassen, er ist vernünftig geworden, verstehen Sie?«

Ich nickte, sagte nichts, er ebenso wenig. Wieder ging sein Blick zurück zum Krankenzimmer, ich fischte meine Visitenkarte aus dem Portemonnaie. »Wenn Sie einmal in einer ruhigen Minute mit mir reden wollen, da steht meine Nummer drauf.«

Er zögerte einen Moment, sah die Karte an, als wäre sie waffenfähiges Plutonium. Dann nahm er sie, stopfte sie tief in die Hosentasche, vergrub sie wie einen Schatz.

»Café Crème?«, fragte ich, als wäre es ein Friedensangebot. »Und einen Koffeinfreien«, antwortete er knapp.

Und jetzt ist der Koffeinfreie aus, und für einen Café Crème fehlen mir zwanzig Cent. Verdammt.

Wie ein geprügelter Hund schleiche ich zurück ins Zimmer, will mich entschuldigen, halte inne. Sie sind eingenickt, alle beide. Ihr Kopf auf seiner Schulter, seiner gegen die Wand gelehnt. Hand in Hand. Ich schließe die Tür hinter mir und lehne mich einen Moment dagegen, sehe die beiden einfach nur an. Das EKG-Gerät piept gleichmäßig vor sich hin, Hedi und Klaus Falk atmen beinahe synchron dazu. Ein Schmunzeln huscht über meine Lippen. Sie begleiten dich mit jedem Atemzug, Paul. Du hast Glück. Ein Piep gerät aus dem Takt, ich sehe hinüber zum Bett, blinzle ungläubig.

Das Weiß in seinen Augen strahlt wie polierter Alabaster.

Sein Blick trifft mich vollkommen unvorbereitet. Starr wie eine Statue verharre ich an der Tür, meine Augen springen von ihm zu seinen Eltern, Gedanken wirbeln mir durch den Kopf. Ich sollte sie wecken, unbedingt. Nein, ich sollte ihn zuerst befragen, das ist wichtiger. Es sind seine Eltern, du Unmensch! Das Piepen des EKG-Geräts ist unmerklich schneller geworden, Hedi und Klaus rühren sich nicht. Eltern hin oder her, die Ermittlung geht vor.

Immer noch liegt er regungslos da, fixiert mich eisern. Mit leisen Schritten schleiche ich zu ihm, gehe in die Knie, spreche mit gedämpfter Stimme.

»Herr Falk, können Sie mich verstehen?«

Lange Zeit starrt er mich einfach nur mit weit aufgerissenen Augen an. Dann blinzelt er überdeutlich, einmal.

»Können Sie sich an alles erinnern? Hat man Ihnen am Telefon gesagt, was mit Ihrer Frau und mit Noah Klingberg passiert ist?«

Mit einem Mal schwellen seine Lider an. Seine Augen werden feucht, Tränen kullern ihm die Wangen hinab. Ein Blinzeln.

»Mein Name ist Elias Blom, Kripo Hamburg. Sie hatten einen Autounfall, Ihr linker Arm und der Ellenbogen sind gebrochen, aber die Ärzte kriegen Sie wieder hin.«

In seinen Augenwinkeln sammelt sich immer mehr Flüssigkeit, auf dem Kissen unter ihm bilden sich nasse Flecken. Er stöhnt leise, muss sich sichtlich Mühe geben, zu schlucken.

»Ich weiß, das ist nicht leicht für Sie, aber vielleicht können Sie uns helfen, denjenigen zu finden, der Ihrer Frau das angetan hat. Jede Information könnte hilfreich sein. Hat

Emma irgendetwas erwähnt, wurde sie verfolgt, haben Sie etwas Verdächtiges bemerkt in den letzten Tagen?«

Er presst seine Lider zusammen, stöhnt heftiger, das EKG-Gerät piept schneller.

Mein Blick schnellt zu Hedi Falk, ihre Augenlider flackern. »War vielleicht jemand bei Ihnen in der Wohnung, hat jemand geklingelt? Klempner, Verkäufer, irgendwelche Dienstleister, die Ihnen oder Ihrer Frau seltsam vorgekommen sind?«

Das Piepen, es wird immer unregelmäßiger, immer schneller. Es ist nur eine Frage von Sekunden, bis sie aufwachen. Der Monitor zeigt 170 zu 90. Paul Falk windet sich, sein Gesicht wird puterrot, aber die Lippen sind zwei blasse Striche, zusammengepresst und verschlossen.

»Noah und Linda Klingberg haben angegeben, Sie und Ihre Frau wollten beide am Freitag verreisen. Warum war Emma noch da? Wusste sonst noch jemand, dass sie da war? Kollegen, Bekannte, haben Sie vielleicht Fremden davon erzählt?«

Das EKG rastet aus. Paul Falk starrt mich mit weit aufgerissenen Augen an. Im nächsten Moment kracht die Tür gegen die Wand, und eine Krankenschwester prescht ins Zimmer. »Platz da!«, fährt sie mich an. Hedi und Klaus Falk schießen gleichzeitig in die Höhe, brauchen eine Sekunde, begreifen, springen mit einem Ruck vom Stuhl und stürmen zum Bett. »Paul!«

Ein Pfleger kommt hinzu, drängt die beiden zur Seite. Ihm folgt ein Arzt, er legt Paul ein Stethoskop auf die Brust. »Ruhe!«, schnauzt er in den Raum, doch Hedi Falk kläfft in einer Tour, stürmt gegen den Pfleger an, will zu ihrem Sohn.

Ich trete zurück, lasse alle gewähren. Zwei Meter Sicherheitsabstand, so verharre ich, blicke in Richtung Paul Falk, aber eigentlich durch ihn hindurch. *Chance verpasst.* Sie werden ihn untersuchen, ihm etwas zur Beruhigung geben. Ein paar Minuten wird er sich noch wachhalten können, seinen Vater sehen, seine Mutter, dann wird er in ihrer Umarmung wegdämmern. Vor morgen früh erfahre ich gar nichts. Zeit verstreicht, Spuren verblassen, Zeugen vergessen. Mit jeder Minute vergrößert sich der Vorsprung und verkleinert sich die Chance, den Dreckskerl zu fassen. Die ersten 48 Stunden sind entscheidend, Statistiken lügen nicht. Jede Ermittlung ist ein Wettlauf gegen die Zeit. Und mein Ziel ist noch nicht einmal in weiter Ferne erkennbar.

Irgendein Wortwechsel reißt mich aus meinem Dämmerzustand, mein Blick fokussiert Paul Falk. Er starrt mich immer noch an, seine Lippen bewegen sich, die Krankenschwester beugt sich über ihn.

»*Hedi!* Hören Sie doch! Er sagt Hedi!«, keift Frau Falk, hüpft dabei wie ein Flummi auf und ab. Die Krankenschwester neigt sich weiter hinunter, blickt den Arzt an, nickt. Er verdreht die Augen, nickt ebenso.

»Jetzt lassen Sie mich endlich zu meinem Sohn!«

Der Pfleger tritt einen Schritt zur Seite, gibt den Weg frei. Ich hänge an Pauls Lippen, lese. *Hedi?* Eine Schublade wird aufgezogen, der Arzt nimmt sich Ampulle, Tupfer und eine Spritze. Klaus und Hedi Falk stehen dicht am Bett, beruhigen, trösten, strahlen. Die Schwester sprüht Desinfektionsmittel auf Pauls linken Arm, der Arzt murmelt: »So, jetzt suchen Sie sich schon mal einen schönen Traum aus«, und drückt das letzte bisschen Luft aus der Kanüle. Hedi Falk packt die Rechte ihres Sohnes, umklammert sie. Seine Lippen formen immer noch dasselbe Wort. *Hedi. Hedi.* Meine Stirn legt sich in Falten. Er nennt seine Mutter beim Vornamen?

»Halt!«, rufe ich, ungewohnt laut und mit fester Stimme. Alle drehen sich zu mir, mit einem Satz bin ich am Bett. Frau Falk kläfft mich an, ich ignoriere sie, bugsiere sie unsanft zur Seite, knie nieder. Paul Falk stiert immer noch aus schmerzverzerrtem Gesicht, sein Kinn zittert, die Lider flackern. Aber in seinen Augen … Das ist kein Schmerz. Das ist Glut.

Mit letzter Kraft bringt er noch einmal das Wort über die Lippen, bar jedes Klanges, kaum mehr als ein Röcheln. Aber doch verständlich.

Er will nicht seine Mutter, er will nicht Hedi. Er will sein Handy.

Und dann sagt er noch ein Wort.

»Mailbox.«

Ich reiße die Schlafmaske herunter, schleudere sie quer durch den abgedunkelten Raum. Es hat keinen Sinn, ich kann nicht schlafen. Mein Körper zittert, meine Glieder sind schwer wie Blei, die Strapazen der vergangenen Nacht sitzen mir tief in den Knochen. Man sollte meinen, ich hätte mir ein bisschen Rast verdient. Aber du lässt es einfach nicht zu, hältst mich wach. Es gibt keine Flucht vor dir, meine Schöne.

Ich schließe die Augen und sehe dich. Ich öffne sie, sehe dich immer noch. Egal, was ich mache, du bist bei mir, verfolgst mich in alle Sphären meines Denkens, bist immer da. Da. DA! Dabei hast du es nicht einmal verdient, am äußersten Rand meiner Wahrnehmung zu existieren, du Schlampe! *Du Lügenweib!* Du hast mich verletzt, bist auf meinen Gefühlen, meinen Hoffnungen, meinen Träumen herumgetrampelt wie auf einem verdammten Fußabtreter. Eine elende Betrügerin bist du. Mit falscher Zunge hast du mich in deinen Bann gezogen, hast mir den Verstand vernebelt, mich eingelullt, zerkaut und wieder ausgespuckt. Mir bleibt lediglich ein Trost: Ich bin nicht dein einziges Opfer.

Wer war er, der Mann, der deine Wäsche abgenommen hat? Hast du ihn verführt, genau wie mich? Hast du ihn zu deinem Schoßhündchen dressiert? Dein Ehemann war es nicht, das war kaum zu übersehen. An den Wänden, auf deinem Nachttisch, überall hat mir das breite Grinsen deines Gatten entgegengestrahlt. Du besitzt nicht einmal den Anstand, die

Fotos wegzuräumen, wenn du dir andere Männer ins Bett holst. Was bist du nur für ein Mensch?

Die Unruhe in mir kocht über, schießt mir in die Glieder. Wie wild geworden springe ich aus dem Bett, reiße mir mein Shirt vom Leib, tobe durch die Wohnung, stoße gegen die Möbel, taumle ins Bad, schlage auf den Lichtschalter ein. Neonlicht flackert auf. Hasserfüllte, rot geränderte Augen starren mir aus dem Spiegel entgegen, ich blicke an mir herab, sehe das weiße, fahle Fleisch, die blau schimmernden Adern, das Fett, rümpfe angewidert die Nase.

Was habe ich mir nur dabei gedacht? Wie konnte ich nur so leichtgläubig sein? Eine Frau wie du mit einem Mann wie mir? Wenn du doch ganz andere haben kannst, mehrere sogar!

Dieser andere. Wer war er? Erinnerungsfetzen tauchen auf, verlieren sich in der Unrast meiner Gedanken. Dieser arme Idiot war bloß zur falschen Zeit am falschen Ort, ist auf die falsche Frau hereingefallen, so wie ich. Er ist mir bei unseren gemeinsamen Ausflügen nie aufgefallen, es sei denn …

Ich rapple mich hoch, klaube das Shirt vom Boden, klappe den Laptop auf. Der Bildschirm ist sofort da, das Foto meines inkaorangenen BMWs strahlt mir entgegen. Ich schließe die Bildbearbeitungssoftware, starte ein anderes Programm, gebe die Adresse ein. Es dauert ein wenig, die Verbindung baut sich auf. In einem kleinen Fenster am rechten oberen Bildschirmrand erscheinen Geodaten, daneben Namen: Moskau, Sri Lanka, Beirut, Kentucky. Und wo endet es heute? Simbabwe. Ich bin immer wieder verblüfft, in welcher Geschwindigkeit der Anonymisierungsdienst arbeitet, eine Verbindung quer über die Welt, nur um eine Website in Hamburg aufzurufen: www.yoga-hh.de.

Ein Schmunzeln huscht über meine Lippen. Ich frage mich, was sich der Betreiber der Website denkt, wenn er sich die Auswertungen ansieht. Sechs Besucher mit IP-Adresse aus Hamburg, zwei aus Berlin, eine aus … Simbabwe? Vielleicht schöpft er Verdacht, aber das wird der Polizei auch nicht weiterhelfen. Die Verbindung ist nicht zurückverfolgbar, keine Chance.

Ich klicke auf den Punkt »Team«, die Seite lädt sofort. Ganz oben erscheint das Bild der Chefin, ein sonnengegerbtes Altachtundsechziger-Fossil, ich scrolle weiter, zucke zusammen.

Du.

Mein Körper erstarrt. Galle steigt empor, nimmt mir die Luft zum Atmen. Schnell weiter. Dein Gesicht verschwindet am Bildschirmrand, andere erscheinen. Frauen, Frauen, Frauen, in diesem Yoga-Studio arbeiten fast nur Frauen, und alle sehen gleich aus. Breit grinsende Keep-Calm-Schönheiten in Tank-Tops, die fast nichts der Fantasie überlassen – ich will das nicht sehen, kann es nicht ertragen. Wo ist … ach, hier, endlich. Irritiert lehne ich mich zurück, verschränke die Arme vor der Brust, betrachte die Aufnahme des einzigen Mannes im Yoga-Studio. Finn, groß, blond, Surferfrisur, vermutlich Schwede. Ich kann das Testosteron quasi durch den Bildschirm riechen. Er ist es nicht, ganz bestimmt nicht.

Mir kommt noch eine Idee. Ein Klick auf das bunte Foto-Icon, und schon bin ich auf dem Instagram-Account des Studios. Lotussitz vor Sonnenuntergang, herabschauender Hund vor kalkweißer Wand, Kobra im Wald, kitschige Sprüche, aber keine Fotos von privaten Veranstaltungen, keine Schnappschüsse von der Weihnachtsfeier, nichts. Noch ein Versuch bei Facebook – Fehlanzeige.

Ich habe es geliebt, dass du auf keiner sozialen Plattform vertreten bist, aber jetzt hasse ich es. Wer war dieser Mann? Und vor allem: Was weiß dein Ehemann von ihm?

Elias

52 Stunden und 49 Minuten danach

Wann beginnt Schuld?

Ich erwache von einem Klopfen, schrecke hoch, blinzle, als hätte mir jemand Sand in die Augen gestreut. Licht blendet mich. Wo zum Teufel … Ich brauche einige Momente, bis ich realisiere, wo ich bin. In meinem Wagen, Parkgarage Johanneum-Krankenhaus, dritte Ebene. Ein Mann steht neben dem Fenster, klopft ungeduldig gegen die Scheibe. Sicherheitsdienst.

»Hey, das hier ist kein Motel! Machen Sie, dass Sie wegkommen, aber pronto!«

Ich will antworten, bringe nur Gekrächze heraus, egal. Der Mann sieht seine Aufgabe offenbar erledigt und zieht ab. Meine Hand tastet am Boden des Fonds nach der Wasserflasche. Ich nehme einen Schluck, warte darauf, dass sich meine Augen ans Licht gewöhnen. Es ist kurz vor fünf Uhr morgens. Die paar Stunden Schlaf müssen reichen.

Abfahrt.

Mit steifen Armen lenke ich den Wagen vom Parkplatz des Krankenhauses hinaus auf die Straße. Regen prasselt auf den Asphalt, füllt die Schlaglöcher. Die wenigen Menschen draußen flüchten unter Vordächer und Bushaltestellen oder drängen sich gemeinsam unter einen Schirm. Ein Mann steht mit knielanger Ölhaut und Schlapphut neben seinem

Rad und verflucht wohl den Tag, an dem er begann, auf die Ökos zu hören. Die regentrüben Scheinwerferlichter durchdringen den morgendlichen Bodennebel, die Autobahnauffahrt ist nicht weit. Ich fahre gemächlich, bleibe auf der rechten Spur. Immer wieder löst sich mein Blick vom Straßengeschehen und wandert hinunter zu meinem Smartphone.

Wann beginnt Schuld?

Hinter mir liegt eine kurze Nacht voll unruhiger Träume. Vor mir liegen 160 Kilometer Zeit. Ich weiß jetzt schon, dass ich keine zufriedenstellende Antwort finden werde.

»Mailbox.«

Mehr hat Paul Falk nicht herausgebracht. Eigentlich ein klar verständlicher Wunsch, doch es dauerte eine Zeit, bis ich sie abhören konnte. Sein Smartphone war bei den Sachen, die sie ihm nach dem Unfall vom Leib geschnitten haben. Linke Hosentasche, ein iPhone, wie bei Agenturmenschen üblich – leider leer. Die Schwester trieb ein Ladekabel auf, doch Paul Falk war nicht lange genug bei Bewusstsein, um sein Telefon zu entsperren. Zu meinem Glück ist er kein Verfechter komplexer Passwörter, sondern ein Freund einfacher Wischmuster. Dazu der verräterische Fettfilm am Display – das Smartphone war binnen Minuten geknackt. Acht Klicks später begrüßte mich eine überdeutlich artikulierende Frauenstimme in der Mailbox von Paul Falk. Er hatte fünf neue Nachrichten, zwei von Köpke, zwei von seiner Mutter, eine von seinem Vater. Keine davon war relevant.

»In vier Kilometern rechts halten«, ertönt die Stimme

meines Navis. Die Sprecherin könnte die Schwester der Mailbox-Stimme sein. Wieder wandert mein Blick nach unten. Habe ich die Aufnahme eigentlich überprüft? Vielleicht kann man kein Wort verstehen. Ich greife nach meinem Smartphone, wähle die Rekorder-App, spiele die Datei ab und schalte auf Lautsprecher. Meine Stimme ertönt. Blechern, aber deutlich.

»Elias Blom, Kripo Hamburg, hier im Johanneum-Krankenhaus Wildeshausen. Es ist der 14. Oktober 2019 und … es ist kurz vor ein Uhr morgens. Neben mir eine Zeugin, Diplompflegerin …«

»Alina Pfeifer«, kommt die leicht genervte Stimme der Krankenschwester hinzu. Dann spult sie ihre Daten herunter, wie ich es ihr aufgetragen hatte. »Geborene Fischer, wohnhaft in Wildeshausen, Nemnitzstraße 10 – passt so?«

»Danke. Gemeinsam hören wir jetzt eine Mailboxnachricht von Emma Falk auf Paul Falks Telefon ab. Zum Zwecke der Aufbewahrung und Speicherung habe ich die Nachricht mit meinem Smartphone unter der Anwesenheit einer Zeugin aufgenommen.« Meine Stimme klingt übertrieben offiziell, als wäre ich ein Richter, der gerade ein Urteil verkündet. Es folgt eine Sekunde Rauschen, dann die hölzerne Ansage der Mailbox-Sprecherin aus Paul Falks Telefon.

»Sie haben eine abgefragte Sprachnachricht. Zum Anhören drücken Sie die Vier.« Tastenton. Wieder die Sprecherin. »Empfangen Donnerstag, den 10. Oktober um 19 Uhr 23.« Kurzes Rauschen. Dann: »Hi Hase, ich bin's!«

Emma Falks Stimme, glockenhell.

»Ich wollte dir nur sagen, dass ich mich schon riiiiiiesig auf unseren Urlaub freue.«

Bilder schießen mir in den Kopf. Leblose Glieder. Verkrustetes Blut. Geplatzte Augäpfel. Meine Finger verkrampfen sich.

»Du steckst wahrscheinlich noch in irgendwelchen sinnlosen Meetings oder Geschäftsessen. Ich mach mir jetzt, glaub ich, einfach Spaghetti Bolognese.«

Im Hintergrund schlagen Töpfe aneinander, aber man hört es nur, wenn man sich darauf konzentriert. Ihre Stimme steht über allem. Diese kindlich verspielte Freude darin, sie zieht einen mit jedem Wort mehr in ihren Bann.

»Deine Badehose lag übrigens noch im Schrank, und deine Sonnenbrille hast du auch vergessen, du Schussel. Ich hab sie eingepackt. Morgen kauf ich mir noch Sonnencreme und ein Nackenkissen, sonst …«

Ihre sorglose Stimme, ihr schreckliches Schicksal – alles in mir sträubt sich, diese zwei Welten zusammenzubringen.

»Wenn dir noch was einfällt, schreib mir. Oder noch besser, ruf mich an, du Telefonmuffel. Ich geh bald schlafen, aber vielleicht morgen, bevor du fliegst? Holst du mich eigentlich ab in Madeira, oder soll ich mir am Flughafen ein Taxi nehmen? Egal, ruf mich einfach an. Hab dich lieb.«

Zwei Welten, vereint in einem unmenschlichen Massaker.

»Ach ja, den Ersatzschlüssel haben die Nachbarn. Sie wissen Bescheid, dass ich am Samstag fliege, Noah gießt deine fleischfressenden Monster. Kussi, Kussi!«

Die Aufnahme bricht ab.

»Monster« – damit sind die fleischfressenden Pflanzen auf der Wohnzimmerkommode der Falks gemeint. Sonnentau, Fettkraut und eine Venusfliegenfalle, die Gewächse sind mir damals gleich aufgefallen. Ich kneife die Augen zusammen, umklammere das Lenkrad so fest, dass meine Knöchel weiß hervortreten.

Das andere Monster ist mir entgangen.

Linda

52 Stunden und 55 Minuten danach

Ich liege im Bett, wach, die ganze Nacht über schon. Vom Scheitel bis zur Sohle angespannt, kralle ich meine Finger in die Matratze. Als läge ich auf einem Floß, das auf einen rauschenden Wasserfall zutreibt. Doch das Rauschen kommt vom Blut in meinem Kopf.

Tausend Gedanken liegen hinter mir. Tausende liegen noch vor mir. Neben mir Noah. Sein Atem ist regelmäßig, er schläft wie ein Baby. Mein Körper vibriert fast vor Anspannung, aber er ruht selig – typisch. Ich blinzle in die Dunkelheit, denke an mich selbst. *Wie immer*, würde mir mein Gewissen üblicherweise unterstellen. Aber diesmal ist die Sachlage etwas anders.

Was ist am Donnerstag genau abgelaufen? Wer war wo? Und warum fällt es mir so schwer, mich zu erinnern? Ich möchte einfach in meinen Kopf hineingreifen, die Erinnerung herausreißen und vor mir ausbreiten wie eine Karte. Stattdessen muss ich mühselig alles wieder durchspielen, jeden einzelnen meiner Gedankengänge abschreiten. Muss sie ausleuchten, die Details zutage fördern und nach ihrer Tauglichkeit abklopfen. Verlässlich oder unzuverlässig? Exakt oder vage? War das wirklich so, oder denke ich nur, dass es so war? Ich muss es wissen. Sonst finde ich keine Sekunde Schlaf mehr in meinem Leben. Sonst kann ich ihn nie wieder ansehen ohne dieses Gefühl. Diese Zweifel, dieses Unbehagen, diese ... *Abscheu*. Nein, ist es nicht! Ich liebe Noah. Trotzdem, ich muss es wissen.

Was ist am Donnerstag passiert?

Ich liege in der Dunkelheit und stelle alles sorgfältig nach, baue mir gedanklich ein Diorama unseres Gebäudes, unsere Wohnung ist die Bühne. Der Vorhang hebt sich: Kleine Figürchen betreten die Szenerie – Emma, Noah, ich, mehr Darsteller gibt es nicht, es ist ein Kammerspiel. Noah steht im Arbeitszimmer, er nestelt an einem Karton herum, Hemnes, unsere neuen Kommoden von Ikea, studiert die Rechnung. Wo stehe ich? Im Flur, genau, deswegen bin ich auch so schnell bei der Tür. Ich suche in den Taschen meines Mantels nach Kopfhörern, als es klingelt. Wer ist da? Emma, der Sonnenschein, die Grinsekatze, die unbedarfte Schönheit mit den Rehaugen. Wie immer überschlägt sich ihre Stimme. »Na du, wie geht's?« Wie immer meine Reaktion: verhalten. Dann Smalltalk, es geht um ihren Urlaub. Sie fliegen weg, nach Madeira. Wunderschön um diese Jahreszeit, bisschen wandern, bisschen chillen, Seele baumeln lassen. Paul muss nur kurz vorher nach Wien jetten, geschäftlich, alter Stressbär – haha. Wir lachen, kurze Stille, dann die obligatorische Frage: »Könntet ihr ab und an nach der Wohnung sehen, Pauls Monsterchen gießen?« Sie verzieht bei dem Wort »Monsterchen« das Gesicht, als würde sie Gruselgeschichten am Lagerfeuer erzählen. »Kein Problem, wir haben ja den Schlüssel«, sage ich – nein, ich frage es, aber nicht sie, sondern Noah. Ich habe keine Ahnung, ob wir den Schlüssel haben, er weiß das, er gießt immer, wenn die beiden weg sind.

Aber *for fuck's sake*: *Wie* frage ich ihn?

Ich schwebe über meinem Diorama, ziehe Kreise wie ein Adler, jede Runde ein neues Bild, eine andere Konstellation. Noah im Arbeitszimmer, vor dem Paket. Noah an der Tür, direkt neben mir. Noah in der Küche, ein Glas Wasser trinkend. Wo war er?

Angestrengt durchforste ich mein Gedächtnis, versuche Bilder in mir wachzurufen, die längst verblasst sind. Kommt schon, ihr kleinen Synapsen, sendet, empfangt, verbindet euch, legt neue Zugänge. Was habe ich damals gehört, was habe ich gerochen, was gesehen? Emma, da ist immer nur Emma. Diese Frau ist so verdammt schön, so jung und voller Leben, ihre Präsenz saugt alle Aufmerksamkeit auf, lässt nichts übrig außer leeren Raum. Diese azurblauen Augen, die blonden Locken, ihre makellose Haut … *ihre makellose Haut*. Gänsehaut! Ich hatte Gänsehaut, mich fröstelte, ich rieb mir über den Oberarm, als wir uns unterhielten – jetzt erinnere ich mich.

Ich lasse den Gedanken in meinem Kopf verweilen, gebe ihm Zeit, sich zu entwickeln, sich zu entfalten. Er muss wirken, ausstrahlen, ich schwenke ihn unter dem Brennglas des Augenblicks, bewerfe ihn mit Assoziationen: Zähneklappern, meine Nackenhaare haben sich aufgestellt, ein Schauder ist mir den Rücken hinuntergelaufen wie im Winter, wenn es eisig ist und zieht. Aber es war kein kalter Tag, ich erinnere mich, dass ich nur meinen dünnen Chelsea-Trenchcoat zur Arbeit trug, ich sehe Sonnenflecken an der Wand gegenüber des Flurfensters, es ist gekippt. Staub tanzt wild durch die Luft, als würde draußen ein Orkan toben, aber es ging kein Sturm. Warum habe ich also gefroren? Die Blätter an den Bäumen bewegen sich nicht, aber der Luftzug pfeift, er röhrt, er …

Geistesblitz. Ich bin voll da, keine Figürchen, kein Diorama, keine Vogelperspektive, ich bin mittendrin in meiner Erinnerung, kann sie atmen, schmecken, spüren, sehen, als wäre ich die Hauptdarstellerin in der Verfilmung dieses Moments. *Donnerstag, 10.10.2019 – was wirklich geschah, nur in Ihrem Kopfkino.* Der Filmvorführer packt die Rolle in den Projektor, Action: ich an der Tür, Noah im Arbeitszimmer. Vor ihm die einzelnen Holztrümmer – ich weiß es jetzt, das Paket ist längst ausgepackt, er bastelt die Kommode zusammen, braucht ewig dafür – zwei linke Hände, haha. Der Akkuschrauber pfeift, das Fenster des Arbeitszimmers steht offen wegen des beißenden Geruchs von Lack und Lösemittel, davon bekomme ich Kopfschmerzen. Deswegen der Luftzug. *Deswegen ist mir kalt.* Ich reibe mir über die Oberarme und frage Noah, ob wir den Schlüssel haben – nicht laut, ganz normal, mit etwas erhobener Stimme. »Ist bei mir am Schlüsselbund«, antwortet er, winkt Emma zu und vergräbt seinen Blick wieder im Aufbauplan.

Dann wende ich mich Emma zu, weiter im Smalltalk. Hotel? Nein, verträumte Frühstückspension. Stadt? Eher etwas abseits, direkt an der Küste. Wie lange? Eine Woche. Wann geht's los?

Wann geht es los? Blitzartig überfällt mich ein Brechreiz, ich falle aus der Rolle. Der Film reißt, der Vorführer in meinem Kopf schreckt auf, gerät in Panik, will die losen Enden wieder zusammenflicken, will, dass die Vorführung weitergeht. Über die Leinwand zucken Lichtblitze, ich kann nichts erkennen, nichts erahnen, löse mich selbst auf im gleißenden Licht. Doch der Vorführer ist von der alten Schule. Seine flinken Finger wühlen, drücken, greifen … und finden. Beherzte Handgriffe, tausendmal ausgeführt. Gelernt ist gelernt. Der Motor des Projektors surrt, die Audiospur setzt ein, das Bild meiner selbst zeichnet sich auf der Leinwand ab, ich fülle es aus, ich bin es. Der Film rollt wieder.

Samstag. Sie sagt, es geht Samstag los. Nicht Freitag, nicht Freitag oder Samstag, Samstag. Sie muss nicht lange überlegen, es kommt wie aus der Pistole geschossen. Noah hat es gehört, er muss es einfach gehört haben. Er stand nur drei, höchstens vier Meter hinter mir, er hat auch meine Frage nach dem Schlüssel verstanden, ohne Probleme, ohne nachfragen zu müssen. Andererseits … Vielleicht hat er auch irgendetwas angeschraubt oder war mit den Gedanken ganz woanders. Vielleicht drang gerade Straßenlärm von draußen herein, das Fenster war sperrangelweit offen, das kann doch durchaus sein. Und außerdem: Wenn jemand anderer ein Gespräch führt, dann hört man ja nicht zwangsläufig zu. Ich belausche doch auch nicht jeden Schwatz.

Mein Vorführer spult zurück. *Emma. Verträumte Frühstückspension. Abseits an der Küste. Eine Woche. Samstag.* Da capo. Ich sehe es wieder und wieder, aber ich kann nur vor und zurück, die Perspektive bleibt immer gleich. Ich kann nicht sehen, was er gesehen hat. Nicht hören, was er gehört hat. *Ich werde es nie herausfinden.* Mein Vorführer macht Feierabend.

Ich drehe den Kopf nach links, starre im stockfinsteren Zimmer auf Noahs Seite des Bettes, versuche mir vorzustellen, wie er daliegt. Er schläft auf der Seite, mit dem Gesicht zur Wand, friedlich. Sein Brustkorb hebt und senkt sich im

Rhythmus eines Uhrwerks, er dreht sich nicht, hat keine Atemaussetzer, schnarcht nicht, schläft, als bekäme er dafür Haltungsnoten von einer Jury verliehen. *Einfach in seinen Kopf greifen und die Erinnerung herausreißen.* Was hast du gesehen? Was hast du gehört?

Was hast du getan?

Elias

55 Stunden und drei Minuten danach

Wann beginnt Schuld? Was macht ein Monster zu einem Monster? Immer die gleichen Fragen, bis zum Erbrechen durchgespielt, wieder und wieder und wieder. Doch sie bleiben in meinem Kopf, verstopfen jede einzelne Gehirnwindung. Über meinen Augenbrauen setzt ein Pochen ein, ich öffne das Fenster. Fahrtwind bläst mir ins Gesicht, aber die Fragen lösen sich nicht in Luft auf.

Die Aufnahme war klar und deutlich.

Sie sagte »Samstag«.

Wenn Noah Klingberg wusste, dass Emma zu Hause war, hat er den Killer bewusst zu ihr geführt. Er hat eine wehrlose Frau einem Psychopathen ausgeliefert, vorsätzlich. Das ist Beihilfe zum Mord. Aber macht ihn das tatsächlich zum Monster? Zwei Schlüssel in seiner Hand, in der einen Wohnung Emma Falk, in der anderen seine Frau. Bekannte gegen Ehefrau – natürlich führt er den Angreifer nicht in die eigene Wohnung, jeder hätte so gehandelt.

Der Verkehrsmelder springt an, das Radio dreht automatisch lauter. Meine Hand schnellt zum Lautstärkeregler, reißt ihn beinahe aus der Verankerung. Das Pochen hinter meiner Stirn wird heftiger. Ich hasse Fragen, auf die es keine klaren Antworten gibt.

Hätte jeder so gehandelt?

Warum hat Klingberg nicht sein eigenes Leben riskiert oben am Trockenboden? Er hätte den Angreifer überwältigen und ihm das Messer aus der Hand schlagen können? Vielleicht hätte er sogar … Ich schüttle den Kopf.

Abwägen, Optionen durchspielen, Gedankenspiele – Schwachsinn. Noah Klingberg hatte ein Messer an der Kehle und musste binnen Minuten über Leben und Tod entscheiden, ich sitze hier gemütlich im Auto und habe alle Zeit der Welt – was soll das? Was will ich ihm eigentlich vorwerfen?

»Route wird neu berechnet.« Die Stimme des Navis dringt flüsterleise aus den Boxen. Vor mir die Eppendorfer Allee, hinter mir die Abzweigung zu meinem eigentlichen Ziel: die Polizeistation.

Wann beginnt Schuld? Die Frage lässt mich einfach nicht los, ich vergrabe sie unter Dutzenden anderen Gedanken, aber es ist zwecklos, sie kämpft sich immer wieder hoch, gönnt mir keine Pause. Und eigentlich ist mir auch klar, warum.

Sie ist nicht ehrlich.

Sie ist eine von jenen Fragen, die nur vorgeschoben sind. Ein bequemer Stellvertreter, ein willkommener Auslöser für langwierige Überlegungen und kühne Gedankenexperimente. Solche Fragen blockieren das System, legen es mit tausend Anfragen lahm, provozieren Antworten, die keine sind. Es ist wie ein billiger Zaubertrick, mit dem man sich selbst überlistet. Ich will nicht wissen, wann Schuld beginnt. Ich will auch nicht wissen, was Noah Klingberg besser getan oder nicht getan hätte oder wie Richter und Geschworene entscheiden würden. Ich will nur eines wissen.

Was hätte ich getan?

Das ist die Frage, die ich mir eigentlich stellen sollte, bevor ich andere verurteile. Aber ich stelle sie mir nicht, suche stattdessen nur noch mehr Möglichkeiten, sie von mir fernzuhalten.

»In 200 Metern links abbiegen«, protestiert das Navi, mahnt zum x-ten Mal die geplante Route an. Ich ignoriere es, parke den Wagen, steige aus. Kalte Luft schlägt mir entgegen, kleine Wölkchen bilden sich nach jedem Atemzug, verwehen im Wind. Mein Blick streift über die Häuserfronten, die meisten Fenster sind noch dunkel. Es ist früh, wahrscheinlich zu früh. Dennoch klingle ich.

»Ja?«, dringt es nach einigen Sekunden blechern aus der Gegensprechanlage. Ihre Stimme klingt brüchig.

»Frau Klingberg? Polizei Hamburg. Haben Sie kurz Zeit?«, frage ich und taste dabei meinen Mantel nach dem Smartphone mit den Sprachaufnahmen ab. »Ich hätte da noch ein paar Fragen.«

Es vergehen zwei Sekunden, dann gibt ein Summen die Tür frei. Ich bin ein Arschloch.

Linda Klingberg öffnet die Tür, wirft mir einen Blick zu, den sonst nur Vertreter, Zeugen Jehovas und Spendensammler abbekommen.

»Sie!«, stellt sie mit spitzer Stimme fest. »Haben Sie sich diesmal mit Ihren Kollegen abgesprochen? Ich habe keine Lust, wieder alles zweimal zu erzählen.«

Ich brauche einen Moment, um zu verstehen. Dann: »Keine Sorge, ein Missverständnis innerhalb der Abteilung, es ist alles geklärt.«

Sie stemmt ihre Hand in die Hüfte, mustert mich von oben bis unten, macht keinen Anstalten, mich hereinzubitten.

»Es geht auch ganz schnell«, versuche ich, die Wogen zu glätten.

Sie zögert, steht weiterhin regungslos in der Tür. Schließlich tritt sie einen Schritt zurück, lässt mich passieren. »Bitte«, sagt sie trocken.

Ich trete ein, mustere sie aus den Augenwinkeln. Sie hat ihre Haare geglättet und dezentes Make-up im Gesicht, aber ihre Füße stecken noch in Plüschpantoffeln, und sie trägt einen blassrosa Morgenmantel. Als sie meinen Blick bemerkt, zieht sie ihn fester zu, zupft den Kragen hoch.

»Sie können dort in Noahs Arbeitszimmer warten. Ich muss mich fertig machen, sonst komme ich zu spät.«

»Sie gehen zur Arbeit?«

»Ja«, antwortet sie leicht konsterniert, dreht sich um und knallt die Tür hinter sich zu.

Das Arbeitszimmer sieht aus wie eine Bibliothek. Eine Phalanx aus Regalen, vollgestopft mit Büchern. Auf dem Schreibtisch, vor dem Fenster, überall stapeln sie sich zu Türmen. Selbst der Boden ist voll. Ich streife von einer Ecke in die andere, gehe die Buchrücken durch, entdecke nichts Besonderes. Doch dann: ›Die Gischt der sieben Meere‹ – davon stehen mindestens dreißig Exemplare im Regal. Mit spitzen Fingern ziehe ich eines heraus, klappe es an einer beliebigen Stelle auf, überfliege den Absatz. Ich verstehe nicht viel von Literatur, aber es liest sich flüssig.

»Können Sie haben, im Keller sind noch zwei Kisten davon.«

Noah Klingberg steht plötzlich in der Tür, einen ausgewaschenen olivgrünen Bademantel umgeworfen, Schlaf im Gesicht. Ich klappe das Buch wieder zu, bleibe irritiert beim Namen hängen. Er scheint mein Stirnrunzeln zu bemerken.

»Mein Pseudonym«, sagt er. Ich nicke. Mein Interesse, über seine Autorenkarriere zu plauschen, geht gen null, aber über irgendetwas müssen wir reden, bis seine Frau wieder da ist. Ich will beiden in die Augen sehen, wenn ich sie mit der Mailboxnachricht konfrontiere.

»Veröffentlichen Sie immer unter diesem Namen?«, fällt mir noch ein.

Klingberg seufzt. »Veröffentlichen würde ich es nicht nennen.« Er kommt auf mich zu, tippt mit dem Finger auf das Logo am Cover.

Ich verstehe nicht. »Fischer Verlag«, murmle ich. »Ist doch ein guter Verlag, oder?«

»Das dachte ich auch. Lesen Sie genauer. Es ist der B. D. Fischer Verlag. Ein Abzockverein, und ich Depp bin darauf hereingefallen.« Klingberg lässt sich in den Schreibtischsessel plumpsen, schüttelt den Kopf. »Sie spielen einem Seriosität vor, wollen Geld im Vorfeld, und naiv, wie ich war, habe ich gezahlt. Dachte, das hätte alles seine Richtigkeit. Aber sie nehmen bloß die Kohle, drucken dir ein paar Bücher, und das war's. Keines davon hat je ein Buchgeschäft von innen gesehen.«

»Mhm«, antworte ich, blicke wieder auf das Cover, tue so, als würde es mich interessieren. Irgendwann wird es peinlich, und ich lege es zurück. Klingberg sitzt da und betrachtet mich mit einem verkrampften Lächeln im Gesicht. Sein

Bademantel ist dezent verrutscht, mir fällt die Narbe über seinem Schlüsselbein auf, sie muss schon älter sein. »Radunfall?«, frage ich, blicke auf seine Brust.

Er zieht den Mantel straffer, antwortet: »Mit dem Schraubenschlüssel abgerutscht. Ich hab zwei linke Hände.« Wir nicken beide.

Dann passiert endlich etwas: Die Tür geht auf, Linda Klingberg kommt herein, jetzt ganz im Business-Chic.

»Wollen Sie einen Kaffee?«

Ich lehne dankend ab. Noah will etwas sagen, aber sie verschwindet so schnell, wie sie gekommen ist. In der Küche wird der Wasserkocher angeworfen, im Arbeitszimmer herrscht bedrückende Stille. Ich mustere ihn aus den Augenwinkeln. Seine Haltung, geduckt. Sein Gesicht, zerknautscht und müde. Sein Blick, stumpf. Alles an ihm ist blass, selbst seine Worte scheinen sich nach einer Silbe zu verflüchtigen wie Gas. Bedröppelt sitzt er da, blickt seiner Frau hinterher wie ein Hund, der vor dem Supermarkt angeleint wurde. Und plötzlich tut er mir leid.

In meinem Kopf ploppen Fragen auf. Neue Fragen.

Was bringt es, ihn mit der Mailboxnachricht zu konfrontieren? Er hat es gewusst, oder er hat es nicht gewusst – inwiefern soll das für die Ermittlungen dienlich sein? Und vor allem: Wie will ich es beweisen? Mit der Aufnahme? Sein Wort gegen das einer Toten, das zerlegt ein jeder Dorfanwalt im Schlaf. Noch dazu wird seine Frau beteuern, dass sie nichts gewusst hätten, sie wird doch nicht ihren eigenen Mann ans Messer liefern. Und wieso sollte man ihn überhaupt ans Messer liefern? Beihilfe zum Mord unter Androhung von Gewalt plus Angst um Leib und Leben? Welcher

Richter lässt das durchgehen? Das bringt uns dem Ringfinger-Mörder keinen Schritt näher.

Was mache ich hier eigentlich?

Die neuen Fragen in meinem Kopf bringen alles ins Wanken, das Smartphone mit der Aufnahme von Emma Falk wiegt plötzlich eine Tonne in meiner Innentasche. Das hier ist eine kollosale Schnapsidee. Mats hat mir das damals schon vorgeworfen. Blom, du bist ein Spürhund, hat er gesagt. Du nimmst eine Fährte auf und blendest alles andere aus, konzentrierst dich ganz und gar auf diese eine Sache, gehst sämtlichen Indizien und halbgaren Zeugenaussagen nach, bis du die Beute hast. Aber dann weißt du nicht, was du damit anfangen sollst.

Mats hat das nie böse gemeint. Er wollte mir helfen, meine Stärken und Schwächen aufzeigen. Und das hier ist eindeutig meine Schwäche. Dazu fehlt mir das Fingerspitzengefühl, das Einfühlungsvermögen, dazu fehlt mir … Mats. Er würde das hier nie befürworten. Viel zu forsch, viel zu vorschnell, hätte er gesagt. Da muss man über Bande gehen, nicht mittenrein.

Wenn ich sie jetzt mit der Aufnahme konfrontiere, machen sie dicht, lassen nur noch die Anwälte sprechen. Dann ist Noah Klingberg als Quelle für uns verloren, und Steiger reißt mir den Kopf ab. Was zum Teufel habe ich mir hierbei nur gedacht? Emma kann sich ja auch vertan haben am Telefon oder im Gespräch mit den Klingbergs. Oder vielleicht hat sie es ja nur Linda erzählt, und die hat es Noah falsch weitererzählt. Das sind zu viele ungeklärte Variablen.

»Also, was können wir für Sie tun, so früh am Morgen?«

Linda Klingbergs gereizte Stimme holt mich ins Arbeitszimmer zurück. Sie steht neben ihrem Mann, in der einen Hand eine dampfende Tasse Tee, die andere auf der Lehne des Schreibtischstuhls, ein schwaches, bemühtes Lächeln auf den Lippen.

Ich darf es nicht riskieren, dass der einzige Zeuge, den wir haben, dichtmacht. Ich muss improvisieren.

»Ich … ähm«, beginne ich zögerlich, aber ich muss nicht lange überlegen, bis mir etwas einfällt. »Ich wollte Ihnen nur mitteilen, dass Paul Falk einen Unfall hatte.«

Zwei Köpfe schnellen hoch, vier Augen glotzen mich ungläubig an.

»Was? Ist er am Leben? Geht es ihm gut?«, fragt Klingberg entgeistert.

»Den Umständen entsprechend. Er wollte nach Hamburg zurück und wurde dabei in einen Auffahrunfall verwickelt. Er liegt in einem Krankenhaus bei Wildeshausen.«

Stille. Einen Moment lang bilde ich mir ein, in Linda Klingbergs Gesicht einen Anflug von Erleichterung zu erkennen. Aber es ist bestenfalls ein Aufflackern, vielleicht täusche ich mich. »Wann haben Sie Paul Falk zum letzten Mal gesehen?«, frage ich weiter. Die beiden reagieren nicht sofort.

»Wahrscheinlich letztes Wochenende, bei der Party drüben«, sagt Klingberg dann gedankenverloren. »Es gab irgendetwas zu feiern, ich weiß nicht … Ich glaube, wegen der guten Geschäftszahlen von Paul, keine Ahnung. Die beiden lieben Partys.«

»Ist Ihnen da etwas Ungewöhnliches aufgefallen? Eigenartige Gäste? Hat Paul vielleicht irgendetwas erzählt oder Emma? Von einem Stalker oder einer seltsamen Begegnung?«

Klingberg neigt den Kopf leicht zur Seite, zieht eine

Schnute. »Nein«, antwortet er kopfschüttelnd. »Paul hat viel über das Geschäft geredet, die Agentur, über eine neue Kampagne. Und Emma …«, setzt er an, zögert, scheint wieder zu überlegen. »Mit Emma hab ich kaum ein Wort gewechselt. Zuerst ist sie von Gast zu Gast gewirbelt, dann wart ihr so lange Klamotten probieren …« Sein Blick schnellt zu seiner Frau, aber sie registriert es nicht, starrt bloß Löcher in die Luft.

Erst nach einigen Sekunden kehrt sie zurück. »Hm? Was?«

»Emma und du, ihr habt doch Klamotten probiert, hat sie da irgendetwas zu dir gesagt?«

Ein Wort, ein Impuls, ein Gedanke. »Emma Falk hat Ihnen Kleider gegeben?«, frage ich etwas zu energisch.

Linda Klingberg sieht mich irritiert an. »Sie hat sie mir geschenkt. Die waren teilweise noch ganz neu, aber sie meinte, die würden ihr nicht mehr passen.«

»Hingen diese Kleider bei Ihren Sachen am Trockenboden?«

»Ja, ich hab sie in die Wäsche gegeben, warum?«

Ich wende den Blick ab, murmle etwas Unverbindliches von wegen Routine, selbst kleinste Details seien wichtig, das, was man in solchen Situationen eben sagt. Aber dieses Detail könnte tatsächlich entscheidend sein. Zumindest wäre das eine Erklärung für die Verwechslung: Der Ringfinger-Mörder erkannte das Kleid, Klingberg nahm es vom Trockenständer – deswegen hielt er ihn für Paul Falk. So muss es gewesen sein. »Und sonst?«, frage ich dann, kritzle in mein Notizbuch. »Noch irgendetwas Ungewöhnliches?«

Keiner der beiden sagt etwas. Nichts rührt sich, bis es in Lindas Blazertasche plötzlich zu vibrieren beginnt. Hastig zückt sie ihr Smartphone, wirft einen kurzen Blick darauf, geht jedoch nicht ran.

»Entschuldigung, aber wie lange wird es noch ungefähr dauern?«, fragt sie zögerlich. »Ich habe auf der Arbeit nicht Bescheid gegeben und …«

»Nicht lange, wir sind eigentlich schon fertig. Nur eins noch: Ist Ihnen in den letzten Tagen etwas aufgefallen? Ist Ihnen jemand gefolgt oder hat Sie beobachtet?«

Linda Klingbergs Augenbrauen wandern auf Halbmast. Anscheinend ist ihr nicht in den Sinn gekommen, sich mit dieser Frage zu beschäftigen.

»Haben Sie kürzlich neue Freundschaften geschlossen? Männer, die sich vielleicht etwas seltsam benommen haben? Hat Ihnen jemand Avancen gemacht, die Sie zurückgewiesen haben?«

»Was? Mir? Avancen?« Sie lacht laut auf. »Nein. Ich bin entweder hier oder auf der Arbeit; und von meinen Kunden … nein, da fällt mir niemand ein.«

Ihr Telefon beginnt erneut zu vibrieren. »Also, ich müsste jetzt wirklich …«

Ich nicke. Sie drückt ihrem Mann einen flüchtigen Kuss auf die Stirn, eilt an mir vorbei, klaubt ein paar Dinge von der Garderobe und schlüpft in schwarze Budapester.

Ich beobachte sie einige Sekunden. Ihr androgyner Körper, diese Distanz, die sie umgibt, diese Kühle – sie ist eine interessante Frau, aber nicht unbedingt anziehend. Emma Falk ist das logischere Opfer.

»Wie geht es Paul?« Noah Klingberg sitzt immer noch an seinem Schreibtisch, seine wässrigen Augen schimmern im Licht der einfallenden Sonne.

»Den Umständen entsprechend gut. Die Ärzte glauben nicht, dass er bleibende Schäden davontragen wird«, erkläre ich. Setze nach: »Waren Sie gut mit Paul und Emma befreundet?«

Er knetet seine Hände, überlegt einen Moment. »Wir sind Nachbarn, kennen uns jetzt schon eine Weile. Man läuft sich über den Weg, trifft sich auf dem Flur, quatscht hin und wieder. Wir waren mal zu viert Tennis spielen, aber Linda und ich haben dafür kein sonderliches Talent«, sagt er, versucht dabei zu lächeln. »Wir sind gute Bekannte, aber nicht mehr.«

»Verstehe.« Ich blicke auf meine Uhr. »Ich muss dann auch, bleiben Sie sitzen, ich finde alleine raus. Vielen Dank für Ihre Zeit.« Noah nickt mir zu, ich wende mich ab, bin schon am Flur, als …

»Kommissar?«, ruft er mir halblaut nach. Klingberg sitzt in seinem Stuhl, als würde ihn jemand an Stahlseilen gewaltsam nach unten ziehen. Es braucht einige Momente, bis er seine Frage über die Lippen bringt. Dann: »Glauben Sie, er wird mir je verzeihen können?«

Ich presse die Mundwinkel ein, tue so, als müsste ich darüber nachdenken, aber das muss ich nicht. Es gibt nichts zu überlegen. Paul Falk wird ihm niemals vergeben. Ich weiß es, und er weiß es auch, ich sehe es an seinem Blick. Aber das will er nicht hören. »Sie sind auch Opfer, Herr Klingberg. Vergessen Sie das nicht«, sage ich mit gedämpfter Stimme. Wir nicken uns zu. Dann verschwinde ich zur Tür hinaus.

Wann beginnt Schuld? Was macht ein Monster zu einem Monster? Ich weiß es nicht. Alles, was ich weiß, ist, dass einiges dazugehört, um eines zu werden. Und Noah Klingberg hat nichts davon.

Noch bevor der Kaffee durchgelaufen ist, habe ich alle lokalen Webseiten durch. ›Morgenpost‹, ›Abendblatt‹, die Hamburg-Teile von ›Zeit‹, ›Bild‹, ›Focus‹ – nichts. Ich will den Laptop schon wieder zuklappen, als mir noch der NDR einfällt, und tatsächlich werde ich fündig. Ganz unten auf der Website, beinahe versteckt, unter Kurzmeldungen. Eine Überschrift, zwei Absätze, mehr nicht.

Leiche in Wohnung entdeckt: Mordkommission ermittelt

Im Bezirk Hamburg-Nord ist am Sonnabend eine Leiche gefunden worden. In den frühen Morgenstunden betrat die Bewohnerin eines Mehrparteienhauses den hauseigenen Trockenboden und fand diesen verwüstet vor. Da die Haustür einer anderen Wohnung offen stand und niemand auf ihre Rufe reagierte, alarmierte sie die Polizei. Diese fand eine schwerverletzte Person und die Leiche einer 27-jährigen Frau. Sie wurde zur Obduktion in die Rechtsmedizin gebracht.

Nach Angaben der Staatsanwaltschaft wies der Leichnam zahlreiche schwerwiegende Verletzungen auf. Die Polizei geht von einem Tötungsdelikt aus. Die Mordkommission hat die Ermittlungen übernommen. Die Hintergründe der Tat sind noch unklar.

Das ist alles. Keine Fotos, keine Details, keine Bitte um Hinweise. Bloß inhaltsloses Geschwafel.

Ich nippe an meinem Kaffee, schüttle den Kopf. Alles wiederholt sich, sie versuchen, es totzuschweigen. Aber es wird herauskommen, früher oder später gibt es immer jemanden, der plaudert. Und dann verbeißt sich die Presse umso gieriger in die Story. Die Polizei lernt einfach nicht dazu. Mir soll es recht sein.

Andererseits hilft mir der Artikel auch kein Stück weiter. »Eine schwerverletzte Person«, dass ich nicht lache. Nicht einmal Angaben zu Geschlecht oder Alter – wer zum Teufel war das? Ich bin alles durchgegangen, sämtliche sozialen Kanäle, ich bekomme es einfach nicht heraus. Am liebsten würde ich einfach hinfahren, mich ein bisschen umsehen, umhören, vielleicht … Nein, was soll das?

Wie automatisch schnellt meine rechte Hand hoch, hämmert gegen meinen Schädel: *Bescheuert! Bescheuert! Bescheuert!* Wie bescheuert kann man sein? Dass ich überhaupt daran denke? An den Tatort zurückkehren – wie leicht will ich es ihnen machen? Ich werde schön die Füße still halten und gar nichts tun. Und dieser Typ … Scheiß auf diesen Typen. Ich hatte meine Maske die ganze Zeit über auf, er kann mich unmöglich identifizieren. Er hat mich nicht kommen hören, er hat mich nicht gesehen – niemand hat das. Sie werden am Tatort nichts finden. Ich kenne die Polizei, weiß, wie die Ermittler ticken, worauf sie achten. Sie werden im Dunkeln tappen, wie früher. Die halbe Stadt haben sie auf den Kopf gestellt, alle Medien waren voll davon, aber am Ende ist nichts dabei herausgekommen, die ganze Aufregung verpufft.

Und genauso wird es wieder ablaufen, ich brauche mir

keine Sorgen zu machen. Ich habe meine Hausaufgaben gemacht.

Wieder nippe ich an meinem Kaffee. Er ist kalt. Wohin verschwinden immer nur die Minuten? Wie lange stehe ich hier schon? Ich muss raus, ein Spaziergang wird mich ablenken, frische Luft, andere Gesichter, andere Gedanken.

Ich gehe ins Bad, wasche mir den Schlaf aus dem Gesicht, putze mir die Zähne, ziehe frische Sachen an. Portemonnaie, Smartphone, Schlüssel … Mein Blick streift über meinen Autoschlüssel, bleibt daran haften.

Was ist, wenn jemand meinen Wagen gesehen hat? Ich habe bloß zwei Straßen weiter geparkt, in einer kleinen Sackgasse. Ein inkaoranger BMW ist nicht gerade unauffällig, andererseits: Wer achtet schon darauf? Warum sollte das jemand der Polizei melden? Nein, ich brauche mir keine Sorgen zu machen. Ich habe meine Hausaufgaben gemacht. Sie werden mich nicht kriegen.

Niemals.

Elias

59 Stunden und 25 Minuten danach

»Ach ja, den Ersatzschlüssel haben ja die Nachbarn. Sie wissen Bescheid, dass ich am Samstag fliege, Noah gießt deine fleischfressenden Monster. Kussi, Kussi!«

Die Sprachaufnahme endet, Emma Falks Stimme verklingt im Raum. Alle warten darauf, dass jemand die erste Frage stellt.

Köpke springt in die Bresche, entscheidet sich für die dümmste. »Monster gießen?«

»Paul Falk hat fleischfressende Pflanzen in seiner Wohnung«, antworte ich nüchtern.

Dann herrscht wieder betretenes Schweigen. Man merkt, dass die wenigsten wissen, wie sie die Sprachnachricht einordnen sollen. Es schwebt ein riesiges Fragezeichen mitten im Raum.

»Und was heißt das jetzt?«, platzt es aus Dorn heraus. Sein Blick trifft mich, ich zucke mit den Schultern. Steiger reagiert nicht, starrt bloß Löcher in die abgestandene Luft und nippt an seiner Tasse.

»Also«, setzt Rainer Luger mit ausufernder Gestik an. Ich schnaufe. Die Zeit der Klugschwätzer ist gekommen. »Wenn Noah und Linda Klingberg wussten, dass Emma noch zu Hause war, dann sagt uns das …« Er zögert, kommt ins Straucheln.

Die Zeit der Klugschwätzer endet abrupter als gedacht. Die meisten im Raum sehen zu mir. Ich sage nichts, werde mich hüten, auch nur ein Wort zu dieser Sache beizutragen. Das hier ist Steigers Ermittlung, darin war er klar und deutlich. Soll sich doch seine Truppe den Kopf zerbrechen.

»Nichts sagt uns das, absolut gar nichts,« poltert Dorns Stimme über unsere Köpfe hinweg. Er drückt sich von der Wand ab, schiebt seinen Zahnstocher von einem Mundwinkel in den anderen und blafft mich an. »Danke, Kollege Blom, aber das hilft uns nicht im Geringsten weiter. Hat Paul Falk auch irgendetwas Nützliches gesagt, ist ihm in den letzten Tagen etwas aufgefallen? Eine verdächtige Person oder …«

»Na ja, stopp! Ganz so einfach ist das nicht«, grätscht Mira Klos dazwischen. Sie ist auf Krawall gebürstet, wagt das Tänzchen. »Wenn das stimmt, dann müssen wir dem doch nachgehen, oder nicht?« Sie fixiert mich, als wäre ich eine Glaskugel, in der nur sie lesen kann. Aber ich lasse es nicht zu, verharre steinern. Das ist ein Tango für zwei, und ich tanze nicht.

»Und weswegen, bitte schön?«, schnauzt Dorn sie an. »Wir ermitteln hier in einem Mordfall, und Sie wollen unsere Zeit verschwenden, indem Sie gegen das Opfer vorgehen?«

»Emma Falk ist das Opfer!«, protestiert sie. »Wenn Noah Klingberg den Mörder zu ihr geführt hat, dann kann er doch nicht unschuldig sein.«

Dorn verdreht die Augen. »Was hätten Sie denn getan, Verehrteste. Ihr Liebster sitzt im lauschigen Nest, Sie hängen Wäsche auf, ein Verrückter hält Ihnen ein Messer an die Kehle und will in Ihr trautes Heim. Sie haben noch die

Schlüssel des Nachbarn eingesteckt – Preisfrage: Welche Tür sperren Sie auf?«

Mira Klos schüttelt irritiert den Kopf. »Na ja, das kann man …«

»Toter Liebster oder toter Nachbar, was darf's sein?«

Sie zögert, versucht auszuweichen. Ohne es zu wollen, kommt ihr ein junger Kollege aus der Mordkommission zur Hilfe, indem er einen Fehler begeht. Er klatscht ab, bittet Dorn zum Tanz.

»Warum hat ihn dieser Feigling überhaupt irgendwohin geführt?«, widerspricht er seinem Chef energisch. »Ich hätte zumindest versucht, den Angreifer zu überwältigen.«

Dorn wirft seinen Kopf in den Nacken, ruft spöttisch: »Na, klar! Mit was denn? Mit der Wäscheleine?«

Der Jungspund läuft rot an, eine Ader tritt an seiner Stirn hervor. »Ich … ja, warum nicht. Alles ist besser als kampflos den Schwanz einziehen.« Sein Blick geht durch die Reihen, sucht Unterstützer, findet nur Gaffer.

»Du willst kämpfen?«, fragt Dorn herausfordernd. »Soll ich dir sagen, was dann passiert? Der Typ sticht dich einfach ab, holt sich deinen Schlüssel, sperrt die Tür auf, die ihm gerade passt, und massakriert, wen auch immer er will – *das* passiert.«

Für einen Moment bin ich verblüfft. Manchmal ist Dorn gar nicht so bescheuert, wie er aussieht. Diese Schlussfolgerung hätte ich ihm gar nicht zugetraut. Der Jungspund hat dennoch nicht genug und will seinem Herrchen weiter ans Bein pinkeln, als sich irgendein anderer Witzbold dazwischenschaltet, um sich seine zehn Sekunden Aufmerksamkeit zu holen. »Du hättest doch dem Mörder das Messer noch angeschliffen, damit er dich von deiner Alten erlöst«, prustet er los. Die Vögel von der Mordkommission brechen in Gelächter aus, einer boxt den anderen, sie johlen, reißen Witze. Was für ein Affenkäfig, denke ich. Und niemand, der für …

»Ruhe!«

Steigers Bass bringt die Meute zum Schweigen. Verwundert blicke ich auf. Wer hätte das gedacht. Selbst Steiger wird es irgendwann zu bunt.

»Wir haben einen Staatsanwalt auf Bereitschaft, der soll diesen Rechtsfirlefanz klären. Vielleicht gibt es einen Präzedenzfall«, knurrt er lustlos vor sich hin. »Blom: Bericht – aber bis gestern. Der Rest: weitermachen. Wir jagen den Ringfinger-Mörder, nicht diesen Klingberg-Fatzke.«

Der König hat gesprochen, das Volk buckelt untertänig, zerstreut sich. Ich halte Ausschau nach Krämer, finde ihn, wo er hingehört. Vor dem Rechner.

»Was ist mit Emma Falks Handy?«, überfalle ich ihn von hinten.

Krämer stellt die Kaffeetasse beiseite, richtet sich den Schlips. Er ist der Einzige im Raum, der einen trägt. Klar, wenn Mutti ihn morgens rauslegt … »Ein echtes Prachtstück«, strahlt er mich an, holt das Handy hervor und hält es mir unter die Nase. »Ein original Nokia 3310 aus den 2000ern, Vintage deluxe sozusagen. Die Frau hatte es wohl nicht so mit moderner Technik.«

»Haben Sie etwas Interessantes darauf gefunden?«

»Nein, bisher nicht. Anrufe nur zu eingespeicherten Kontakten, keine einzige SMS, internetfähig waren diese Dinger ja noch nicht, also …« Er zuckt mit den Achseln.

»Und die Verbindungsdaten? Schon was da?«

»Ich bin dran, aber gestern war Sonntag, und Sie wissen ja – Tag des Herrn, da dauert alles etwas länger.« Wie zum Beweis öffnet er das Mailprogramm auf seinem Bildschirm, klickt auf seiner Maus herum, aktualisiert, nichts passiert.

»Die Funkzellenauswertung?«

»Wie gesagt, Sonntag, Tag des …«

»… Herrn, hab schon verstanden«, murmle ich missmutig, will noch nachbohren, als Krämer plötzlich ein dämliches Grinsen aufsetzt, aus dem ich nicht schlau werde.

»Hier«, ertönt eine Stimme hinter mir, ich wende mich ihr zu. Mira Klos drückt mir einen Packen A4-Zettel in die Hand. »Die Patho arbeitet schneller.« Ich senke meinen Blick, blättere durch den Bericht, beobachte aus den Augenwinkeln, wie Krämer versucht, sich größer zu machen, als er ist. *Vergiss es Junge, die frisst dich zum Frühstück.*

»Seite sieben«, sagt sie, legt dabei den Kopf schief. »Wird Sie interessieren.« Sie deutet auf einen Absatz, ich folge ihrem Finger, stocke.

»Emma Falk war schwanger?«, entfährt es mir.

Klos nickt stumm. »Neunte oder zehnte Woche.«

Ihre Worte hallen in mir nach. Im dritten Monat? Das bedeutet, sie muss es gewusst haben. Wie besessen überfliege ich die Zeilen, sauge die Details auf. Größe des Fötus, Gewicht, Zustand …

Die Blutgruppe.

Ich drehe mich um meine Achse, schiebe Krämers Tastatur ruppig beiseite, schütte ihm dabei Kaffee über die Hose.

Empört springt er auf, blafft mich an. »Hey, passen Sie doch auf!« Ich reagiere nicht, fingere mein Notizbuch aus der Manteltasche, lege es neben die Seiten und blättere mich zur richtigen Stelle.

»Sind Sie auf etwas gestoßen?«, fragt Mira Klos, lugt mir über die Schultern, ihr Parfum irritiert mich einen Moment.

Mein Finger fährt die Zeilen entlang, meine Augen springen hin und her. Bis ich finde, wonach ich gesucht habe. »Ja«, verkünde ich trocken. Gebe mir selbst drei Sekunden, um es wirklich zu verstehen. »Die Blutgruppen.«

Klos drängt Krämer zur Seite, presst sich dicht an meine Flanke, aber ich spüre es kaum durch meine Weste. Sie vergleicht ebenfalls die Aufzeichnungen mit dem Bericht der Pathologie. Meine krakelige Handschrift scheint kein Problem für sie zu sein. »Und Sie sind sich sicher?«, fragt sie.

Ich nicke. Krämer steht sichtlich gekränkt neben uns, versucht erfolglos, den Kaffeefleck aus der Hose zu reiben. »Was denn? Worin sind Sie sich sicher?«, blökt er trotzig wie ein kleines Kind.

Mira Klos starrt noch immer auf die Seiten. »Emma Falk hatte Blutgruppe 0, Paul Falk Blutgruppe B«, erklärt sie mit belegter Stimme. »Und der Fötus hatte Blutgruppe A.«

Krämer blickt mich mit großen Augen an.

Ich helfe ihm auf die Sprünge. »Das Baby kann unmöglich von Paul Falk sein.«

Noah

66 Stunden und 33 Minuten danach

Ich schlucke den letzten Bissen hinunter, tupfe mir mit der Serviette über die Lippen, falte sie umständlich und räuspere mich. Eine Chance gebe ich ihr noch. »Ist wirklich alles in Ordnung?«

»Alles okay.«

Ich starre sie an, sehe ihr zu, wie sie mit ihrer Gabel einen Zucchinistreifen nach dem anderen aufspießt. Sie hat fast nichts gegessen und nichts gesagt. Zwischen uns steht bloß der Küchentisch, aber gefühlt trennen uns Lichtjahre. Langsam lasse ich meine Hände in den Schoß gleiten, verhake die Finger ineinander. Warum will sie mir nicht sagen, was los ist? Diese Wortbrocken, die sie mir vor die Füße wirft – warum ist sie so zu mir? Sie kommuniziert bestenfalls nur noch in abgehackten Sätzen, die nichts erzählen, nur beschreiben, abfragen, bestimmen. Jeder ihrer Blicke ist verstohlen, jede Berührung mit spitzen Fingern, jeder Atemzug gepresst – als würde sie es nicht aushalten, mit mir im selben Raum zu sein.

Neben mir ertönt ein Signal, der Geschirrspüler ist fertig. Ich erhebe mich, reiße die Klappe mit einem Ruck auf, feuchte Hitze dampft mir entgegen. Eigentlich ist das Geschirr noch viel zu heiß, ich kann es kaum berühren, aber ich räume es trotzdem in die Schränke. Hauptsache Ablenkung.

»Ich geh unter die Dusche.« Sie steht auf, drängt an mir vorbei und verschwindet im Bad.

Aber es folgen keine Geräusche. Kein Wasserhahn, keine Klospülung, nichts. Ich hole mein Smartphone heraus, öffne die Aufnahme-App, drücke den roten Kreis mit dem Mikrofonsymbol und räume weiter den Geschirrspüler aus. Lautstark ziehe ich den Besteckkorb hoch, öffne die Schublade, lasse eine Gabel nach der anderen geräuschvoll hineinplumpsen. Immer wieder geht mein Blick in Richtung Bad.

Sie duscht nie abends. Wenn sie zum Sport geht, duscht sie im Fitness-Center, wenn sie von der Arbeit kommt, nie. Sie macht das nur, um keine Zeit mit mir verbringen zu müssen, straft mich mit Schweigen. Dabei will ich doch nur bei ihr sein. Sie halten, küssen, ein Lächeln auf ihre Lippen zaubern. Sie fällt hin, ich helfe ihr wieder auf, so war es doch immer. Aber jetzt bleibt sie einfach am Boden liegen, lässt mich nicht an sich ran, starrt mich bloß an, mit diesen kalten, starren Augen. Als wäre ich an allem schuld, als hätte ich sie niedergestoßen. Was habe ich ihr denn getan? Was habe ich falsch gemacht? Warum sagt sie mir nicht endlich, was los ist? Sie müsste mir doch dankbar sein. *Ich war doch immer für dich da, habe dich immer beschützt! Warum schließt du mich aus?*

Im Bad regt sich nichts. Ich stoppe die Aufnahme auf meinem Smartphone, spule zurück, spiele sie ab. Die Gabeln plumpsen wieder geräuschvoll in die Besteckschublade, Gläser klirren, Teller scheppern. Vorsichtig streife ich meine Hausschuhe ab, schleiche auf Socken zum Bad, umgehe die knarrende Diele im Flur und lege mein Ohr an die Badezimmertür. Nichts, kein Geräusch. Doch, dann … Schluchzen.

Ich schrecke von der Tür zurück, als stünde sie unter Strom. Ungläubig starre ich mit weit aufgerissenen Augen in den Spiegel der Badezimmertür. Warum lässt sie mich nicht hinein? Wieso darf ich sie nicht trösten? Wir sind doch ein Team, helfen uns, wo wir können. Das ist unsere Abmachung, das ist das Mantra unserer Beziehung: immer füreinander da sein, in guten wie in schweren Zeiten! Und jetzt? Jetzt schließt sie sich im Bad weg, frisst ihren Kummer in sich hinein, und ich kann nichts dagegen tun. Weiß sie denn nicht, was das mit mir macht? Wie hilflos ich mir vorkomme? Wie nutzlos! Was läuft da gerade ab in ihrem Kopf? *Ein Königreich für deine Gedanken.*

Die Geschirrspüler-Aufnahme endet, Stille überfällt die Wohnung. Ihr Schluchzen verstummt abrupt. Betreten verharre ich vor der Tür, lausche, warte ab. Die Klospülung geht. Sie zieht den Duschvorhang beiseite, dreht den Wasserhahn auf.

Auf Zehenspitzen schleiche ich zurück in die Küche zu meinem Smartphone, schließe die Aufnahme-App, tippe auf die Fotogalerie und scrolle durch die Videos. Linda im Zoo vor dem Adlergehege im Herbst. Linda am Strand – unser Wochenendausflug nach Juist. Linda nach ihrem unglücklichen Friseurbesuch. Dann endlich das Video, nach dem ich gesucht habe: Linda kurz vor ihrer Gehaltsverhandlung letztes Jahr. Sie wollte das Gespräch mit der Personalchefin proben, ich sollte sie filmen, den Konterpart übernehmen, den eisernen Verhandler mimen. Aber natürlich haben wir nur Unsinn gemacht. Keiner konnte ernst bleiben, Linda kichert bei jeder Antwort, verdreht die Augen, streckt mir die Zunge entgegen. Sie lächelt fast die ganze Zeit über. Deswegen liebe ich dieses Video. Es ist mein kleiner Aufheller für dunkle Stunden, meine Geheimwaffe gegen jedes Tief. Immer wenn die Last zu schwer wiegt, die Situation ausweglos scheint, die Zukunft zu düster, setze ich mich hin, spiele dieses Video ab und höre sie lachen. Dann ist alles wieder ein Stückchen besser – nein, leichter.

Aber jetzt ist es anders.

Die Ringe des Duschvorhangs schrappen über die Stange, das Plätschern verändert seinen Klang, wird unregelmäßig. Sie steht unter der Dusche. Mein Blick fällt auf ihre Handtasche. Ich muss nicht lange nach ihrem Smartphone suchen, es steckt immer im Außenfach. Tausendmal habe ich sie schon darum gebeten, es in der Innentasche zu verstauen, wegen der Diebe, aber sie hört einfach nicht auf mich. Als wir uns kennengelernt haben, hatte sie nicht einmal eine Display-Sperre eingerichtet, kein Passwort, keine Wischmuster, gar nichts. Keines meiner Argumente konnte sie zum Umdenken bewegen. »Das dauert doch viel zu lange«, hat sie immer gemotzt, und: »Was sollen die schon großartig mit meinem Telefon anstellen?« Erst seit ihrem neuen Smartphone konnte ich sie von einer Sperre überzeugen. Nicht mit neuen Argumenten, sondern neuer Technik. Entsperren via Gesichtserkennung – funktioniert fast so schnell wie gar kein Entsperren. Sie verwendet es, ich bin beruhigt, alle sind glücklich.

Ich drücke den Einschaltknopf, Lindas Display leuchtet auf. Kurz halte ich den Atem an, höre Wasser auf Keramik prasseln, das unflätige Blubbern der leeren Shampooflasche, aus der sie immer aufs Neue versucht, etwas herauszuquetschen. Dann wandert mein Blick wieder zu meinem Telefon, das Video läuft in Dauerschleife. Linda, wie sie sich eine Strähne aus der Stirn streicht. Linda, wie sie mit den Augen rollt. Linda, wie sie über das ganze Gesicht strahlt.

Ich halte mein Smartphone vor Lindas, die Gesichtserkennung tastet ab, registriert, entsperrt das Display. Ein Königreich für deine Gedanken. Ein Trick für deine Nachrichten.

Linda

74 Stunden und 49 Minuten danach

Die Nacht ist wolkenlos. Noah hat die Jalousie nicht zugezogen, im fahlen Mondlicht wirkt das Schlafzimmer beinahe taghell. So kann ich nicht schlafen. Trotzdem bleibe ich regungslos liegen, lasse alles, wie es ist. Nach all dem, was passiert ist, braucht er vielleicht das Licht, hat Angst vor der Dunkelheit. Es würde mich nicht wundern.

Mein linker Arm ist eingeschlafen, behutsam richte ich mich auf, drehe mich nach rechts, mit Blick zum Nachttisch. Ein Lächeln huscht über meine Lippen, Erinnerungen flackern auf.

Apfli, der
Substantiv, maskulin
Bedeutung: Laut Noah die schweizerdeutsche Bezeichnung für die rundliche, fest-fleischige, aromatisch schmeckende Frucht des Apfelbaums.

Kurz darauf verschwindet das Lächeln wieder. Tränen schießen mir in die Augen, ich atme hektisch, beiße mir auf die Lippen und presse das Gesicht ins Kissen, um mein Wimmern zu ersticken. So liege ich da, viele Sekunden lang. Ich lausche. Noah atmet regelmäßig, ich habe ihn nicht geweckt. Meine Nackenmuskulatur entspannt sich. Mit Tränen in den Augen blinzle ich wieder hinüber zum Nachttisch, zu dem kleinen Büchlein. ›Der Duden der Klingbergs‹ – im Mondschein erkenne ich den Titel klar und deutlich. Ich habe ihn schon tausendmal gelesen, dennoch berührt er mich immer wieder aufs Neue. Noah hat sogar an die ISBN am Buchrücken gedacht, 27022012, unser Hochzeitstag. Es war mein Geburtstagsgeschenk letztes Jahr, das Wörterbuch unserer Beziehung. Jeder Buchstabe steht für einen albernen Kosenamen, eine lustige Anekdote, einen Insider-Joke. So wie Apfli.

Wieder presse ich mein Gesicht ins Kissen, aber diesmal, um ein Lachen zu unterdrücken. Es war so eine herrlich bescheuerte Szene, wie aus einem schlechten Heimatklamaukfilm der 60er-Jahre. Dieser heruntergekommene kleine Landgasthof am Rande von Luzern, das unfassbar winzige Frühstücksbuffet, die schwerhörige Chefin – er wollte nur einen Apfel haben, aber sie hat es einfach nicht verstanden.

»Einen was?«

»Ob Sie einen Apfel haben.«

»Noch einmal bitte.«

»Einen Apfel!«

»Wie bitte?«

Und dann … sein unschlüssiger Blick, die weit aufgerissenen Augen, dieses hilflose Herumfuchteln mit den Händen: »Ein Apfli. Haben Sie ein *Apfli*?« Ich hätte mir fast in die Hosen gemacht vor Lachen. Den ganzen Urlaub hab ich ihn aufgezogen, habe immer und überall ein -li angehängt, damit es »die urigen Schweizer auch verstehen«. Holst du mir ein Tört-li, mein Schätz-li? Oh, schau mal, dein Lieblingshund-li, ein Labradood-li. Wir haben Tränen gelacht.

Unser Duden hat 30 Seiten, und bei jeder einzelnen muss ich grinsen wie die Katze aus ›Alice im Wunderland‹ – selbst wenn ich nur daran denke. Es sind nur Kleinigkeiten, absurde Floskeln, kindische Insider, bescheuerte Kosenamen, aber es sind unsere Kleinigkeiten, unser geheimes Vokabular. A wie Apfli. B wie Bibi, die Fantasiefreundin meiner Kindheit, für die er manchmal den Tisch mit deckt. C wie das Cosimo, der Italiener in Eppendorf, wo er um meine Hand angehalten hat. D wie Daktari, weil wir die Serie einfach lieben. E wie …

E wie …

Mein Herz macht einen Sprung bis hinauf in meine Kehle, pumpt wie bekloppt Blut durch meine Venen, als hätte mir jemand pures Adrenalin in die Adern gejagt. Ich wälze mich auf den Bauch, vergrabe den Kopf unter dem Polster.

E wie Entchen. Wenn ich in seinem Arm liege und er mich tröstet, mich aufbaut, mir immer wieder Kraft gibt; und wenn ich dann meine Schnute ziehe, dann bin ich sein Entchen. Alles wird gut, mein Entchen. Es wird schon klappen, mein Entchen. Dann zieht er auch eine Schnute, schiebt seine Unterlippe vor und zurück, quakt herum, und ich fange an zu lachen – wir beide lachen. Und die Tränen, die uns über die Wangen laufen, könnten plötzlich auch Freudentränen sein. E steht für Entchen. Das ist mein Buchstabe, mein Trost, mein dummer kleiner Kosename zum Festhalten. Aber jetzt …

E wie Emma.

E wie Emma, die uns ihren Schlüssel anvertraut hat.

E wie Emmas Leiche.

Mir wird übel, ich muss hier raus.

Behutsam schließe ich die Badezimmertür, drehe den Schlüssel im Schloss, verharre einige Sekunden in der Dunkelheit und lausche. Nichts, er scheint nicht wach geworden zu sein. Erleichtert lasse ich mich auf die Badewannenkante sinken, vergrabe den Kopf in meine Handflächen und atme ruhig ein und aus, warte, bis sich die Übelkeit verzogen hat. *Du musst dich zusammenreißen, was ist denn nur los mit dir?* Meine Hand tastet die Wand ab, findet den Lichtschalter, die Neonröhre über dem Alibert flackert auf, und ich schrecke zurück wie ein Vampir im Sonnenlicht. Dann blicke ich in den Spiegel. Und mein Spiegelbild blickt auf mich herab. *Schäm dich! Egal, was er getan hat. Er hat es für dich getan.* WAS? Was soll ich denn tun?

Ich kann doch nicht mit den Fingern schnippen, und alles wird wie früher. Ich habe mir das doch nicht ausgesucht, ich will ja, dass sie weggehen, diese Zweifel, dieses beklemmende Gefühl, wenn ich ihn ansehe – wenn er mich ansieht. Verbittert kauere ich auf der Badewanne, umklammere meine Unterarme.

Jede seiner Berührungen fühlt sich falsch an, jedes Wort von ihm geht mir auf die Nerven, jede Sekunde mit ihm im selben Raum ist eine zu viel. Ich kann mir nicht mehr vorstellen, ihn zu küssen, ihn zu umarmen, ihn zu kraulen, geschweige denn, mit ihm zu … Es geht einfach nicht mehr, alles in mir sträubt sich. Und ich kann noch so viel dagegen ankämpfen, es ist nutzlos – ich weiß nicht einmal, wie. Welche Waffen habe ich zur Auswahl? Die Logik ist ein stumpfes Schwert. Der Verstand schießt mit Platzpatronen, die Vernunft hat keine Asse mehr im Ärmel – was also bleibt? Wie ist das alles überhaupt möglich? Wie kann es sein, dass ich nicht einmal mehr seinen Geruch ertragen kann?

Magensäure schießt mir in den Rachen. Hektisch klappe ich die Klobrille hoch, beuge mich über die Schüssel, halte mir die Haare hinten zusammen. Doch es passiert nichts. Ich kann nicht kotzen. Mein Magen brennt wie Feuer, lodert vor sich hin. Am liebsten würde ich in die Küche gehen, mir einen Tee machen, eine Wärmflasche, aber davon wird er nur wach und kommt zu mir in die Küche, will helfen, kuscheln, mich in den Arm nehmen, während ich einfach nur schreien möchte »Lass mich!«. Und dann wird mich meine innere Stimme wieder zurechtweisen. *Er hat dir das Leben gerettet, und so dankst du es ihm? So trampelst du auf seinen Gefühlen herum? Hat er das verdient?*

Nein, hat er nicht. Ich muss mich zusammenreißen, ich kann doch nicht acht Jahre Beziehung wegwerfen – einfach so. Wegen ein paar törichter Gefühlsregungen. Er liebt mich. Ich liebe ihn. Nur das zählt. Und außerdem: Ich bin 38! Bis ich einen neuen Partner finde, sind meine Eierstöcke längst mumifiziert.

Ich hebe den Kopf, blicke zur Uhr. Es ist spät, draußen wird es bald wieder hell. Noch ein Schluck vom Mundwasser, um den galligen Geschmack wegzuspülen, dann muss ich ins Bett, damit ich wenigstens noch ein, zwei Stunden Schlaf abbekomme. Morgen ist … was war das?

Hastig drehe ich den Schlüssel im Schloss, reiße die Tür auf, stürme ins Schlafzimmer. Die Bettdecke ist zurückgeschlagen, seine Seite ist leer. Ich knipse die Lampe an, rufe seinen Namen, gehe in jedes Zimmer. Nichts. Draußen im Flur das Geräusch der Eingangstür. Ich stürme zum Küchenfenster, blicke hinunter auf die Straße. Es sind Wolken aufgezogen, die Straßenbeleuchtung erhellt die Gasse nur spärlich. Aus den Augenwinkeln nehme ich eine Bewegung wahr, ich reiße den Kopf herum, kneife die Augen zusammen. Der Wind drückt eine verschlissene Plastiktüte gegen den Zaun der Nachbarn, treibt sie weiter die Straße hinunter. Aber keine Spur von Noah. *For fuck's sake*, was ist hier los?

79 Stunden und 44 Minuten danach

Ich laufe …

TEIL ZWEI

Elias

Ich sitze nahe der Fensterfront. Draußen schmilzt die Morgensonne den Frost von den Parkbänken, die Wetter-App zeigt ein Grad über null, ungewöhnlich kalt für Oktober. Ich checke noch die kommenden Tage, lege mein Smartphone wieder auf den Tisch. Nach kurzer Zeit erlischt das Display, und ein schmaler Kondensstreifen am strahlend blauen Himmel spiegelt sich darin. Als er sich in der Atmosphäre auflöst, ist das Display schwarz, und mein Blick wandert zurück zu Rainer Luger.

Seit zwanzig Minuten redet er ununterbrochen, füllt den ohnehin schon stickigen Raum mit noch mehr Kohlendioxid. Neben ihm wirft der Beamer Details vom Tatort an die Wand.

Emma Falks entstellter Körper. Das Blut, das meine Träume färbt. Das kryptische Zeichen, das mich seit Jahren verfolgt. Das Wort, das mir Tausende Male durch den Kopf gegangen ist und dennoch nie einen Sinn ergeben hat. Als Luger es ausspricht, betont er jede einzelne Silbe: »Lü·gen·weib«. Dann wartet er einen Moment, gibt dem Wort Zeit, seine Wirkung zu entfalten. Er hat Sinn für Dramatik, das muss man ihm lassen.

»Für mich ist die Sachlage sonnenklar«, holt er aus. »Der Täter glaubt an das Übernatürliche im Weiblichen. Er glaubt an Hexen, Teufel, kurz: an Dämonen und Geister, die von Frauen Besitz ergreifen. Und er selbst hält sich wahrscheinlich für eine Art Held, einen Ritter auf Kreuzzug. Er will die Frauen über den Tod hinaus bestrafen, sodass sie nie wieder jemanden verführen können. Nicht im Himmel, nicht in der Hölle, nicht in einem anderen Leben. Sie sollen für alle Zeit gebrandmarkt sein, eindeutig identifizierbar durch ihre Fingerabdrücke. Er nimmt ihnen den Ringfinger – ein Symbol der Ehe, der Liebe. Er nimmt ihnen die Weiblichkeit – Einstiche in Vagina, Bauch, Brüste. Er nimmt ihnen die Augen, mit denen sie verführen, die Stimme – vielleicht hält er die Frauen für Sirenen? Das sind Fabelwesen aus der griechischen Mythologie, die Männer mit ihrem Gesang lockten, um sie zu töten und anschl-«

»Ist das Symbol denn griechisch?«, hakt Krämer ein.

Luger rümpft die Nase. Auch wenn er zu Beginn betont hat, dass jede Frage willkommen sei – man merkt, dass er es hasst, unterbrochen zu werden. »Nein, eher nicht. Es ist unklar, welchem Kulturkreis das Symbol entspringt, am wahrscheinlichsten war …« Luger blättert durch seine Unterlagen, wird scheinbar nicht fündig. Sein Blick geht in meine Richtung.

»Gar nichts«, antworte ich gereizt. »Altgriechisch, Keilschrift, Hieroglyphen, Kyrillisch, kein Treffer. Auch okkulte Symbole – Runen der schwarzen Magie, Engelszeichen, Pentagramme – keine Übereinstimmung.«

Luger legt den Kopf schräg, sieht mich an, als wäre er ein Hundewelpe. »Aber da war doch was. Es gab eine Interpretation, die durchaus plausibel schien, oder nicht?«

Ich nippe an meinem Glas, schinde Zeit, während ich überlege, bei welcher Antwort wir am wenigsten Zeit verheizen. »Es gab viele Interpretationen. Ein Kollege meinte, es sähe aus wie Kornkreiszeichen, ein anderer hielt es für das

Gekritzel seiner Tochter aus der Kita oder zusammengewürfelte Automarken-Logos. Suchen Sie sich etwas aus.«

Zynismus ist eigentlich nicht meine Art, aber diese Angelegenheit bildet eine Ausnahme. Ich habe keine Lust, den ganzen alten Kram wieder durchzukauen. Es hat uns damals nicht weitergebracht und heute ebenso wenig.

Luger sieht das naturgemäß anders. »Nein, nein, da war doch was.« Er wühlt weiter in seinen Unterlagen, zieht ein Papier nach dem anderen aus dem Stapel.

Genervt schnaufe ich aus. »John Dee, englischer Mathematiker, Alchemist und Mystiker aus dem 16. Jahrhundert«, helfe ich ihm auf die Sprünge, rattere den übrigen Mist, so schnell es geht, herunter. »Hat zahlreiche Schriften herausgebracht, in denen er erklärt, was die Welt zusammenhält. Die Engel haben ihm das geflüstert, heißt es. Er wurde damals wegen schwarzer Magie angeklagt. Heute wird er von Satanisten und anderen Spinnern verehrt – vor allem für ›Die hieroglyphische Monade‹, sein Hauptwerk. Er behauptet, dass die kosmische Energie der gesamten Schöpfung von einem einzigen Symbol versinnbildlicht wird. Es sieht dem Zeichen des Ringfinger-Mörders ähnlich.« Den letzten Satz fauche ich durch die Zähne.

»Ah, ja, hier, jetzt habe ich es auch«, ruft Luger aus. Er scheint den richtigen Zettel gefunden zu haben, räuspert sich, liest vor. »Das Symbol erinnert an eine Kombination aus John Dees Glyphe und dem Siegel des Luzifers. Insofern könnte es als das Zeichen des allumfassenden Bösen verstanden werden und als persönliche Sigille des Täters fungieren«, zitiert er das Gutachten, linst dann über den Zettel hinweg und verstummt. Er scheint zu verstehen, dass niemand versteht – eine Tatsache, die ihn sichtlich erfreut. Luger liebt es, zu erklären.

»In der okkulten Szene oder im Schamanismus haben viele persönliche Sigillen, also Grafiken, die sie repräsentieren. Manchen erscheinen sie im Traum oder in Visionen, andere lassen sich diese Symbole von Hexenmeistern erstellen. Und genau da müssen wir ansetzen. Wir müssen noch mehr über dieses Zeichen herausfinden. Wenn ich noch ein oder zwei Mann bekäme, dann könnte ich …«

»Schluss damit!«, schnauzt Steiger scharf dazwischen. »Ihre Klugschwätzer-Kollegen hätten damals ihren Zweitwohnsitz in der Staatsbibliothek anmelden können – die haben ganze Nächte dort verbracht, alle Wälzer durchgeackert. Von A wie Azteken bis Z wie zentralafrikanische Ursuppenstämme, wenn irgendwo ein Scheißneandertaler ein Symbol in eine Pyramide gemalt hat, dann haben sie es gegengecheckt. Ohne Resultate.«

Ich verkneife mir ein Schmunzeln. Steigers Unwissen geht ins Unermessliche, aber wenn er von etwas eine Ahnung hat, dann davon, wie man jemanden abwürgt.

Lugers Ego scheint jedoch äußerst resistent. »Vielleicht wurde damals ja etwas übersehen! Das war 2017, die technischen Möglichkeiten sind besser geworden, wir haben Bilderkennungssoftware. Wenn der Täter das Zeichen im Netz verwendet, wenn er in okkulten Foren damit operiert, dann finden wir das heraus! Wir jagen das Symbol durch die Datenbanken und …«

»Nur zu, jagen Sie«, würgt ihn Steiger erneut ab. »Aber jagen Sie allein. Ich brauche jeden Mann für die *richtige* Ermittlungsarbeit.«

Luger verstummt. So viele Tiefschläge kann selbst sein Ego nicht wegstecken. Trotzig lässt er sich in den Stuhl fallen, knallt den Zettel auf den Tisch und schmollt.

Steiger fährt unbeeindruckt fort. »Wo stehen wir mit den Befragungen?«

Köpke räuspert sich. »Wir haben alle Häuserblocks in der Nähe durch, auch die Taxifahrer, die Dienst hatten. Die Aussagen werden gerade ausgewertet, aber bis jetzt noch nichts. Spätis, Nachtlokale im Umkreis – auch da eher mau.« Ungeduldig trommeln Steigers Finger auf die Tischplatte. »In der Szene sind wir leider auch noch nicht weiter, keine Plaudertaschen dabei. Aber wir bleiben dran.«

»Was ist mit der T. O. P.-Datenbank? Wer geht die durch?«

»Ich«, murmelt Dorn an seinem Zahnstocher vorbei. »Bin dran.« Während Dorn weiter Rede und Antwort steht, legt sich eine Hand auf meine Schulter.

»T. O. P.?«, flüstert Mira Klos in mein Ohr.

Ich brauche einen Moment, dann fällt mir ein, dass sie erst vor kurzem von Berlin nach Hamburg versetzt wurde. »SPREE!«, flüstere ich zurück. Sie versteht sofort, verdreht die Augen. Ich kann es ihr nicht verübeln. Die Informationssysteme zur Überwachung rückfallgefährdeter Sexualstraftäter sind in jedem Bundesland anders aufgebaut, haben unterschiedliche Standards, Abfragemuster und vor allem: Sie heißen anders. ISIS in Sachsen, HEADS in Bayern, KSKS in Schleswig-Holstein und in Berlin eben SPREE. Der Föderalismus in diesem Land geht so weit, dass selbst Abkürzungen für Programme zur Überwachung von Sexualstraftätern so hingebogen werden, dass sie wie ein lokaler Fluss klingen. In Hamburg ist ihnen wohl nichts mit Elbe eingefallen, also haben sie einfach etwas genommen, das gut klingt: T. O. P., Täterorientierte Prävention.

»Was ist mit der Spezi-Liste von der Sitte?«, dröhnt Steigers Bass durch den Raum. »Haben Sie Ihre Kontakte spielen lassen?«

Wieder ertönt Mira Klos' Stimme in meinem Ohr, diesmal bleibt mir nur ein Schulterzucken. Spezi-Liste? Ich höre davon zum ersten Mal.

»Was für eine Liste?«, fragt sie laut, erntet einen mürrischen Blick von Steiger.

Dorn hingegen setzt sein widerlichstes Lächeln auf. »Das ist eine ausgewählte Privatsammlung bei der Sitte, Kindchen«, erklärt er gestelzt, als wäre das hier ein Casting für den größten Kotzbrocken der Polizei. »Da kommen nur ganz exquisite Exemplare der Gattung Mistkerl drauf, die durchtriebensten Hundesöhne vor dem Herrn. Kinderficker, Vergewaltiger, Zuhälter mit nervösen Händchen, die Crème de la Crème dieser Stadt, auf die man besser ein Auge hat.« Dorns selbstgefälliges Grinsen ist kaum zu ertragen.

Mira Klos nickt bloß, blickt angewidert zu Boden.

Ich erinnere mich dunkel an den Flurfunk alter Tage. Es gab immer schon Gerüchte über inoffizielle Listen. Sie werden intern geführt, *off the records*, damit sie die Dienstaufsicht nicht in die Finger bekommt und ganze Abteilungen über die Klinge springen lässt. Solche Listen sind illegal.

Offiziell dürfen nur Sexualstraftäter gelistet werden, die gerade entlassen wurden und unter Führungsaufsicht stehen. Resozialisierungsfrischlinge quasi. Trägt man die weiße Weste eine Weile, muss der Eintrag gelöscht werden, die

Schuld ist abgesessen. Opferschutz, Täterschutz, Datenschutz – in Deutschland wiegt alles gleich, es gibt keine Unterschiede. Das kann man gutheißen oder nicht, aber als Polizeibeamter hat man sich daran zu halten. Eigentlich.

»Was ist mit den Verdächtigen der damaligen Fälle?«, meldet sich Luger wieder zu Wort.

Dorn blättert durch seine Notizen. »Einer ist verstorben, zwei sind ins Ausland verzogen. Den übrigen werden wir wohl einen Besuch abstatten.«

»DNA und Fingerabdrücke?«, fragt Steiger.

»DNA-Analysen stehen noch aus, und Fingerabdrücke – bisher keinerlei Übereinstimmung. Die Spurensicherung hat bloß angemerkt, dass es relativ viele Abdrücke gibt, die wir weder Emma noch Paul Falk zuordnen können. Ungewöhnlich für einen Privathaushalt.«

»Die Falks haben gerne gefeiert und eingeladen«, kommentiere ich trocken. »Laut Aussagen von Linda und Noah Klingberg war erst letztes Wochenende eine Party in deren Wohnung.«

»Hört, hört!« Steiger trommelt erneut auf die Tischplatte. »Waren Sie wieder auf ein nicht autorisiertes Pläuschchen bei Ihren Freunden, den Klingbergs?«

»Steht alles in meinem …« Bericht, will ich antworten, aber er schneidet mir das Wort ab, schnauzt stattdessen über den Tisch. »Köpke! Sie und Blom, Klinkenputzer-Tour. Alle, die jemals auf einer Party der Falks waren – Freunde, Bekannte, Familie, Geschäftspartner, Kollegen. Ich will Fingerabdrücke und DNA-Proben, verstanden?«

Sofort springt ein Automatismus in mir an. »Das geht nicht.«

Steiger reißt den Kopf herum, funkelt mich an. »Wie bitte?«

»Dazu sind wir nicht berechtigt. Wir können nicht einfach DNA-Proben sammeln, dazu braucht es einen begründeten Verdacht, eine richterliche Anordnung«, rechtfertige ich mich.

»Herrgott, Blom, das weiß doch kein Mensch. Und selbst wenn: Werden Sie kreativ. Klopfen Sie den Leuten auf die Finger. Mit ein bisschen Druck hat noch ein jeder ins Röhrchen gespuckt.«

»Hören Sie«, setze ich an, werde aber von meinem Smartphone unterbrochen. Ein rascher Blick auf das Display verrät: eine andere Abteilung. Vielleicht etwas Wichtiges.

»Ich muss da ran«, entschuldige ich mich knapp, gehe hinüber zum Fenster. In der Spiegelung erkenne ich Steigers entgeisterten Blick. »Blom«, flüstere ich ins Telefon.

Am anderen Ende ertönt ein nasaler Tenor. »Ja, Polizeiobermeister Hech, bin ich da richtig bei Elias Blom?« Ich antworte abgehackt, höre nur mit einem Ohr zu, hänge mit dem anderen im Stimmenwirrwarr des Raumes. Hat gerade jemand meinen Namen genannt? »… haben ihn aufgegriffen, und er meint, dass er Sie kennt«, krächzt es durch die Leitung. »Wen?«, frage ich halbherzig, während Steiger über den Tisch hinwegkeift. »Der Kollege Blom zieht es vor, mit Mami zu telefonieren. Suchen Sie sich wen anderen, Köpke. DNA-Proben und Fingerabdrücke, Abmarsch!«

Das darf er nicht, das muss er doch wissen. Wenn wir so einen Zufallstreffer landen, hält das vor keinem Gericht, es muss eine stichhaltige Begründung …

»Noah Klingberg.«

Der Name schlägt ein wie ein Blitz, zieht meine gesamte Aufmerksamkeit in den Hörer. »Wie bitte? Was haben Sie gesagt?«

Der Polizist am anderen Ende des Apparats erweist sich als geduldig, erzählt mir alles noch einmal. Ich bedanke mich, lege auf.

Im Hintergrund erklärt Steiger das Meeting für beendet, der Raum leert sich. Als die Tür hinter Krämer in die Angeln fällt, geht es los. »Blom!«, herrscht er mich an. »Was bilden Sie sich eigentlich ein?«

Ich drehe mich zu ihm, mein Blick bleibt an der Wand hängen. Nachdenklich betrachte ich das blutige Zeichen, während Steigers Schimpftiraden am Rande meiner Aufmerksamkeit verglühen. Irgendwann ist er fertig, wartet schnaufend auf meine Antwort. Ich sage: »Noah Klingberg wurde heute Morgen festgenommen.«

Noah

Mein Gesicht spannt, als wäre es mit Gips überzogen.

Wenn Dreck und getrockneter Schweiß zusammentreffen, ergibt das eine ähnlich harte Mischung – jedes Zwinkern fühlt sich an, als würde ich ein Stück Haut aus meinen Lidern reißen. Apathisch starre ich vor mich hin, zermahle Sand zwischen den Zähnen, spüre immer noch das Knie des Polizisten, wie es mein Gesicht in den Erdhaufen drückt. Um mich herum Blaulicht und schwere Stiefel, meine Knie schrappen über Beton, Arme hieven mich hoch, drängen mich in ein Polizeiauto.

Und jetzt sitze ich hier, alleine, meine Lunge rasselt. Die Stille des Raumes klärt meine Gedanken, die Nebel lichten sich. Allmählich fange ich an zu begreifen, welchen Mist ich gebaut habe. Was sie nach dieser Aktion von mir denken müssen. Meine Nerven sind mit mir durchgegangen, ich hab es verbockt, wirklich verbockt. Das muss ich wieder in Ordnung bringen, die Lage in den Griff kriegen. Sonst reißen sie uns auseinander, und alles bricht ein. Das darf nicht passieren. Ich muss mich zusammenreißen, durchatmen. Alles wird gut.

Ich hake meine kleinen Finger ineinander, konzentriere mich auf einen Punkt an der Wand. Mein Oberkörper wippt hin und her – Schluss damit. Ich presse den Rücken an die Stuhllehne, stemme die Füße in den Boden, umklammere mit meiner heilen Hand eine Tasse, die sie mir gebracht haben. Der Kaffee ist längst kalt, aber das macht nichts. Hauptsache, ich habe etwas zum Festhalten. Mein Herz hämmert immer noch im peitschenden Rhythmus gegen meinen Brustkorb, aber es wird langsamer, schlägt konstanter, pegelt sich ein. Ruhig, besänftige ich mich selbst. *Ordne deine Gedanken. Beschreibe, was du siehst. Vier Wände, eine Tür, ein Tisch mit einem Stuhl, eine Tasse mit kaltem Kaffee und eine Kamera, die dich beobachtet. Mehr ist da nicht.* Ich streiche mein Haar nach hinten, dabei bleibe ich mit meinem Verband hängen. Er baumelt nur noch lose an meinen Fingern, meine Hand pocht vor Schmerz, aber das ist okay, es ist auszuhalten.

Die Tür geht auf, erleichtert atme ich auf.

»Oh, Gott sei Dank, dass Sie kommen konnten. Ich habe den Polizisten gesagt, dass wir uns kennen – können Sie Ihren Kollegen sagen, dass sie meine Frau anrufen sollen? Damit sie weiß, dass alles in Ordnung ist.«

Der Kommissar verharrt kurz in der Bewegung, mustert mich von oben bis unten, schließt dann die Tür hinter sich und legt einen Ordner auf den Tisch. Er rückt sich den Stuhl zurecht, nimmt mir gegenüber Platz, liest. Nach einiger Zeit hebt er den Blick. »Was wollten Sie auf dem Gelände der EUROPORT Logistic GmbH, Herr Klingberg?«

»Ich wusste nicht, dass ich mich auf Privatgelände befinde, ich war laufen und habe wohl die Schilder übersehen. Herr Blom, bitte, können Sie meine Frau anrufen?«

Er sieht mich einfach nur an, verzieht keine Miene, scheint nicht einmal zu blinzeln. »Sie waren laufen?«, fragt er nüchtern. »Zwei Tage, nachdem Sie aus dem Krankenhaus entlassen wurden, gehen Sie laufen? Mitten in der Nacht, ohne Sportsachen, bei zwei Grad unter null und eisigem Regen?«

»Hören Sie«, seufze ich erst, muss dann fast lachen. »Ich

weiß, wie das für Sie aussieht, aber ich konnte nicht schlafen und wusste nicht, wohin mit meinen Gedanken, also …«

»In dem Bericht steht, dass die Beamten Sie mehrmals aufgefordert haben, stehen zu bleiben. Sie haben sich der Anordnung widersetzt und sind geflüchtet.«

»Nein!«, protestiere ich energisch. »Ich bin nicht geflüchtet.«

»Also haben Sie die Beamten nicht gehört?«

»Doch, ich habe sie gehört. Ich bin nur … bitte, Linda macht sich sicher schon Sorgen, wenn Sie einfach nur anrufen könnten, kurz durchklingeln.«

»Hier steht, dass die Beamten Sie niederringen mussten.«

»Herrgott noch mal!« Ich schlage mit der flachen Hand auf den Tisch, bereue es im nächsten Moment. Meine Stimme verhallt im Raum. Er soll Linda doch nur kurz Bescheid geben, ein Anruf genügt. Sie kommt sicher um vor Sorge, ich bin schuld, ich bereite ihr Kummer. Ich wollte das doch nicht, es ist einfach passiert.

»Was haben Sie dort gemacht, Herr Klingberg?«

Stille, lange, bedrückend. Der Kommissar verschwimmt, ich wende den Blick ab, starre zu Boden. Eine Träne tropft auf meinen Verband. Es dauert einige Sekunden, dann bricht es aus mir heraus. »Ich sehe sie, immer. Wenn ich die Augen schließe … ihren leblosen Körper, die starren Glieder, das entstellte Gesicht, alles ist so …« Meine Kehle schnürt sich zu, für einen Augenblick bekomme ich keine Luft, ich japse, klammere mich an den Tisch. Aber es vergeht. »Ich habe Emma in dieser Nacht nicht gehört, aber jetzt höre ich sie. Ihre Schreie verfolgen mich bis in den Schlaf. Schrill und spitz wie Nägel, die an einer Tafel kratzen.«

Ich lege mein Gesicht in die Hände, schmecke den Dreck an meiner Haut, den getrockneten Speichel in meinen Mundwinkeln. Meine Wimpern streichen über die Handinnenflächen, verteilen die Tränen. Ich komme mir vor wie ein Kind. Ein kleiner, verstörter Junge, der nichts will, außer in den Arm genommen zu werden. Schluss damit! Ich reiße den Kopf wieder in die Höhe, tupfe mir die Wangen trocken, lache und weiß selbst nicht so genau, warum. Also fange ich an zu reden.

»Als ich neun war und mein Hund gestorben ist, da hat mich mein Vater auf den Schoß gehoben und mir gesagt, dass es keinen Grund gebe, traurig zu sein.« Wieso erzähle ich das? Einem Wildfremden? Ich weiß es nicht. Die Worte purzeln einfach so aus mir heraus, torkeln über meine rissigen Lippen hinein in den Raum.

»›Alle Tränen der Welt bringen deinen Hund nicht zurück‹, hat er gesagt. Ich solle lieber die Ärmel hochkrempeln und etwas tun. Hausaufgaben, Klavier üben, mein kaputtes Fahrrad reparieren – irgendwas. ›Wenn dich das Leben traurig macht, denk nicht dran und mach irgendetwas anderes.‹ Das hat er zu mir gesagt. Einfach machen.«

Ich ziehe die Luft zwischen die Zähne, atme schwer aus. Wieder entkommt mir ein Lachen, es klingt spöttisch.

»Als meine Mutter einen anderen hatte, fing er an, den Dachboden auszubauen. Als Opa gestorben ist, bekamen wir ein riesiges Gemüsebeet und nach Omas Tod einen Pool. Jedes Mal, wenn sie ihn bei einer Beförderung übergangen haben oder Mutter sich irgendeinen neuen Typen aus der Nachbarschaft angelacht hat, kam ein weiteres Projekt dazu. Er hat seine Sorgen vergraben, übermalt, zerhäckselt oder in die neue Garagenauffahrt hineinbetoniert. Dabei war er nicht einmal ein geschickter Handwerker. ›Vergiss, was dich beschäftigt‹, hat er gesagt. ›Du musst einfach nur machen, Junge. Einfach nur machen.‹«

Ich verziehe das Gesicht, der Kommissar sitzt immer noch bloß da, starrt mich an. Entweder ist er kalt wie ein Eisblock oder heillos überfordert. Seine Regungslosigkeit verunsichert mich, bringt mich nur noch mehr zum Schwafeln.

»Ich weiß nicht, warum ich gelaufen bin. Ich musste einfach … irgendetwas machen. Ich wollte Linda nicht wecken, ich … ich will nur, dass die Bilder weggehen, verstehen Sie? Sie sollen aus meinem Kopf verschwinden, ich halte das nicht aus. Ich kann es nicht vergessen.«

Der Kommissar betrachtet mich stumm. Sekundenlang. Dann stützt er die Hände auf die Knie, beugt sich leicht vor, räuspert sich. »Die Bilder«, setzt er an, zögert für einen Moment, scheint zu überlegen. Dann: »Sie verschwinden nicht. Sie müssen lernen, damit umzugehen.«

Unsere Blicke treffen sich, ich registriere ein mildes Lächeln auf seinen Lippen.

»Haben Sie jemanden, mit dem Sie darüber reden können?«

»Ja«, lüge ich.

»Dann tun Sie das. Und wenn Sie das nächste Mal das Bedürfnis verspüren, etwas zu *machen*: Gehen Sie ins Fitnessstudio.«

Er zieht seinen Ärmel hoch, blickt auf die Uhr, klappt rasch den Ordner zu. Er scheint es plötzlich eilig zu haben. »Die EUROPORT Logistic GmbH hat keine Anzeige wegen Hausfriedensbruch erstattet«, spult er herunter, seine Sachen packend. »Ich informiere Ihre Frau, dann können Sie gehen. Die Kollegen werden Ihnen alles Weitere erklären.«

Die letzten Worte nuschelt er derart unverständlich in sich hinein, dass ich nur erahnen kann, was er meint. Etwas scheint ihn plötzlich zu beschäftigen, zu stören. Seine linke Hand schiebt irgendetwas in der Manteltasche hin und her, ich kann sie sehen, die Ausbeulung im Stoff, wie sie wandert.

»Eines noch«, beginnt er zaghaft. »Bevor ich es vergesse … Ich bräuchte noch eine DNA-Probe von Ihnen.« Er zieht ein kleines Plastikröhrchen hervor. »Wären Sie damit einverstanden?«

Ich muss eine kleine Ewigkeit auf dieses Ding in seiner Hand gestarrt haben, denn irgendwann reißt mich seine Stimme aus den Gedanken.

»Herr Klingberg?«

»Hm?«

Mein Hirn rastet wieder ein. »Ach so, ja klar, kein Problem. Wo muss ich reinpinkeln?«

Wir lächeln uns an. Aber sein Lächeln ist anders als zuvor. Es ist kein besorgtes Lächeln mehr, kein respektvolles, es ist … falsch.

Elias

Ich hetze den Flur entlang, vorbei an einer Handvoll Menschen. Die meisten haben ihr Gesicht in Smartphones vergraben, ein Pförtner liest Zeitung. Aus den Augenwinkeln registriere ich die Titelseite, irgendetwas von Kiezschlägerei, nichts von Emma Falk, kein Ringfinger-Mörder – sehr gut. Mein Blick geht zur Uhr. Ich war schneller als gedacht, mir bleibt noch etwas Zeit.

Ich warte vor den Fahrstühlen, spiegle mich in den verchromten Türen. Sie sind abgestoßen, stumpf und voller Schlieren. Die Gerichtsmedizin ist seit Jahren ein Schandfleck, hat dringenden Renovierungsbedarf. Aber wer steckt schon gerne Geld in ein Gebäude, das sich ausschließlich dem Tod widmet?

Ich setze mich auf eine der abgewetzten Bänke, werfe einen Blick auf mein verzerrtes Spiegelbild, sehe sofort wieder weg. »Haben Sie jemanden, mit dem Sie drüber reden können?«, höre ich mich sagen. Dieser Satz aus meinem Mund, dass ich nicht lache.

Warum löchere ich Menschen eigentlich mit Fragen, die ich mir selbst nicht stelle? Rede ich denn darüber? Erzähle ich jemandem, dass ich abends mit Natascha Lechefsky einschlafe? Dass ich mich durch meine Nächte quäle, Seite an Seite mit Helena Kiel; schweißgebadet aufwache, mit Maren Kemps entstellter Leiche vor Augen? Ich habe nicht einmal mit Mats darüber geredet, geschweige denn mit einem Therapeuten. Dreißig Mal ›The Sentinel‹ mit Michael Douglas und Kiefer Sutherland können ein Lied davon singen. Dabei habe ich wenigstens die Chance, diesen Mistkerl zu schnappen und den Albträumen ein Ende zu bereiten. Ich habe es selbst in der Hand. Noah Klingberg kann nur abwarten und hoffen, dass er eines Tages wieder durchschlafen kann.

Ich werfe den Kopf in den Nacken, lausche dem Knacken meiner Gelenke, erfasse wieder mein Spiegelbild, rücke die Weste unter meinem Hemd zurecht. Kurz darauf zerteilt es sich genau in der Mitte. Ping, die Fahrstuhltüren schieben sich zur Seite, Steiger tritt heraus, Dorn im Schlepptau. Sein Blick verfinstert sich, als er mich sieht.

»Was wollen Sie denn hier?«

»Obduktionsbesprechung, 11 Uhr«, antworte ich knapp.

Steiger fixiert Dorn, aber der zuckt bloß mit den Schultern, nuschelt an seinem Zahnstocher vorbei: »Ich hab ihm nicht Bescheid gegeben, Chef.«

Natürlich hat er das nicht. Niemand hat das, sie isolieren mich, so gut sie können. In meinem Kalender war kein einziger Termin eingetragen. Aber in Steigers und Dorns sehr wohl. Und die kann jeder einsehen. Absatz 8 der polizeilichen Digital-Netiquette empfiehlt, in den Einstellungen der internen Kalender-Software das Häkchen beim Feld »Kalender für andere Personen im Netzwerk freigeben« zu entfernen. Das Memo ging an alle Abteilungen. Steiger und Dorn haben es wahrscheinlich nicht einmal geöffnet, geschweige denn gelesen.

»Ich bin Schnack zufällig über den Weg gelaufen«, lüge ich. »Er hat mir Bescheid gegeben, und ich dachte …«

»Klar«, würgt mich Steiger ab. »Blom und seine Zufälle.

Wer's glaubt.« Er vergräbt die Hände in der Manteltasche, kommt mir ungut nahe.

»Was ist mit diesem Klingberg? Was war da los?«

»Dünnes Nervenkostüm. Hat es zu Hause nicht mehr ausgehalten und Mist gebaut.«

»Flatternerven, soso.« Steigers Atem riecht nach Kaffee und Zigaretten, dazu noch eine säuerliche Note, die ich nicht zuordnen kann. Entweder Essensreste oder Magenleiden, vielleicht beides.

»Haben Sie eine DNA-Probe genommen?«

Ich umklammere das Plastikröhrchen in meiner Tasche, zerbreche es beinahe. »Ja, habe ich.«

Er grunzt zufrieden, stapft los. Dorn und ich bleiben unentschlossen stehen. Kurz bevor er um die Ecke biegt, schnauzt er: »Na, was ist, ihr Vögel? 11 Uhr Schnack!«

Wir folgen artig. Wenn das so weitergeht, teile ich mir bald einen Zwinger mit Köpke und Dorn.

Doktor Otto Schnack ist schon so lange in Dienst, dass sein Name synonym verwendet wird. »11 Uhr Schnack« bedeutet, dass man um 11 Uhr einen Termin in der Gerichtsmedizin hat. Mit wem, ist offen – es kann irgendein Rechtsmediziner sein. Aber diesmal ist es Schnack persönlich. So einen Fall lässt er sich nicht entgehen.

»Ah, die Herren von der Kriminalpolizei«, ruft er quer durch die Empfangshalle. »Pünktlich wie die Maurer.«

Steiger und Dorn grüßen einsilbig, ich nicke freundlich, freue mich ehrlich, ihn nach so langer Zeit wiederzusehen, auch wenn es immer wieder verstörend ist.

Otto Schnack ist … etwas Besonderes. Er wäre als Kinderarzt eine Idealbesetzung, aber in den Hallen einer Gerichtsmedizin wirkt er wie ein Fremdkörper. Er trägt Fliege, ohne Ausnahme. Meistens bunt, nie ohne Muster. Die Haare hauchfein und silbern, stets akkurat gescheitelt. Das Gesicht sonnengegerbt und von Lachfalten überzogen. Sein ganzes Auftreten ist, als wäre er aus einem Kinderbuch entsprungen. ›Conni geht zum Onkel Doktor‹. Man rechnet jeden Moment damit, dass er einen Lolli aus der Brusttasche zieht.

»Kollege Blom, ja, ist es denn die Möglichkeit?«, hallt es durch den Flur. Eine Reihe blendend weißer Jacketkronen strahlt mir entgegen. »Wo haben Sie sich denn die ganze Zeit versteckt?«

»Abteilung Einbruchsdelikte«, antworte ich.

Er lacht auf, zwinkert mir zu. »Na, da kann ich mir aber schönere Verstecke vorstellen.«

Wir folgen ihm den Flur entlang, Schnack und ich reden über dies und das, alte Zeiten, Mats und Bering. Schnack lacht viel, Steigers Laune sinkt rapide. Zwei Stockwerke tiefer passt sich die Umgebung seiner Laune an.

Schweigend betreten wir einen stockfinsteren Raum, sofort steigt mir der Geruch von Formaldehyd in die Nase. Schnack betätigt den Lichtschalter, eine Phalanx von Leuchtstoffröhren brummt los, kaltes Neonlicht blinkt im Sekundentakt auf. »Unsere Disko«, scherzt er, zieht ein Tuch vom Tisch. Darunter: Emma Falk, aufgebahrt auf glänzendem Edelstahl. Das Kinderbuch ist zu Ende. ›Conni liegt auf dem Seziertisch‹. Gemeinsam warten wir, bis die Beleuchtung ihre Stroboskop-Allüren ablegt.

»So, dann wollen wir mal. Den Bericht haben Sie gelesen?«, fragt Schnack in die Runde. Alle nicken. Er streift Einweghandschuhe über, rollt sich einen Hocker heran und kommentiert das Offensichtliche. »Alles saubere Stiche, geradwinklig, zweimal in die Augenhöhlen, einmal in die linke Brust, einmal in die rechte, jeweils knapp unter dem Brustwarzenhof angesetzt. Dann noch einer hier, in den Bauchnabel, und in den Genitalbereich. Die Waffe, einseitige Klinge, wahrscheinlich handelsübliches Küchenmesser ohne Wellenschliff oder dergleichen. Einmalige Hiebe, kein ziellloses Einhacken, wie man das von Gewaltverbrechen sonst so kennt. Die Wunden am Hals allerdings … klassischer Schwalbenschwanz.«

»Klassischer was?«, fragt Dorn irritiert.

»Ertappt!« Schnack wedelt mit dem rechten Zeigefinger in Richtung Dorn. »Da hat wohl jemand doch nicht den ganzen Bericht gelesen. Ein Schwalbenschwanz«, wiederholt er, greift sich einen Schwenkarm, an dessen Ende ein Vergrößerungsglas befestigt ist, und richtet es auf die Halspartie. »So nennen wir das, wenn Einstich- und Ausstichkanal versetzt sind. Diese Art von Wunde bildet sich, wenn sich das Opfer bewegt, wenn es sich wehrt, sehen Sie? Auch an den Wundrändern erkennt man es deutlich, hier und hier.« Er deutet mit einem Skalpell auf die ausgefransten Hautpartien. »Wie bei den früheren Opfern.«

»Woher wissen Sie das so genau?«, fragt Dorn trotzig.

»Ich bin schon etwas länger hier, mein Junge. Ich habe alle drei Opfer selbst untersucht. Maren Kemp, Helena Kiel und … wie hieß die Prostituierte noch gleich?

»Natascha«, beginne ich. »Lechefsky«, schließt Schnack ab. »Richtig. Kemp, Kiel und Lechefsky, eine jünger als die andere.« Für einen Moment hält er inne, schüttelt mit gesenktem Blick den Kopf. »Arme Dinger. Wenigstens mussten sie nicht lange leiden. Bis auf den Stich in die Kehle sind alle Verletzungen post mortem zugefügt worden – wie damals. Auch der Ringfinger wurde wieder am Fingerknöchelgelenk abgetrennt. Der einfachste Weg, wenn man mit einem Messer operiert. Mit einer Gartenschere aus dem Baumarkt hätte er weniger Aufwand, aber er lernt scheinbar nicht dazu.«

»Und sonst?«, fragt Steiger kratzig.

»Alles wie gehabt. Weder Penetration der Vagina oder des Afters noch sonstige Spuren sexueller Gewalt. Keine Würgemale, keine Hämatome.«

»Nicht ganz«, grätsche ich dazwischen. »Bei einem Opfer gab es sehr wohl kleinere Hämatome und Anzeichen sexueller Gewalt.«

Steiger verdreht die Augen. »Natascha Lechefsky war 'ne Nutte mit spezieller Kundschaft, Sie Klugscheißer. Anzeichen sexueller Gewalt haben ihre Miete bezahlt, das war ihr – wie heißt es so schön – Verkaufsschlager.«

Ich ignoriere Steigers geschmacklosen Witz, konzentriere mich auf das, weswegen ich hier bin. »In Ihrem Bericht stand, dass Blut in der Lunge gefunden wurde?«

»Ja, in der Tat. Der Einstich in den Hals hat nicht nur die Halsschlagader durchtrennt, sondern auch die Luftröhre verletzt.«

›Conni erstickt an ihrem eigenen Blut‹. Was für ein Bastard. »Es gibt also einen Unterschied zwischen diesem und den früheren Opfern«, sage ich, nicht ganz ohne Unterton.

»Also, wenn Sie mich so fragen, ja. Der Einstich war etwas schräger angesetzt und ist breiter ausgefallen, aber …«

Schnack zögert, scheint zu überlegen. »Ich würde eher davon ausgehen, dass dieser Unterschied durch das Opfer bedingt wurde. Wahrscheinlich hat Emma Falk sich heftiger gewehrt. Daher die breitere Wunde.«

»Hm«, antworte ich knapp. So etwas Ähnliches habe ich mir schon gedacht. Aber es ist nicht meine einzige Frage. »Und das wenige Blut? Haben Sie dafür eine Erklärung?«

Dorn lacht auf, erntet strafende Blicke. »Kommen Sie«, versucht er sich zu rechtfertigen. »Wenig Blut? Das ganze Bett war voll davon, es sah aus wie auf einem Schlachtfeld.«

»Sie Pfiffikus!« Schnack bringt wieder seinen Zeigefinger zum Einsatz, piekt ihn mir anerkennend in die Brust. Dann wendet er sich Dorn zu. »Natürlich ist da viel Blut. Wenn Ihr kleines Herzchen noch fleißig pumpt, während man Ihnen ein Messer in den Hals rammt, dann sprudelt und spritzt es nur so raus. Aber nach einer Minute, maximal zwei, ist Schluss damit. Ihr Herz hört auf zu schlagen, der Blutdruck sinkt gen null. Und wo kein Druck, da kein Sprudeln.«

Dorn kneift die Augen zusammen, kräuselt die Lippen. Die Ratlosigkeit steht ihm ins Gesicht geschrieben.

Schnack redet unbeirrt weiter. »Das meiste Blut kam also aus der Wunde am Hals. Auch an der Wunde im Genitalbereich kam es zu starken Blutungen – ich nehme an, sie wurde liegend gefunden, mit leicht erhöhtem Oberkörper?«, fragt er in die Runde.

Ich nicke.

»Blut ist nicht anders als Wasser, es nimmt den Weg des geringsten Widerstandes. Die Schwerkraft gibt den Weg vor – es fließt nach unten hinaus. Aber bei diesen Wunden«,

Schnack deutet auf die Einstichstellen an Brust und Bauch, »kam es zu keinem Blutaustritt.«

»Kommen Sie endlich zum Punkt«, mault Steiger und hakt seine Daumen in den Hosenbund. Ein unverkennbares Zeichen dafür, dass er ungeduldig wird. »Was wollen Sie damit sagen? Sie lag auf dem Rücken, der Täter hat post mortem zugestochen, kein Blut an Bauch und Brust. Was ist da jetzt anders als sonst?«

»Fast nichts, Kollege Steiger, aber eben nur fast. Bei den früheren Opfern kam es an diesen Wunden sehr wohl zu Blutungen. Nur minimal, aber doch. Es war noch ein Restblutdruck im Körper.«

»Und das heißt?«

»Der zeitliche Abstand zwischen dem Halsstich und den anderen Wunden ist größer. Es scheint so, als hätte sich der Täter diesmal mehr Zeit gelassen.«

»Oder er wurde unterbrochen«, hakt Dorn ein. »Das hat doch dieser Klingberg ausgesagt, richtig? Er ist in der Wohnung noch mal aufgewacht.«

»Er ist aufgewacht«, wiederhole ich nachdenklich.

»Hat den Täter gestört, zack, eins auf die Rübe bekommen, und dann ging der kranke Scheiß weiter.«

»Doktor Schnack, von Ihrem Standpunkt aus betrachtet«, setze ich an, überlege meine Wortwahl sorgfältig. »Gehen Sie davon aus, dass wir es mit demselben Täter zu tun haben wie damals?«

Schnack sieht mich einen Moment lang irritiert an, ist aber gleich wieder in seiner Rolle. »Ich denke schon, ja. Alles spricht dafür. Und wenn nicht, dann muss der Nachahmungstäter sehr genau gewusst haben, was er da tut.« Er überlegt einen Moment, scheint darüber nachzudenken. »Er muss die Einstichstellen gekannt haben, die Winkel, die …«

Links und rechts neben mir klingelt es, die Innentasche meines Mantels vibriert. Wir ziehen beinahe gleichzeitig unsere Smartphones heraus, Dorn ist eine Spur schneller.

»Krämer hat die Anrufdaten und Funkzellenauswertung geschickt.«

Ich scrolle mich durch die Mail, überfliege die Zeilen, öffne eine der angehängten Dateien.

Im Hintergrund räuspert sich Schnack. »Na gut, meine Herren. Ich bin dann wohl abgemeldet. Wenn Sie noch Fragen haben, jederzeit gerne.«

Als Antwort bekommt er nur kollektives Schweigen.

»Keine verdächtigen Ortungen innerhalb des Quadranten«, knurrt Steiger. »Ein paar Bewegungen in der Umgebung, aber fast alles Taxirufnummern.«

Es vergehen einige Sekunden. Dann Dorn: »Bei den SMS! Ein und dieselbe Nummer, fast jeden zweiten Tag, mindestens vier oder fünf Stück.«

Steiger lässt sein Smartphone sinken, kneift die Augen zusammen. »Auf Emma Falks Handy war keine einzige SMS im Speicher. Ist es die Nummer von Paul Falk?«

»Nein, eine 0157-Nummer«, antwortet Dorn. »Das ist Prepaid, Aldi Talk, verwenden die meisten Dealer auch. Ich check mal die Rufnummerndatenbank. Also null, eins, fünf …«

»Die Nummer ist aktiv«, unterbreche ich ihn.

Dorn und Steiger blicken auf, ich presse mein Telefon ans Ohr.

»Es klingelt.«

Ein Scheppern reißt mich aus dem Schlaf. Was ist das? Wo bin ich? Ich schrecke hoch, sehe nur Schlieren, brauche einige Zeit, bis das Verschwommene klar wird. Zu Hause, ich bin zu Hause. Aber etwas stimmt nicht. Kalter Schweiß liegt klamm auf meiner Haut, mein Herz hämmert, pumpt wie verrückt Blut durch meine Schläfen. Poch-poch-poch – noch heftiger, und ich schwöre, mein Schädel wird jede Sekunde explodieren. Zittrige Finger tasten über mein Gesicht, es fühlt sich heiß an, taub, aufgedunsen. Verdammt, was habe ich gestern … Eine Erinnerung flammt auf, zerreißt den Schleier der Nacht.

Ich habe mich volllaufen lassen.

Das ist passiert.

Bis zur Besinnungslosigkeit aus dem Leben geschossen habe ich mich. Mit Fusel von der Tanke. Erinnerungen werden nach und nach an die Oberfläche geschwemmt, und ich weiß, dass ich getrunken habe, um alles am Boden der Flaschen zu ertränken: die Gedanken an dich, meine Schöne. Die Gedanken daran, was ich aus dir gemacht habe. Ich kann sie nicht ertragen.

Ich wälze mich zur Seite, setze mich auf, kippe dabei fast aus dem Bett. Benommen suche ich nach einer Flasche Wasser, finde nichts. Dieses Pochen in meinem Schädel – ich brauche unbedingt eine Schmerztablette.

Wieder dieses Scheppern.

Mein Blick fliegt durch den Raum, entdeckt mein Smartphone, das vibrierend über den Boden zuckelt. Wie spät ist es überhaupt? Ich sinke auf die Knie, krieche auf allen vieren vorwärts, greife nach dem Telefon, gefriere augenblicklich: unbekannte Nummer. Mein Magen krampft. Und mir fällt ein, dass ich nicht nur getrunken habe, um dich zu vergessen, sondern auch, um meine Angst zu ertränken.

Wie elektrisiert schieße ich in die Höhe, starre auf das Display. Das ist die Polizei. Wer könnte das sonst sein, wer ruft mich schon an, den ich nicht eingespeichert habe? Jemand hat meinen Wagen gesehen, natürlich hat ihn jemand gesehen, ein inkaoranger BMW fällt auf. Er hat sich mein Nummernschild notiert. Das sind die Bullen, bestimmt. Sie wissen, wer ich bin. Sie wissen, dass ich in der Tatnacht da war, sie werden mich schnappen, und sie werden mich verhören, stundenlang. Sie werden mir Fotos von dir zeigen, werden mich zwingen, sie anzusehen. Deine entstellte Scham. Die Augenhöhlen, gefüllt mit Blut. Die aufgerissene Kehle. Und sie werden mich ansehen, wie sie eine Bestie ansehen, und nicht verstehen, warum du mir keine andere Wahl gelassen hast. Sie werden …

Das Smartphone verstummt. Zwei Anrufe in Abwesenheit, beides dieselbe Nummer. Mir wird speiübel, der Raum beginnt sich zu drehen. Ich stolpere los, taumle aus dem Schlafzimmer, renne ins Bad, will mich übergeben, kann nicht.

Wieder vibriert das Smartphone, aber nur kurz, bloß ein einziges Mal. Mit zitternden Armen stemme ich mich auf die Klobrille, richte mich auf. Das Display zeigt: eine Sprachnachricht.

»Sie haben eine neue Nachricht«, verkündet die Computerstimme hölzern. »Zum Anhören drücken Sie die Eins.«

Ich drücke die Eins, halte den Atem an.

»Empfangen, heute um 12 Uhr 43.«

Rauschen. Mein Herzschlag dröhnt in meinem Schädel. Poch-poch-poch. Dann: »Moin, Firma Hanselack, wir konnten Sie leider nicht erreichen, aber wegen Ihrer Anfrage …«

Das Smartphone gleitet mir aus der Hand, fällt zu Boden. Ich kippe vornüber, lande auf den kalten Fliesen, bleibe einfach liegen.

Es ist der Autolackierer. Nur der Autolackierer.

Hysterisches Lachen bricht aus mir heraus. Es wird lauter und spitzer, mein Körper krampft, bebt, schüttelt sich. Die Lungen rebellieren, aber ich lache weiter, immer atemloser, immer gepresster. Bis ich nicht mehr kann. Bis das Lachen in meiner Kehle erstickt.

Ich fürchte mich vor dem beschissenen Autolackierer.

Das kann so nicht weitergehen. Wenn ich nichts unternehme, werde ich noch verrückt. Ich muss wissen, was die Polizei weiß. Und ich habe auch schon eine Idee, wie ich das herausfinde.

Linda

Die Ampel schaltet auf Grün, ich rase los, als wäre die Polizei hinter mir her – dabei bin ich gerade auf dem Weg dorthin. Haha, wie das schon klingt, »auf dem Weg zur Polizei«. *Goddamn*, ich kann nur hoffen, dass mich niemand sieht. Offiziell habe ich einen Arzttermin – was hätte ich auch anderes sagen sollen? »Entschuldigt, aber ich komme heute später ins Büro. Hm? Ach, ich muss bloß meinen Mann von der Polizeiwache abholen, nichts weiter.« Wahrscheinlich würden sie mir nicht einmal glauben und lachend auflegen.

Ich brettere die Max-Brauer-Allee hinunter, meide den Blick auf den Tacho, will meiner inneren Stimme kein Futter geben. Sonst schreit sie nur wieder. *Fahr langsamer, willst du dich umbringen* – ja, warum nicht? Dann hätte ich es wenigstens hinter mir. Jetzt ist doch sowieso schon alles egal.

Was ist nur in ihn gefahren? Wie kann er mir das nur antun? Ich mache mir Sorgen, kriege kein Auge zu, flippe fast aus vor Angst – und er? Er geht joggen. Mitten in der Nacht. Auf einem Sperrgelände im Hafengebiet. Was denkt er sich nur dabei? Ein Wunder, dass ihn die Polizei nicht dabehält und in die geschlossene Anstalt steckt.

Die Ampel vor mir schaltet auf Rot, ich bremse abrupt ab, bringe die Reifen zum Quietschen. Eine alte Frau auf dem Zebrastreifen wirft mir einen strafenden Blick zu. Tut mir leid, du alte Schachtel. Meine Nachbarin wurde umgebracht, mein Mann verhaftet, und mein Schädel explodiert fast – *life sucks*.

Die Alte schleicht über die Straße. Hektisch reiße ich das Handschuhfach auf, wühle mich durch allerlei Kram, Hustenpastillen, Kaugummipackungen, nichts. Ich hätte schwören können, dass hier noch Rehmannia-Tropfen lagen. Die konnten mich zwar schon früher nicht beruhigen, aber besser als nichts. Meine Nahrungsergänzungsmittel habe ich noch immer nicht nachbestellt, ich komme einfach nicht dazu. Dabei stand im Forum, dass sie nur dann wirken, wenn man sie regelmäßig und langfristig nimmt. Aber da stand auch, dass sie mich schwanger machen. *Bullshit.*

Du bist undankbar, zischt meine innere Stimme – pah! Den Spruch hat meine Therapeutin früher auch immer aufgesagt, wenn ihr nichts Besseres mehr eingefallen ist. *Fokussieren Sie sich auf das, was Sie haben, und seien Sie dankbar dafür.* So ein Schwachsinn! Mein Leben ist wie ein Jenga-Turm, Monat für Monat zieht mir das Schicksal ein weiteres Hölzchen aus dem Stapel und will mich zu Fall bringen – wofür soll ich denn bitte schön dankbar sein? Für meine Karriere? Dass ich nicht am Hungertuch nage? Für die Designerklamotten in meinem Schrank? Den Thermomix? Das unfassbar teure Chesterfield-Sofa, das nicht einmal bequem ist? Das Leben kann diesen ganzen Krempel gerne zurückhaben. Vater, Mutter, Kind, eine ganz normale kleine Familie – das wünsche ich mir. Das war zum Greifen nahe. Und jetzt ist alles unerreichbar.

Die Ampel wird grün. Ich fahre los, in moderatem Tempo, halte die Geschwindigkeit. Warum hetzen, wenn ohnehin nichts mehr auf mich wartet?

Als ich auf den Parkplatz der Polizei biege, erkenne ich ihn nur an dem Kapuzenpulli, den er seit Jahren wegschmeißen sollte. Noah, grau und dreckverschmiert, zusammengesunken – ein völlig anderer Mensch. Er kauert auf einer Parkbank gleich neben dem Eingang, starrt vor sich hin. Ich halte direkt vor ihm, aber er bemerkt mich nicht, ist gänzlich in sich versunken. Draußen hat es maximal vier Grad, und er sitzt da in seinen durchnässten Sachen, ich sollte hupen, das Fenster runterkurbeln, ihn rufen. Aber ich tu es nicht, starre ihn einfach nur an. Das ist Noah, mein Mann. Meine Stütze, mein Fels in der Brandung, meine Zuflucht, wenn es mir schlecht geht. Ich sehe ihn, aber ich begreife ihn nicht mehr. Sofort begehrt mein Gewissen wieder auf. *Du undankbares Stück! Alles, was er getan hat, hat er FÜR DICH getan.* JA! Ich weiß, ich weiß es doch! Er hatte keine andere Wahl. Er hat Emma geopfert, um mich – nein, um uns zu retten, so muss es gewesen sein. Und ich kann mir nicht einmal ansatzweise vorstellen, was das in ihm ausgelöst hat. Die Angst, die er durchleben musste. Dieser Wahnsinn, dem er ausgesetzt war. Die Entscheidung, zu der er gezwungen wurde – ich darf mir nicht einmal anmaßen zu verstehen, was das in einem Menschen auslöst.

Eigentlich müsste ich ihm dankbar sein, auf alle Zeit. Aber ich bin es nicht. Ich kann es nicht, ich fühle es einfach nicht. Immer wenn ich ihn ansehe, ist da nur Ablehnung. Distanz. Und nach dieser Aktion heute Nacht ist noch ein weiteres Gefühl dazugekommen: Wut.

Automatisch höre ich wieder die Stimme der Beamtin. »Das Wohl des Kindes muss immer im Vordergrund stehen.« Man wird uns nie in Betracht ziehen, nicht nach dieser Nacht. Als ob das Jugendamt einem Vorbestraften die Obhut für ein Kind anvertrauen würde. Es bestand bisher schon wenig Hoffnung, aber jetzt ist der Zug endgültig abgefahren, die Akte Klingberg geschlossen. Wir werden keine kleine Familie, niemals. Und das nur, weil Noah mitten in der Nacht joggen gehen musste.

Ein Klopfen reißt mich aus den Gedanken.

Noah steht vor der Beifahrertür. Er öffnet sie, schabt sich Schlamm und Dreck von den Schuhen, zieht den Pullover aus, wendet ihn und legt ihn auf den Sitz, damit er nicht schmutzig wird. Währenddessen beginnt meine Handtasche zu vibrieren, wahrscheinlich die Arbeit, ich ignoriere es. Noah steigt ein, schließt die Tür hinter sich, sagt nichts. Beide glotzen wir einfach nur aus der Frontscheibe, sekundenlang. Bis es aus mir herausbricht.

»Weißt du eigentlich, was das für ein Gefühl ist?«, krächze ich heiser, starre stur geradeaus. »Mein Mann haut mitten in der Nacht ab, einfach so? Kurz nachdem ein Mörder bei uns im Haus war. Kannst du dir auch nur ansatzweise vorstellen, was ich für Ängste durchgestanden habe?«

»Es tut mir leid, ich war …«, will er sich entschuldigen, aber ich gestatte es nicht. Jetzt rede ich. »Es tut dir leid?« Ich bin dran, ich habe es verdient, dran zu sein. »*Es tut dir leid?*« Mein Leben lang musste ich zurückstrecken, Kompromisse eingehen, akzeptieren, dass andere aufblühen und ich weiterstrample. »Wir waren so knapp davor, Noah. So knapp! Wir hätten nur durchhalten müssen, ein kleines bisschen noch. Wir wären eine Familie geworden, mit einem Sohn, einer Tochter, einem Baby.« Wieder beginnt meine Handtasche zu vibrieren. *Fuck off*, ich habe doch gesagt, dass ich einen Arzttermin habe.

»Linda, alles wird gut. Sie haben keine Anzeige erstattet, es wird nicht in den Akten landen.«

»Ach«, seufze ich auf, »das ist doch …« Dann winke ich ab. Noah kann manchmal unendlich naiv sein. So etwas taucht immer in irgendwelchen Akten auf. Andererseits, wenn tatsächlich keine Anzeige erstattet wird, besteht immerhin eine Chance. Das ändert jedoch nichts an seinem unentschuldbaren Verhalten. »Was hast du dir nur dabei gedacht?« Meine Stimme klingt brüchiger, als ich es möchte.

»Ich … ich habe mir gar nichts gedacht.« Noah schluckt schwer, seine Unterlippe zittert. »Ich musste einfach nur raus, verstehst du? Die Bilder, Emma, es verfolgt mich, bis in meine Träume, ich sehe sie immer vor mir.«

Ich senke den Blick, bemerke, wie seine Hand zu meiner wandert. Ich lasse zu, dass er sie nimmt, sie zu sich zieht und streichelt.

»Es tut mir leid, Linda, wirklich. Ich kann dir gar nicht sagen, wie leid mir das alle tut. Aber ich verspreche dir, es wird nicht wieder vorkommen. Und es wird nicht in den Akten landen. Alles wird gut.«

Er lächelt mich an, setzt seinen treuen Dackelblick auf. Und für einen Moment, für einen kurzen Augenblick, verliere ich mich darin – wie früher. Dann vibriert es erneut. »Verdammt noch mal!«, schnauze ich die Tasche an. »Kommen die nicht einen einzigen Vormittag ohne mich aus?«

Noah beugt sich vor, holt meine Handtasche aus dem Fußraum und fischt mein Telefon mit einer einzigen Handbewegung heraus.

Irritiert blicke ich aufs Display. Keine Anrufe in Abwesenheit. Die Tasche vibriert erneut. »Das muss deins sein. Du hast es auf deiner nächtlichen Joggingtour vergessen«, sage ich etwas pampig. »Ich habe es eingepackt.«

»Ah, danke«, erwidert Noah, macht aber keine Anstalten, es herauszuholen.

»Willst du nicht sehen, wer dich dauernd anruft?«

»Ich möchte jetzt erst mal nach Hause, heiß duschen und mich umziehen. Und etwas essen, haben wir noch …«

Es vibriert erneut. Ich drehe den Schlüssel im Zündschloss, lege den Gang ein, fahre los. »Heb ab, vielleicht ist es etwas Wichtiges.«

Diesmal muss Noah erst wühlen, bis er sein Telefon in der Handtasche findet. Ich warte auf Grün, schiele hinüber. Sechs Anrufe in Abwesenheit. »Kennst du die Nummer?«, frage ich.

Er schüttelt den Kopf. »Nein. Wahrscheinlich einer dieser Spam-Anrufe, wo sie dich abzocken.« Er will das Handy schon wieder in die Tasche schieben, als es erneut vibriert.

»Ein Spam-Anruf mit deutscher Vorwahl?«, entgegne ich, biege auf die Straße. »Heb doch einfach ab.« Aus den Augenwinkeln bemerke ich, wie Noah nervös mit dem Handy herumspielt. Er wendet es wieder und wieder in der Handfläche, wartet anscheinend darauf, dass es aufhört zu vibrieren. Doch es hört nicht auf.

Irgendwann hebt er doch ab. »Klingberg?«, höre ich ihn sagen, dann Stille. Am anderen Ende der Leitung antwortet scheinbar niemand. »Hallo?« Vielleicht doch ein Spam-Anruf, denke ich, doch gleich darauf: »Ah, Herr Kommissar, ja, Noah hier.«

Schon wieder die Polizei? Ich lasse kurz die Straße aus den

Augen, sehe ihn perplex an. Sein Gesicht ist zu einem verkrampften Lächeln gefroren. Er kommt doch gerade erst aus der Wache, was wollen die denn?

»Das ist meine Telefonnummer, ja«, antwortet er, bemüht freundlich. Ich versuche, die Stimme des Kommissars zu verstehen, aber es gelingt mir nicht, ich höre nur dumpfes Nuscheln.

»Ich bin hier bei meiner Frau, im Auto, sie hat mich gerade …« Er bricht ab. Sein Blick senkt sich. »Okay, kann ich mich wenigstens noch umziehen?«, fragt er mit gedämpfter Stimme. »Gut. Ja. Okay. Klar.« Nach dem einsilbigen Stakkato legt er einfach auf, kein »Auf Wiederhören«, kein »Bis dann«, kein »Vielen Dank«. Dann starrt er aus dem Seitenfenster, ignoriert meine bohrenden Blicke.

»Was ist? Was wollen sie von dir?«

»Ich soll mich umziehen und dann wiederkommen«, antwortet er tonlos, sieht mich dabei nicht an. »Sie haben noch Fragen.«

»Welche Fragen denn?«

»Keine Ahnung, irgendwas mit SMS.«

Vor mir hält ein Lkw in zweiter Reihe, ich setze den Blinker, wechsle die Spur, werfe einen Blick in den Rückspiegel. Meine Stirn ist in so viele Falten gelegt, wie ich Fragen im Kopf habe.

»Da stimmt doch etwas nicht«, sage ich mehr zu mir selbst als zu ihm. »Zuerst lassen sie dich gehen, und gleich danach bestellen sie dich noch mal ein? Was soll das?«

»Keine Ahnung, Schatz.« Seine Antwort klingt gleichgültig. Zu gleichgültig. Das ist wieder typisch Noah: Er lässt es einfach passieren, hinterfragt nichts. Es wird schon seine

Richtigkeit haben. Sind eigentlich alle Männer so? Welche SMS, was kann das bedeuten, was …

Fuck. Natürlich!

Emma hat Paul eine Nachricht geschrieben, in der steht, wann sie fliegt. Und der Kommissar hat sie gelesen, er war doch bei Paul in Wildeshausen. Das muss es sein. Dann hat es die Polizei jetzt schwarz auf weiß. Wir sind Lügner. Alleine deswegen kommen wir vor Gericht, wegen Falschaussage – oder ist das schon Meineid? Es ist in jedem Fall Behinderung der Justiz, wir haben einen Bundespolizisten angelogen.

»Sie wissen es!«

Noah sieht mich irritiert an. »Hä? Was?«

»Noah, das ist keine Notlüge mehr, verstehst du nicht? Wir müssen die Wahrheit sagen, wir …«, ich würge mich selbst ab, merke, dass ich mit diesem überstürzten Ansatz nicht weit komme, setze erneut an. »Ich weiß, du musstest es so erzählen, um uns zu schützen. Es ist ja auch absolut verständlich. Warum sollen wir bestraft werden, wenn irgendein Psychopath durchdreht? Du willst auf gar keinen Fall der Schuldige sein, und das bist du auch nicht, du kannst nichts dafür! Deswegen habe ich auch mitgespielt und nichts gesagt, aber …«

»Wie mitgespielt? Was meinst du?« Er sieht mich an, als hätte er nicht die geringste Ahnung, wovon ich rede. Wie kann er diese Angelegenheit nur so verdrängen?

»Noah. Ich bitte dich«, flehe ich ihn an. Immer noch keine Reaktion, es ist fast zum Lachen, wenn es nicht so ernst wäre. Dieses Spielchen wird mir jetzt echt zu blöd. »Du wusstest, dass Emma noch da ist«, sage ich, vielleicht eine Spur zu forsch.

Noah verzieht das Gesicht. »Was? Nein? Wusste ich nicht! Du hast mir erzählt, sie fliegt Freitag!«

Ich schüttle den Kopf, kann es nicht fassen, dass er mich in diese Diskussion zwingt. Aber von mir aus, die Beweisführung ist eröffnet. »Emma stand vor unserer Tür, auf dem Flur. Und sie hat gesagt, sie fliegt Samstag.«

»Ich habe keine Ahnung, was ihr geredet habt«, fährt er mich empört an. »Ich habe die Kommode zusammengeschraubt, weißt du nicht mehr? Und am Abend beim Essen hast du gesagt, sie fliegt Freitag.«

Ich will dagegenhalten, aber als ich den Mund öffne, ist mir die Antwort abhandengekommen. Meine Gedanken sind zu wirr, zu laut, zu durcheinander, die vielen Autos auf der Straße, die Kreuzung, alles überschlägt sich in meinem Kopf. Bilder eines Abendessens ploppen auf, Gesprächsfetzen, Themen, Sätze, es gab Kürbiscremesuppe, glaube ich. Haben wir über Emma geredet? Kann sein, ich weiß es nicht. Ich weiß gar nichts mehr. Nicht, was war, was ist, was ich sagen soll. Noah anscheinend auch nicht.

Also schweigen wir. Mindestens vier Ampeln lang herrscht Totenstille.

Dann: »Heißt das, dass du die ganze Zeit geglaubt hast, dass ich den Mörder absichtlich zu Emma geführt habe?«

»Nein, nicht absichtlich!«, protestiere ich, zu schrill, zu hektisch, zu alles. »Dir blieb nichts anderes übrig, was hättest du denn tun sollen, es …«

Er nimmt mir das Wort aus dem Mund, wiederholt im Prinzip das Gesagte. »Du glaubst wirklich, ich wäre dazu fähig, jemanden einem Mörder auszuliefern? Nein – nicht jemanden, Emma!«

Ich atme schwer aus, zögere, finde keine passenden Worte für das, was ich sagen will, bin mir nicht einmal sicher, ob ich weiß, was ich sagen will.

»Bist du deswegen so zu mir? So abweisend?«, fragt er plötzlich in ganz anderem Tonfall. Aber die Frage ist rhetorisch, er beantwortet sie sich selbst. »Das ist es. Meine Frau hält mich für eine Bestie.«

»Nein, ich …« Mehr kommt mir nicht über die Lippen. Acht Kreuzungen, zweimal Linksabbiegen, dreimal Rechtsabbiegen und eine Einbahnstraße lang bringe ich kein einziges Wort heraus. Er auch nicht. Und dann sind wir da.

Ich parke, Noah steigt aus.

»Ich halte dich nicht für eine Bestie«, setze ich an, hoffe, dass mir während des Aussprechens irgendein zweiter Teil einfällt, etwas Sinnvolles, Aufbauendes, Tröstendes – irgendetwas. Aber die Hoffnung platzt. Ich verstumme.

»Ist schon gut«, antwortet Noah matt, schlägt die Tür zu.

Meine Nägel graben sich in das Leder des Lenkrads. Einen Moment lang spiele ich mit dem Gedanken, ihm nachzugehen, aber ich bekomme nicht einmal den Mund auf, geschweige denn einen geraden Satz formuliert. Also lege ich den Gang ein und fahre. Zwölf Kreuzungen, dreimal Linksabbiegen, einmal Rechtsabbiegen, eine lange Gerade und die Serpentinen einer Tiefgarage lang fällt mir immer noch nichts ein. Ich stelle den Wagen auf meinem Parkplatz ab, drehe den Schlüssel im Zündschloss. Der Motor stirbt, ein Klicken ertönt. Ich höre es fast jedes Mal, wenn ich noch einige Minuten im Auto verharre. Es klingt, als ob jemand Kieselsteine an ein Fenster wirft – ich habe mich schon immer gefragt, was es zu bedeuten hat und ob ich in der

Werkstatt Bescheid geben sollte. Aber irgendwann hört es auf. Und irgendwann kommt mir auch der richtige Satz über die Lippen.

»Noah, du bist keine Bestie«, sage ich in die Stille hinein, blicke dabei auf den leeren Beifahrersitz. »Ich hätte wahrscheinlich genau das Gleiche getan, aber das ändert nichts. Gefühle kann man nicht beeinflussen – sie sind einfach da. Und das, was ich im Moment empfinde, sollte keine Frau für ihren Mann empfinden.« Die letzten Worte ersticken in Tränen, kommen bloß noch als Fragmente über meine Lippen, gehauchte Bruchstücke, kaum verständlich. Aber es ist ja auch niemand da, der sie hören könnte. Im Rückspiegel bemerke ich schwarze Bäche aus Wimperntusche auf meinen Wangen.

Energisch ziehe ich die Nase hoch, zupfe mir ein Taschentuch aus der Mittelkonsole, beginne mit der Restaurierungsarbeit.

»Aber Gefühle kommen und gehen«, sage ich dann entschlossen zu meinem Spiegelbild, fixiere mich streng, so als wollte ich mir selbst Kraft geben. Als könnte ich allein durch einen ernsten Blick Zuversicht gewinnen, Stärke beweisen. Aber ich weiß, dass das nicht stimmt. Meine Zuversicht ist nur Fassade. Und mein Gewissen zischt: *All deine Träume sterben, und du bist schuld!*

Noah

Ich quäle mich von Stufe zu Stufe, keuche bei jedem Schritt, ziehe mich die Treppe hoch wie ein Schwerverletzter. Alle Bewegungen schmerzen, jeder Atemzug brennt, meine Knie fühlen sich an, als bestünden sie aus Gelee. Ich wünsche mir nichts sehnlicher als eine lange, heiße Dusche, ein weiches Bett und einfach Frieden – absolute Ruhe und Frieden. Aber dafür bleibt mir keine Zeit.

Oben angekommen, ziehe ich mir die Schuhe aus – das Bücken kostet mich fast all meine Kraft –, taumle ins Bad, schäle mich aus den nassen Sachen und drehe den Wasserhahn auf. Wenigstens eine kurze Dusche, dann sieht alles gleich wieder anders aus. Meine wund gelaufenen Fußsohlen berühren das kalte Porzellan, für einen Moment bleibe ich einfach nur stehen, genieße die Kühle. Dann ziehe ich den Duschvorhang zu, warte, bis die Wassertemperatur angenehm ist, denke an Linda. Gedankenverloren quetsche ich die Reste aus dem Duschgel, seife mich ein.

»Du bist keine Bestie«, höre ich sie wieder sagen, mehr gehaucht als gesprochen, bloß dahingesagt, ohne es wirklich zu meinen. Dazu noch ihr Starren, diese Abscheu in ihrem Blick …

Ich presse die Handflächen gegen die Fliesen, senke den Kopf unter den Wasserstrahl, tauche darin ein wie in einen flüssigen Kokon.

Für was hält sie mich eigentlich? Ich mache doch immer

alles, päppel sie auf, stehe an ihrer Seite, in guten wie in schlechten Zeiten. Nicht wie diese Schönwetter-Gatten, die schon bei den geringsten Anzeichen von Problemen das Weite suchen. Dann wäre ich längst weg. Ich liebe sie, seit ich sie das erste Mal gesehen habe.

Aber sie beachtet es immer weniger. In ihrem Tunnelblick existiert zunehmend nur noch das Eine, sie hangelt sich von Eisprung zu Eisprung, alles andere läuft irgendwie mit, fügt sich von selbst. Dass ich mich abstrample, bemerkt sie gar nicht mehr. Und das bei all dem Gegenwind, der uns entgegenbläst. Dem Orkan, der uns seit Jahren die Luft zum Atmen raubt. Ich bin es, der alles am Laufen hält. Und ich beschwere mich nie – absolut nie. Ich funktioniere einfach, einer muss es ja. Sie nimmt sich das Recht, in die tiefsten Untiefen zu fallen, schwelgt oft tagelang in Apathie. Ich darf nicht einmal stolpern – ja, nicht einmal ins Schwanken geraten. Und selbst wenn, muss ich es kaschieren.

Das Wasser verliert an Temperatur, unsere Therme ist nicht mehr die neueste. Ich drehe den Strahl ab, frottiere mich, eile mit nassen Haaren und nur mit umgeworfenem Handtuch ins Arbeitszimmer, lasse mich in den Schreibtischsessel fallen. Es dauert keine zwei Sekunden, bis mein Laptop hochgefahren ist, aber ewig, bis die Seite lädt – wie immer. Das Darknet hat zahlreiche Vorteile, Anonymität, Werbefreiheit, geschützte Kommunikationswege – Geschwindigkeit zählt nicht dazu. Während ich warte, bis die Startseite vollständig geladen ist, tropft das Wasser aus meinem nassen Haar auf meine Schultern und läuft den Rücken hinab, sammelt sich im Saum des Handtuchs. Nach und nach ploppen die Inhalte auf. Ich bin jedes Mal wieder erstaunt: Als Erstes kommen immer die Partydrogen, und ich erkenne nie, um was es sich eigentlich handelt. Man bräuchte eine Legende zu den ganzen bunten Pillen. Donkey Kongs, MethBusters, HulkZ – als wäre man in einer Comicbuchhandlung. Als wäre das alles nur ein Scherz.

Endlich ist die Seite geladen. Ich klicke mich durch die Untermenüs, lande bei den sperrigen Namen, aber auf die darf man nicht achten, sie sind nebensächlich. Die Tabletten kommen aus allen Ecken der Welt, werden immer unterschiedlich bezeichnet. Mal heißen sie Herphonal, mal Stangyl; kommen sie aus Frankreich, werden sie unter Surmontil gelistet, als Sapilent, wenn der Verkäufer in Ungarn sitzt. Den Namen aus Polen kann ich nicht einmal aussprechen. Das Entscheidende sind die Inhaltsstoffe, auf die muss man achten. Aber ich kenne mich aus, finde schnell, was ich brauche. Der Rest ist rasch erledigt, der Komfort in den letzten Jahren stetig gestiegen. Login, Express-Shipping, Bitcoin-Wallet, Paketstation auswählen. Alles, was ich noch tun muss, ist, den Buy-Button zu klicken.

In meinen Augenwinkeln erscheint Linda.

Ihr Foto steht auf diesem Schreibtisch, seitdem ich ihn habe, ich glaube sogar, es war das Erste, das überhaupt je darauf stand – noch vor dem Laptop oder dem Bildschirm. Sonst lächelt sie mich aus dem Bilderrahmen heraus an, aber jetzt kommt es mir so vor, als würde sie auf mich herabblicken, mich mit Spott und Hohn überziehen und argwöhnisch mustern. Was? Was ist? Darf ich nicht auch Fehler machen? Jeder Mensch darf nach helfenden Händen greifen – warum nicht ich? Sie sitzt in ihrem Elfenbeinturm und denkt, sie brauche keine Hilfe – dass ich nicht lache. Alles funktioniert, weil ich funktioniere. Aber auch ich funktioniere nicht einfach so. Auch ich brauche Hilfen. Damit unser Leben so läuft, wie es laufen soll.

Und jetzt, nach allem, was ich für sie getan habe, muss ich dafür büßen. Jedes Lächeln, das sie mir verwehrt, jede Berührung, vor der sie zurückzuckt, das blinde Starren und Schweigen am Küchentisch – das sind Bestrafungen. Wie Elektroschocks, die man Wildtieren im Zoo verpasst, damit sie wissen, wer die Herren sind. Ich tue alles für sie, und zum Dank bin ich jetzt die Bestie. Das Scheusal, das Emma einem Mörder ausgeliefert hat. Alles, was ich bisher für sie war, ist ausradiert und verdeckt unter der Maske eines Monsters, die sie mir aufgesetzt hat. Das ist meine neue Rolle. Verurteilt von einer blinden Justitia, geächtet und verstoßen von …

Nein. Halt. Warte … Was tu ich da?

Das bin doch nicht ich! Das ist die Wut, die aus mir spricht, die Angst, die Verzweiflung. Das darf ich nicht zulassen! In Selbstmitleid zerfließen und mit Hasstiraden um sich werfen – das hat noch niemandem etwas gebracht. Linda ist verunsichert, das ist alles. Kein Wunder bei dem, was passiert ist. Das würde jeden verwirren. Und ich lasse mich gleich über meine eigene Frau aus.

Genervt von mir selbst, werfe ich den Kopf in den Nacken, lehne mich zurück. Nur einen Moment Ruhe, eine kleine Atempause, mehr brauche ich nicht. Das mit der Polizei werde ich klären. Die SMS müssen nichts bedeuten.

Ich strecke alle viere von mir, lasse meine Arme leblos herunterbaumeln, als wären sie von meinem Körper abgekoppelt, starre einfach nach oben und verliere mich in der Maserung der Holzdecke. Schräg einfallende Sonnenstrahlen tauchen meinen nackten Körper in warmes Licht, die monotone Geräuschkulisse des fernen Straßenverkehrs lullt mich ein. Durch das immer dichter werdende Geflecht meiner Wimpern nehme ich alles nur noch schemenhaft wahr, die Lider flattern, die Welt driftet davon, alles entgleitet mir, fällt von mir ab. Und dann ist Frieden.

Emma.

Panisch schrecke ich hoch. Mein Puls rast, Schweiß steht mir auf der Stirn – bin ich eingeschlafen? Wann? Wie spät ist es? Mit zittrigen Händen entsperre ich den Computer, checke die Zeit, halte die Luft an. Verdammt, ich muss los.

Unter der Zeitanzeige prangt noch immer der leuchtend grüne Buy-Button. *Wer ohne Sünde ist, werfe den ersten Stein.*

Klick.

Eine Woche später

Linda

Mit links, du dumme Kuh, herrsche ich mich selbst an, ziehe mit schmerzverzerrtem Gesicht die Hand zurück und öffne mit der Linken die Fahrertür. Der Schmerz pocht in mir nach, also warte ich einen Moment, mustere mich im Rückspiegel. Die cremefarbene Schluppenbluse, der nachtblaue Longblazer und darüber die Burberry-Daunenjacke – ich trage exakt dasselbe wie vor einer Woche, als ich Noah von der Polizeistation abgeholt habe und danach ebenfalls hier versackt bin. Früher war ich eher selten in der Kanzlei-Tiefgarage, aber seitdem das mit meiner Hand ist, verbringe ich so gut wie jede Mittagspause hier unten, genieße die Ruhe, die Abgeschiedenheit. Nur ich, zwei Sitze, eine Rückbank und keine neugierigen Blicke, die verstohlen auf meine Finger linsen und mit einem Seufzen auf den Lippen das Weite suchen. Wenn jemand hier herunterkommt und mich bemerkt, dann tue ich so, als hätte ich etwas im Wagen vergessen oder wäre gerade erst gekommen. Ansonsten sitze ich einfach nur da und genieße die Stille, esse einen mitgebrachten Couscous-Salat oder irgendeine Kleinigkeit vom Bäcker. Heute fehlt mir die Zeit dazu.

Ich starte den Motor, kurve mit quietschenden Reifen die Auffahrt hinauf, tippe das Ziel ins Navi. Es liegt irgendwo am Mundsburger Damm, keine zehn Minuten von unserer Wohnung entfernt. Ich seufze. Früher wäre mir der Gedanke gekommen, kurz zu Hause reinzuschneien, Noah mit einem kleinen Snack zu überraschen oder einfach nur, um Hallo zu sagen. Aber jetzt …

Seitdem das mit Emma passiert ist, hat sich alles verändert. Das Leben geht weiter – muss weitergehen, aber nichts ist wie zuvor. Wir bleiben auf Abstand, leben an den Rändern unseres Alltags entlang. Noah umkreist mich wie ein Trabant: Er ist immer da, dringt jedoch nie in meine Atmosphäre ein, bleibt stets auf Distanz. Keiner von uns beiden wagt den Sprung ins kalte Wasser. Er stellt mich nicht zur Rede, ich ihn ebenso wenig, niemand zwingt uns dazu. Die Polizei hat sich seit Noahs nächtlichem Joggingausflug nicht mehr blicken lassen. Zu einer Anzeige ist es auch nicht gekommen, aber was bringt das schon?

Dieses ganze Adoptionsthema ist ohnehin vom Tisch. Ein Kind adoptieren? Wir? Dass ich nicht lache. Nach all dem, was vorgefallen ist, was es mit uns gemacht hat – ich weiß nicht einmal, ob es noch ein Wir gibt. Ein lebendiges, eng umschlungenes, seelenpartnerschaftliches Entchen-und-Äpfli-Wir, ein *echtes* Wir, so wie früher.

Wir hatten das, es gab dieses echte Wir-Gefühl, aber jetzt ist alles dahin. Unser Leben ist nur noch ein Hintreiben auf den Abgrund, von dem wir wissen, dass er da ist, aber nicht, wann wir hinabstürzen. Bis dahin meiden wir uns, so gut es geht. Er verbarrikadiert sich im Arbeitszimmer, ich mache Überstunden, obwohl im Büro nicht übermäßig viel zu tun ist. Aber es findet sich immer irgendeine Excel-Tabelle, die einer neuen Formatierung bedarf, ein Server, der aufgeräumt werden möchte, oder eine liegen gebliebene Abrechnung. Arbeit gibt es überall, man muss nur danach suchen. Zudem brauche ich in letzter Zeit für die einfachsten Dinge unfassbar lange. Vertipper, Zahlendreher – ständig passieren mir Flüchtigkeitsfehler, ich muss meine eigenen Abrechnungen doppelt und dreifach kontrollieren, bevor ich sie freigeben kann. Ich bin unkonzentriert, fahrig, schusselig – einfach neben der Spur. In einem Moment bin ich voll da, im nächsten irgendwo anders. Ziffern verschwimmen vor meinen Augen, Dinge entfallen mir, die trivialsten Wörter liegen mir auf der Zunge, finden aber nicht den Weg über meine Lippen. Letztens habe ich drei Anläufe gebraucht, um einem Kunden meine eigene Telefonnummer zu sagen, ich musste mich damit herausreden, dass ich sie erst neu bekommen habe – hahaha, ich Schussel ich. Die Kollegin aus der Buchhaltung, die zufällig neben mir stand, hat mich angesehen, als wäre ich beschränkt. Und sie hat meine Hand angestarrt, natürlich hat sie das, wie könnte man sie auch nicht anstarren. Dabei war es nur die linke, meine gute Hand, meine gerade noch vorzeigbare Hand.

Ich blicke hinab, mustere die Finger, wie sie auf dem Lenkrad ruhen, versinke in Gedanken. Es ist mir ein Rätsel. Keine Ahnung, wann das angefangen hat – es muss irgendwann letzte Woche gewesen sein, ohne dass ich es bemerkt hätte. Ich merke es auch jetzt nie, aber ich knibble ständig an meinen Fingern herum, pule mir Hautschicht um Hautschicht ab, bis alles wund und entzündet ist. Und ich kann nicht damit aufhören, egal, wie sehr ich mich anstrenge. Es passiert unbewusst, unter dem Radar, als wären meine Hände fremdgesteuert von irgendeinem suizidalen Emo-Girl, das meine Finger dazu verwendet, um sich den eigenen Weltschmerz aus dem Leib zu kratzen. Und auf meine rechte hat sie es besonders abgesehen.

»Sie haben Ihr Ziel erreicht«, tönt mein Navi blechern – ich weiß längst, dass ich da bin. Zwischen dem Einheitsbrei an Handyshops, Shishabars, Spätis und Kebapbuden ist das Gebäude kaum zu übersehen. Von der grellgrünen Fassade ragen zwei leuchtend gelbe Markisen über den Gehsteig hinweg, dazwischen ein riesiges Schild mit schnörkeliger Schrift, jeder Buchstabe in anderer Farbe: Zur Sonnen-Apotheke. Sie wirkt eher wie ein Weltladen oder nein: ein Afrikashop.

Ich muss nicht lange nach einem Parkplatz suchen, finde einen gleich davor, springe aus dem Wagen und eile hinüber. Als ich die Tür öffnen will, reiße ich sofort meine Hand zurück. *Mit links, Linda, mit links!* Der Schmerz pulsiert durch meinen Körper, ebbt erst nach einigen Sekunden wieder ab. Es war heftiger als sonst, ich spüre etwas Feuchtes zwischen den Fingern. Mir bleibt nichts anderes übrig, ich muss nachsehen. Mit zusammengepressten Lippen blicke ich hinab. Frisches Blut sickert über die eingetrocknete Kruste meines entzündeten Nagelbettes. Die Haut um die Fingerkuppen steht in schmalen Fetzen ab, ist abwechselnd puterrot und käsig weiß, brennt wie Feuer. Ich schlucke. Mein rechter Daumen sieht aus, als hätte ich in einen Fleischwolf gegriffen. Eilig stecke in die Hand wieder in meine Jackentasche, beiße die Zähne zusammen, betrete die Apotheke.

Eine Ladenglocke kündigt mich an, aber es ertönt kein altmodisches Klingeln, kein Ding-Dong einer Schulglocke oder Schellen eines klassischen Läutwerks, nein. Der strahlende, vibrierende Gong einer tibetischen Klangschale wabert über mein Haupt hinweg und erfüllt den Raum. Der Geruch von Räucherstäbchen schießt mir in die Nase, vollendet das

Ambiente. Was von außen wirkt wie ein Weltladen, wirkt von innen wie ein Weltladen, dessen Vorbesitzer Apotheker war und nach dem Konkurs übrig gebliebene Medikamente einfach in den Regalen stehen gelassen hat. Zwischen Unmengen an Schüssler-Salzen und Bachblütentropfen blitzen vereinzelt Ibuprofen-Packungen hervor, Globulifläschchen und Tinkturen paradieren zu Dutzenden vor Voltaren-Salben, und Fair-Trade-Siegel stechen Big-Pharma-Logos im Verhältnis eins zu zehn. Als hätten Hildegard von Bingen und Friedrich Bayer gemeinsam einen Laden eröffnet, aber Hilde gibt den Ton an.

Die Apotheke ist mir auf Anhieb sympathisch.

Sie war auch die einzige, die auf telefonische Nachfrage alle meine Nahrungsergänzungsmittel auf Lager hatte – natürlich zu einem ziemlich saftigen Preis. Deswegen bestellen wir sie sonst immer online, keine Ahnung, über welche Seiten, Noah erledigt das. Aber ich habe diesmal keine Lust, ihn darum zu bitten. Wir würden nur wieder diskutieren, er würde sie Ching-Chang-Chong-Tabletten nennen, mir ein schlechtes Gewissen machen, weil ich die alten irgendwo verstreut und nichts gesagt habe. Das ist mir alles zu viel. Die ganze Situation ist mir zu viel. Ich weiß nicht einmal, warum ich mir diese Mittel überhaupt noch kaufe. Die Vorstellung, ausgerechnet jetzt schwanger zu werden, ist nahezu absurd – wir berühren uns ja kaum noch, geschweige denn, dass wir miteinander schlafen. Aber die Kräuter tun mir auch sonst gut, stärken mein Immunsystem, halten mich in Balance. Und das kann ich gerade wirklich gut gebrauchen.

Hinter der Ladentheke teilt sich ein mahagonifarbener Holzperlenvorhang. Das Erste, was ich bemerke, ist ihr wallendes schlohweißes Haar, schulterlang und kräftig. Junge Augen strahlen mir aus einem reifen, aber ebenmäßigen Gesicht entgegen, direkt und offen. Sie ist eine dieser Frauen, die im Fernsehen Faltencremes für reife Haut bewerben und von denen man glaubt, sie wären dreißigjährige Mannequins, die in der Maske ein paar Falten aufgeschminkt bekommen haben. Aber anscheinend gibt es sie wirklich, freilaufende Topmodels Marke Silver Surfer.

Sie zupft sich einen Krümel von ihrer Bluse, wahrscheinlich Dinkel. »Namasté, was kann ich für Sie tun?« Ihre Worte klingen, als wären ihre Stimmbänder aus Seide.

»Mein Name ist Linda Klingberg, ich habe gestern angerufen und etwas bestellt.«

Sie reißt die Augen auf, sieht mich an, als hätte sie seit Jahren auf mein Erscheinen gewartet, und jetzt – nach endlosem Bangen – bin ich endlich gekommen. »Ah, ja, Klingberg, natürlich. Meine Kollegin hat es mir aufgeschrieben. Die TCM-Kräuter, richtig?«

»Ja, genau.«

Sie verschwindet hinter den Vorhang, kommt nach kurzer Zeit mit einer großen, ornamentverzierten Schatulle wieder. »Diese hier?« Sie hebt den Deckel ab, greift sich eine Verpackung, zeigt sie mir.

Ich atme auf, es sind tatsächlich die richtigen.

»Meine Freundin schwört auf die Gui-Zhi-Fu-Ling-Wan-Tabletten, es gibt nichts Besseres gegen Stress«, flötet sie samten und zieht dabei die Verpackungen über einen Scanner, der hinter einer Buddhastatue versteckt ist. »Kennen Sie sich mit der Dosierung aus?«

»Ja, ich nehme die Tabletten schon länger.«

Die letzte Verpackung ist gescannt, alles wandert in eine Papiertüte.

»Das macht dann 189 Euro und 32 Cent. Bar oder mit Karte?«

Ich stocke kurz, schlucke. Ziemlich happig, da kennt die deutsche Umsatzsteuer kein Pardon – online kostet es mindestens ein Drittel weniger. Egal, ich brauche jetzt Ruhe in meiner Seele, nicht erst in einer Woche.

»Ach, eine Frage noch …«, fange ich an, zögere, überlege. Sie hätte sicher einen Tipp für mich, eine Tinktur, eine Salbe – etwas, das meine Finger heilt oder mich abhält, sie weiter wund zu kratzen. Aber das würde bedeuten, dass ich ihr davon erzählen müsste, vielleicht müsste ich ihr meine Frankensteinfinger sogar zeigen. Und plötzlich werde ich in ihren Augen keine normale Kundin sein, sondern ein bedauernswertes Opfer. Mein Gott, was muss ihr Schlimmes widerfahren sein, dass sie sich so etwas antut – das wird sie denken, ich kann es spüren, wie sich hinter ihrer ebenmäßigen Stirn die absurdesten Theorien entspinnen. Vergewaltigt vom Vater, geschlagen vom Ehemann, gemobbt in der Arbeit oder alles zusammen, das arme Kind. Wahrscheinlich wird sie sich entschuldigen, ins Lager entschwinden, um »eine ganz tolle Salbe zu suchen«. Aber in Wirklichkeit schreibt sie die Nummer des psychosozialen Notdienstes auf einen Zettel, steckt ihn in die Verpackung und schenkt mir dann die Scheißsalbe – geht aufs Haus, Sie armes, bedauernswertes Opfer.

»Mit Karte«, pflaume ich sie an. Das letzte bisschen Vernunft in meinem Hinterkopf schiebt ein halblautes »bitte« hinterher.

Sie lässt sich nicht aus der Ruhe bringen, zieht die Kreditkarte durch, Passwort, schönen Tag noch, tibetischer Gong und auf Nimmerwiedersehen.

Wieder im Auto knalle ich die Tür hinter mir zu, schleudere die Tüte auf den Beifahrersitz und schmolle. *Schäm dich,* flammt meine innere Stimme auf. Ich schüttle die Gedanken von mir ab. Alles wird besser, wenn ich mich beruhige – am besten gleich jetzt, sofort. Umständlich hole ich die Verpackungen aus der Tüte, suche nach dem Spirit-&-Mind-Döschen. Im Handschuhfach kugelt eine kleine Flasche mit einem Rest Birkenwasser, sie liegt da schon seit ein paar Tagen, aber egal, ich brauche nur etwas zum Herunterspülen. Der Verschluss des Döschens lässt sich nur schwer öffnen, besonders wenn man nur eine Hand zur Verfügung hat. Verzweifelt friemle ich an der Plastikversiegelung, bekomme sie nicht ab. Warum eigentlich Plastik? Haben die Chinesen noch nie etwas von Weichmachern gehört? Es klappt nicht. Ich beiße mit den Schneidezähnen darauf herum, ziehe, reiße, rupfe. Endlich löst sich der Verschluss, die Drehkappe ploppt ab. Ich streue mir eine Tablette in die Handflache, blinzle ungläubig. Dann werfe ich den Kopf nach hinten, einmal, zweimal, dreimal, donnere ihn regelrecht gegen die Kopfstütze.

For fuck's sake, heute ist nicht mein Tag.

Elias

Ich vermisse nichts an der Abteilung für Einbruchsdelikte außer meinen Schreibtisch. Und mein Büro. Es war ruhig, hatte seine Ordnung, lag an der richtigen Stelle. Hier ist alles anders. Im Konferenzraum unserer Sondereinheit ist es immer laut, und jeden Tag suche ich mir aufs Neue einen Platz. Sie nennen es Agiles Arbeiten. Ich nenne es Chaos.

Der einzig verbliebene Tisch heute Morgen stand mitten im Raum. Alle laufen an mir vorbei, reden durcheinander – ich kann so nicht arbeiten. Es gibt aber ohnehin nicht viel Neues. Die letzten Tage haben wenig hervorgebracht. Keine neuen Zeugen, keine Verdächtigen, Spuren oder Hinweise, nichts. Wir tappen im Dunkeln, was einige jedoch nicht wahrhaben wollen. Luger bildet sich ein, den Heiligen Gral in einem Online-Forum gefunden zu haben. Er hat dort jemanden ausfindig gemacht, der angeblich jemanden kennt, der angeblich jemand anderen kennt, der das Zeichen des Ringfinger-Mörders in seiner Signatur verwendet hat – angeblich. Luger wittert darin die heiße Spur, alle anderen eine Sackgasse. Mira Klos versucht sich seit Tagen in einer aufwendigen Blutspurenmusteranalyse, um etwas mehr über den Tathergang zu erfahren, tritt aber bislang auf der Stelle. Krämer hat eckige Augen von der Verkehrskamera-Auswertung, aber keine neuen Erkenntnisse, und die Vögel von der Mordkommission schwärmen täglich aus und bringen brav irgendwelche DNA-Proben und Fingerabdrücke nach Hause, sodass die Laborassistenten gar nicht hinterherkommen mit der Auswertung. Ansonsten fischen wir nach wie vor im Trüben. Seit der Funkdatenauswertung von Emma Falks Handy war nichts Überraschendes dabei, und als wirklich brauchbar kann man diese Erkenntnis auch nicht bezeichnen.

Ich lecke mir über den Daumen, blättere durch die Protokolle, suche die Stelle, in der Klingberg über die SMS mit Emma Falk spricht. »Lustige Witzchen und Sprüche oder wenn ich etwas Interessantes im Fernsehen gesehen habe oder so.« Das war seine Aussage, mehr konnten wir ihm auch nicht nachweisen. Technisch gibt es keine Möglichkeit, die Inhalte der Nachrichten auf Emma Falks Handy wiederherzustellen, also bleibt uns nichts anderes übrig, als das zu schlucken, was Klingberg uns vorsetzt. Keine Ahnung, was ich davon halten soll. Der Typ ist mir ein Rätsel. Immer wieder lese ich die Gesprächsprotokolle, gehe sie Wort für Wort durch, vergleiche die Aussagen miteinander. Nichts, keine Auffälligkeiten. Auch seine Akte: abgesehen von dem Ausrutscher vergangene Woche blütenweiß – nicht einmal ein Strafzettel für Falschparken dabei. Trotzdem ist mir der Kerl suspekt. Irgendetwas an dieser ganzen Story stimmt nicht, das sagt mir mein Gefühl. Andererseits ... Klingberg als kaltblütiger Killer? Das klingt genauso unwahrscheinlich.

Ich schiebe die Gesprächsprotokolle beiseite, blättere mich durch das Gutachten der Staatsanwaltschaft. Zwanzig Seiten Für und Wider für etwas, das man mit zwei Worten ausdrücken kann: Finger weg. Die Angelegenheit pendelt zwischen Beihilfe zum Mord mit mildernden Umständen und Freispruch, beides bringt uns dem Ringfinger-Mörder kein Stück näher. Es ist zum Haareausraufen – wir treten auf der Stelle. Wie damals.

»Was heißt das, kein Zugriff?«, höre ich Dorn im Hintergrund schnauzen. Er tut seit einer halben Stunde nichts anderes.

»Die Kollegen aus Niedersachsen meinen, wir müssen offiziell beim LKA Hannover darum ansuchen, wenn wir deren Sexualstraftäter-Datenbank einsehen wollen. Schleswig-Holstein genauso, allerdings ist da das Justizministerium zuständig«, stammelt irgendeiner aus der Mordkommission. Ich kann ihn und die anderen nicht ausstehen, aber im Moment tut er mir leid.

»Na, dann suchen Sie an, verdammte Scheiße noch mal«, brüllt ihn Dorn nieder in einer Lautstärke, als würde er in einer Großraumdisko Drinks bestellen. Wenn Steiger nicht da ist, trägt er gerne extra dick auf, um den starken Mann zu markieren. Was für ein Aufschneider. Andererseits kann ich ihn verstehen. Der Föderalismus in diesem Land wird immer mehr zum Schildbürgerstreich. Hamburg ist ein Möwenschiss auf der Landkarte – eine knappe Stunde Fahrt, egal, in welche Richtung, und man ist in einem anderen Bundesland mit anderen Hoheiten, anderen Zuständigkeiten, anderen Apparatschiks, die alle ihr eigenes Süppchen kochen. Clevere Verbrecher wildern nicht vor der Haustür, sondern fahren ins nächste Bundesland. Mit ein bisschen Glück verirrt sich die Polizei im Kompetenzdschungel und findet weder etwas heraus noch den Täter.

»Und Sie?«, wettert Dorn gallig durch den Raum. Er hat ein neues Opfer im Visier. Mich. »Wie weit sind Sie, Blom?«

Ich seufze.

Mein Augenmerk sollte weniger auf Klingberg liegen und mehr auf einer Selbsthilfegruppe namens »Wir bleiben stark«, laut dem leitenden Therapeuten ein Projekt, in dem sich Männer mit einschlägigen sexuellen Neigungen austauschen können, um sich gegenseitig davon abzuhalten, etwas Dummes zu tun. Laut Dorn ist es ein Hort perverser Sexualstraftäter in spe, die sich Tipps von anderen Perversen holen. Eigentlich sollte ich dem Therapeuten auf den Zahn fühlen, damit er die Namensliste seiner anonymen Gruppe herausgibt. Aber was Dorn unter »auf den Zahn fühlen« versteht, fällt für mich unter den Tatbestand der Bedrohung. Es gilt die ärztliche Schweigeplicht, außerdem hat keiner der Männer in dieser Gruppe eine Straftat begangen. Ginge es nach Dorn, sollte man sie dennoch allesamt präventiv wegsperren. Ginge es nach Dorn, sollte ich längst diese Namensliste in Händen halten. Habe ich aber nicht.

»Nicht weit«, antworte ich kurz angebunden, starre auf die Akten vor mir, beobachte Dorns Schatten, der sich immer länger über den Tisch zieht, zuerst die Papiere schluckt, dann mich.

»Blom, Sie verdammter Schwachkopf! Sie sollten diesen Scheißtherapeuten ausquetschen, und was machen Sie?« Er holt aus, seine Rechte wischt alle Unterlagen vom Tisch. »Sie verscheißen Zeit mit diesem Klingberg!«

Mein Blick folgt den Akten. Die Unordnung ist nicht dramatisch, nichts, was ich nicht in ein paar Minuten wieder sortiert bekommen würde. Aber ich kann Unordnung nicht ausstehen.

»Vergessen Sie endlich diesen Klingberg«, schnauzt er weiter. »Sie vergeuden wertvolle Zeit, die Sache ist gegessen.«

»Warten wir auf den DNA-Abgleich«, murmle ich in mich hinein.

Dorn beugt sich übertrieben weit zu mir hinab, legt seine rechte Hand ans Ohr. »Wie bitte? Was haben Sie gesagt? Ich kann Ihre Mäuschenstimme nicht hören, Blom.«

Ich erhebe mich von meinem Stuhl, nicht hektisch, ganz ruhig und mit stoischer Miene. Löse den Blick vom Boden, fixiere Dorns silbernen Zahnstocher, der von einem Mundwinkel in den anderen springt. »Ich sagte, warten wir die Ergebnisse des DNA-Abgleichs ab. Und wenn ihr das Labor nicht mit wahllos gesammelten DNA-Proben zumüllen würdet, wären sie schon längst da.« Noch eine Spur leidenschaftsloser und der Job als Zeitansager wäre mir sicher.

Dorn bringt das natürlich noch mehr auf die Palme. »Blom, Sie verdammter …« Weiter kommt er nicht. Das Schwingen der Glastür verrät den Grund. Steiger. Ein Blick genügt, und man weiß sofort: Seine Laune reicht aus, um einer ganzen Legion Optimisten den Tag zu verderben.

Er hat kaum einen Fuß in den Raum gesetzt, da steht Dorn neben ihm, petzt wie ein Kleinkind. »Chef, der Kollege Blom weigert sich, den …«

»Jetzt nicht, Dorn«, grummelt Steiger, lässt ihn achtlos stehen und marschiert an ihm vorbei, zieht seine Kreise wie ein Panther im Käfig, in der einen Hand sein Smartphone, die andere in die Hüfte gestemmt, den Blick stur zu Boden gerichtet. Nach drei Runden bleibt er stehen, schnaubt aus, lässt die Schultern sinken. Egal, worüber er nachgedacht hat, es setzt ihm zu. »Ich habe gerade einen Anruf bekommen«, presst er zwischen seinen Zähnen hindurch, knetet dabei mit Daumen und Zeigefinger seine Nasenwurzel. »Irgendein

Scheißreporter. Die Geschichte ist durchgesickert, sie bringen es morgen.«

Der Raum wird still. Es war nur eine Frage der Zeit, bis etwas nach außen dringt, früher oder später tut es das immer. Eigentlich wundert es mich, dass es so lange gedauert hat. Steigers Mannen gehen nicht gerade mit Samthandschuhen vor, das wirbelt Dreck auf. Und Dreck ist der bevorzugte Nährboden des Boulevards.

»Was werden sie schreiben?«, frage ich trocken.

»Nur Scheiße, wie immer. ›Er ist wieder da! Alles, was Sie über den Ringfinger-Mörder wissen müssen!‹ So etwas in der Art. Sie kennen ja die Schlagzeilen, Blom.«

»Und wer? David Kronen?«

»Der Journalist, der damals den Presse-Shitstorm losgetreten hat? Ne, der ist doch untergetaucht seitdem. Irgendeine andere Flitzpiepe … Sind doch alle gleich.«

Alle im Raum haben mittlerweile ihre Arbeit niedergelegt, stehen etwas ratlos da, starren zu Steiger. »Und jetzt?«, fragt einer aus der Mordkommission.

»Nichts jetzt. Wir warten, bis die Hölle über uns hereinbricht – das ist *jetzt*«, keift Steiger zurück, stemmt beide Hände in die Hüften. »Gibt es irgendetwas Neues?«

Kollektives Wegsehen in der Runde. Niemand sagt etwas, außer Dorn. Er glaubt, der Moment wäre günstig, um erneut die Petze zu geben. »Nein, nichts Neues. Aber wir könnten schon viel weiter sein, wenn der Kollege Blom tun würde, was man ihm sagt.«

»Blom?«, knurrt Steiger barsch, aber vergleichsweise lustlos. In den letzten Tagen beschleicht mich immer mehr das Gefühl, dass er es entweder leid ist, mich ständig anzuschnauzen, oder dass er langsam versteht, dass wir auf derselben Seite stehen. So oder so – er hört mir zu, lässt mich ausreden, gibt mir Einsicht in die Termine. Man könnte fast sagen, wir arbeiten auf Augenhöhe. Gut für mich. Schlecht für eifersüchtige Stiefellecker wie Dorn.

»Ich bin noch ein paar Details durchgegangen bezüglich Noah Klingbergs Gesprächsprotokoll«, antworte ich möglichst knapp und schwammig, hoffe auf Steigers Desinteresse.

Dorn belässt es aber nicht dabei. »Klingberg, Klingberg, Klingberg«, äfft er mich nach. Er hebt ein Foto aus meinen Unterlagen vom Boden auf, hält es mir unter die Nase. »Glauben Sie ernsthaft, dass dieser Typ hier unser Mann ist? Dieser Schwächling der Ringfinger-Mörder?«

Ich zögere, überlege. Steiger lässt sich derweil wie ein nasser Sack auf einen Stuhl plumpsen, folgt unserer Diskussion nur noch peripher. Dorn hingegen rückt mir nicht von der Pelle, will eine Antwort. Es hilft nichts: Ich will nicht lügen. »Nein«, erwidere ich trocken. »Das denke ich nicht. Aber mein Gefühl sagt mir: Irgendetwas stimmt nicht mit ihm. Vielleicht ist er nicht der Ringfinger-Mörder, aber der Mörder von Emma Falk.«

Dorn glotzt mich ungläubig an, lässt das Foto sinken. »Da heißt es, Sie wären der kühle Analytiker, und dann kommen Sie mir mit Gefühlen«, schnarrt er mich an.

Ich möchte antworten, bekomme aber nur heiße Luft über die Lippen. Er hat mich auf dem falschen Fuß erwischt.

»Wie zur Hölle soll er das angestellt haben, hm?«, bohrt Dorn weiter. »Sie waren doch bei der Obduktion dabei, haben Schnack gehört. Die Einstichstellen stimmen überein, selbst die Winkel … Und das Zeichen an der Wand? Die Fingerabdrücke? Lügenweib? Woher wusste Klingberg das alles? Aus der Zeitung, oder was?«

Dorns Seitenhieb zu meinem »Gefühl« nagt an mir, aber zu dieser Sache fällt mir etwas ein. »Es ist bis heute unklar, welche Informationen damals an die Presse gespielt wurden und durch wie viele Hände das Material gewandert ist. Der Insider muss Zugang zu …«

»Das ist mal wieder typisch«, schneidet mir Dorn das Wort ab. »Bevor Sie sich die Finger an den wirklichen Verbrechern schmutzig machen, spielen Sie lieber den Nestbeschmutzer.«

Der Kreis um uns ist enger geworden, die Kollegen stehen mit verschränkten Armen da, beobachten uns stumm. Mir wird heiß. Meine Kiefer fühlen sich an, als wären sie mit Drahtschlingen zusammengehalten. Dennoch presse ich mir eine Rechtfertigung aus der Lunge. »Der Journalist wusste, von was er schreibt. Es muss eine undichte Stelle gegeben haben.«

Dorn lacht auf. »Wohl eher eine ziemlich dichte Stelle«, spöttelt er halblaut, grinst säuerlich zu seinen Kollegen. Ein Schmunzeln geht durch den Raum.

»Was meinen Sie damit?«, antworte ich quäkig, aber eigentlich ist die Frage unnötig.

Dorns Grienen verrät mir alles, noch bevor er ein Wort sagt. »Köpke? Wie lang ist es her, dass wir Mats gesehen haben?«, fragt er amüsiert in die Reihen, gibt sich aber gleich darauf selbst die Antwort. »Mats Jäger, der Schluckspecht von der Mordkommission – war das dieses Jahr? Ich denke, es war letztes Jahr, im Dezember.«

Meine Finger ballen sich zu Fäusten, bohren Sicheln in mein Fleisch. Er bettelt geradezu danach, dass ich ihm seinen beschissenen Metallspieß in den Rachen donnere.

»Ihr Freund Mats ist bei uns aufgekreuzt, in unserer Stammkneipe, im Fleetstübchen. Hackedicht bis oben hin und ohne einen Cent in der Tasche. Er hat nach Hundepisse gerochen, die alte Schnapsdrossel. Nach Pisse und Alk.«

Ich sehe Dorn an der Nasenspitze an, dass er meine Wut genießt, dass er sich über jede Zornesfalte auf meiner Stirn freut wie ein kleines Kind. Ich sollte gelassen bleiben, ihm nicht den Gefallen tun. Aber ich kann es nicht. »Halten Sie die Klappe«, zische ich ihn an, aber er übergeht es, labert einfach weiter in seiner großkotzigen Art.

»Wie viel hat er damals am Tag weggeschluckt, der gute Mats, hm?«

»Er hat nicht übermäßig getrunken, bevor das alles passiert ist«, antworte ich leise, beiße mir aber im nächsten Moment auf die Zunge. Ich klinge wie ein trotziges Gör. Lass dich nicht aus der Reserve locken, genau das will er doch.

»Wahrscheinlich hat er die Infos für eine Flasche Schnaps verhökert.«

Seine Worte schneiden mir in den Magen, entziehen mir sämtliche Energie. Mühselig forme ich Antworten auf meinen Lippen, aber sie bleiben unausgesprochen, ersticken in der Leere meines Schweigens.

Dorn wittert seine Chance für den ganz großen Rundumschlag. Aufgeplustert stelzt er auf mich zu, suhlt sich in meiner Zornesröte. »Wer weiß, in welchen abgefuckten Bars dieses Wrack rumhängt. Jedem, der ihm einen Korn ausgibt, erzählt er von seiner glorreichen Zeit bei der Polizei und von dem kranken Scheiß, den er dort so gesehen hat.«

Ich bin unfähig, zu antworten. Unfähig, zu reagieren. Unfähig, zu atmen, stehe einfach da, reglos, bete innerlich darum, dass Dorn die Lust verliert.

Aber das tut er nicht. »Köpke«, ruft er mit spitzer Stimme durch den Raum. »Was haben wir Mats damals geboten, wenn er sich vor unseren Augen in die Hosen pisst?«

Die Antwort kommt prompt. »Ein Bier und einen Korn«, tönt es hinter mir, um mich herum unterdrücktes Lachen. Dorn funkelt mich ungeniert an, bleckt seine Zahnreihen.

»Ein Bier und einen Korn, Blom. Ein Bier und einen Korn, denken Sie drüber nach.«

Halt einfach nur die Schnauze Dorn, einfach nur die Schnauze.

»Und wissen Sie was? Vielleicht sollten wir Mats fragen, wo er war, als der Journalist, der ihn seinen Job gekostet hat, spurlos verschwunden ist. Was meinen Sie, Blom? Und vielleicht befragen wir ihn dann auch gleich zu der Nacht, in der Emma Falk ermordet wurde.«

Halt einfach nur deine saudumme Schnauze. Bitte.

»Dorn!«, dröhnt Steigers Bass durch den Raum. »Lass gut sein.«

Verwundert dreht sich Dorn um, will protestieren, bekommt keine Chance dazu.

»Mats Jäger war einer von uns«, fährt Steiger fort, rappelt sich dabei in seinem Stuhl auf. »Ihm wurde damals übel mitgespielt, und wenn wir nicht aufpassen, passiert uns das Gleiche.« Schließlich erhebt er sich, lässt seinen Blick durch die Reihen schweifen. »Ich denke, CC hat von der Pressesache noch nichts mitbekommen. Wir haben also bis morgen Früh sieben Uhr Zeit. Spätestens da würgt er seinen Frühstückssmoothie hoch, wenn er die Schlagzeilen liest. Wir brauchen etwas Handfestes. Ansonsten könnt ihr schon mal die Stellenanzeigen durchgehen.«

Und dann ist es vorbei.

Dorn lässt von mir ab, setzt sich an Steigers Seite fest und jault in einer Tour. Der Kreis der Schaulustigen löst sich auf, alle gehen ihrer Wege. Ich stehe immer noch da wie bestellt und nicht abgeholt. Nur langsam löst sich die Beklemmung, ich schnappe nach Luft, kann einigermaßen klare Gedanken fassen.

Drüben passiert irgendetwas. Der Raum gerät in Aufruhr, alle versammeln sich beim Eingang, zwischen den Köpfen sehe ich schwarze Locken aufblitzen, Mira Klos muss gekommen sein. Aber ich bin unfähig, einen Schritt vor den anderen zu setzen und weiterzumachen. Bin gefangen in meiner Scham, wieder einmal die Sprache verloren zu haben.

Mira verteilt etwas, jeder bekommt irgendwelche Akten in die Hand gedrückt, es wird getuschelt, ich höre alles wie durch eine Wand. Irgendwer schreit, Dorn, er pfeffert die Akten quer durch den Raum und marschiert zur Tür hinaus. Im nächsten Moment durchdringt jemand den Schleier meines trüben Blicks, Steiger, er hält mir einen Zettel hin.

»Ich denke, das wird Sie interessieren, Sportsfreund.«

Ich blicke hinab. Es sind die Ergebnisse des DNA-Abgleichs. Hat er gerade »Sportsfreund« gesagt?

Linda

Die Welt ist verstummt. Als wäre ich in einer Filterblase, die sämtliche Geräusche abschirmt. Das Gequake der Radiomoderatorin, den Straßenlärm, das Brummen des Motors, alles klingt wie durch Watte. Ich reiße den Mund auf, renke mir beinahe den Kiefer aus, zwinge mich zu gähnen, versuche einen Druckausgleich, aber nichts hilft. Die Welt, durch die ich mich bewege, bleibt weit entfernt. Zuerst dachte ich an einen Hörsturz, dann an Mittelohrentzündung, aber mir tut nichts weh, kein Druck auf den Ohren, kein Stechen. Alles ist einfach dumpf. Ich öffne das Fenster, eine Welle kalter Luft fegt hindurch, trägt winzig kleine Regenpartikel mit sich, aber kaum ein Geräusch. Als hätte jemand den Lautstärkeregler der Welt nach unten gedreht.

Und dann wird er nach oben gerissen, bis zum Anschlag.

Eine Hupe plärrt von der Seite.

Fuck. Schlagartig reiße ich das Lenkrad nach rechts, manövriere den Wagen wieder auf die erste Spur – noch mehr Hupen. Ein BMW schert hinter mir aus, zieht links vorbei, der Fahrer fuchtelt wild vor seiner Stirn herum. Mein Herz rast, die Radiomoderatorin quakt, der Straßenlärm ist schrill und dröhnend und unerträglich laut. Habe ich die Spur gewechselt, ohne nachzusehen? Wollte ich das? Bin ich von der Fahrbahn abgekommen? Keine Ahnung. Ich weiß es nicht … Ich weiß überhaupt nichts mehr, meine Gedanken sind ein einziges riesengroßes Knäuel an undurchdringbarem Durcheinander.

Aber eines weiß ich: Meine Pillen sind weiß.

Die Apothekerin war anderer Meinung. »Unmöglich«, waren ihre Worte, als ich zurück zu ihr in den Laden gegangen bin. »Eine Verwechslung ist ausgeschlossen. Herbal Life, so wie Sie es sagten, das ist die richtige Marke. Erkennen Sie denn das Etikett nicht wieder?«

Natürlich erkannte ich das Etikett, aber vielleicht gibt es verschiedene Sorten, die Produktion wurde umgestellt, die Rezeptur geändert, was weiß ich – die Pillen sehen jedenfalls anders aus als meine. Alle. Ein Döschen nach dem anderen habe ich aufgerissen, das sind nicht meine üblichen Pillen. Mein Spirit & Mind ist weiß, nicht dotterblumengelb, meine Immunkapseln waren viel größer, und diese Gui-Zhi-Fu-Ling-Wan-Tabletten sehen sowieso komplett anders aus, bräunlich mit grünen Krumen darin, und sie riechen irgendwie fischig. Meine Tabletten rochen nicht fischig, sie rochen überhaupt nicht. Aber darüber, dass die Haltbarkeit überschritten sein könnte, ließ die Apothekerin nicht mit sich diskutieren.

Stattdessen hielt sie mir eine Predigt, wie wichtig Apotheken vor Ort seien, dass Medikamente aus dem Internet gefährlich seien, man wisse nie, woher die kommen, was da wirklich drinsteckt und so weiter. Wenigstens hat sie mich nicht vor billigen China-Fälschungen von chinesischen Kräutern gewarnt – haha, diese Ironie. Aber natürlich muss sie das sagen. Das ist ihr Geschäft, sie verdient nichts an Menschen, die online bestellen. Sie hat mir sogar zum Beweis noch eine Packung aus dem Lager geholt und sie extra aufgeschraubt, nur um mir den Inhalt zu zeigen: bräunlich mit grünen Krumen. »Vielleicht haben Sie die Marke verwechselt?«

Nein, habe ich nicht! Andererseits bin ich mir gerade nicht mehr sicher, ob ich die Spur wechseln wollte oder nicht. Egal, Noah soll mir einfach *meine* Tabletten online bestellen, *for fuck's sake.*

Unsere Straße ist mal wieder dicht, also parke ich um die Ecke, stelle mich ins Halteverbot. Es dauert auch nicht lange, ich will nur kurz hoch, sehen, ob vielleicht noch eine alte Packung herumliegt, und Noah soll mir zeigen, wo er die Tabletten bestellt. Aber er ist nicht da. Eine Verpackung kann ich auch nicht finden, die Welt nagt an meinen Nerven. *Wieder einer dieser Tage*, denke ich, gehe zum Fenster, starre hinaus. Dann sehe ich ihn, Noah. Mit hochgezogenen Schultern eilt er den Gehweg entlang, den Blick stur zu Boden gerichtet, ein Päckchen unter den Arm geklemmt – wahrscheinlich Amazon. Er steuert auf das Haus zu, im nächsten Moment höre ich die Eingangstür im Flur auf- und zugehen. Aber dann … keine Schritte. Nur ein metallenes Quietschen, wieder schnappt ein Schloss ein – der Keller? Was will er denn da unten? Ich warte einige Minuten. Mein Blick geht zur Wanduhr. Schon eine halbe Stunde über der Zeit. Ich habe keine Termine am Nachmittag, aber trotzdem fällt meine Abwesenheit im Büro irgendwann auf, ich kann nicht ewig die Mittagspause überziehen. Eilig schnappe ich meine Handtasche, flitze die Treppe hinunter ins Erdgeschoss und bleibe abrupt vor der Kellertür stehen.

Ich hasse den Keller.

Er ist dunkel, er ist feucht, er riecht muffig, und es gibt Krabbelviecher, riesig, haarig, ekelig, sie wuseln über den Boden. Angewidert rümpfe ich die Nase. Ich könnte ihm auch einfach eine Nachricht schreiben. Ach, komm, stell dich nicht so an. Du bist doch ein großes Mädchen.

Behutsam drücke in die Klinke nach unten, ziehe die Tür mit spitzen Fingern auf, versuche, den modrigen Geruch zu ignorieren. Wie ein Storch stelze ich die abgewetzte Holztreppe hinunter, muss mich erst einmal orientieren. Die einzige Lichtquelle ist ein loses Kabel mit Glühbirne dran, sie baumelt verloren von der Decke, leuchtet den Abgang nur spärlich aus. Ich bin mir ziemlich sicher, dass unser Kellerabteil auf der linken Seite liegt, auch wenn ich nur ein einziges Mal hier unten war, bei unserem Einzug.

Ich will schon nach links gehen, als plötzlich ein Geräusch ertönt, von rechts. Dann habe ich mich wohl geirrt, unser Einzug ist lange her. Ich tapse die Wand entlang, vorbei an den anderen Kellerabteilen, ziehe den Kopf so weit wie möglich zwischen die Schultern. Der Gang geht um die Ecke. Irritiert wende ich den Kopf, blicke in die andere Richtung. War es nicht doch links? Wieder ein Geräusch, als würde jemand einen Karton aufreißen. Das muss Noah sein. Ich gehe weiter, die Kellerabteile hören auf, eine schwere Eisentür prangt zu meiner Linken. Ich will sie schon öffnen, als wieder dieses Ratschen ertönt, es kommt von weiter hinten, da ist noch eine Tür: verwitterte Holzplanken, fasrig und rußschwarz, zusammengenagelt zu einer kruden Konstruktion, die den Namen Tür eigentlich nicht verdient. Windschief hängt sie in den Angeln, kein Schloss, keine Klinke, nur ein rostiger Henkel. Wieder ein Geräusch. Was macht Noah da drinnen?

Ich gehe auf die Tür zu, will sie öffnen, als mein Blick durch ein Astloch in den Raum fällt. Ich erkenne einen Rechen, daneben eine Schneeschippe, orangefarbene Verlängerungskabel, die zusammengerollt im Dreck liegen, und mir fällt ein, dass Noah einmal eine Abstellkammer erwähnt hat. Braucht er Werkzeug? Meine Hand liegt schon auf dem Henkel, doch ich zögere. Drinnen rappelt etwas. Ich presse die Lippen zusammen, schlucke, bücke mich und spähe durch das Astloch.

Zuerst sehe ich nur noch mehr Gerümpel und Gerätschaften. Ein alter Rasenmäher, leere Farbeimer, eine Werkbank, darauf lauter kleine Schatullen voller Schrauben. Plötzlich schiebt sich Noah ins Bild, in seiner Linken ein Döschen, ich erkenne das Etikett sofort.

Spirit & Mind von Herbal Life.

Er hat sie schon nachbestellt? Aber warum öffnet er das Döschen? Ungläubig blinzle ich durch das Astloch, kann nicht begreifen, was ich sehe. Er schüttet sie aus, alle Tabletten, einfach in einen Eimer, als wären sie Abfall. Dann stellt er das leere Döschen auf die Werkbank, verschwindet aus meinem Blickfeld. Was soll das, wieso … Er kommt wieder. Diesmal mit etwas anderem in der Hand, einer kleinen, rechteckigen Schachtel. Ich kann die Beschriftung nicht erkennen, aber sie ist lang und sperrig, und dahinter stehen Ziffern. Was ist …

Und dann stoppt die Zeit.

Oder nein, sie stoppt nicht, sie gerinnt, dehnt den Bruchteil einer Sekunde auf eine Ewigkeit. Ich schließe die Augen, öffne sie wieder. Das ist nicht Noah. Absolut unmöglich, das ist ein anderer, ein völlig Fremder. Das kann nicht der Mann sein, dem ich vor sieben Jahren das Jawort gegeben habe. Der mich unzählige Male in seinen Armen hielt, mich getröstet hat, wieder aufgebaut hat, der für mich da war, immer, Tag und Nacht. Dem ich alles anvertrauen konnte, meine verborgensten Wünsche, intimsten Geheimnisse, düstersten Gedanken, alles. Das ist er nicht. Noah ist meine Zuflucht, mein Antrieb, der Grund, warum ich durchhalte, eine Zukunft plane – mit ihm und einem Kind und Haus und Garten und einem dummen Hund, der die Nachbarskatze anbellt, wenn sie über die Garageneinfahrt streunt. Selbst im Traum sehne ich mich nur nach dem, was für andere selbstverständlich ist. Viel zu süße Pfannkuchen am Wochenende. Leuchtende Augen unter'm Weihnachtsbaum. Ein Löffelchen für Papi, einer für Mami, krakelige bunte Kinderzeichnungen – das ist es, was ich will. Ein kleiner Knopf an meiner Brust und seine Hand in meiner. Mehr will ich nicht, wollte ich nie. Ein ganz normales Leben mit ihm, mit Noah.

Einen Wimpernschlag später öffnet er die Verpackung, zieht einen Blister hervor, drückt eine schneeweiße Pille nach der anderen in das leere Döschen.

Ich verliere den Boden unter den Füßen. Die Zeit stürzt über mich herein. Und meine innere Stimme höhnt: *Der Mann deiner Träume vergiftet dich mit Tabletten, du dumme Kuh!*

Noah

»Dreizehn, vierzehn, fünf-«

Da, ein Geräusch. Ich reiße den Kopf herum, starre zur Tür, halte den Atem an. Eine Sekunde, zwei Sekunden, nichts. Vielleicht ein Kellerfenster, ein altersschwaches Rohr, eine Maus, Einbildung, egal. Wo war ich? Es müssen genau sechzig Tabletten sein, so steht es auf der Verpackung. Linda hat zwar noch nie nachgezählt, aber ich darf nicht unvorsichtig werden, nicht jetzt, nicht in diesen turbulenten Tagen.

»Sechzehn, siebzehn, achtzehn, neun-«

Wieder ein Geräusch. Zu dumpf für ein Kellerfenster, zu klar für ein Rohr, zu laut für eine Maus. Und definitiv keine Einbildung. Ich lasse die Tabletten fallen, bin mit einem Satz bei der Tür, reiße sie auf. In dem Moment verschwindet ihr feuerroter Haarschopf hinter der Ecke. Oh, mein Gott! Linda. Für eine Sekunde bin ich reglos wie ein Monolith. Alles in mir zieht sich zusammen, kollabiert, wird zu einem winzigen, stecknadelkopfgroßen tiefschwarzen Etwas zusammengepresst. Konzentrierte Angst, die nur einen einzigen Gedanken übrig lässt: *Sie hat mich gesehen.*

Dann explodiert die Angst. Sie schießt in meinen Körper, durchdringt jedes Organ, jede Zelle, jeden Gedanken, verästelt sich bis in die Spitzen meiner Nerven, quillt über und aus mir heraus.

»Linda!«

Panik – allumfassend, totalitär. Aus dem Stand sprinte ich los, wie von einem unsichtbaren Katapult abgefeuert. *Nein! Nein, nein, nein, nein, das darf nicht sein. Nicht jetzt! Nicht so. Nicht auf diese Weise.* Meine Füße fliegen über den lehmigen Boden, berühren ihn kaum, zu schnell für Koordination, zu schnell, um zu bremsen, zu schnell für die Ecke. Ich krache mit der Schulter gegen eine Kellertür, Schmerz lodert auf, Splitter bohren sich in meine Wange, egal, weiter, einfach weiter. *Bitte, nicht so, nicht so, warum ist sie zu Hause?* Ich stürme auf die Treppe zu, nehme drei Stufen auf einmal, der zweite Tritt geht daneben, ich stolpere, rutsche ab, mein Schienbein schrammt über zwei Kanten. Nicht wichtig, weiter, immer weiter, ich ziehe mich hoch, taumle mit zu viel Schwung in den Hauseingang, ramme die Briefkästen. Wohin? Raus? Hoch? Eine Tür knallt ins Schloss – hoch, sie ist in unserer Wohnung. *Linda, bitte, ich kann alles erklären!* Wieder Stufen. Sie verschwimmen vor meinen tränenfeuchten Augen, ich renne, stolpere, keuche, rutsche ab, renne weiter, donnere wie ein Rammbock gegen unsere Tür, verschlossen. Meine Hände fahren die Jacke ab, den Pullover, in die Hosentaschen, wühlen, suchen, ziehen den Schlüsselbund hervor. Zittrige Finger sortieren, setzen beim Schloss an. *Bitte, hab nicht von innen abgesperrt, bitte, hab nicht von innen …* Sie hat nicht abgesperrt. Der Schlüssel dreht sich, panisch stürme ich hinein, Küche, Arbeitszimmer, Wohnzimmer, das Bad. Ich rüttle an der Tür – abgeschlossen. »Linda!«, schreie ich. »Linda, mach auf!« Ich klopfe und hämmere, flehe und bettle, merke schnell, dass ich sie damit nur noch mehr verängstige. »Linda, bitte, mach auf!«

Keine Antwort. Schnaufend lehne ich an der Badezimmertür, versuche hineinzuhören, aber mein Herz rast, die Lunge zieht, und mein Blut rauscht wie ein Wildbach durch meinen Kopf. »Ich kann dir alles erklären.«

Ein Wimmern dringt durch die Tür. Dann: »Ich will es nicht hören.«

Ihre Stimme klingt schwach, porös, tränenerstickt, aber sie hat etwas gesagt, geantwortet. Für einen Moment huscht ein Lächeln über meine Lippen, allein sie zu hören, beruhigt mich. »Bitte, mach auf, dann können wir über alles reden!«

»Es gibt nichts zu bereden. Pack deine Sachen und verschwinde.«

Mein Lächeln gefriert. Nein, bitte nicht, das darf nicht passieren, nicht so!

»Linda …«, setze ich an, zögere, überlege. Wie sage ich ihr das bloß? Ich habe nächtelang darüber nachgedacht, Dutzende Erklärungen durchgekaut, Tausende Worte zurechtgelegt, aber alles klang so falsch, so unendlich verlogen und fadenscheinig. »Ich wollte dir doch nur helfen«, bringe ich bloß hervor, aber ich weiß, dass es die falschen Worte sind. Die falschesten aller falschen.

»Helfen?«, dringt ihre Stimme aus dem Bad, diesmal kräftiger, aggressiver. »Du wolltest mir helfen?« Der Zynismus ist kaum zu überhören.

Ich trete einen Schritt zurück, erfasse den eingelassenen Türspiegel.

»Wie denn?«, gellt es spitz dahinter hervor, als würde mich mein Spiegelbild anschreien und nicht Linda. »Indem du mich mit irgendwelchen Drogen vollpumpst, damit ich dir nicht mehr nächtelang die Ohren vollheule?« Ihre Worte, jedes einzelne wie ein Stachel in meinem Fleisch.

»Nein, bitte, Linda«, stammle ich unbeholfen vor mich hin. »Du warst so niedergeschlagen, so voller Trauer, du warst nicht mehr du selbst … Ich wollte doch nur, dass es dir besser geht, dass …«

»Du wolltest, dass es mir besser geht? Mir?«

Das hätte ich nicht sagen sollen. Der Schlüssel dreht sich im Schloss, die Tür fliegt auf, zwei rabenschwarze Pupillen fixieren mich eisern. »Du wolltest, dass es *dir* besser geht! Einzig und allein *dir*!«

Ich presse die Zähne zusammen, halte die Luft an.

»Was ist das? Antidepressiva? Damit ich mir völlig zugedröhnt die Welt bunt ausmale und du ein ruhiges Leben hast, ohne den lästigen Trauerkloß an deiner Seite?«

Ihre Stimme, so hart, so anders, so fremd. Ich weiche immer weiter zurück, sinke zusammen.

»Was hast du mir gegeben, hm? Valium? Ritalin? Oder irgendein komplett abgefahrenes Zeug?«

Ich bin wie gelähmt, gefangen in mir selbst. Es soll einfach nur aufhören, vorbei sein, ein für alle Mal.

»Was, Noah, was? Rede doch!«, schreit sie mit aller Kraft, aber ich bin unfähig zu antworten, sinke zu Boden, bin am Ende.

»Oder wolltest du einfach nur, dass ich verrecke?«

Ich reiße den Kopf nach oben, starre sie entsetzt an. Ihre graublauen Augen starren zurück, blank, hasserfüllt, aggressiv. Doch dann werden sie glasig, beginnen zu schimmern. Tränen kullern ihre feuerroten Wangen hinab, tropfen zu Boden, und die Spannung in ihrem Körper entweicht. Geschwächt stützt sie sich erst an der Türklinke ab, dann an der Wand, bis sie schließlich zusammensinkt.

So sitzen wir uns gegenüber. Leer. Müde. Kraftlos. Zwei Häufchen Elend auf dem Parkettboden.

»Linda, bitte«, beginne ich erneut. »Um Himmels willen, nein! Wie kannst du das nur denken?«

Es klopft. Mein Blick schnellt in Richtung Tür, geht aber sofort wieder zu Linda. Wahrscheinlich ist es bloß die Nachbarin von unten, wir waren laut, sehr laut. Egal. »Ich liebe dich, Linda! Das weißt du doch!« Dem Klopfen folgt ein Klingeln. Vielleicht sollte ich doch kurz aufmachen? Bei all dem Krach muss sie denken, dass wir uns zerfleischen. Aber das hier ist jetzt wichtiger. »Ich könnte dir nie im Leben etwas antun, das musst du mir glauben! Ich …« Klopfen, hart, konstant, unnachgiebig. Dazwischen immer wieder die Klingel.

»Herrgott!« Entnervt springe ich auf, haste zur Tür. Ich muss die Alte beruhigen, sonst ruft sie vielleicht die Polizei. Noch während ich die Klinke nach unten drücke, sprudelt es aus mir heraus. »Es tut mir leid, Frau …«

Ich stocke. Irritiert pendelt mein Blick zwischen den Polizisten. Dann überkommt mich die Wut. Kann diese alte Schachtel nicht wenigstens bei uns klingeln, bevor sie die Polizei ruft? Der eine will etwas sagen, ich bin schneller. »Hören Sie, meine Frau und ich hatten einen Streit, aber es ist alles in Ordnung, kein Grund zur Sorge.«

Die beiden werfen sich vielsagende Blicke zu. Sie glauben mir kein Wort.

»Wirklich, es ist alles gut, stimmt doch, Schatz, oder?«, rufe ich in die Wohnung, ziehe die Tür weiter auf, aber Linda scheint wieder im Bad verschwunden zu sein. Eine Sekunde vergeht. Eine zweite. Ich halte die Luft an. *Bitte, Linda, bitte.*

Tu mir das nicht an! Eine weitere Sekunde verstreicht, die Polizisten in meinem Rücken schnaufen ungeduldig. Ich spüre schon das kalte Eisen der Handschellen an meinen Handgelenken, als …

»Es ist alles in Ordnung«, dringt ihre Stimme aus dem Bad. Kurz darauf kommt sie heraus, bleich, total verheult und mit zerstörtem Make-up, aber sie kommt, versucht sogar zu lächeln. »Mir geht es gut!«

Erleichtert wende ich mich wieder den Polizisten zu. »Sehen Sie, alles halb so schlimm. Tut uns leid für die Lautstärke, es wird nicht mehr vorkommen.«

Die beiden verziehen keine Miene. Starren mich einfach nur an. Dann: »Wir müssen Sie bitten, mitzukommen.«

Entnervt seufze ich auf. »Hören Sie, wirklich: Es ist alles in Ordnung, meiner Frau geht es gut, sehen Sie denn nicht?«

»Sie verstehen nicht, Herr Klingberg«, sagt der eine. Jetzt erst bemerke ich die Anspannung in seiner Stimme, in seiner ganzen Haltung, die Schweißperlen auf seiner Stirn. Die Hand des anderen liegt auf dem Holster. Und mir wird klar: Hier geht es nicht um Ruhestörung oder häusliche Gewalt. Hier geht es um mehr. »Sie werden uns jetzt aufs Präsidium begleiten. Sofort.«

Elias

Klingberg nimmt Platz, als würde er sich zum ersten Mal in seinem Leben auf einen Stuhl setzen, als wäre das Konzept »Sitzen« etwas völlig Fremdes für ihn. Dabei kennt er den Verhörraum mittlerweile fast so gut wie ich. Immer wieder korrigiert er seine Position, rutscht nervös hin und her, sein linker Fuß wippt im Tempo eines Heavy-Metal-Bassdrum-Solos. Freudlos nippt er an dem Kaffee, den ich ihm hingestellt habe, umklammert die Tasse eisern. Ich sitze ihm gegenüber. Ruhig, aufrecht, kontrolliert. Blättere durch eine Akte, als hätte ich vor, den ganzen lieben langen Tag nichts anderes zu tun. Irgendwann ist die Zeit reif.

»Wie beim letzten Mal möchte ich Sie darauf hinweisen, dass Sie das Recht auf einen Anwalt haben.«

Klingberg blickt nur kurz auf, schüttelt sofort den Kopf. »Das ist nicht nötig, denke ich. Oder?«

Ich ignoriere seine Frage, fahre unbeirrt fort. »Willigen Sie ein, dass diese Befragung aufgezeichnet wird? Nur fürs Protokoll.« Er runzelt die Stirn. Ich neige mich zur Seite, blicke übertrieben deutlich hoch zur Videokamera, die in der linken oberen Ecke hinter mir hängt und direkt auf ihn ausgerichtet ist.

Klingberg starrt sie erst etwas ungläubig an, schiebt dann aber nur die Unterlippe vor und zuckt mit den Achseln. »Von mir aus.«

Ich blättere weiter stumm in der Akte, lasse Zeit verstreichen. Für mich nur einige Sekunden, für ihn eine Ewigkeit. Dann beginnt das Spiel.

»Wussten Sie, dass Emma Falk schwanger war?« Kein Geplänkel, keine Aufwärmrunde. Ich beginne, wo es wehtut.

Er reißt die Augen auf, glotzt mich entgeistert an. »Was? Nein, ich hatte keine Ahnung.«

»Sicher nicht? Immerhin haben Sie doch viel mit Emma geschrieben.« Für eine Sekunde setze ich ein Lächeln auf, lasse ihn aber deutlich spüren, dass es nicht echt ist.

»Nein, ich … das …«, stottert er, verliert dann den Faden, fängt von vorne an. »Das habe ich Ihnen doch schon gesagt. Wir haben uns nur Blödsinn geschrieben, dies und das, Witze, was man halt so schreibt.«

Ich nicke dezent, blättere lange und umständlich in meinen Unterlagen, obwohl ich genau weiß, wo das Protokoll der letzten Befragung abliegt.

Klingberg beginnt, nervös seine Unterlippe zu malträtieren.

»Blödsinn, dies und das – ja, das sagten Sie bereits beim letzten Mal. Ich zitiere: ›lustige Witzchen und Sprüche oder wenn ich etwas Interessantes im Fernsehen gesehen habe oder so‹ – das waren Ihre Worte. Haben Sie mittlerweile vielleicht eine dieser lustigen SMS auf Ihrem Smartphone finden können? Es würde uns wirklich helfen.«

»Wie ich bereits sagte: alle gelöscht.«

»Ah ja«, erwidere ich schnippisch, ziehe meine Augenbrauen hoch, damit er meine Verwunderung versteht. »Schreiben Sie eigentlich auch anderen Nachbarn? Paul Falk zum Beispiel? Ich frage nur, weil: Als ich bei Ihnen zu Hause war, haben Sie angegeben, Sie und Emma Falk wären lediglich Nachbarn, bestenfalls gut bekannt. Aber mit Ihren anderen Bekannten scheinen Sie keinen regen Nachrichtenverkehr zu pflegen.« Ich betone das Wort »Verkehr«, lasse es anrüchig klingen.

Er zuckt bloß mit den Achseln, versteht die Anspielung nicht oder will sie nicht verstehen. »Na ja, Emma hat eben gerne geschrieben.«

Ich atme tief ein, sehe ihn lange und durchdringend an. Zeit, einen Gang höher zu schalten. »Welche Blutgruppe haben Sie?«

Erneute Verwirrung. »Wie bitte? Was … wieso, was hat denn das jetzt …«

»Laut Ihren medizinischen Unterlagen«, unterbreche ich sein Gestammel, »haben Sie Blutgruppe A. Emma Falk hatte Blutgruppe 0, und Paul Falk hat Blutgruppe B. Sagt Ihnen die Mendel'sche Vererbungslehre etwas, Herr Klingberg?«

Er setzt zu einer Antwort an, bringt jedoch nichts über die Lippen, presst nur Luft aus seinen Lungen.

»Sie besagt, dass Menschen mit Blutgruppen 0 und Blutgruppe B kein Baby mit Blutgruppe A zeugen können. Biologie, neunte Klasse«, schiebe ich trocken hinterher.

Klingberg starrt mich mit offenem Mund an. »Wollen Sie damit andeuten, dass ich …«

Er spricht nicht weiter, erwartet von mir, dass ich weiß, was er meint, und natürlich weiß ich das. Aber ich werde ihm nicht den Gefallen tun, es auszusprechen. Er soll es selbst tun. Der erste Schritt zu einem Geständnis ist, den Verdächtigen dazu zu bringen, seine Schuld selbstständig zu formulieren. Ich bewege keine Miene, warte einfach ab, bis er weiterredet.

»… dass ich der Vater von Emmas Baby bin?«

»Ich will gar nichts andeuten«, antworte ich tonlos, ohne jede Regung im Gesicht. »Ich will nur meine Fragen durchgehen. Was verdienen Sie eigentlich, Herr Klingberg?«, wechsle ich abrupt das Thema, gebe ihm keine Möglichkeit, über das Gesagte nachzudenken.

»Was hat denn das jetzt hiermit zu tun?« Sein Tonfall wird immer verzweifelter.

»Ist es ein Geheimnis, wie viel Sie verdienen?«

»Nein, ist es nicht. Es ist nur … Das ist unterschiedlich, ich habe kein geregeltes Einkommen«, höre ich ihn stottern, blättere mit gesenktem Blick durch meine Unterlagen, ziehe dann seinen Steuerbescheid hervor und breite ihn gut sichtbar vor mir aus. Er erkennt ihn sofort – soll er auch. Er soll den Eindruck bekommen, die Polizei gelange an alle Daten, die sie benötigt. Dabei mussten wir Gott und die Welt bewegen, nur für diesen läppischen Wisch.

»Ich verdiene nicht sehr viel«, antwortet er dann mit gedämpfter Stimme, wirkt plötzlich noch kleiner, noch blasser, beinahe blutleer.

Das war's. Ich denke, es wurden genug Schutzschichten abgeschält. Er ist entwaffnet und nackt, das ist der richtige Moment. Ich kratze mich an der Schläfe, das vereinbarte Zeichen.

Fünfzehn Sekunden später schwingt die Tür auf und kracht gegen die Wand. Auftritt Bad Cop.

»Darf ich Ihnen meinen Vorgesetzten vorstellen?«, säusle ich mit gespielter Freundlichkeit. »Cord Steiger, Leiter der Sondereinheit.«

Klingberg ringt sich zur Begrüßung ein Lächeln ab, Steiger versucht es nicht einmal. Er spuckt bloß irgendein unverständliches Wort aus, zieht sich einen Stuhl heran, parkt seinen massigen Körper rittlings darauf und rückt Klingberg ungut auf die Pelle. Dann starrt er ihn an, ohne etwas zu sagen, mehrere Sekunden lang. »Wo seid ihr?«, fragt er mich, wendet den Blick dabei nicht ab.

»Beim Gehalt«, antworte ich knapp.

»Dann komme ich ja gerade rechtzeitig für das große Rätselraten.«

Klingbergs verdutzter Blick pendelt zwischen mir und Steiger. »Ich verstehe nicht …«

»Die Frage aller Fragen, das große Mysterium«, orakelt Steiger mit schwelender Stimme. Er spielt mit ihm, genießt es sichtlich. Dann lässt er die Bombe platzen. »Wie kommt Ihre DNA zu Emma Falks Leiche?«

Klingbergs Finger krallen sich in seine Oberarme, die Worte rollen über ihn hinweg wie eine Flutwelle, drücken ihn gegen die Lehne.

Steiger setzt nach. »Auf dem Boden, auf dem Bettrahmen, an den Kissen, dem Laken – überall Ihre DNA, wie erklären Sie sich das?«

»Ich war doch auch in der Wohnung«, plärrt Klingberg mit entsetzter Miene dagegen an. »Der Täter hat mich angegriffen, ich …«

»Jaja«, wiegelt Steiger ab, schlägt mit der Faust auf den Tisch. »Das können Sie Ihrer Großmutter erzählen.«

Klingberg reißt den Kopf herum, sucht meinen Blick.

Ich räuspere mich. »Uns ist bewusst, dass Sie ebenfalls am Tatort waren«, sage ich mit kontrollierter Stimme. »Als die Polizei eintraf, fand man Sie auf dem Boden liegend zwischen Flur und Schlafzimmer im Türbereich. Aber was der Kollege zum Ausdruck bringen will … Uns ist nicht klar, wie Ihre DNA so nah an Emma Falks Leiche gelangen konnte. Es wurden zum Beispiel Hautzellen von Ihnen am oberen Bettpfosten sichergestellt. Haben Sie dafür eine Erklärung?«

Als Antwort gibt er nur erratisches Kopfschütteln von sich. Sekunden verstreichen, Klingberg schrumpft, er verschwindet zunehmend in sich selbst.

Irgendwann setzt Steiger fort, gibt eine neue Facette seiner Rolle preis. »Im Vertrauen: Ich kann das schon verstehen«, schnurrt er anbiedernd. »Ihre Frau dauernd im Büro, Paul Falk ständig unterwegs, Sie zu Hause, nebenan so ein steiler Zahn – das liegt doch auf der Hand, dass man da als Mann in Versuchung gerät. Und irgendwie haben Sie es tatsächlich geschafft, die Kleine rumzukriegen, nicht wahr? Die Kleine hat sich von Ihnen schwängern lassen.«

»Nein, das ist nicht…«, will Klingberg protestieren, aber Steiger redet ihn einfach nieder.

»Ein saftiger Braten in der Röhre – aber dann war auch schon wieder Schluss. Keine große Liebe, kein gemeinsames Durchbrennen und Hochzeit unter Palmen, da konnten Sie noch so viel betteln und eine SMS nach der anderen schicken, sie wollte nichts mehr von Ihnen wissen – hab ich nicht recht?« Steiger platziert seine Hiebe geschickt, weiß, wo er ansetzen muss. »Wussten Sie, dass die Falks kürzlich ein Grundstück samt Haus erworben haben? Lauschiges Plätzchen im Grünen, zwei Etagen, Doppelgarage, draußen vor den Toren der Stadt. Trautes Heim, Glück allein, nur Emma, Paul und das Baby – weit weg von Ihnen«, stichelt er weiter, streut Salz in offen geglaubte Wunden. »Sie wollte nichts mehr von Ihnen wissen, wäre einfach so gegangen, hätte das Baby ihrem Mann untergejubelt, dabei ist es doch Ihres, Ihr Fleisch und Blut.«

Klingberg ist jetzt bloß noch ein Schatten seiner selbst.

»Das konnten Sie nicht zulassen, oder? Emma wollte Paul nicht in den Wind schießen und einsehen, dass Sie die bessere Wahl sind. Was ist passiert, haben Sie rotgesehen? Sind die Nerven mit Ihnen durchgegangen? Jeder könnte das verstehen … ein anderer Mann mit Ihrem Kind, Ihrer großen Liebe, da verliert man schon einmal die Kontrolle.«

Sein Kopf ist gesenkt, sein Gesicht zu Boden geneigt, aber die Tränen lassen sich nicht verbergen, sie segeln in großen Tropfen herab, durchnässen den groben Stoff seiner Hose.

»Oder war es anders? Hat Emma damit gedroht, dass sie Linda von Ihrem kleinen Ausrutscher erzählt? Hat Sie das so fertiggemacht? Dass Ihre Frau Sie verlassen und Ihnen den Geldhahn zudrehen könnte – das muss doch eine Horrorvorstellung für Sie sein, oder nicht? Hm? Schluss mit Lotterleben und Schwärmerei vom großen Durchbruch als Autor? Wenn Sie das liebe Frauchen vor die Tür setzt, können Sie sich beim Arbeitsamt in die Schlange stellen, mit all den anderen bedauernswerten Versagern.«

Ich mustere Klingberg mit Argusaugen, verfolge jede seiner Bewegungen, erwische mich jedoch immer wieder dabei, wie mein Blick zu Steiger wandert. Ich kann nicht anders. Diese brachiale Energie, dieses Dämonische, er nagelt ihn fest, drängt ihn in eine Ecke, beherrscht sein Denken. So eine Präsenz … das haben nicht viele. Mats hatte sie. Und Steiger hat sie auch.

»Kein Geld mehr für den Schreiberling, eine Tragödie! Das

durfte nicht passieren, nicht wahr? Also haben Sie kurzen Prozess mit dieser Schlampe gemacht, haben ihr gegeben, was sie verdient. So war es doch, Klingberg. Nicht wahr?«

Das Häufchen Elend hängt erschlagen in den Seilen, gibt bloß noch leises Wimmern von sich. Ein Schlag noch, und er geht k. o. Aber das ist nicht unser Ziel. Was wir brauchen, ist ein Geständnis.

Also lässt Steiger von ihm ab, lehnt sich demonstrativ entspannt zurück, nickt mir zu.

Ich übernehme. »Herr Klingberg, wo waren Sie am 18. Dezember 2016 zwischen 18 und 23 Uhr?«

Als ich es ausspreche, flammt das Datum in mir auf. Die Zahlen lassen mich jedes Mal wieder spüren, welcher Kampf in mir tobt. Achtzehn zwölf, Lechefsky. Achtundzwanzig zwei, Kiel. Elf vier, Kemp – ich kenne die Daten wie andere die Geburtstage ihrer Kinder. Bei Klingberg jedoch tut sich augenscheinlich nichts. Er starrt weiter in seinen Schoß.

»Erinnern Sie sich? Nein? Was ist mit dem 28. Februar im darauffolgenden Jahr, auch zwischen 18 und 23 Uhr – fällt Ihnen da etwas ein?«

Keine Antwort, aber für einen Moment … Mir ist, als hätte sich sein Kopf bewegt, nur ein leichtes Zucken, ein kurzes Hoch und Nieder. Als würde er begreifen. Und ich denke, das tut er auch. Er beginnt zu verstehen, worauf das hier hinausläuft. Auf welche Dimension der Schuldzuweisung wir uns zubewegen.

»Und der 11. April 2017? Zwischen 22 Uhr und drei Uhr morgens des Folgetages?«

Sein Wimmern hört auf, er gibt keinen Ton mehr von sich.

Wir geben ihm noch einige Sekunden, dann erhebt sich Steiger, gibt mir stumm ein Zeichen, ich tue es ihm gleich. »Gut, wenn Sie sich nicht mehr erinnern können, werden wir Ihre Frau fragen müssen«, sage ich trocken, packe die Akten zusammen.

Steiger öffnet die Tür, schreitet hinaus, ich folge ihm, als …

»Warten Sie«, höre ich Klingbergs Stimme, heiser, brüchig, ohne Klang. Steiger sieht mich an, grinst. Es hat tatsächlich funktioniert.

»Ich möchte ein Geständnis ablegen.«

Linda

In einem Moment liege ich zusammengerollt auf dem Badezimmerteppich, im nächsten reiße ich seine Bücher aus den Regalen, schreie die Fotos an der Wand an, schlage mit seinem Tennisschläger Kerben in die Tapete. Dann ringen mich wieder Heulkrämpfe nieder, und ich sinke zu Boden, linse ungläubig durch den Tränenschleier. Alles wirkt so surreal. War ich das? Die halbe Wohnung liegt in Trümmern, größtenteils seine Hälfte. Er hat es nicht anders verdient. Rachegelüste flammen wieder auf, werden Sekunden später von Reue und Scham erstickt. Meine Tränen können sich nicht entscheiden, ob sie der Wut oder der Trauer entspringen.

»Warum?«, keuche ich, sicher zum hundertsten Mal. Ich habe es in allen möglichen Variationen gegen die Wand gebrüllt: verzweifelt, aggressiv, flehend, lethargisch, irre. Aber egal, wie ich es sage, meine innere Stimme antwortet immer gleich.

Weil du DU bist! Weil du kaputt bist, unfruchtbar, unbrauchbar, beschädigte Ware! Du bist schuld!

»NEIN!«, schreie ich dagegen an, springe auf, schüttle die Stimme von mir ab, stolpere über den Flur, knalle mit dem Unterleib gegen die Kommode – egal! Was kümmert es mich? Da drinnen wächst sowieso kein Leben heran, was soll die Sorge? All die Untersuchungen, die Kosten, die vegane Ernährung, der Sport, das blinde Hoffen auf den verfluchten zweiten Strich am Schwangerschaftstest – damit ist jetzt Schluss! Ab heute wird alles neu. Ich brauche kein Baby, um glücklich zu sein. Und so einen verlogenen Dreckskerl erst recht nicht.

Ich taumle in die Küche, grabsche mir die großen Plastiktüten aus dem Vorratsraum, stürme zurück ins Schlafzimmer, reiße die Schranktüren auf. Seine Pullover, Shirts, Hosen, alles kommt weg. Das ist jetzt *mein* Schrank, *meine* Wohnung, *mein* neues Leben. Endlich mehr Platz für meine Blusen! Endlich frei sein. Ich stopfe seine Sachen in die riesigen Plastiktüten, verliere jedoch schnell die Lust daran, lasse alles stehen und liegen, stürme ins Arbeitszimmer.

Sein Zimmer – jetzt nicht mehr. Daraus mache ich einen riesigen begehbaren Kleiderschrank. Oder … *for fuck's sake*, warum überhaupt hierbleiben? Soll er doch verrotten in dieser verdammten Wohnung, ich suche mir ein schickes kleines Loft irgendwo anders, vielleicht geh ich nach Berlin? Amsterdam? Irgendwohin, wo etwas los ist. Einfach ausbrechen, ein aufregendes Leben führen. Jeden Abend fein essen, Partys feiern, nie früh rausmüssen, weil ein Kind schreit, nie Baba-Bubu und Sesamstraße, nie Windeln wechseln, ich bin frei, kann tun und lassen, was ich will, das ist die neue Devise. So wird's gemacht, Madame! Jetzt ist es beschlossene Sache: Ich werde mich neu erfinden! Darauf muss ich einen trinken. Und ich weiß auch schon genau, was!

Wie wild geworden stürze ich zurück in die Küche, reiße den Kühlschrank auf, zögere. Egal! Nach mir die Sintflut! Ich muss die alten Träume ein für alle Mal begraben, muss mich wie ein Phönix aus der Asche meiner Vergangenheit erheben.

»Du wirst jetzt geköpft!«, blaffe ich die Flasche Moët an, fische sie aus dem Gemüsefach, lasse den Korken mit lautem Knall durch die Luft schießen. Der giftige Geruch dringt mir sofort in die Nase, ich ignoriere ihn. Fick dich, Noah. Fick dich, Baby. Fick dich, altes Leben. Prost! Ich setze die Flasche an, stürze einen großen Schluck hinunter, kneife die Augen zusammen. Es schmeckt wie Essig. Vergoren, sauer, ekelhaft. Mein Magen macht sofort zu, protestiert, schickt alles wieder retour. Eine Sekunde später explodiert der gallige Saft durch meine Lippen, läuft mir den Hals hinunter. Hektisch fahre ich mir über den Mund, erwische die falsche Hand. *Mit links, Linda, mit links!* Flammender Schmerz pulsiert in meinem Daumen, schraubt sich hoch in mein Hirn. Mein Gesicht beginnt zu glühen, das Zimmer verschwimmt, ich will mich abstützen, greife ins Leere, falle, schlage hart auf. Auf dem Boden der Küche und dem Boden der Tatsachen.

Der Höhenflug ist zu Ende. Der Phoenix wieder Asche.

Ich erzwinge einen Atemzug, reiße die Augen auf, starre an die Decke. Die Lampe starrt zurück. Irgendwoher kommt ein Kichern, es wird lauter, schriller. Das bin ich, das ist mein Kichern. Ich liege wie erschlagen auf dem Küchenboden und kichere wie eine Bekloppte über den ganzen Schwachsinn, der durch mein kaputtes kleines Hirn rauscht. Partys feiern, um die Häuser ziehen … Was will ich mir eigentlich einreden? Als ob mich so ein Leben jemals glücklich machen könnte. Als ob ich nicht jede durchtanzte Nacht sofort eintauschen würde gegen ein kleines Schreibündel, das mich bis zum Morgengrauen wachhält. Glamour, High Society, Karriere, Luxus – als wäre mir je irgendetwas davon wichtig gewesen. Ich wollte doch immer nur eine Familie haben, ein

Baby an meiner Brust, einen Mann an meiner Seite. Und jetzt … jetzt hat mir das Schicksal beides entrissen.

Nicht das Schicksal, kocht meine innere Stimme wieder hoch. *DU! Du bist schuld!* Ich will dagegen anschreien, anbrüllen, ankämpfen, aber es kommen bloß Tränen. Sie rollen über meine Wangen, laufen über meine heißen Schläfen, tropfen zu Boden. »Ich bin nicht schuld«, flüstere ich mit bebender Stimme. »Wie kann ich schuld sein?« Ich war doch noch so jung, so blutjung und unfassbar dumm. Wieso werde ich für etwas bestraft, das so lange her ist?

»Das ist nicht fair«, fauche ich trotzig ins Nichts hinein, balle meine Hände zu Fäusten. Aber im nächsten Moment schwindet die Wut wieder. Mit offenem Mund starre ich in die Leere, schlucke. *Du bist schuld.*

Ich war fünfzehn und schwanger – *das* ist meine Schuld. Das ist die Bürde meiner Vergangenheit, die mich meine Zukunft kostet. Ein einziger Fehler. Ein einziger verdammter Fehler.

Damals gab es keine Einrichtung, an die ich mich hätte wenden können, die Pille danach war noch nicht frei erhältlich, eine Frauenarztpraxis hatte ich noch nie von innen gesehen. Scharbeutz ist ein kleines Nest, jeder kennt jeden – ich musste selbst den Schwangerschaftstest klauen, damit sich nicht sofort alle das Maul zerrissen. Und als er dann positiv war … Mein Vater war außer sich vor Wut. Er ist komplett ausgeflippt, hat mich grün und blau geschlagen. Schandfleck, Drecksbalg – er hatte nur wenige Worte für mich übrig, aber jedes davon traf mich bis ins Mark. Für ihn war die Sache schnell klar: kein Eintrag in irgendwelche Akten, keine medizinische Untersuchung, keine Diskussion.

Alles, was es gab, war eine fünfstündige Autofahrt nach Polen, in der mein Vater kein einziges Wort mit mir gewechselt hat. Bei der Rückfahrt schob er mir einen Müllsack unter, damit ich ihm nicht die Autositze vollblutete.

Außer meiner früheren Therapeutin weiß niemand davon, auch nicht Noah. Ich habe nicht einmal die Ärzte in der Kinderwunschklinik eingeweiht, ich dachte, das finden sie von alleine raus. Aber sie fanden es nicht heraus. Niemand tat das.

Tränen schießen mir wieder in die Augen, sickern in mein Haar, kriechen über meinen Schädel wie kleine Würmer. Ich lassen den Kopf zur Seite rollen, kühle meine Schläfe an den Fliesen, beobachte das salzige Rinnsal, wie es sich seinen Weg durch die Fugen bahnt. So liege ich da, minutenlang. Heule, bis die Tränen versiegen. Bis alle verbraucht sind.

Das Beste wird sein, wir machen einen sauberen Schnitt. Ich gehe fürs Erste in das Ferienhaus nach Scharbeutz. Das bedeutet eine Stunde Fahrt morgens zur Arbeit, aber egal – Noah soll sich einfach so schnell wie möglich eine neue Wohnung suchen, die hier kann er sich alleine sowieso nicht leisten. Den Papierkram mit der Scheidung erledige ich. Gemeinschaftskonto auflösen, Versicherungspolicen ändern, Patientenverfügung anspassen, *that's it.* So schnell löst sich der Bund der Ehe in zwei lose Fäden.

Geräuschvoll ziehe ich die Nase hoch, sehe mich um, überlege. Mein Blick fällt auf die Uhr. Wie lange sie ihn wohl diesmal befragen? Was soll das eigentlich alles, das ist doch absolut lächerlich. Dann hat er halt gewusst, dass Emma noch da war, na und? Wollen sie ihn deshalb einsperren und … ach, zum Teufel damit. Warum den Kopf zerbrechen? Das geht mich nichts mehr an.

Ich rapple mich auf, tupfe meine feuchten Wangen trocken, gehe ins Schlafzimmer.

Koffer packen.

Elias

»Ihr wolltet ja nicht hören«, sagt Dorn, tauscht Zahnstocher mit Zigarette und zündet sie an, obwohl striktes Rauchverbot herrscht.

Als Antwort schlägt Steiger sie ihm aus dem Gesicht. »Schnauze!«, brüllt er ihn nieder, trampelt durch den Raum wie ein wild gewordener Stier. »Verdammte Scheiße, wir hatten ihn beinahe.« Ein Kleiderständer geht zu Boden, zwei Jalousien und eine Stehlampe folgen. Als er nichts mehr zum Umschmeißen findet, rammt er seine Faust in den Defibrillator-Notfallkasten an der Wand, einmal, zweimal, bis das ganze Trumm herunterkracht. Kabel hängen lose heraus, daneben tropft Blut von seinen Knöcheln auf den Teppich.

Dann wird es still. Nur das Rasseln seiner Lunge und ein Surren sind hörbar, ich denke, es kommt vom Defibrillator.

Dorn verdreht die Augen, zündet sich eine neue Zigarette an, nimmt einen tiefen Zug und stößt den Rauch aus der Nase.

Ich stehe in der Ecke, mustere erst den einen, dann den anderen. Niemand scheint gewillt, das Offensichtliche anzusprechen. »Wie machen wir weiter?«, frage ich. »Wir können Klingberg nicht ewig dabehalten. Er wird bald einen Anwalt verlangen.«

Es ist ohnehin ein Wunder, dass er es noch nicht getan hat. Mir fällt kein Verhör ein, bei dem die Nerven des Verdächtigen nicht irgendwann blank lagen und der Name des Rechtsverdrehers das Einzige war, was man zu hören bekam. Klingberg hat geheult, geschluchzt, gestanden – aber sein Recht auf einen Anwalt hat er nicht eingefordert. Selbst am Schluss nicht.

»Was können wir da schon machen?«, mault Dorn verhalten, süffelt seinen Kaffee, lässt Steiger keine Sekunde aus den Augen.

Der steht jetzt mitten im Raum, vor den Bildschirmen, die Arme in die Hüfte gestemmt, immer noch außer Puste. Ich stelle mich neben ihn, starre auf die flimmernde Scheibe. Beide beobachten wir Klingberg, wie er dasitzt und ins Leere starrt. Sein Anblick scheint Steiger rasend zu machen.

»Was haben wir sonst gegen ihn?«, brodelt es aus ihm heraus, sein Atem klingt, als würde eine grobe Feile über morsches Holz raspeln.

»Nichts.«

»Herrgott, es muss doch etwas geben, wir brauchen …«

Die Tür geht auf, Köpke latscht herein, bleibt verdutzt stehen und sieht in die Runde. »Was habe ich verpasst?«

Natürlich antwortet Dorn als Erstes, wie aus der Pistole geschossen. »Klingberg hat gestanden. Aber das Falsche.«

Köpke runzelt die Stirn. »Wie, das Falsche?«

»Er hatte ein Verhältnis mit Emma Falk, mehr nicht.«

Etwas schrappt über eine glatte Oberfläche, ich sehe, wie Köpke sich wegduckt, kurz darauf zersplittert eine Kaffeetasse hinter ihm an der Wand.

»Könnt ihr zwei Vögel die Klappe halten und euch zur Abwechslung nützlich machen?«, donnert Steigers Stimme durch den Raum. »Was ist mit dem Vaterschaftstest?«

Köpke richtet sich wieder auf, wischt sich Porzellanscherben vom Ärmel. Die Aktion scheint ihn nicht sonderlich zu beeindrucken, wahrscheinlich ist so etwas an der Tagesordnung in der Mordkommission. Er zuckt bloß mit den Achseln. »Das Labor sagt, der DNA-Abgleich mit dem Fötus dauert noch mindestens eine Woche, das scheint nicht so einfach zu sein.«

»Verdammt noch mal, dann machen Sie denen Druck!«

Köpke will erst antworten, überlegt es sich anscheinend, dreht sich dann einfach um und geht. Dorn sieht ihm hinterher, steckt sich wieder seinen Zahnstocher ins Maul, schüttelt bloß den Kopf. Von ihm wird nichts Erhellendes kommen, es bleibt also an mir hängen.

»Selbst wenn er uns angelogen hat, und er ist doch der Vater des Babys – was bringt uns das? Das beweist noch lange nicht den Mord an Emma Falk«, sage ich mit gedämpfter Stimme.

Steiger fletscht die Zähne. »Nein, aber wer einmal lügt, lügt wieder. Und in einem Indizienprozess wäre das ein gewichtiges Motiv.« Im nächsten Moment verschwindet das Fletschen, und sämtliche Spannung weicht aus seinem Körper. Kraftlos lässt er sich auf einen Sessel plumpsen. »Oder auch nicht, keine Ahnung.« Mit Daumen und Zeigefinger knetet er sich die Nasenwurzel, schnauft. »Wenn ich CC mit einem Indizienprozess komme, kann ich ohnehin stempeln gehen.«

Er hat recht. Indizienprozesse entwickeln sich fast immer zum Albtraum, aber etwas anderes würde bei der Beweislage nicht funktionieren. In Wahrheit haben wir nichts gegen Klingberg in der Hand. Seine DNA könnte auf tausend

Wegen dahin gekommen sein, schließlich hatte er eine Affäre mit Emma Falk. Natürlich war seine DNA im Bett. Und selbst wenn rauskäme, dass er sie nur bei sich daheim gevögelt hat – er wurde im selben Raum wie die Leiche aufgefunden. Der Täter könnte seine DNA bewusst platziert haben oder viel logischer: Sie könnte von ihm abgefallen sein, nachdem er Klingberg an anderer Stelle zusammengeschlagen hat – alles Möglichkeiten. Jeder mittelmäßige Kleinstadtanwalt zerreißt diese Vorwürfe in der Luft. Und der Rest – nur wilde Spekulationen und haltlose Anschuldigungen. Ohne Geständnis kommen wir nicht weit.

»Blom, er könnte es sein, das spüren Sie doch auch«, höre ich Steiger sagen. Er fixiert mich mit irrem Blick, springt plötzlich auf, packt mich an der Schulter. »Entweder ist er ein Nachahmungstäter – keine Ahnung wie er das angestellt haben soll –, oder er ist tatsächlich unser Mann, ist es immer schon gewesen. Vielleicht hat er damals aufgehört, weil wir ihn eingeschüchtert haben, aber dann, bei der hübschen Nachbarin, sind ihm wieder die Sicherungen durchgebrannt. So muss es gelaufen sein. Und wir haben ihn, Blom, er sitzt hier, der Ringfinger-Mörder, vor unseren Augen. Alles, was wir tun müssen, ist, ihn festnageln.«

Ich schlucke. Mein Blick geht wieder zum Monitor. Emma Falk, Helena Kiel, Maren Kemp, Natascha Lechefsky – alle die Opfer dieses Mannes? Im Bildschirm sitzt ein Miniatur-Klingberg, grau und klein und reglos wie ein Kieselstein.

»Ich …«, setze ich an, breche ab. Aber nicht wegen Steigers Präsenz, sondern weil mein Kopf einfach noch nicht so weit ist. Die Zeit zu knapp, die Optionen noch nicht abgewogen, Gedanken flattern mir wirr durch den Schädel.

Steiger starrt mich immer noch unverwandt an. »Strengen Sie Ihr Köpfchen an, Blom. Sie sind doch ein schlauer Kerl! Wie bringen wir den Wichser zum Reden?«

Mein Mund klappt auf und zu, produziert nur heiße Luft. Ich weiß es nicht, ich habe schlicht und einfach keine Ahnung.

»Ich wüsste nicht, was wir noch tun können«, antworte ich heiser.

Steigers aufgerissene Augen werden unter der Last seiner buschigen Augenbrauen schmäler. Sein Gesicht ist ein offenes Buch mit dem Titel ›Enttäuschung‹. In mir flammt ein Gedanke auf. Kann es sein, dass ich mich in ihm getäuscht habe? All die Jahre? Für mich war Steiger immer nur ein brutaler, dumpfer Jäger, der alle anderen ohne Rücksicht auf Verluste aufs Korn genommen hat. Aber vielleicht habe ich mich geirrt. Vielleicht ist er selbst nur ein Getriebener.

Mit erloschener Miene wendet er sich von mir ab, taumelt hinüber zum Fenster, lehnt sich gegen die Wand. »Dann war's das«, ächzt er, starrt hinunter auf den Parkplatz. »Seit fast zwei Wochen tappen wir im Dunkeln, haben nichts, rein gar nichts – wie damals, Blom. Erinnern Sie sich? Wir hatten Differenzen, aber wir haben beide alles in unserer Macht Stehende getan, um diesen Ringfinger-Wichser dranzukriegen, jeder auf seine Weise. Aber es hat nicht gereicht. Es wird so sein wie früher.«

Mein Atem geht schneller. Steiger hat recht. Alles wiederholt sich. Die Medien werden uns vor sich hertreiben, Druck machen, verdrehen, was sie in die Finger bekommen. Die Hamburger Stümpertruppe ermittelt wieder, lässt sich von einem kranken Psychokiller auf der Nase herumtanzen. Die

Wochen ziehen ins Land, die selbst ernannten Experten erteilen Ratschlag um Ratschlag, aber wir können immer noch keine Erfolge vorweisen, eiern herum, bis es CC oder seinen Vorgesetzten reicht und die nächsten Köpfe rollen. Und Steigers wird der erste sein.

»Chef?« Dorn blickt von seinem Handy auf. »Köpke schreibt, CC sucht Sie überall, stellt die ganze Bude auf den Kopf. Was soll ich antworten?«

Steiger reagiert nicht, starrt stumm aus dem Fenster. Ich möchte nicht in seiner Haut stecken. Alles, was wir vorzuweisen haben, ist ein Kerl, der nach langem Ringen zugegeben hat, das Opfer gebumst zu haben – mehr nicht. Wieder geht mein Blick zum Bildschirm.

Was, wenn du es tatsächlich warst … Verächtlich schnaube ich aus. Na, was wohl? Was soll ihm schon passieren? Wir haben nichts gegen Klingberg in der Hand. Selbst wenn es zum Prozess kommt, für ein Urteil reicht es nie und nimmer. Er könnte sie alle auf dem Gewissen haben, bei der derzeitigen Beweislage verlässt er den Gerichtssaal als freier Mann.

Dorn räuspert sich. »Köpke wieder, er schreibt, dass CC auf dem Weg hierher ist. Irgendwie hat er wohl von der Sache Wind bekommen. Was machen wir jetzt?«

Steiger sägen sie zuerst ab, dann das restliche Team – alles muss neu, so will es das PR-Gesetz. Mich werden sie wieder in die Abteilung für Einbruchsdelikte abschieben, wo ich Besitzern von geknackten Audis mitteilen darf, dass sie sich ihre überteuerten Bonzenkarren selbst aus Polen zurückholen können. Mats' Leben wird umsonst den Bach runtergegangen sein, die Nächte verbringe ich weiter mit toten

Frauen, die in meinem Kopf herumspuken, und mit Fragen, auf die ich keine Antwort finde. Und dann sitze ich wieder da, auf dem abgewetzten Sofa, alleine um vier Uhr morgens, und weil ich nicht schlafen kann, sehe ich mir zum zweiunddreißigsten Mal ›The Sentinel‹ an.

Ich zögere. Irgendwo in meinem Hinterkopf legt sich ein Schalter um, bringt etwas ins Rollen. Mein Blick schnellt zum Defibrillator. Das ist doch Schwachsinn, das funktioniert nie! Die Idee zerschellt an meinen Zweifeln, setzt sich aber augenblicklich wieder zusammen, bläst sich auf, wird größer und voller, nährt sich von Hoffnung, Wut, Verzweiflung. Kann das klappen? Ich weiß es nicht. Ich weiß nur eins: Uns bleibt nur eine Chance, es auszuprobieren.

»Dorn!«, schießt es aus mir heraus. »Geh runter in die Waffenkammer, hol einen Einsatzkoffer, am besten den mit den fünf Walther P99.«

Dorn lacht leise auf, aber als er merkt, wie ernst es mir ist, bleibt ihm das Glucksen im Halse stecken. »Wenn du ihm 'ne Pistole in die Fresse schieben willst, hier bitte, nimm meine. Viel Spaß.«

Ich dränge mich an ihm vorbei, beachte ihn gar nicht, hebe den Defibrillator vom Boden auf und inspiziere ihn. Mit viel Fantasie … Das sollte klappen. Dorn hat sich kein Stück bewegt. Entnervt wiederhole ich meinen Befehl: »Ein mobiler Einsatzkoffer, jetzt!«

»Schnürt dir deine Scheißweste die Blutzufuhr ab, oder was? Hol dir deinen verfickten Koffer doch selber!«, faucht er zurück, blickt entgeistert zu Steiger.

Der sieht mich stirnrunzelnd an, schürzt die Lippen. »Was soll das mit den Pistolen?«

Unsere Blicke treffen sich, lesen einander. »Ich werde ihm nichts tun.«

Steiger neigt den Kopf, zermahlt Luft zwischen den Zähnen, sekundenlang. Dann: »Dorn, Abmarsch!«

»Aber Chef, ich …«

»Abmarsch!«

Dorn stöhnt auf. Sein Zahnstocher wippt nervös auf und ab. »Die Walther P99?«, fragt er noch einmal. Ich nicke. Dann trabt er davon.

»Und Sie halten mir CC vom Leib«, sage ich zu Steiger. »Ich versuche etwas bei Klingberg.« Der Defibrillator surrt in meinen Händen. »Alleine.«

Noah

Die Kamera glotzt aus der oberen Ecke des Raumes herab. Ich bewege mich nicht, trage meinen Kampf tief in mir drinnen aus. Ab und an schiele ich verstohlen hoch, frage mich, ob sie gerade auf den Monitor blicken. Ob sie die Köpfe zusammenstecken und sich beratschlagen, was sie mit mir anstellen sollen.

Dann bekomme ich meine Antwort.

Die Tür geht auf, der Kommissar kommt zurück, alleine, ohne seinen unsympathischen Vorgesetzten. Sofort fällt die Starre von mir ab, und bevor er etwas sagen kann, sprudelt es aus mir heraus. »Bitte, sagen Sie Linda nichts davon«, flehe ich ihn an, knüpfe nahtlos an das vorherige Gespräch an. »Zerstören Sie nicht meine Ehe! Sie weiß nichts von Emma und … Ich bitte Sie inständig!«

Der Kommissar reagiert nicht. Jetzt erst bemerke ich den silbernen Aluminiumkoffer in seiner Hand, er stellt ihn behutsam auf dem Tisch ab. »Ich habe Ihnen bereits gesagt: Wenn es im Zuge der Ermittlung relevant erscheint, müssen wir Ihre Frau oder andere Personen darüber in Kenntnis setzen.«

Er spult den Text herunter wie ein Roboter, scheint sich nicht für mich zu interessieren. Sein Blick ruht auf dem Koffer.

Kraftlos sinke ich zusammen. Es hat keinen Zweck. Sie werden es ihr ja doch sagen. Und selbst wenn nicht … Was ändert das schon? Warum kralle ich mich so verzweifelt an diesen Hoffnungsschimmer? Als bestünde auch nur die leiseste Chance, dass Linda mir die Sache mit den Pillen verzeiht. Es ist vorbei, auch wenn sie ihr nichts von Emma erzählen.

»Allerdings, wenn wir den Verdacht gegen Sie zerstreuen könnten …«, höre ich den Kommissar sagen, aber seine Worte sind wie Platzpatronen, sie lösen sich sofort in Rauch auf, kommen nicht bei mir an. Linda wird mich verlassen, mein Leben wird zusammenbrechen. Acht Jahre Beziehung, einfach ausradiert.

»Verstehen Sie, Herr Klingberg?«, dringt die Stimme des Kommissars wieder zu mir hindurch.

Ich blicke ihn ratlos an. »Wie bitte?«, frage ich träge. »Was haben Sie gesagt?«

»Es gäbe eine Möglichkeit, die Ermittlungen abzukürzen.«

Mühsam richte ich mich auf, schüttle die Lethargie aus meinen Gliedern. »Wie meinen Sie das?«

»Sind Sie mit dem Konzept eines Polygraphen vertraut?« Er lässt die Verschlüsse des Koffers aufschnappen, klappt ihn vorsichtig mit der Öffnung in seine Richtung auf.

Ich neige den Kopf etwas zur Seite, versuche hineinzuspähen, vergebens. Polywas? Irritiert schüttle ich den Kopf.

»Ein Biosignalgerät zur Messung physiopsychologischer Parameter«, fährt er fort, die Hände hinter dem Kofferdeckel verborgen. »Besser bekannt als Lügendetektor.«

Mein Herz setzt kurz aus.

Dann schlägt es wieder.

Doppelt so schnell.

Was zum …

»Ich dachte, das gibt es nur im Film?«, stottere ich lächelnd, tue so, als hätte er einen Witz gemacht.

»Nein, das gibt es durchaus. Anhand von Blutdruck, Puls, Atmung, Hautwiderstand und anderen Faktoren lässt sich sehr gut messen, ob eine Person lügt.«

Entgeistert starre ich ihn an, ignoriere den Druck, der sich in meinem Brustkorb breitmacht. Meint er das ernst? Das muss doch ein Witz sein. Aber wer würde in so einer Situation Witze machen?

»Aber ich habe mein Verhältnis mit Emma doch schon gestanden«, entgegne ich mit heiserer Stimme.

Ein schiefes Lächeln huscht über seine Lippen. »Sie werden verstehen, dass es bei diesem Test nicht vorrangig darum geht«, antwortet er, immer noch lächelnd. Dann verändert sich sein Gesicht plötzlich, und seine Stimme wird ernst. »Aber wie bereits vorhin erwähnt: Sie haben jederzeit das Recht, Ihren Anwalt zu kontaktieren. Wir müssen das hier nicht machen. Nicht *jetzt* und auch nicht *so*.«

Meine Gedanken überschlagen sich. Tausend Fragen paaren sich mit tausend Möglichkeiten und ergeben abertausend falsche Antworten. Der Kommissar setzt wieder sein bitteres Lächeln auf. Jetzt erst bemerke ich, dass sich etwas an ihm verändert hat. Seine Gesichtszüge, der Schweiß auf seiner Stirn, der ausweichende Blick – er wirkt genauso verunsichert wie ich. Will er mich spiegeln? Will er dadurch mein Vertrauen gewinnen? Auf was zum Teufel will er hinaus?

»Wie meinen Sie das?«, frage ich mit zitternder Stimme. »Was ist denn die Alternative?«

Der Kommissar rückt den Stuhl zurecht, setzt sich mir

gegenüber, legt die Hände auf den Tisch und faltet sie wie zum Gebet. »Die Alternative ist, Sie geben Ihren Pass und Ihre Papiere ab, dann dürfen Sie fürs Erste wieder nach Hause. In den nächsten Tagen bekommen Sie eine offizielle Vorladung, und Sie müssen vor Gericht erscheinen. Die Details zum Prozessablauf besprechen Sie aber besser mit Ihrem Anwalt.«

Ich halte die Luft an. Das ist doch alles nicht wahr. Wie konnte das nur passieren? Wie konnte ich es so weit kommen lassen?

»Wir werden in der Zwischenzeit weiter ermitteln, vielleicht Ihre Frau befragen, weitere Personen, uns ein umfassendes Bild machen. Finden wir keine Spuren, die in eine andere Richtung hindeuten, beantragen wir einen Polygraphentest als Beweismittel. Das Gericht entscheidet dann über die Zulässigkeit, und im Falle eines positiven Bescheids sehen wir uns wieder, und ich stelle Ihnen dieselben Fragen, die ich Ihnen jetzt stellen würde, selbstverständlich in Anwesenheit eines Richters, Ihres Anwalts und eventuell mit medizinischer Betreuung.«

Meine Gedanken rasen. Ich versuche, mir das alles vorzustellen. Richter in Roben, Anhörungen, Anwälte, Befragungen, Linda … Was werden sie ihr erzählen?

»Und wenn wir den Test jetzt machen?«

Der Kommissar lehnt sich etwas vor, schürzt die Lippen. »Wenn wir den Test jetzt machen und Sie meine Fragen wahrheitsgemäß beantworten, sehe ich keinen Grund, weitere Ermittlungen in Ihre Richtung fortzuführen. Vorausgesetzt natürlich, Sie sind unschuldig.« Er lehnt sich noch weiter vor, wechselt die Stimmlage. »Wenn Sie uns jedoch etwas verschweigen, so würde ich Ihnen raten, jetzt ein Geständnis abzulegen.«

Meine Kehle trocknet aus. Ich schließe die Augen, aber die Blicke des Kommissars bohren sich durch meine Lider.

»Wenn Sie jetzt gestehen, wirkt sich das äußerst positiv auf das Strafmaß aus!«

Seine Stimme verklingt im ohrenbetäubenden Rauschen meines Blutes. Ich presse die Augen noch fester zusammen, gleißende Flecken tänzeln durchs Schwarz. Die Welt um uns herum hat aufgehört zu existieren, es gibt nur noch das Hier und Jetzt, diesen einen Moment, der Augenblick kurz vor dem Fall.

»Sagen Sie es einfach, Klingberg«, erklingt es irgendwo am Rande meines Horizonts. »Warum haben Sie Emma Falk umgebracht?«

Ich reiße die Augen wieder auf, alles ist verschwunden, verschluckt, von einem riesigen schwarzen Loch. Es klafft bedrohlich auf, wird immer breiter, frisst Raum und Licht und Leben – mein Leben, meine Zukunft. *Warum habe ich Emma Falk umgebracht?* Meine Arme rudern, ich versuche, mich an irgendetwas festzuhalten, aber da ist nichts, nur ich und die Leere. *Warum habe ich Emma Falk umgebracht? Warum …*

Ein Lichtblitz, nadelstichgroß, irgendwo in weiter Ferne glimmend. Er pulsiert, quillt über, breitet sich aus, brennt sich in die Dunkelheit, zersetzt sie, zerstört sie. Bis sie nicht mehr da ist. Bis ich wieder im Verhörraum der Polizei Hamburg sitze, vor mir ein Tisch, eine Tasse Kaffee. Ich hebe den Kopf. Der Kommissar redet immer noch auf mich ein.

»Dann tun wir es jetzt«, unterbreche ich ihn krächzend.

Ein beinahe unmerkliches Lächeln nistet sich in seinen Gesichtszügen ein, diesmal ein ehrliches. »Sie wollen also ein Geständnis ablegen?«

Ich schlucke schwer. »Nein. Ich meine den Test. Machen wir den Lügentest.«

Sein Lächeln gefriert.

Dann passiert lange nichts.

Er sieht mich einfach nur an, bemüht sich um einen neutralen Gesichtsausdruck, zieht die Mundwinkel ständig hoch, wenn sie ihm nach unten rutschen. Meine Antwort setzt ihm zu, das ist kaum zu übersehen. Nach einer gefühlten Ewigkeit gibt er sich einen Ruck. »Na gut …«, presst er zwischen den Zähnen hindurch. »… wie Sie wollen.« Er erhebt sich steif wie eine Holzpuppe, starrt in den aufgeklappten Koffer. Dann fischt er zwei Kabel heraus, an deren Enden weiße Pads baumeln. Während er sie auseinanderfriemelt, beginnt mein Herz schneller zu schlagen.

Jetzt gibt es kein Zurück mehr.

»Bitte die oberen drei Knöpfe öffnen«, brummt der Kommissar griesgrämig, ich gehorche aufs Wort. Er kommt um den Tisch herum, nestelt ungeschickt an meinem Hemdkragen, klebt ein Pad auf die Brust. Es ist kalt, riecht unangenehm, fühlt sich schleimig an, als hätte man mir einen Blutegel angesetzt. Mein Puls rast. *Oh, mein Gott, was habe ich mir nur dabei gedacht?* Das zweite Pad soll an meinen Arm. Ich kremple den Ärmel hoch, balle eine Faust, damit er mein Zittern nicht sieht. Der Blutegel setzt sich direkt auf meine Pulsader. *Beruhig dich, atme tief durch.* Erinnerungen flackern auf, ich dränge sie zurück, verschütte sie unter anderen Gedanken. *Denk an etwas Schönes. An Urlaub, die Sonne, das Meer, Cocktails am Strand.* Es ist zwecklos, die Erinnerungen kämpfen sich immer wieder durch, bahnen sich ihren Weg an die Oberfläche.

Der Kommissar setzt sich, zieht den Koffer näher an die Tischkante, verschwindet fast gänzlich hinter Aluminium, nur sein Kopf ragt hervor. Etwas flackert, seine Augäpfel schimmern bläulich – ein Bildschirm. *Das war ein schwerer Fehler, eine absolute Schnapsidee.* Die Erinnerungen toben durch meinen Schädel, ziehen mich mit, tragen mich an einen Ort, an den ich unmöglich denken darf, nicht hier, nicht in diesem Augenblick.

Etwas knackt, ein Surren dringt aus dem Koffer, die Pads beginnen leicht zu vibrieren, meine Haut kribbelt. Erschrocken blicke ich auf, der Kommissar ebenso. Er scheint sich mit diesem Ding genauso wenig auszukennen wie ich. Aber vielleicht tut er auch nur so, keine Ahnung – ich weiß nicht, wo mir der Kopf steht. Das Surren schwillt an, es ist nicht laut, klingt aber bedrohlich, wie ein elektrischer Impuls. Dann das Geräusch einer Tastatur. Er tippt etwas ein, wahrscheinlich Parameter, Alter, Gewicht – woher weiß er das? Aus meiner Akte, natürlich.

»Ich stelle Ihnen zunächst ein paar einfache Fragen«, dringt die Stimme des Kommissars hinter dem Aluminiumkoffer hervor. »Das Gerät muss sich erst kalibrieren.«

Beruhig dich. Konzentrier dich. Das ist meine Chance. Wenn ich das hier hinter mich gebracht habe, werde ich Linda alles erklären, und vielleicht wird sie mir verzeihen. Sie muss es einfach – ich bin ein Mensch, ich mache Fehler, jeder macht Fehler!

»Ihr Name ist Noah Klingberg?« Der Kommissar richtet

sich auf, sein Kopf ragt jetzt über den Koffer, er sieht mich erwartungsvoll an.

»Ja.«

Sein Blick sackt ab. »Ihr gebürtiger Name ist Wesemann?«

»Ja, ich habe den Namen meiner Frau angenommen.«

»Bitte nur mit Ja oder Nein antworten.«

»Ja«, antworte ich genervt.

»Ist Ihre Augenfarbe Blau?«

»Nein.«

»Haben Sie eine Schwester?«

»Nein.«

»Sind Sie mit Linda Klingberg verheiratet?«

Ich werfe ihm einen bösen Blick zu, antworte gereizt: »Noch.«

»Bitte nur mit …«

»Ja, verdammt!«, schnauze ich zurück. »Ja. Ich bin mit Linda Klingberg verheiratet.«

Der Kommissar fokussiert wieder den Monitor. Bilder von ausschlagenden Amplituden schießen mir in den Kopf, ein Auf und Ab von bunten Strichen, springende Zahlenwerte. Schweiß perlt mir von der Stirn, läuft mir ins Auge. Der Kommissar lugt über den Kofferrand, leckt sich über die Lippen. Sein Adamsapfel zittert. Und ich weiß, dass die harmlosen Fragen zu Ende sind. »Haben Sie Emma Falk getötet?«

Schweigen. Gedanken irrlichtern, kreisen, überschlagen sich, zerfallen und setzen sich augenblicklich wieder zusammen, branden gegen meine Stirn. Und ich antworte: »Nein.«

Und der Kommissar sagt … nichts. Der Bildschirm scheint ihm egal zu sein, er starrt mich einfach nur an, sagt kein Wort, stellt keine Fragen, lässt das Maß einer üblichen

Gesprächspause verstreichen. Nur das unheimliche Surren des Lügendetektors schwingt im Raum, sonst herrscht absolute Stille. Dann plötzlich …

»Kommissar Blom«, ertönt es blechern.

Ich reiße den Kopf herum, fixiere den kleinen Lautsprecher in der oberen Ecke des Raumes.

»Dürfte ich Sie einen Augenblick sprechen?«

Die Stimme kommt mir nicht bekannt vor. Verwundert richte ich meinen Blick auf den Kommissar, er starrt mich immer noch an, die Lippen so fest aufeinandergepresst, dass sie kaum noch sichtbar sind. »Sind Sie der Ringfinger-Mörder?«, platzt es plötzlich aus ihm heraus, seine Stimme überschlägt sich.

»Nein.«

»Haben Sie Helena Kiel ermordet?«

»Nein.«

»Natascha Lechefsky? Sind Sie der Mörder von Natascha Lechefsky?«

»Nein.«

»Blom!«, ertönt es wieder, diesmal schärfer. Der Mann im Lautsprecher klingt angespannt. »Es ist wirklich dringend nötig, dass wir jetzt sofort eine Unterhaltung führen.«

Der Kommissar blinzelt, streicht sich eine Strähne aus der klatschnassen Stirn. Für einen Moment scheint sämtliche Spannung aus seinem Körper zu weichen. Im nächsten springt er auf, wirbelt um den Tisch.

»Vielen Dank, Herr Klingberg.« Er reißt mir die Pads vom Leib, stopft alles in den Koffer, klappt ihn zu. »Der Test ist abgeschlossen, ich muss mich kurz mit meinem Kollegen besprechen.«

Ich sehe, wie seine Lippen Worte formen, höre sie, aber mein Gehirn kommt nicht mit, alles geht so schnell, viel zu schnell. Ist das eine Taktik? Ein Manöver, um mich mürbe zu machen? Um mich zu verwirren? Er hievt den Koffer vom Tisch, will zur Tür hinaus, ich packe ihn am Ärmel.

»Habe ich etwas Falsches gesagt?«, plärre ich ihn an.

Er antwortet nicht, starrt nur vor sich hin. Dann senkt er den Kopf, räuspert sich, mustert mich aus den Augenwinkeln. »Nein«, nuschelt er beinahe unterwürfig. »Sie haben alles richtig gemacht. Wenn die Kollegen keine Frage mehr haben, dürfen Sie gehen.«

Er will weiter, aber ich greife nach ihm, umklammere sein Handgelenk. »Werden Sie Linda etwas sagen?«

Sein Blick wandert den Ärmel entlang zu meiner Hand. Ich lasse los.

»Bitte erzählen Sie ihr nichts! Zerstören Sie nicht unsere Ehe!«

Sein Kopf wippt unentschlossen hin und her, mehrere Sekunden lang. Dann fällt plötzlich alles Starre von ihm ab, und sein Gesicht öffnet sich. »Ich denke, das wird nicht nötig sein«, sagt er mit sanfter Stimme, schenkt mir ein schwaches Lächeln. Kurz darauf ist er zur Tür hinaus.

Ich sehe ihm nach, viele Sekunden lang. Verharre, bis ich begriffen habe, was gerade passiert ist. Bis ich es vollends verinnerlicht habe. Dann gewinnen die Krämpfe Oberhand. Und ich übergebe mich schwallartig auf den Boden.

Elias

»Ich verstehe das nicht. Ich verstehe das einfach nicht.« CCs drahtiger Körper bebt, seine Hände schlingern durch die Luft, bis sie mit lautem Knall auf dem Tisch landen. »Ein Defibrillator … ein Laptop … in einem Waffenkoffer? Erklären Sie mir das noch mal, Blom. Ganz langsam, zum Mitschreiben.«

Ich stehe einfach nur da, den Blick zu Boden gerichtet, die Arme eng an den Körper gepresst, wie ein Soldat. Jedes Wort aus CCs Mund macht mich einen Kopf kleiner und führt mir mehr vor Augen, welchen Fehler ich begangen habe. Wie konnte ich nur so dumm sein? Meine Kehle ist trocken, meine Zunge schwer wie Blei.

CC setzt wieder zum Tobsuchtsanfall an, entlädt ihn aber in eine andere Richtung. »Und Sie machen gefälligst die Kippe aus! Hier herrscht Rauchverbot!«

Dorn verdreht genervt die Augen, bläst den Rauch durch seine Nase, streift die Zigarette über die Schuhsohle und schiebt sich wieder seinen Zahnstocher zwischen die Lippen. Wir sind die Einzigen im Raum, Steiger ist verschwunden.

»Also, was ist jetzt, Blom?«

Meine Gnadenfrist ist zu Ende. Ich fahre mir mit der Zunge über die Lippen, räuspere mich, nuschle los: »Noah Klingbergs DNA-Spuren waren …«

»Blom!«, schneidet mir CC sofort das Wort ab. »Stellen Sie sich nicht dümmer, als Sie sind. Das meine ich nicht.«

Ich atme tief ein, halte die Luft an, warte einen Moment. Einerseits, um zu überlegen, andererseits, weil ich hoffe, dass Steiger aufkreuzt. Aber er lässt sich nicht blicken. Dorn jongliert bloß ein dummes Grinsen und seinen Zahnstocher auf den Lippen – mir bleibt nichts anderes übrig. »Klingberg wollte keinen Anwalt, bis zum Schluss nicht«, antworte ich monoton. »Das bedeutet, dass er entweder die Wahrheit sagt oder dass er sich seiner Lüge sehr sicher ist.« Während ich rede, fixiert mich CC eisern. Seine Augen schimmern – es liegt ein Hauch Wahnsinn in seinem Blick. »Da wir der Meinung waren, dass er lügt, wollten wir den Druck erhöhen. Der …«, ich zögere, überlege, entschließe mich für die vage Variante, »… Trick, den ich angewandt habe, sollte Klingberg glauben lassen, dass seine Lüge auffliegt. Ich hatte gehofft, ihn so zu einem Geständnis zu bringen.«

»Sie hatten gehofft«, resümiert CC mit süffisantem Lächeln auf den Lippen, lässt plötzlich den Kopf hängen, als würden ihm sämtliche Nackenmuskeln den Dienst verweigern. »Und?«, murmelt er in sein Revers. »Hat er gestanden?«

Ich senke den Blick, starre auf meine Schuhspitzen. »Nein, hat er nicht.«

»Und was, denken Sie, bedeutet das jetzt?«

CC liebt es scheinbar, Fragen zu stellen, deren Antworten er bereits kennt. Er weiß genau, was das bedeutet. Klingberg hat nicht gelogen. Er kann vielleicht von seiner Lüge überzeugt sein, aber dass er, ohne mit der Wimper zu zucken, versucht, einen Lügendetektor auszutricksen, ist äußerst unwahrscheinlich. Besonders, da er in jeder Sekunde die Sache hätte beenden und einen Anwalt verlangen können. Aber das hat er nicht getan. Ich habe mich getäuscht. Und CC zwingt mich, es auszusprechen.

»Noah Klingberg ist mit ziemlicher Sicherheit weder der Ringfinger-Mörder noch der Mörder von Emma Falk«, antworte ich trocken.

Dann herrscht Stille. CC steht immer noch vornübergebeugt hinter dem Tisch, stützt sich mit beiden Händen darauf ab, als wiege sein Körper eine Tonne. Einige träge Sekunden verstreichen. Dann: »Blom«, setzt er an, richtet sich wieder auf und lächelt gequält. »Ich habe Sie in dieses Team geholt, weil ich dachte, dass Sie eine zweite Chance verdient hätten.« Seine Stimme ist jetzt ölig und weich wie die eines Schnulzensängers. »Ich dachte, Sie sind ein cleveres Kerlchen, haben Erfahrung in dem Fall; Ihre Kollegen vom Einbruchsdezernat bezeichnen Sie als gewissenhaft, als äußerst strukturiert, überlegt. Ich dachte wirklich, ich könnte mich auf Sie verlassen, wirklich!« Sein federnder Gang befördert ihn um den Tisch herum, direkt vor mich. Er legt seine Hände auf meine Brust, zupft an meinem Kragen. Das Lächeln ist jetzt fast gänzlich aus seinem Gesicht verschwunden. »Und Sie haben sich einfach gedacht: Och, warum schnall ich den Verdächtigen nicht an einen Defibrillator? Was soll mir schon passieren?«

Dann verschwindet das Lächeln komplett. Und er explodiert. *»Haben Sie noch alle Tassen im Schrank?«*

Ein Schrillen ertönt in meinen Ohren wie das Kreischen von verrosteten Bremsen.

»Können Sie sich nur ansatzweise vorstellen, was passiert, wenn dieser Klingberg zu einem Anwalt geht? Was der mit uns macht? Oder was die Presse damit macht? Stellen Sie sich vor, die bekommen dieses Videomaterial zu Gesicht …«

CC lässt von mir ab, wirbelt um den Tisch und pocht mit dem Finger gegen den Monitor, der noch immer Noah Klingberg im Verhörraum zeigt. Er sitzt still da, starrt mit leerem Blick an die Wand. Für einen Moment wünsche ich mich an seine Stelle.

» …wissen Sie, was die aus der Nummer machen? ›Verhör mit Stromstößen, Folter bei der Hamburger Polizei‹ – das machen die daraus. Die hetzen uns jede Menschenrechtsorganisation der Welt auf den Hals, Amnesty International wird auf dem Parkplatz Zelte aufbauen! Ich sehe mich schon vor dem Untersuchungsausschuss aussagen: ›Nein, Herr Vorsitzender, das war keine Folter, der Kollege Blom wollte so tun, als wäre das ein Lügendetektor‹ – haha, lustig, nicht wahr, Blom? *Nicht wahr?*«

Mir ist nicht zum Lachen, Dorn schon. Er lehnt an der Wand, kichert leise in sich hinein, aber laut genug, um CCs Zorn auf sich zu lenken.

»Und Sie? Was haben Sie sich dabei gedacht?«, fährt er ihn abrupt an.

Dorn stößt sich von der Wand ab, drückt seinen Rücken durch, mimt den braven Staatsdiener. »Der Kollege Blom hat mich gebeten, ihm bei einem Verhör zu assistieren. Die Überwachungsanlage bedienen – mehr nicht. Ich wusste nicht, was er vorhat, und als ich es verstanden habe, war es schon zu spät.«

Ich kneife die Augen zusammen. Dieser Dreckskerl! Natürlich weiß er von nichts, das war nicht anders zu erwarten. Aber wo ist …

»Steiger!«, höre ich CC plötzlich rufen.

Ich atme erleichtert auf. Endlich.

»Was ist hier los?«, höre ich ihn sagen. Irritiert blicke ich auf. Er wirkt überrascht. Was zum …

»Wussten Sie von diesem Verhör?«, blafft ihn CC an.

Steigers buschige Augenbrauen sinken auf Halbmast. »Welches Verhör?«

Dieser Mistkerl.

CCs Finger tappen auf den Monitor. »Blom schließt Klingberg an einen Defibrillator an – *dieses* Verhör. Wussten Sie davon?«

Steiger reißt den Kopf herum, starrt mich entgeistert an. Dieser verdammte Mistkerl.

»Nein, ich hatte keine Ahnung. Blom sollte eigentlich einen Therapeuten befragen.«

Ich fasse es nicht. Dieser beschissene Wichser lässt mich auflaufen. Einfach so. Liefert mich ans Messer, so wie er noch jeden ans Messer geliefert hat, der ihm im Weg stand. Wie konnte ich nur so unfassbar blöd und naiv sein? Er hat keine Sekunde daran gedacht, mir CC vom Leib zu halten – von wegen. Wahrscheinlich hat er ihn extra hierherdirigiert, um mich auffliegen zu lassen. Aber so einfach kommt er mir nicht davon.

Mit einem Satz bin ich bei der Videoanlage, drücke auf Zurückspulen. »Wenn Sie nichts gewusst haben, Steiger, wie kommt es dann, dass …« Das Gerät klickt, der Bildschirm wird schwarz. Die Aufnahme ist schneller zurückgespult als gedacht. Hastig drücke ich den Play-Button, starre ungläubig auf den Bildschirm.

Das Video beginnt, als ich mit dem Defibrillator den

Raum betrete. Der Rest ist gelöscht. Mit offenem Mund beobachte ich mich selbst, wie ich Klingberg die Pads des Defibrillators anlege. Hinter mir höre ich Steiger halblaut reden.

»Keine Ahnung, worauf Blom hinauswill. Klingberg wurde vorhin ohne Videoaufzeichnung vernommen, ganz klassisch, Gesprächsprotokoll«, raunt er CC zu, ohne ein Zittern in der Stimme. »Wir haben am Tatort verdächtige DNA-Spuren von Klingberg sichergestellt. Daraufhin hat er zugegeben, dass er ein Verhältnis mit Emma Falk hatte. Wir gehen der Sache natürlich nach, aber das Verhör war beendet. Ich habe anschließend Blom beauftragt, Klingberg nach Hause zu bringen.«

Alle Haare an meinem Körper stellen sich auf. Steiger lügt, sobald er den Mund aufmacht, und ich habe ihm vertraut. Ich habe sogar für einen kurzen Moment zu ihm aufgeschaut, obwohl ich es hätte besser wissen müssen. Ich bin so ein Idiot.

»Mit Verlaub«, tuschelt er weiter, jetzt noch gedämpfter und mit verschwörerischem Unterton. »Ich glaube, der Kollege hat sich da in etwas verrannt. Ich verstehe natürlich … Die Vorgeschichte, der persönliche Druck, der auf ihm lastet – er lastet auf uns allen. Aber auf diese Art Geständnisse erzwingen, damit ist niemandem geholfen. Womöglich verhaften wir noch einen Unschuldigen und machen uns zum Gespött der Leute.«

Ich drehe mich um, roboterhaft, als wären meine Glieder steif und durchgefroren.

Steiger und CC stehen beisammen, pflastern mich mit vielsagenden Blicken, Dorn kaut in der Ecke an seinem Silberpfeil und grinst in sich hinein.

»Haben Sie irgendetwas dazu zu sagen, Blom?«, fragt CC tonlos.

Ich reagiere nicht. Kann es nicht.

CC blickt mich eine Sekunde lang durchdringend an, schüttelt dann den Kopf und wendet sich ab. »Okay, dann hätten wir das ja geklärt. Sie melden sich morgen wieder in der Abteilung Einbruchsdelikte, dort hat man Sie sicher schmerzlich vermisst. Dorn, Sie gehen zu Klingberg, setzen das hinreißendste Lächeln auf, das Sie in Ihrer Visage finden können, bedanken sich für seine Zeit, und dann soll er verschwinden. Wenn er will, fahren Sie ihn nach Hause, backen ihm einen Kuchen, bringen den Müll raus, scheißegal – Hauptsache, er stellt keine Fragen und geht. Verstanden?«

Dorn nickt bloß, macht sich sofort vom Acker.

CC linst zum Monitor, wendet sich dann Steiger zu. »Und Sie löschen diese Videoaufzeichnung. Das hier ist nie passiert.« Sein Smartphone vibriert. Er reißt es in die Höhe, vergräbt seinen Blick im Display. »Ich habe jetzt einen Termin im Justizministerium. Wenn ich zurück bin, will ich einen ausführlichen Bericht über die aktuelle Ermittlungslage und diesen Klingberg. Haben wir uns verstanden, Steiger?«

»Klar und deutlich, Herr Clausen.« Im nächsten Moment ist er zur Tür hinaus.

Auf dem Bildschirm taucht Dorn auf, er bittet Klingberg hinaus. Dann wird der Monitor schwarz. Steiger steht daneben, sein Finger auf dem Erase-Button. Ich starre stumm auf seinen Rücken. Irgendwann dreht er sich um, geht in Richtung Tür. Auf meiner Höhe bleibt er stehen. Die Falten um seine Mundwinkel vertiefen sich. »Na dann, Sportsfreund …« Er klopft mir mit seiner schweren Pranke auf die Schulter. » …bis die Tage. Und schöne Grüße an Mats.«

Als ich nicht reagiere, geht er einfach hinaus.

Bis ich wieder atmen kann, ist das Echo seiner Schritte längst verhallt.

Linda

Als ich in die Einfahrt biege, höre ich den Kies unter den Reifen knirschen und denke automatisch an Urlaub. Dabei liegt nichts ferner. Das Ferienhaus erstrahlt kurz im kaltblauen Kegel der Scheinwerfer, verschwindet dann wieder in der Dunkelheit. Einen Moment lang bleibe ich im Wagen, spähe schweigend in die Nacht. Als es zu regnen beginnt, steige ich aus, hieve meine Taschen aus dem Kofferraum und schleife sie zum Eingang.

Noah

Ich sperre auf, trete aber nicht sofort ein. Schließlich hat sie gesagt, ich soll meine Sachen packen und verschwinden. Aber die Wohnung ist finster. »Linda?« Keine Antwort. Ich schalte das Licht ein, erstarre. Chaos. Mit großen Schritten stakse ich über die umgeworfene Garderobe, vorbei an den zerbrochenen Bilderrahmen, dem Porzellanpuzzle, das einmal eine Vase war, luge in die Küche, ins Bad, lande schließlich im Schlafzimmer, bleibe wie angewurzelt stehen. Meine Seite des Schranks liegt am Boden. Ihre ist leer.

Elias

Absolut leer. Ich schließe den Kühlschrank wieder, suche die Vorratsschränke ab, finde nichts. Seufzend lehne ich den Kopf gegen den Fensterrahmen, starre hinaus. Regen füllt die Gassen. Die Neonlichter blinken für menschenleere Straßen, tauchen meine Wohnung in schummriges Rot. Ich sollte mir endlich Vorhänge besorgen. *Ich sollte mir endlich ein Leben besorgen.* Am besten, ich gehe einfach ins Bett.

Linda

Andererseits weiß ich genau, dass das keinen Sinn hat. Ich werde kein Auge zutun, mich bloß rastlos hin- und herwälzen, bis das fahle Licht der Morgensonne am Horizont glimmt. Also packe ich meinen Koffer aus, räume alles ein, lege mir die Sachen für morgen früh heraus, putze das Klo, wische über die Oberflächen, suche in jedem Zimmer nach Beschäftigung, Ablenkung, Zerstreuung.

Noah

Aber irgendwann ist alles aufgeräumt. Meine Sachen wieder im Schrank, Bilderrahmen und Vasenbruchstücke im Mülleimer, die Tapete notdürftig an die Wand getackert. Es gibt nichts mehr zu tun. Ich gehe in die Küche, setze Wasser für Tee auf, warte. Und plötzlich springt sie mich an.

Linda

Die Leere.

Elias

Sie hallt von allen Wänden wider, schluckt jedes Geräusch; steigt aus dem fleckigen Spannteppich empor, kriecht durch sämtliche Ritzen, verschmilzt mit jedem Gegenstand – tritt an dessen Stelle.

Noah

Dinge, die sonst lebendig scheinen, sind plötzlich tot. Die Tasse, in die sie pustet, bevor sie an ihrem Tee nippt. Der Spiegel, in dem sie sich jeden Abend nach dem Abschminken kritisch mustert. Die Bürste, mit der sie ihr Haar kämmt.

Linda

Seine Seite des Bettes, die kalt bleibt. Die Leere ist überall, und sie wird mit jeder Sekunde allgegenwärtiger, mit jedem Blick mächtiger und mit jedem Atemzug spürbarer.

Elias

Sie dringt in meinen Körper, quillt darin auf, brennt ihn aus, Schicht für Schicht, lässt nur noch eine Hülle von mir übrig. Bis auch sie verschwindet.

Noah

Bis ich verschmelze mit dem Toten, Abgestorbenen, Bedeutungslosen. Bis *ich* nicht mal mehr Teil von etwas bin, sondern eins mit der Leere.

Linda
Elias
Noah

Bis ich die Leere bin.

…

Elias

Aber so weit werde ich es nicht kommen lassen.

Noah

Ich werde nicht übergehen von einem Nichts in das nächste, von scheintot zu wirklich tot. Ich werde nicht tatenlos zusehen, wie mich die Leere auffrisst. Wie die Nächte immer länger werden und die Tage kürzer. Wie mir mein Leben durch die Finger rinnt wie Sand.

Linda

Ich werde kämpfen. Für mich. Für mein Recht auf Glück. Es geht, es wird klappen, das Leben kann so schön sein – ich muss es nur wieder zu leben lernen. Ich darf nicht aufgeben. Ich werde glücklich sein.

Noah

Ich werde alles wieder in Ordnung bringen.

Elias

Ich werde diesen Dreckskerl zur Strecke bringen.

Linda
Elias
Noah

Koste es, was es wolle.

Niemand versteht die Nacht besser als ich. Besonders nicht die Menschen in diesem Viertel. Die Reeperbahn bei Nacht ist ein einziges Blinken und Flimmern, ein unerträglich grelles Lärmen und Grölen, das von jeder Ecke widerhallt und bis in die frühen Morgenstunden anhält. Ich hasse es. Überall gescheiterte Subjekte: Säufer, Spieler, Schläger, billige Nutten, die mit zentimeterdickem Make-up ihre Hässlichkeit überschminken. Es widert mich an.

Aber am schlimmsten sind diese Halbstarken. Sie brettern mit ihren tiefergelegten Proletenschüsseln die Reeperbahn rauf und runter, immer wieder, beschallen alle Welt mit dem Dröhnen ihrer Subwoofer. Und jedes Mal, wenn sie meinen Wagen sehen, passiert dasselbe: Sie treten das Gaspedal durch, lassen ihre Motoren aufheulen und blicken mich herausfordernd an. Das Inkaorange meines BMWs muss für diese Affen so etwas wie eine Signalfarbe sein. Ich ignoriere sie alle, biege in eine ruhigere Gasse ein, finde tatsächlich einen Parkplatz.

Eine Zeit lang bleibe ich im Wagen sitzen, beobachte die Leute, seufze. Es ist ein Trauerspiel. Wer hierherkommt, sucht nur eines: billige Erlösung. Ob am Boden eines Glases, in einem fremden Schoß oder in chemischer Glückseligkeit – nichts davon wird sie wirklich befreien, aber das ist ihnen egal. Es zählt nur die Illusion.

Ich weiß das. Ich suche keine Erlösung, ich suche Antworten. Und manchmal findet man sie hier.

Meine Augen formen sich zu Schlitzen, fixieren das Lokal. Vielleicht habe ich Glück. Das Fleetstübchen scheint gut besucht zu sein.

TEIL DREI

Linda

Zwei Tage, zwei Nächte – schlaflos. Das Warten auf den Morgen – endlos. Der tropfende Wasserhahn im Bad, das Betrachten im Spiegel. Das Ankleiden. Die obligatorischen Staus auf der A1 Richtung Hamburg, die dunkelroten, blauen, weißen, grauen Autos, die hupen und dahinschleichen und sinnlos oft die Spur wechseln. Das Flackern der Neonröhre über meinem Parkplatz. Das Hochfahren des Computers. Die Telefonate, die Meetings, die Gespräche. Die Versuche, sich daran zu erinnern, was gerade eben gesagt wurde, worum es ging. Das Surren des Druckers. Das Knarzen des Stuhls, auf dem ich sitze. Mein pochendes Herz, wie es rast, als würde es jede Sekunde zerspringen; die Finger pulsieren – tu-tum, tu-tum – wie eine Trommel in meiner Hand. Mein Kopf … Das muss der Entzug sein. Das Zeug, das Noah mir untergeschoben hat – ich nehme es ja nicht mehr. Aber mein Körper hat sich daran gewöhnt, er braucht es, deswegen das Zittern, die trockene Kehle, das Herzrasen, deswegen die Unruhe und alles so laut. Dieses Plappern, Gackern, Klicken, Dröhnen, ich schabe mir Haut von den Fingerkuppen. *Hör auf damit, Linda!* Ich muss mich zusammenreißen, den Tag irgendwie hinter mich bringen.

Ab und an kommt jemand ins Büro, sagt etwas, geht wieder. Ich höre es, verstehe es aber nicht. Sätze fliegen durch die Luft und an mir vorbei, direkt zum Fenster hinaus. Immer wieder reiße ich es auf, atme gierig Frischluft ein, schließe es wieder wegen des kalten Zuges. Ich brauche Schlaf. Schlaf, ein neues Leben und einen neuen Körper. Aber ich bekomme nur eine neue Akte. Eine Kollegin bringt sie mir, legt sie auf meinen Schreibtisch, sagt etwas, geht wieder.

Dann ist es Nachmittag. Wann ist es so spät geworden? Habe ich die Mittagspause durchgearbeitet? Mein Blick streift über den Schreibtisch – der Kuschner-Vertrag ist unberührt, am Desktop bloß das Mailprogramm geöffnet. Dutzende ungelesene Nachrichten. Alle von heute? Meine Augenlider jucken. Ich umklammere die Maus so fest, dass meine Sehnen wie Drahtseile hervorstehen. Ich sollte mir freinehmen und nach Hause fahren, das wäre das Beste. Ich sollte … Mein Telefon vibriert. Noah. Das grüne Anrufsymbol tanzt unter seinem Namen, wackelt hin und her, bis es nicht mehr wackelt. Achtundvierzig Anrufe in Abwesenheit, achtundvierzig Mailboxnachrichten, alle von ihm. Ich höre sie mir nicht an. Ich höre mir gar nichts mehr an, meine Nerven machen das nicht mit. Ruhe und Abgeschiedenheit, Zeit zum Nachdenken, das brauche ich jetzt. Ich kann nur nicht abschalten, nicht einmal in diesem verschlafenen Nest Scharbeutz. Aber ich werde es lernen. Das wird mir guttun. Ruhe finden. Innehalten. Entgiften. Meinem Körper wieder zeigen, wie es ist, ohne Noahs Drogen auszukommen. Ich sollte ihn zurückrufen und fragen, was er mir genau gegeben hat, aber alleine der Gedanke an ihn bringt mich zur Weißglut.

Plötzlich steht eine Kollegin in der Tür, sagt etwas, sie trägt Rauledermokassins wie der Indianer in diesem Film. Winnetou. Howgh. Die Mokassins bleiben, sie steht immer noch in der Tür, sieht mich an. Ich räuspere mich, versuche zu lächeln. »Wie bitte?«, frage ich, will höflich klingen, tu es nicht.

»Ich sagte, da ist ein Mann, der will dich sprechen. Er …«, sie zögert einen Moment, blickt sich um, kommt einen Schritt näher und flüstert mit gedämpfter Stimme: »Er ist von der Polizei.«

Übelkeit. Der Schreibtisch bewegt sich, rückt ab, ich halte ihn fest, ziehe ihn wieder an mich.

Winnetou legt den Kopf schief. »Alles in Ordnung mit dir?«

»Jaja, geht schon«, krächze ich. »Etwas wetterfühlig. Schick ihn hoch, ja?«

Sie nickt, geht ab.

Die Übelkeit lähmt mich. Was will die Polizei denn jetzt noch? Sie haben doch Noah tausendmal befragt, mich auch – was soll das? Mir wird schwindelig, die Luft, sie ist abgestanden und satt von feuchtem Schweiß. Ich reiße das Fenster auf, halte mein Gesicht in den kühlen Wind. So ist es besser. So wird es gehen. So kann ich diesem klapprigen Kommissar entgegentreten und ihm sagen, dass er sich mit seinen Fragen zum Teufel scheren soll. Ich brauche Ruhe. Wie hieß er noch gleich? Blom, richtig. Ruhe!

Es klopft, ich fahre herum, zucke zusammen. Es ist nicht der nervige Kommissar, auch nicht die zwei Knallchargen aus dem Krankenhaus. Ich kenne diesen Mann nicht. Er ist stämmig, groß, grobschlächtig, hat buschige Augenbrauen und ungepflegte Haare. Eigentlich wirkt alles an ihm ungepflegt.

»Darf ich?«, fragt er, wartet nicht auf meine Antwort, tritt einfach ein und schließt die Tür hinter sich. »Ich will Sie auch nicht lange aufhalten, Steiger, Mordkommission.« Er schüttelt mir die Hand, als würden wir uns ewig kennen, aber auf den Tod nicht ausstehen können. Ich mag ihn auch nicht besonders.

»Ja … ähm, kommen Sie doch rein, nehmen Sie Platz«, sage ich unnötigerweise. Er scheint sich sofort wie zu Hause zu fühlen, legt seinen Mantel ab, lässt sich selbst auf den Stuhl und einen abgegriffenen Schnellhefter auf meinen Schreibtisch plumpsen. Ich stehe noch immer beim Fenster, umklammere mein Handgelenk. »Da ermitteln aber ganz schön viele in diesem Fall«, höre ich mich quaken.

Der Kommissar lehnt sich lässig zurück, schlägt die Beine übereinander. »Es ist ein großes Team, ja. Aber als Leiter der Mordkommission verspreche ich Ihnen, dass Sie es ab jetzt nur noch mit mir zu tun bekommen.«

Sein schiefes Bernsteingrinsen schneidet sich tief in sein Gesicht, lässt seine Backen noch fleischiger wirken. Der Leiter der Mordkommission? Wer kommt als Nächster, der Polizeipräsident? Seitdem die Medien von diesem Fall berichten, scheint er eine neue Gewichtung bekommen zu haben. Ich löse mich vom Fenster, stakse hinüber zum Schreibtisch, nehme Platz.

Sein Blick streift durch mein Büro. »Nette Bude haben Sie, mit all dem teuren Schnickschnack.« Er nimmt den Montblanc-Kugelschreiber von meinem Schreibtisch, betrachtet die silberne Gravur. »Für was steht das eigentlich – TWK und Partner?«

»Tanner, Wartmann und Kühn, unsere Geschäftsführer.«

»Und die Partner?«

Ein verkrampftes Lächeln überkommt mich. »Was kann ich für Sie tun, Herr Steiger?«

»Ich bin hier, um einige Dinge zu klären, Frau Klingberg. Es gibt noch ein paar Ungereimtheiten.«

»Und welche, wenn ich fragen darf?«

Jetzt erst sieht er mich an, fixiert mich regelrecht mit seinen Schweinsaugen. »Wussten Sie, dass Emma Falk schwanger war?« Sein Gesicht wirkt jetzt wie festzementiert. Maskenhaft starr glotzt er mich an, aber ich spüre das Grinsen unter der Fassade, die Schadenfreude in seinen Zügen, sie tropft ihm aus jeder Pore. Ich weiß, was er mit dieser Frage bezwecken will, das ist absolut durchschaubar. Sie brauchen einen Schuldigen. Zuerst haben sie es bei Noah versucht, jetzt bei mir. Aber so schnell lasse ich mich nicht aus der Fassung bringen. »Ja, das wusste ich«, antworte ich kühl, versuche, seinem durchdringenden Blick standzuhalten.

Er wirkt überrascht. »Seit wann?«

»Emma hat es mir selbst gesagt. Am Wochenende vor diesem ganzen Wahnsinn, bei einer Party.«

»War Ihr Mann dabei?«

»Nein«, antworte ich, unterdrücke ein Lachen, seufze. »Mir ist an dem Abend aufgefallen, dass Emma zwar immer ein Glas in der Hand hatte, aber nie daraus trank. Später hat sie mich dann vor der Toilette abgepasst und wollte mir unbedingt Klamotten zum Anprobieren geben, die ihr angeblich nicht mehr passten, und … na ja. Die Kleider waren ganz neu, ihr Sektglas immer noch voll – ich hab sie dann einfach gefragt, von Frau zu Frau.«

»Haben Sie Ihrem Mann davon erzählt?«

»Natürlich nicht, sie hat es mir im Geheimen anvertraut. Vor dem dritten Monat sagt man eigentlich zu niemandem etwas.«

»Und mehr hat Ihnen Frau Falk nicht gesagt?«

»Nein. Nur, dass sie Paul damit überraschen wird. Ich habe ihr gratuliert, die Klamotten genommen, und dann sind wir wieder zu den anderen gegangen«, antworte ich monoton, unterdrücke das Beben in meiner Stimme. Ich werde den Teufel tun und ihm sagen, wie sehr mich diese himmelschreiende Ungerechtigkeit getroffen hat. Wieder eine glückliche Mami mehr, wieder ein Baby, das jemand anderem geschenkt wurde, wieder gespielte Freude, geheuchelte Euphorie, gekünstelte Glückwünsche. In Wahrheit war mir zum Heulen zumute, ich wollte im Boden versinken vor lauter Frust. Aber ich habe es nicht getan. Ich behielt die Fassung, so wie jetzt auch.

Der Kommissar lehnt sich zurück, trommelt mit den Fingern auf die Armlehne. »Kann ich mir vorstellen, dass das eine Überraschung für Paul Falk geworden wäre«, kommentiert er trocken. »Immerhin war das Kind nicht von ihm.«

Ich merke, wie sich mein ganzer Körper verkrampft, wie sich jedes Härchen in meinem Nacken aufstellt. »Wie bitte?«

»Paul Falk war nicht der Vater. Und nach unserem Ermittlungsstand kommt derzeit nur einer für diese Rolle infrage: Ihr Mann.«

Schwere, blitzartig. Geballt, dicht gepresst, komprimiert. Ein Konzentrat aus Blei, schwer wie tausend und abertausend Tonnen – es fährt mir in die Magengrube, implodiert, reißt alles an sich, die Luft, die Schwerkraft, meinen Atem, meinen Verstand. Wie ferngesteuert klappt mein Mund auf und zu. Fragmente eines Satzes purzeln heraus. »Was … was reden Sie da?«

»Ihr Mann hatte ein Verhältnis mit Emma Falk«, sagt er

nüchtern, zieht dann die Brauen zusammen, kräuselt die Lippen. »Kommen Sie schon, das wussten Sie doch. Oder wollen Sie mir weismachen, Sie hätten nichts bemerkt? All die Jahre, Tür an Tür … Frauen haben doch einen sechsten Sinn für so was, heißt es.«

Seine Wörter bohren sich wie Nadelstiche in mein Fleisch, schwelen unter meiner Haut, glühen, jeder Buchstabe brennt sich ein. Noah würde so etwas nie tun, ich kenne ihn, ich … *Dein Mann hat dich mit Tabletten betäubt, und du hast nichts bemerkt!* NEIN, ICH KENNE IHN. »Ich kenne meinen Mann«, plappere ich meinen Gedanken nach. »Er würde so etwas nicht machen.« *Er würde!* »Er hat sich gut mit Emma verstanden.« *Zu gut!* »Mehr nicht.« *Sehr viel mehr!* »Das ist doch nur so eine lächerliche Masche.«

Steiger runzelt die Stirn. »Eine Masche?« Seine schief gebogenen Mundwinkel tanzen amüsiert auf und ab. »Was denn für eine Masche?«

»Ein wahnsinniger Psychokiller schlachtet Frauen ab, und die Polizei ist komplett überfordert – so wie früher, steht doch alles in den Medien«, protestiere ich mit brüchiger Stimme, keine Ahnung, woher ich die Luft für so lange Sätze nehme. »Sie kreuzen hier auf, werfen mit haltlosen Anschuldigungen um sich, damit ich mich in Rage rede und sie mir einen Strick draus drehen können. Nur weil Sie der Presse irgendwen zum Fraß vorwerfen wollen! Das ist doch … Unterirdisch ist das!«

Er sieht mich lange an, seufzt, zuckt mit den Achseln. »Möchten Sie das Aussageprotokoll lesen?«

»Das was?«

»Das Protokoll des Verhörs. Er hat die Affäre zugegeben.«

Steigers Hand schiebt sich zum Schnellhefter, schnippt ihn auf. »Hier, lesen Sie selbst. Hat er Ihnen nichts davon erzählt?«

Meine Augen starren auf das Blatt Papier, springen zwischen den Zeilen hin und her. *Er hat sie gefickt.* Ich glaube das nicht, ich … *Du hast geschlafen, und er hat sie gefickt!* Nein, er hat es nicht getan. *Er hat sie schon immer gefickt – kein Wunder. Niemand hält es mit dir aus, niemand.* NEIN! Die Zeilen verschwimmen, alles verschwimmt. Ich bin leer. Ausgehöhlt, verbrannt, verrottet. »Was wollen Sie von mir?« Meine Stimme ist ein Fähnchen im Wind, ein Nichts.

»Das weiß ich noch nicht so genau, Frau Klingberg. Alles, was ich weiß, ist, dass Ihre bezaubernde Nachbarin ermordet wurde und *Ihr* Mann verletzt daneben lag. Den Rest muss ich glauben. Ich muss glauben, dass Sie nichts von der Affäre Ihres Mannes gewusst haben, dass Sie tief und fest geschlafen haben, während nebenan im Schlafzimmer wer weiß was abgegangen ist.«

Er hat sie gefickt! Mein Kopf dröhnt, mein Magen brennt. »Gehen Sie …«

»Die Geschichte vom bösen, bösen Ringfinger-Mörder muss ich glauben.«

Das ganze Leben fickt dich! Meine Finger pochen, krampfen, Schmerz flammt auf. »Raus hier!«

»Ich hab mich schlaugemacht, mich ein bisschen umgehört, Frau Klingberg. Wissen Sie, für was diese Kanzlei hier bekannt ist? Die TWK ist *die* Kanzlei für die Film- und Medienbranche, das ist Ihr Spezialgebiet, da waren sich alle einig. Ihr habt sämtliche Verlage dieser Stadt als Mandanten, Gruner & Jahr, Müller-Media, den Spiegel-Verlag und natürlich die Fayette-Communications-Gruppe, Inhaber von so legendären Blättern wie dem ›Memento‹.«

Dieser Bulle will dich ficken! Dich zunichtemachen, zerstören. »Ich sagte: Raus hier!«

»Was machen Sie eigentlich genau, wenn Sie diese Unternehmen prüfen, wo haben Sie überall Einblick? Nur in die Buchhaltung oder auch in andere Dokumente? Zu welchen Bereichen haben Sie Zugang, Frau Klingberg? Redaktionellen?«

Ich balle eine Faust, bohre meine Fingernägel durch die Blutkrusten tief ins entzündete Fleisch. *Lass dich nicht ficken. FICK IHN!*

»Frau Klingberg? Frau Klingberg, mit Schweigen kommen wir hier nicht weiter.«

Aber for fuck's sake: Fick ihn richtig.

»Wenn Sie nicht kooperieren, dann …«

»Sie verlassen auf der Stelle mein Büro. Und wenn Sie mir je wieder unter die Augen treten sollten, lernen Sie und die gesamte Polizei Hamburg das wahre Spezialgebiet dieser Kanzlei kennen: die Rechtsabteilung. Habe ich mich klar und deutlich ausgedrückt, Herr Steiger?«

Schweigen, zehn Sekunden, vielleicht auch mehr.

Dann erhebt er sich, nimmt seinen Mantel, geht zur Tür. »Auf Wiedersehen, Frau Klingberg, wir hören uns. Das Protokoll können Sie behalten. Vielleicht stoßen Sie ja auf etwas Interessantes.«

Er geht, schließt die Tür hinter sich.

Irgendwo tief in mir drinnen macht es einen Ruck. Ich hole tief Luft, spüre wieder etwas. Ein Kribbeln auf meiner Kopfhaut. Den Schweiß in meinem Nacken. Etwas Feuchtes in meiner Hand. Ich luge verstohlen hinab, reiße den Kopf wieder hoch. Blut tropft zu Boden.

Ich muss hier weg, muss schlafen, sofort. Handtasche, Laptop, schnell, schnell, alles in die Tasche. Mein Blick bleibt bei der aufgeklappten Mappe am Tisch hängen. *Vielleicht stößt du ja auf etwas Interessantes,* säuselt meine innere Stimme. Ich überfliege die Zeilen des ersten Blattes, immer wieder. Bis ich sie wirklich erfassen kann. Bis ich sie verstehe. Dann setze ich mich, blättere weiter, hinterlasse blutige Fingerabdrücke auf dem Papier. Ich lese die Geschichte eines Mannes, der die Frau des Nachbarn vögelt.

Es ist die Geschichte meines Mannes.

Elias

Ich bestelle ein kleines Bier, zahle dafür sechs Euro, und das in einer Bar, die man früher bestenfalls als Spelunke bezeichnet hätte. Karge Waschbetonwände, schrabbeliges Mobiliar, Drinks aus Einmachgläsern und vollgeschmierte Toiletten – alles wirkt, als hätte der Gerichtsvollzieher bereits sein Siegel angeklebt. Aber der Eindruck täuscht. Es ist knapp nach Feierabend, der Laden brummt, das Publikum ist jung und trägt Spendierhosen, knöchelfrei, versteht sich. Ich sitze am Tresen, vertieft in mein Smartphone, als sich eine Benachrichtigung ins Display schiebt. Eine Mail, weitergeleitet von Mira Klos.

»Ich dachte, das könnte dich vielleicht interessieren«, lese ich, überspringe den Rest, widme mich der zitierten Mail. Thema: der Grund meiner Abberufung. Verfasser: CC. Er schreibt etwas von interner Re-Priorisierung … Kollege wieder Abteilung Einbruchsdelikte … auf eigenen Wunsch … bla, bla. Gelangweilt nippe ich an meinem Bier, springe wieder zurück zu Miras Absatz. »Der DNA-Abgleich von Klingberg und dem Fötus lässt leider immer noch auf sich warten. LG Mira. PS: Löschen nicht vergessen ;-)«

Ich lösche die Mail, nippe an meinem Bier, versinke in Gedanken. Seitdem ich aus dem Team raus bin, leitet mir Mira alle internen Mails weiter. Ein feiner Zug, nicht ganz ungefährlich. Die Frage ist: Warum tut sie das? Mein Blick schweift durch das Lokal, bleibt bei einem jungen Pärchen hängen. Sie lächelt, er lächelt, beide lächeln – hm. Hat Mira mich je so angelächelt? Hat sie eigentlich Du oder Sie in der Mail geschrieben? Ich entsperre wieder mein Smartphone, schnalze mit der Zunge. Idiot. Alles gelöscht.

Bloß eine Mail habe ich aufbewahrt, die einzige, die sie nicht aus dem internen Verteiler weitergeleitet hat. Von gestern.

»Lieber Elias …«

Sie schreibt »Elias«, nicht »Blom«. Ist das schon ein Du oder nur so etwas wie eine Vorstufe zu einem Du? Hm.

»Seitdem die Sache in der Presse war, ist hier die Hölle los. Alleine heute haben sich sechsundfünfzig Leute gemeldet und behauptet, sie seien der Ringfinger-Mörder. Diese Stadt ist voller publicitygeiler Verrückter. Die Anrufe und ›Hinweise‹ der Bürger kosten uns nur Zeit. Ein Drittel der Truppe schiebt Telefondienst >:D Köpke haben sie nach Wildeshausen geschickt. Er soll Paul Falk noch mal verhören, weil er ja ein Motiv hatte und so, wegen dem Verhältnis seiner Frau. Aber ich glaube nicht, dass uns das weiterbringt. Das Lustigste ist: Steiger glaubt das auch nicht. Der hat es noch immer auf diesen Klingberg abgesehen (ich glaube, er will einfach einen Schuldigen präsentieren).«

Ich ziehe die Augenbrauen hoch, seufze. Da hat sie vermutlich recht.

»Ich hab einen Streit zwischen ihm und Dorn mitbekommen (okay, ich habe gelauscht, aber sie haben es mir auch nicht allzu schwer gemacht o:-)). Dorn sollte dieser Linda ein bisschen einheizen, aber stell dir vor: Er hat sich geweigert. Er hat gesagt, die Spur ist kalt – oder so (du könntest mir übrigens echt mal sagen, was da abgelaufen ist. Hast du Klingberg gefoltert oder was? :P).«

Da! Ein eindeutiges Du. Ich reibe mir nachdenklich übers Kinn. Das ist … interessant.

»Ich wünschte, ich würde auch aus dem Team fliegen. Steiger war den halben Tag verschwunden, Dorn befiehlt nur Schwachsinn (ich hoffe, er erstickt bald an seinem lächerlichen Metallspitz), die Stimmung ist echt ein riesiger Abfuck. Na ja, egal. Wie geht es dir? Bist du wieder in deinem alten Büro und verfolgst Autodiebe? Lass mal von dir hören oder auf einen c(_).«

Hm. Ich kneife die Augen zusammen, mustere das letzte Zeichen. Ein c und zwei Klammern, was kann das bedeuten? Vielleicht ein Copyright-Symbol? Ein Klammeraffe? Keine Ahnung. Egal, ich kann ohnehin nicht zurückschreiben. Ich will sie nicht anlügen, aber das müsste ich, wenn ich antworte, denn obwohl ich krankgeschrieben bin, sitze in einer Bar. Und statt Autodiebe verfolge ich die zierliche Schönheit hinter dem Tresen.

»Sorry«, ertönt eine schmeichelweiche Barry-White-Stimme neben mir. In meinen Augenwinkeln erscheint die dazugehörige Person. Hornbrille, akkurat gestutzter Schnurri, Hemd im Holzfällerchic, Stoffsneaker. Eine lebend gewordene Urban-Outfitters-Schaufensterpuppe. Die ganze Bar ist voll von diesen Typen.

»Dauern die drei Caipis noch oder …?«, ruft er über den Tresen, packt eine Extraportion Bogart in seinen Bass.

Die Kellnerin zeigt sich unbeeindruckt. Sie starrt seit Minuten in ihr Smartphone, kaut dabei unentwegt auf einer Haarsträhne herum. Als sie dann doch ihren Blick lösen kann und ihr Gesicht präsentiert, wird klar: Sie hat kein Wort verstanden.

»Die drei Caipirinhas«, wiederholt der Parade-Hipster bemüht lässig. »Ich hab sie vor einer Viertelstunde bei dir bestellt, da drüben – wir sitzen in der Ecke.« Er deutet hinter sich an einen Tisch, an dem zwei seiner Spiegelbilder auf ihn warten.

Das leere Gesicht der Kellnerin klart auf, Leben schießt in ihren Körper. »Oh ja, sorry!« Ihr Smartphone landet krachend neben der Spüle. Sie wirbelt herum, grabscht sich zwei Limetten, beginnt zu schneiden. »Bring ich euch gleich«, sagt sie mit einem schüchternen Lächeln auf den Lippen. Es sind schöne Lippen, sinnlich und voll, wie gemacht für ein bezauberndes Lächeln. Dazu noch dieses Grübchen über dem Schlüsselbein, ihr jugendlicher Teint, die zierliche Stupsnase – sie ist eine attraktive Frau. Eine Tatsache, die dem Hipster nicht entgangen ist.

Vergnügt beugt er sich vor, lugt nach dem Smartphone, betrachtet das hell erleuchtete Display oder vielmehr: die Schlagzeile, die darauf zu lesen ist.

»Oh, ja … Die Geschichte ist heavy!«, sagt er dann in ihre Richtung, während sie Eiswürfel in Gläser schaufelt. »Das habe ich heute Vormittag auch alles rauf und runter gelesen, krasser Scheiß! Haben sie schon etwas Neues herausgefunden?«

»Denke nicht«, antwortet sie kurz angebunden.

Der Hipster hat dennoch Blut geleckt. »Ich hab das damals mit diesem Ringfinger-Mörder nicht so mitbekommen, bin erst letztes Jahr hierhergezogen, in Österreich war das nicht so in den Schlagzeilen. Aber hier … Kommst du aus Hamburg?«

Plump, plumper, mein Freund mit der Hornbrille.

Die Kellnerin sieht das ähnlich. »Nein, ich hab das auch nicht mitbekommen«, antwortet sie schmallippig, donnert die drei Caipis auf den Tresen. »Macht fünfundzwanzig vierzig.«

Der Hipster kräuselt verschnupft die Lippen. Aber er ist hartnäckig, gibt nicht auf. »Darf ich erfahren, wie du heißt?«, fragt er, jetzt ziemlich direkt, zückt drei Scheine aus dem Portemonnaie.

Die Kellnerin grabscht nach einem Geschirrtuch, wischt sich die Hände daran ab, schielt nach den Zehnern. Zwei blendend weiße Zahnreihen erscheinen. »Ich bin Marie«, schnurrt sie.

»Ich bin Ben«, triumphiert Ben. Er legt das Geld auf den Tresen. »Stimmt so.«

»Danke, Ben. Ciao, Ben.«

Der Vorhang fällt, die Zahnreihen verschwinden so schnell, wie sie erschienen sind. Zurück bleibt ein ausdrucksloses Gesicht. Ben braucht noch ein bisschen, bis er realisiert, dass er gerade deutlich zu viel Trinkgeld an ein falsches Lächeln verloren hat. Dann verschwindet auch sein Grinsen, und er trollt sich.

Dafür grinst jemand anderes.

Ich.

Marie rümpft die Nase, mustert mich scharf. »Was gibt's da zu lachen?«

»Dreiundzwanzig siebzig«, sage ich trocken. »Laut der Karte kosten drei Caipirinha dreiundzwanzig siebzig.«

Ein Anflug von Scham sickert in ihr Antlitz. Mit gespielter Hektik fischt sie den Bon aus dem Mülleimer, zieht die

Augenbrauen bis zum Haaransatz. »Oh, da habe ich mich wohl verrechnet. Danke, ich we-«

»Ich denke, Sie haben sich nicht verrechnet«, fahre ich ihr ins Wort. »Sie wollten, dass er auf dreißig aufrundet und nicht auf die mickrigen fünfundzwanzig. Sie haben gelogen.«

Ein roter Flush erblüht auf ihren Wangen. Sichtlich konsterniert stemmt sie die Hände in die Hüften, blafft mich an. »Und woher wollen Sie das so genau wissen, bitte schön?«

Mein Lächeln verschwindet. »Weil Sie bei allem gelogen haben.«

Ihr Name ist nicht Marie, sondern Sandra. Sandra Pohl, achtundzwanzig Jahre, geboren und aufgewachsen in Hamburg. Sie ist hier zur Schule gegangen, hat ihren Abschluss gemacht und Kommunikationswissenschaft studiert, zumindest eine Zeit lang. Laut ihrer Akte wollte sie Redakteurin werden; Volontariat bei einem der renommiertesten Nachrichtenmagazine Deutschlands: dem ›Memento‹. Und damit wären wir bei ihrer vierten Lüge: Sie weiß alles über den Ringfinger-Mörder, was Menschen außerhalb der Polizei nur wissen können. Vielleicht sogar mehr.

Sandra Pohl und David Kronen waren ein Paar.

Eine ihrer Kolleginnen hat damals ausgesagt, dass er zunächst nur ihr Mentor war, aber schnell mehr daraus wurde. Als die Ringfinger-Story herauskam, hat sie schon bei ihm gewohnt. Böse Zungen behaupteten, er habe sie sich bloß als kleine Liebespraktikantin gehalten. Tagsüber Recherche, abends tiefere Recherchen. Aber böse Zungen reden viel, wenn der Anlass stimmt. So oder so – die Beziehung endete abrupt. Als Kronen untergetaucht ist, hat er ihr bloß einen Brief hinterlassen, in dem stand, dass er verfolgt werde und verschwinden müsse. *Bring dich nicht in Gefahr. Such mich nicht. Ich liebe dich.* Ende. Ich kenne eine Kopie des Briefes. Wenig Inhalt für einen Mann vieler Worte. Sandra Pohl sah das ähnlich. Sie hat die Geschichte nie geglaubt.

Aus der angehenden Journalistin wurde dann recht schnell eine eifrige Aktivistin. Ich war damals schon strafversetzt, hatte nichts mehr mit dem Fall zu tun, aber die Demos, die sie angezettelt hat, waren schwer zu übersehen. Jeden Samstagnachmittag stand sie vor gut drei Dutzend Leuten auf dem Parkplatz des Polizeipräsidiums, gab die unmöglichsten Anschuldigungen zum Besten. Die Polizei habe Kronen verschwinden lassen, weil er zu viel wusste – solche Sachen. Das hat am Anfang natürlich Wellen geschlagen, aber die sind recht schnell abgeflacht. Irgendwann kam niemand mehr. Und sie stand alleine da.

Sandra Pohl hasst die Polizei und folglich auch mich. Aber dass sie mir gleich eine Ladung Eiswürfel an den Kopf donnern und aus dem Lokal stürmen würde – damit hätte ich nicht gerechnet.

»Frau Pohl, bleiben Sie stehen«, rufe ich ihr nach. »Jetzt warten Sie doch!« Sie denkt nicht dran. Mit ellenlangen Schritten pflügt sie durch das Rauchergrüppchen vor dem Lokal, schlängelt sich elegant an allen Passanten vorbei. Ich kann kaum Schritt halten. »Frau Pohl, bitte!« Zwecklos. Sie hastet weiter. Erst die Kombination aus roter Ampel und Blechlawine bremst sie aus, lässt mich aufschließen.

Als sie mich sieht, legt sie los. »Warum sollte ich mit euch Drecksbullen reden? Es gibt nichts zu reden.«

»Hören Sie«, schnaufe ich atemlos. »Ich weiß, dass Sie der Polizei für alles die Schuld geben, aber …«

Die Ampel schaltet auf Grün. Ihr Gesicht wird knallrot. »Die Schuld geben? Ihr habt nicht schuld, ihr habt David umgebracht, ihr Wichser!«

Meine Mundwinkel rauschen gen Boden. Augenblicklich denke ich an Hollywood. Korrupte Cops, Verschwörungstheorien, geheime Machenschaften, als Popkultur getarnte Gehirnwäsche made in USA – mehr ist das nicht. Und in der echten Welt müssen wir Polizisten das ausbaden. »Frau Pohl«, beginne ich zögerlich, lege mir die Worte zurecht. »Das meinen Sie doch nicht ernst, oder? Die Polizei bringt doch keine Journalisten um. Wäre es nicht viel logischer, dass David wegen einer anderen Story untertauchen musste oder …«

»Oder wegen einer anderen Frau?«, äfft sie mich nach, geht sofort wieder zum Angriff über. »Diese untergriffige Scheiße hab ich mir von Ihren Kollegen zur Genüge anhören müssen. Verpissen Sie sich!«

»Nein, so meine ich das nicht«, sage ich, seufze laut auf. »Ich meine, jetzt, wo klar wird, dass der Ringfinger-Mörder noch hier ist – hier in dieser Stadt –, wäre es da nicht viel wahrscheinlicher, dass er etwas mit dem Verschwinden von David zu tun hat?«

»Schwachsinn. Wem hat er denn mit seiner Reportage ans Bein gepisst? Euch! Ihr hattet allen Grund dazu, ihn loszuwerden.«

»Warum hätten wir ihn loswerden wollen? Die Sache war doch durch. Wir waren die Dummen, David hatte seine Story, Ende.«

Einen Moment lang starrt sie mich aus ihren glänzenden großen Augen einfach nur an. Dann schüttelt sie ungläubig den Kopf. »Also ob ihr das nicht wüsstet.«

Die Ampel wird grün. Sie sprintet los.

»Was meinen Sie damit?«

Sie rempelt, stößt, pflügt durch Menschentrauben. Ich erwische ihr Handgelenk. Im nächsten Moment reißt sie sich los, wirbelt herum, bohrt mir ihren Finger tief in die Brust.

»Ihr wusstet, dass da noch mehr war. Das hätte euch mehr gekostet als bloß ein paar Bauernopfer. Deswegen habt ihr …« Ihre Stimme erstickt, Tränen schießen ihr in die Augen.

»Was? Wovon reden Sie?«

Menschen drängen an uns vorbei, ein Köter bellt, die Luft schmeckt nach Tabakrauch. Wir stehen mitten am Zebrastreifen, blockieren den Verkehr. Sandra Pohl will wieder los, ich packe ihren Arm, diesmal so, dass sie sich nicht losreißen kann, aber sie versucht es erst gar nicht, steht da wie ein trotziges Kind. Die Ampel schaltet auf Rot, der Zebrastreifen leert sich, ich versuche es ein allerletztes Mal.

»Vergessen Sie für einen Moment, was auch immer Ihrer Meinung nach damals passiert ist. Wenn wir diesen Dreckskerl jetzt schnappen, führt uns das automatisch zu der Antwort, was mit David geschehen ist, verstehen Sie? Vielleicht haben wir nur diese eine Chance! Also, was meinen Sie damit?«

Lärm setzt ein, Autos hupen, Scheinwerfer blitzen auf, ein Mopedfahrer rast knapp neben uns vorbei, brüllt Unverständliches. Wir sollten vom Zebrastreifen runter, aber sie ist noch nicht so weit, starrt mich einfach nur an. Dann: »Fragen Sie doch Ihren Scheißkollegen.«

»Welchen Kollegen?«

»Keine Ahnung, wie der hieß«, sagt sie, schnieft laut auf. »Aber an seine Fahne kann ich mich noch ziemlich gut erinnern.«

Seine Fahne? Was für … Augenblicklich schnürt sich mir die Kehle zu. Oh nein, bitte nicht. Bitte lass es nicht …

»Er roch wie eine ganze Wagenladung Schnaps.«

Noah

Die Tür geht auf, ich blicke hoch – Fehlalarm. Ein Motor wird angelassen, Musik dröhnt dumpf aus dem Inneren. Dann herrscht wieder Stille. Kurze Zeit später erlischt das Licht, und ich sehe kaum noch die Hand vor Augen. Hastig ziehe ich mein Smartphone aus der Hosentasche, werfe einen Blick darauf. Keine Anrufe in Abwesenheit, keine Nachrichten. Ich starre aufs Display, bis es ausgeht und ich wieder im teerschwarzen Nichts versinke. Sofort überfällt mich ein beklemmendes Gefühl, die Luft um mich herum wird dünn, mein Atem geht schneller. Dunkelheit, ich kann sie nicht mehr gut ertragen, bin ihr nicht länger gewachsen. Mein Finger tippt auf den Power-Button, das Display erstrahlt erneut. Fast kein Empfang. Kaum noch Akku.

Wieder die Tür, der Bewegungssensor schlägt an, die Neonröhren flackern auf. Ein Mann im Nadelstreifenanzug und eine blonde Frau, er sagt etwas, sie kichert und fährt sich durchs Haar. Ich sehe ihnen lange hinterher, versuche, mich daran zu erinnern, wann Linda und ich das letzte Mal so offen miteinander waren. Dann zwinge ich mich, an etwas anderes zu denken. Ich darf nicht hoffen. Bei all dem, was passiert ist … Nur ein Narr würde glauben, dass es wieder so wird wie früher. Dass wir wieder zusammenfinden, ein Paar werden, dass sie mir vergibt, mich in ihre Arme schließt, in ihr Herz. Selbst einen einzigen Gedanken daran zu verschwenden, käme mir unendlich naiv vor. Aber das ändert nicht, dass ich sie liebe.

Die Tür.

Neonröhren fluten die Tiefgarage mit Licht. Sie ist es. »Linda.« Ich springe hinter dem BMW hervor, stürme auf sie zu. Wie angewurzelt bleibt sie stehen, starrt mich mit großen Augen an. Sie sieht kaputt aus, ausgezehrt, noch schlimmer als zuletzt. Was hat sie da an der Hand? »Linda, bitte, ich verstehe, dass du sauer bist, aber du musst mir zuhören. Ich …«

Im nächsten Moment springt sie auf mich zu, reißt den Mund auf, sagt nichts. Mein Blick haftet an ihren Lippen, doch sie bewegen sich nur stumm auf und ab. Dann geht alles furchtbar schnell. Sie dreht sich einfach weg und geht, marschiert mit ellenlangen Schritten auf unser Auto zu.

»Linda, ich kann dir das alles erklären! Ich wollte dir nie wehtun, bitte, das musst du mir glauben!«

Die Blinker leuchten auf, das Auto entriegelt sich. Linda öffnet die Fahrertür, schleudert alles, was sie in der Hand hält, auf den Beifahrersitz. Sie will die Tür zuschlagen, ich stemme meinen Körper dagegen.

»Warte bitte, du musst verstehen, wa-«

»Was?«, donnert sie mir entgegen. »Warum du Emma gebumst hast?«

Die Worte explodieren in meinem Kopf. Ich gefriere zu Eis, atme nicht, spüre mich nicht mehr. Sie haben es ihr gesagt. Der Kommissar hat doch … Gott verdammt, dieser Lügner. Und ich war auch noch so naiv und habe es geglaubt.

»Du musst mir nichts erklären«, sagt sie mit spitzer Stimme. »Du wolltest mal wieder unbeschwert rumvögeln, ein bisschen Spaß haben, ein bisschen Leichtigkeit – ich versteh das. Aber sag mir eines: Ihr habt es nicht gewusst, oder?«

Sie funkelt mich an. Mein Mund klappt auf, aber es kommt nur heiße Luft.

»Bitte sag mir, dass ihr es nicht gewusst habt. Schwöre, dass mir Emma ihren scheißschwangeren Bauch nicht unter die Nase gerieben hat, obwohl sie wusste, dass das Kind von dir ist. Bitte: Sag mir, dass ihr keine Ahnung hattet!«

Entgeistert starre ich sie an, merke, wie mir jegliche Kontrolle über meine Gesichtsmuskeln verloren geht. »Sie hat es dir erzählt?«, platzt es aus mir heraus, aber sie ignoriert es, redet einfach weiter.

»Es muss so gewesen sein, alles andere würde bedeuten, dass … dass ich für euch nur ein wertloses Stück Abfall war. Ein bemitleidenswertes Opfer, auf dem man rücksichtslos herumtrampeln darf. Die alte, vertrocknete Kuh kann keine Kinder bekommen, jetzt zeigen wir ihr mal, wie einfach das geht – haha!«

Ich schließe die Augen, möchte im Boden versinken. Tausend Meter tief, verschluckt und verschüttet unter Tonnen von Gestein. Dann müsste ich nicht ertragen, wie sich ihre Stimme bei jedem Wort überschlägt, wie sie die Tränen in Wut erstickt. Ihre Enttäuschung, ihre Verbitterung, ihr Leid. Wie mein Herz zerbricht bei allem, was sie sagt.

»Aber das kann ich mir nicht vorstellen, das krieg ich einfach nicht in meinem Kopf zusammen. Also sag es mir, Noah, bitte!«

Ich öffne die Augen wieder, blicke durch ein Prisma aus Tränen.

»Sag mir, dass du bloß ein jämmerlicher Lügner bist und

nicht das größte verdammte Arschloch auf diesem Planeten!«

Ihre Worte verhallen in der Tiefgarage. Dann herrscht Stille. Blank polierte, alles zersetzende, jede Sekunde zur Ewigkeit dehnende Stille.

»Linda«, beginne ich wispernd. »Ich hatte nie etwas mit Emma, ich schwöre es! Das habe ich nur …« Aber weiter komme ich nicht.

»Fahr zur Hölle!«, höre ich noch. Ihr Tritt sitzt, trifft mein Schienbein, ich torkle zurück, sie schlägt die Tür zu, startet den Motor. Getriebe knirscht, Reifen quietschen, der Geruch von Diesel steigt mir in die Nase.

Mit schmerzverzerrtem Gesicht blicke ich ihr hinterher, sehe, wie das Auto in der Auffahrt verschwindet. Wie meine Frau verschwindet. Mein Mittelpunkt. Mein Herz.

Mein Leben.

Elias

Wieder eine Bar, wieder eine Spelunke, wieder abgefucktes Mobiliar, aber nicht mehr cool abgefuckt, nicht mehr trendy, hip oder shabby chic – nur noch shabby, absolut kein chic. Dafür kostet das Bier nur zwei Euro, und sie hat auch noch um vier Uhr morgens geöffnet: willkommen in der Kolibri-Bar. Sie bietet alles, was man von einer heruntergekommenen Kneipe im Bahnhofsviertel erwarten kann. Tabakgelbe Wände. Rußverschmierte Fliesenböden. Zerfledderte Barhocker, aus denen der Schaumstoff quillt. In der einen Ecke steht ein Röhrenbildfernseher in einem Käfig, in der anderen ein ausgeschlachteter Flipper. Gleich daneben lehnen fünf Krücken an einem Rollstuhl – warum auch immer. Die Luft ist abgestanden, das Publikum frisch aus der Gosse. Ich lasse meinen Blick schweifen. Der Tresen ist bevölkert von lehmgesichtigen, toten Fischen. Sie hängen an ihrem Schnaps wie Nierenkranke am Dialysegerät. An den Tischen sieht es nicht viel anders aus. Knochenlose graue Gestalten, wie hingerotzt. Der eine liegt wie tot auf der Eckbank, alle viere von sich gestreckt, schnarcht; die übrigen Gestalten starren stumm auf den Fusel in ihrem Glas, als würde er jeden Moment die nächsten Lottogewinnzahlen ausspucken. Wenn einer den Mund aufmacht, dann gibt es nur ein Thema. Es liegt mir nicht unbedingt.

»Bullenschweine«, krächzt ein kinnloser Troglodyt mit fleischigen Wangen und Erdbeernase. Er sagt es zu niemand

Bestimmtem, redet einfach so vor sich hin in sein Glas hinein. »Die lassen einen nicht mal mehr in Ruhe pennen. Ich tu doch keinem was, aber nein – ›raus hier, mach, dass du wegkommst, das hier ist eine U-Bahn-Station‹. Die können mich mal.«

Neben ihm erwacht eine greise Hexe mit blutleeren Lippen, steigt ein in das Gezeter. »Die haben mir alles genommen. Meine Handschuhe, meine Tasse – ich hatte noch sechs Euro Pfand, alles weg«, schluchzt sie mitleidheischend, aber vergebens.

»Was will denn die Polizei mit deiner Scheißtasse, Herta.«

»Sie haben sie mir weggenommen!«, protestiert sie.

Die Kellnerin kommt ihr zur Hilfe. »Die machen das mit Fleiß, die schikanieren die Leute! Erst letzte Woche haben sie Günni mitgenommen und mir die ganze Bude auf links gedreht.«

Es entbrennt eine hitzige Diskussion, ob die Bullen Günni die Drogen untergeschoben haben oder ob der Scheißkerl wirklich wieder dealt. Sie diskutieren einfach über mich hinweg, ignorieren meine Anwesenheit, so als würde kein absolut Fremder mitten unter ihnen weilen. So als hätte ich am Eingang meinen Körper abgegeben und wäre jetzt Teil des Mobiliars.

Ich werfe einen Blick über die Schulter, spähe zur Eckbank, überlege. Plötzlich legt sich eine schwielige Hand auf meinen Oberarm. Der Troglodyt schielt aus rot geäderten Augen auf mein Bier, bleckt das letzte bisschen Zahn in seinem Maul. »Diese Scheißbullen, alles Verbrecher«, lallt er mir zu. »Hast du mal zwei Euro für mich, min Jung?«

Ich halte den Atem an, schiebe ihm mein Bier hin. »Kannst du haben.«

Sofort lässt er von mir ab, stürzt sich auf das Glas, nimmt einen großen Schluck.

»Wir müssen doch zusammenhalten«, ergänze ich. »Gegen die Scheißbullenschweine.«

Erdbeernase setzt das Glas ab, präsentiert wieder seine Zahnstumpen. »Genau richtig, mein Freund! Haben sie dir auch die Tasse geklaut?«, spöttelt er, klopft dabei Herta auf die Schenkel. Alle krümmen sich vor Lachen.

»Nicht direkt, nein«, sage ich. »Mir haben sie gar nichts getan. Aber ich hatte mal eine Freundin, die wurde dauernd belästigt von einem richtig aufdringlichen Bullen, widerlich, roch immer nach Schnaps.«

»Hängen alle an der Flasche oder an der Nadel, die Bullen«, schimpft Erdbeernase, nimmt einen Schluck.

»Er wollte Informationen von ihr, die sie nicht hatte. Aber er ist immer wieder bei ihr aufgekreuzt, sogar bei ihrer Arbeit. Und eines Tages kam sie von einer langen Schicht nach Hause, und ihr Schlüsselbund war weg. Nicht mehr in der Handtasche, verschwunden.«

»Kann uns nicht passieren, was, Herta?«, unterbricht er mich wieder, lacht auf. Herta versteht den Witz nicht, schmunzelt nur leicht. Irgendwo hinter mir knarrt die Eckbank.

»Sie ist nicht der vergessliche Typ«, erzähle ich weiter. »Sie hätte schwören können, dass er in ihrer Tasche war.«

Ein trockenes Husten gesellt sich zur Geräuschkulisse, gefolgt von einem ekelerregenden Würgen. Jemand spuckt aus, die Kellnerin interessiert es nicht.

»Der Schlüsseldienst kam, hat die Tür schnell aufbekommen. Drinnen lag ihr Schlüsselbund, aber an einer Stelle, an der sie ihn nie ablegt.«

Ein Tisch schrappt lautstark über den Fliesenboden. Dann wieder das Knarzen der Eckbank.

»Die Wohnung selbst war auch seltsam: Alles lag an seinem Platz, aber nicht ganz. Als hätte sie jemand durchsucht und sich nicht sonderlich viel Mühe gegeben, die Dinge wieder so zu richten, wie sie waren.«

Neben mir ertönt das Rasseln einer Lunge. Dann erscheint der dazugehörige Mann.

»Und noch etwas war seltsam«, sage ich, blicke ihn an. »Der Gestank! Sie hat gesagt, es roch nach einer Mischung aus Schweiß und Rauch und nach einer ganzen Wagenladung Schnaps.«

Der Mann stützt sich am Tresen ab, hievt seinen Körper schwerfällig auf den Hocker, zwinkert der Kellnerin zu. »Machst du mir einen starken Kaffee, Käthe?«

»Einen Kaffee?« Die Kellnerin lacht auf, runzelt die Stirn. »Seit wann trinkst du denn Kaffee?«

Ein schiefes Grinsen huscht über seine Lippen. »Ich denke, ich werde einen brauchen«, sagt er, wendet dann den Kopf zu mir.

Ich mustere ihn von oben bis unten.

Mats sieht beschissen aus.

Fünf Minuten später hocken wir etwas abseits an einem Tisch, er auf der Eckbank, ich gegenüber. Sein Blick klebt an der dampfenden Tasse, meiner an ihm. Ich kann es immer noch nicht glauben. Der Mann vor mir sieht nicht aus wie

Mats, eher wie eine schlechte Kopie. Ein zerknüllter, vergilbter, zerrissener und wieder zusammengeklebter Durchschlag eines Mannes, der einst mein Kollege war. Mein Freund.

Sein Haar ist grau und gelbstichig geworden, hängt ihm in öligen Strähnen vom Schädel. Seine rechte Hand wirkt geschwollen, als hätte er sich den Knöchel gebrochen und wäre nie beim Arzt gewesen. Die glasigen Augen, das aufgeschwemmte Fleisch, die Klamotten – es sieht aus, als würde er mit der Whiskypulle frühstücken, mittag- und abendessen.

»Wie ich sehe, trägst du immer noch diese dämliche Weste drunter«, nuschelt er, rührt in seinem Kaffee. Zwischen seinen wulstigen Fingern wirkt der kleine Löffel wie aus einem Puppenservice.

»Seit dem Vorfall mit dem Raststättenschützen«, antworte ich trocken, warte sicher zehn Sekunden, bis er wieder etwas von sich gibt.

»Wie hast du mich gefunden?«

»Durchgefragt.«

Er nickt, zermahlt Luft zwischen den Kiefern. »Deine Freundin mit dem Schlüssel … Wie geht die Geschichte weiter?«

»Sie hat alles der Polizei erzählt. Aber die Tür war nicht aufgebrochen, gefehlt hat auch nichts – wo keine Opfer, da keine Tat. Und die Story mit dem Polizisten als Einbrecher fanden die Kollegen so lächerlich, dass sie es nicht einmal ins Protokoll geschrieben haben.«

Mats rührt stur weiter in seiner Tasse, blickt nicht eine Sekunde auf.

»Das Einbruchsdezernat muss ganz schön viel um die

Ohren gehabt haben. Anders kann ich es mir nicht erklären, dass sie zwei Kollegen aus der Mordkommission um Unterstützung gebeten haben. Aber Dorn und Köpke sind ja universell einsetzbar.«

Immer noch keine Reaktion.

»War das Steigers Idee?«

Endlich kommt Leben in sein Gesicht, er hebt den Blick. »Glaubst du, dieser Mistkerl hat genug Grips dazu?«

»Nein, nicht wirklich«, antworte ich, schüttle den Kopf.

Mats wendet sich wieder seinem Kaffee zu. Er hat aufgehört zu rühren, hält den Löffel in der Hand, als hätte er vergessen, was er damit wollte. »David Kronen«, beginnt er schließlich, atmet schwer aus. »Der Journalist, dessen Reportage die gesamte Hamburger Polizei lächerlich gemacht hat. Der mich erst meine Karriere gekostet hat, dann meinen Job, meine Ehe, mein Leben … Er verschwindet, hinterlässt nur einen wirren Brief, dass er verfolgt wird, dass er untertauchen muss. Zehn Tage später wählt seine Freundin den Notruf und behauptet, dass der Polizist, der ihren geliebten David so unfassbar gehasst hat, bei ihnen eingebrochen ist.« Er klopft mit dem Löffel gegen die Tasse, legt ihn beiseite, faltet die Hände und starrt mich an. »Was löst diese Geschichte bei dir aus?«

Ich seufze. »Nichts Gutes. Polizist auf Rachefeldzug – so etwas in der Art. CC hätte die Stiefel sämtlicher Redakteure des Landes blitzsauber lecken müssen, damit sie die Story nicht bringen. Ist er ausgeflippt?«

»Kein bisschen. Kam am nächsten Tag in mein Büro und hat mir mein eigenes Kündigungsschreiben hingelegt. Hat gesagt, ich solle unterschreiben, sonst werfen sie mich der

Presse zum Fraß vor. Natürlich ein Bluff, er hätte sich damit nur selbst ins Fleisch geschnitten. Ich habe trotzdem unterschrieben. Die Sache war ohnehin gelaufen«, sagt er heiser, führt die Tasse mit zitternden Händen zum Mund.

Ich lehne mich vor, versuche es auf die sanfte Tour. »Was wolltest du in der Wohnung?«

»Du hörst mir nicht zu, Blom«, zischt er mir zu. »Ich habe nie gesagt, dass ich eingebrochen bin! Pohl glaubt das, Dorn, Köpke, CC, du – die ganze Welt ist sich scheinbar verdammt sicher, dass ich es war.« Mats setzt ein schiefes Lächeln auf, ich lecke mir über die Lippen, lasse einige Sekunden verstreichen, aber er redet nicht weiter.

Die sanfte Tour führt zu nichts. Zeit, eine Schippe draufzulegen. »Keine Ahnung, was du in der Wohnung wolltest, aber was du von Kronen wolltest, kann ich mir vorstellen.«

»Kannst du das, soso.«

»Du warst sauer.«

Achselzucken. »Na und? Deswegen bringe ich ihn doch nicht um.«

»Hast du ihn bedroht?«

»Nein.«

»Warum ist er dann abgehauen?«

»Keine Ahnung, musst du ihn fragen.«

»Sandra Pohl hat mir erzählt, dass Kronen noch mehr Material hatte. Er wollte sich in einem ganzen Buch an der Polizei abarbeiten. Was weißt du darüber?«

»Nichts.«

»Was wolltest du in der Wohnung?«

»Ich weiß nicht, wovon Sie sprechen, Herr Wachtmeister.«

»Was wolltest du von Kronen?«

»Lächerlich.«

»Komm mir nicht so …«

»Komm du mir nicht so!« Mats explodiert. Seine Hände schießen über den Tisch, packen meinen Kragen, reißen mich zu sich. »Du warst doch dabei, als sie uns fertiggemacht haben. Du hast es doch am eigenen Leib gespürt, wie das ist. Plötzlich weg vom Fenster, plötzlich die Lachnummer, plötzlich alles vergessen, was du jahrelang geleistet hast. Nur wegen diesem Wichser!« Er beutelt mich ordentlich durch, bohrt seine Knöchel gegen mein Schlüsselbein. Ich lasse ihn einfach machen. »Ich hab diesen Dreckskerl weder bedroht noch umgebracht«, schnauzt er zwischen zusammengepressten Zähnen hindurch, atmet schwer. Dann wird sein Griff locker. Gift und Galle sind aufgebraucht. Er lässt von mir ab, seine Hände sacken leblos zu Boden. »Auch wenn ich es liebend gern getan hätte.« Sein Gesicht wird blass und leer. »Einfach in die Elbe schmeißen, ihn, CC, Steiger, alle. Dich auch.«

Hat er das gerade ernsthaft gesagt? »Mich?«

Mats funkelt mich aus kohlschwarzen Augen an, beugt sich zu mir, zischt: »Sie haben uns einfach fallenlassen, und du hast so getan, als wäre nichts gewesen. Hast dich in deine neue Abteilung gesetzt und brav weitergearbeitet. Wie so ein beschissener Roboter.«

Ist er jetzt komplett übergeschnappt? »Was blieb mir denn anderes übrig?«, entgegne ich. »Du hättest es wie ich machen sollen, einfach eine Zeit lang die Füße still halten, ein paar Jahre Schreibtischdienst, vielleicht hätten sie uns dann zurückgeholt. Aber du musstest ja unbedingt anfangen zu saufen und …«

»So eine Scheiße«, bellt er mich an, raubt mir das Wort. »Anfangen zu saufen? Ich hab schon vorher gesoffen, aber das war jedem egal. Dir, Bering, meiner Frau … Und soll ich dir sagen, warum es jedem egal war, Blom? Soll ich es dir verraten? Weil es lief! Alles lief wie am Schnürchen, bis es plötzlich nicht mehr lief! Und von einem Tag auf den anderen war ich bloß Abfall für euch.«

Mein Geist fühlt sich taub an, meine Kehle trocken. Was sagt er da bloß, das ist doch nicht wahr! »Mats, ich …«

»Wie oft warst du bei mir, nachdem die ganze Scheiße passiert ist?«, fährt er mich an. »Wie oft?«

Ich schlucke, zögere, stottere. »Mats … Du weißt doch, dass ich in so was schlecht bin … Dieses Zwischenmenschliche … ich …«

»Wie oft, Elias?«

»…«

»Hast du mich angerufen? Hast du mir geschrieben? Bist du mal vorbeigekommen?«

»Ich … Ich dachte, du hast ja deine Frau und … Keine Ahnung, dass du vielleicht alleine sein möchtest«, stammle ich hilflos. Dann kapituliert mein Hirn komplett. Ich weiß nicht mehr, was ich sagen soll. Mats offenbar auch nicht.

Wir sitzen einfach nur da, starren den Tisch an. Zeit vergeht. Dann: »Meine Frau ist ausgezogen, da war die Tinte auf meiner Kündigung noch nicht mal trocken.«

Ich senke den Kopf, stoße einen Seufzer aus. »Das tut mir leid, Mats«, sage ich mit heiserer Stimme, versuche, mich an damals zu erinnern – an den Tag, an dem sie uns beide in den Sonderurlaub abgeschoben haben. Ich weiß noch, dass ich meine Sachen fein säuberlich in einen Umzugskarton gepackt habe, während Mats das meiste von seinem Zeug einfach in den Mülleimer gekippt hat. Wir sind dann mit dem Fahrstuhl nach unten gefahren und ich habe so etwas gesagt wie: Bis dann. Er hat bloß genickt. Habe ich ihm danach wirklich nie mehr geschrieben? Oder angerufen? Ich überlege, komme aber immer nur bis zu dem einen Mal, als ich das Telefon schon in der Hand hatte. Dem einen Mal, als ich die SMS schon eingetippt hatte. Dem einen langen Tag, als ich schon im Auto saß und zu ihm fahren wollte. Aber ich komme nicht weiter.

Ich habe es nie getan.

Ich habe mir eingeredet, dass er jemanden zum Reden finden wird, dass er sein Leben und das Saufen in den Griff kriegt, irgendwie. Das ist doch Mats, der ist stark, der kommt wieder auf die Beine – das waren meine Gedanken, ich war überzeugt davon. Aber ich habe mich getäuscht. Ich habe mich so lange davor gedrückt, bis ich mir einreden konnte, dass es jetzt ohnehin zu spät sei.

Ich hebe den Kopf, senke ihn wieder. Sein Anblick schmerzt.

»Sonst noch was, Blom?«, höre ich Mats' Stimme, halte den Atem an, horche in mich hinein, suche verzweifelt nach den Worten, die alles kitten können, den Sätzen, die Brücken bauen, den Entschuldigungen, die alte Wunden heilen. Aber ich finde sie nicht. Da ist nur dieser Impuls. Das Rattern des Zahnrads, das sich immer weiterdrehen muss, das Surren der Maschine, die unermüdlich drängt, bohrt, insistiert. Das immer gleiche, nimmermüde Muster, das mich zu der einzigen Frage zwingt, die mir mein dummes Hirn gestattet.

»Was ist mit Kronen passiert, Mats? Was wolltest du in der Wohnung?«

Er sieht mich lange an, sagt nichts. Dann steht er auf, quetscht seinen massigen Körper hinter der Eckbank hervor, drückt seinen Rücken durch und zahlt an der Bar. Als er wieder zurückkommt, hat er nur drei Wörter für mich übrig. »Fick dich, Blom.«

Dann verschwindet er zur Tür hinaus.

Linda

»Nein!«, schreie ich, fahre hoch, schlage hart auf. »Geht weg, verschwindet!« Ich spüre Schmerz, weiche Fasern zwischen den Fingern, Boden unter meinen Knien – alles ist falsch herum, die Wand dürfte nicht hier sein, warum … Im nächsten Moment öffne ich die Augen, realisiere: Es war nur ein Albtraum. Exakt derselbe wie die letzten Male. Erschöpft sinke ich zusammen.

Mein Herz rast. Ich liege auf dem Teppich, hinter mir der Ohrensessel, niemand sonst im Raum. Einen Augenblick lang starre ich einfach vor mich hin, versuche, ruhig zu atmen. Bloß ein Albtraum, Linda, nicht mehr. Das ist ein gutes Zeichen! Es bedeutet, dass ich geschlafen habe. »Ge·schla·fen« hauche ich Silbe für Silbe, lache im nächsten Moment hysterisch auf. Jetzt freue ich mich schon über Albträume.

Ich stehe auf, schlurfe ins Bad, drehe die Dusche auf.

Das Schlimmste an der Schlaflosigkeit ist der Schlaf.

Niemand ist *wirklich* schlaflos. Früher oder später sacken alle kurz weg, die Lider flattern, werden schwerer, und ehe man sich versieht, ist man eingeschlafen. Aber es ist kein Schlaf, der diesen Namen verdient. Es ist Folter. Albtraumgenährtes Dämmern, giftdurchtränktes Dahinsiechen – das Unterbewusstsein sprüht Funken, legt Feuer, raubt dem Schlaf seine Ruhe, seinen Frieden, seine Daseinsberechtigung. Alles ist Chaos.

So geht es mir Nacht für Nacht. Ich weiß nicht, ob ich gerade wirklich geschlafen habe oder nur eine Sekunde weggetreten war. Wie lang saß ich in dem Ohrensessel? Die ganze Nacht? Bin ich nur kurz eingenickt? Ich weiß nur, dass ich völlig gerädert bin und dass die Albträume keinen Sinn ergeben.

Ich trete aus der Dusche, trockne mich ab, achte diesmal darauf, nur die linke Hand zu benutzen. Es ist kurz nach sieben Uhr morgens – eigentlich müsste ich jetzt los, zur Arbeit, aber sie werden ohne mich auskommen müssen.

Ungeschickt schlüpfe ich in eine bequeme Hose, werfe mir eine weite Weste über, falle erschöpft in den Ohrensessel, atme schwer. Als mein Schnaufen abklingt, beginnt die Geräuschkulisse des Hauses mich einzulullen. Das Zählwerk der Wanduhr rattert leise. Ein Ladegerät fiept. Etwas rieselt hinter der Wand. Ich nippe an meinem kalt gewordenen Tee, kaue am Daumennagel, lass es wieder. Draußen fährt ein Auto vorbei. Meine Lider werden bleiern. Mit jedem Blinzeln wird der Augenaufschlag zäher, länger, anstrengender. Der Kühlschrank im Nebenzimmer beginnt zu surren, mein Kopf wird schwer, sackt ab. Mir fällt noch ein, dass ich die Tür abschließen sollte, dann gleite ich hinüber ins Nichts.

»Nicht! Nein! Hör auf!« Panisch springe ich hoch, schüttle den Kopf, drehe mich um die eigene Achse, stürze zum Fenster und reiße die Vorhänge auf. *For fuck's sake*, so wird das nichts. Ich muss an die frische Luft. Bewegung soll guttun, vielleicht komme ich dann zur Ruhe. Ein langer Spaziergang am Strand, das wird mich beruhigen, mich müde machen. Genau das brauche ich jetzt.

Aber das Meer beruhigt mich nicht. Ich stapfe den Strand entlang, betrachte die Möwen, die Gischt, versuche, meinen Gedanken den monotonen Rhythmus der wogenden Wellen aufzuzwingen, doch es gelingt mir nicht. Die steife Brise macht mir nur Kopfschmerzen. Alles ist laut und unruhig, und die Kälte kriecht mir in die Knochen. Außerdem ist da dieser Mann oder diese Frau, jedenfalls eine Gestalt; es kommt mir vor, als würde sie mich verfolgen. Wahrscheinlich bin ich bloß ein wenig paranoid, aber der Strand ist menschenleer, niemand da, wenn ich Hilfe bräuchte. Der Gedanke ist mir unheimlich. Also flüchte ich, gehe in den Ort hinein, wandere die Gassen entlang, lande erneut in der Einsamkeit. Ausgestorbene Straßenzüge, ein Ferienhaus neben dem anderen, alle leer.

Ich drehe mich um, niemand hinter mir, die Gestalt ist verschwunden. Ich werde paranoid, kein Wunder, ich muss schlafen. Ein bisschen noch durch die Straßen streifen, mich müdegehen, dann wird es klappen. Aber ich sollte noch etwas einkaufen. Der Kühlschrank ist leer, ich brauche Vitamine. Vitamine und Schlaf und …

Wie angewurzelt bleibe ich stehen, mein Puls beschleunigt, beruhigt sich aber schnell.

Was soll die Aufregung? Es ist nichts passiert. Ich bin nur aus Versehen in die Straße eingebogen, in die ich nie wieder gehen wollte, und stehe vor dem Haus, das ich nie wieder betreten wollte. Die Fassade hat einen neuen Anstrich bekommen, das Gartentor ebenso, die Hecke wirkt gepflegter, grüner, nicht so struppig wie früher, aber sonst hat sich das Haus meines Vaters nicht wesentlich verändert.

Ich trete ein paar Schritte näher, schaue mich etwas genauer um. Wie es wohl drinnen aussieht? Wahrscheinlich haben die neuen Besitzer alles rausgerissen. Die dunkle Wohnwand, die schweren Teppichböden, das ganze muffige Zeug, das schon damals hoffnungslos altbacken war.

Eine scharfe Brise fegt durch die Straße, bringt die Äste der riesigen Esche hinter dem Haus zum Wogen. Die Baumkrone ragt deutlich höher über das Dach, es wirkt fast schon bedrohlich. Als Kind wollte ich immer ein Baumhaus, nein, ein Baumschloss haben, mit Rutsche und Kletterseil für meine Fantasiefreundin Bibi und mich, aber ich bekam nie eines. Ob der Gartenschuppen noch steht? Bestimmt nicht. Wenn er abgerissen wurde, müssten sie eigentlich meine Zeitkapsel gefunden haben, sie war nicht besonders gut versteckt. Ich wollte sie tief im Erdboden vergraben, aber Vater meinte, ich könne sie auch einfach in den Schuppen werfen, da findet das Ding in hundert Jahren keiner. Und dafür war die Kapsel ja eigentlich gedacht: den Menschen in der Zukunft etwas aus der Vergangenheit beibringen. So haben sie das in der Kinderserie gesagt, und ich fand den Gedanken unheimlich spannend. Ich weiß noch, dass ich mir vorgestellt habe, wie die Zukunftsmenschen aus ihren fliegenden Autos steigen und mit Laseraugen meine Sachen bestaunen – ich wollte, dass sie richtig lange grübeln müssen. Deswegen habe ich nur rätselhafte Dinge reingetan: den Fangbecher, aber ohne dazugehörigen Ball. Das Schwarze-Peter-Spiel ohne Beschreibung. Ein Ü-Ei mit einer Überraschung, die ich nie zusammengebastelt bekommen habe – ich hab sogar von einem Jojo die Schnur abgeschnitten und mich bei dem Gedanken schlapp gelacht, wie die Zukunftsmenschen darüber brüten. Aber am meisten hätte ihnen Vaters Lineal zu schaffen gemacht. Er nannte es immer anders: Richtstab, Züchtiger, Erzieher, es hatte viele Namen. Eigentlich war es bloß ein großes Tafellineal, das er in der Schule verwendete. Er hatte auch ein riesiges Geodreieck, einen Zirkel – was Mathelehrer eben brauchen. Aber zu Hause gab es nur das Lineal. Und ich habe nie verstanden, wann es zum Einsatz kam. Als Kind hatte ich gehofft, dass mir die Menschen der Zukunft eines Tages verraten würden, was ich falsch gemacht habe. Jetzt weiß ich, dass sie es nicht wissen konnten. Wahrscheinlich hat es mein Vater selbst nicht gewusst.

Ich habe mich natürlich nicht getraut, das Lineal in die Zeitkapsel zu packen, es wäre ohnehin viel zu groß gewesen. Als ich älter wurde, kam es auch nur mehr selten zum Einsatz. Und nach der Sache mit der Abtreibung hörte es ganz auf. Wir verbrachten noch drei lange Jahre in schweigsamer Koexistenz, bis ich alt genug war, um auszuziehen. An meinem achtzehnten Geburtstag. Danach haben wir uns nie wiedergesehen. Als er starb, machte ich in England ein Erasmus-Semester. Ich kam bloß zur Beerdigung, die Entrümpelung, den Verkauf und das Investment in die strandnahe Ferienimmobilie habe ich von London aus erledigt. Es war ohnehin nichts mehr Wichtiges in dem Haus. Die Zeitkapsel hatte ich vergessen.

Vielleicht haben die Neubesitzer sie ja aufbewahrt? Ich könnte fragen. Mein Blick sucht das Gartentor nach einer Klingel ab, findet nur den verwitterten Zeitungshalter, der schon in meiner Kindheit da hing. Er ist mittlerweile beinahe vollständig von der Hecke überwuchert, aber noch im Gebrauch: Eine Zeitung lugt heraus, die ›Bild‹.

Ich beuge mich über das Gartentor, sehe mich um. Die

Rollläden sind heruntergelassen, kein Auto in der Auffahrt, es scheint niemand da zu sein. Und wenn ich nur kurz zum Haus husche? Neben der Eingangstür hängt ein Briefkasten, da muss ein Name stehen, dann könnte ich die Telefonnummer herausfinden. Darf man einfach so durch einen fremden Garten gehen? Der Postbote tut es doch auch, andererseits hat der ja auch eine Postboten-Befugnis oder so.

Wieder geht mein Blick zum Zeitungshalter. Vielleicht steht der Name des Empfängers auf der Zeitung? Hastig sehe ich mich um, kann niemanden entdecken, ziehe wie beiläufig die ›Bild‹ heraus, entfalte sie, erstarre.

Die Zeitung fällt zu Boden. Meine Kehle schnürt sich zu. Ich gerate ins Schwanken, taumle in die Hecke, spüre, wie sich Dutzende spitze Äste in meinen Rücken bohren. Ungläubig glotze ich hinab auf das Titelblatt, lese die Schlagzeile, immer wieder. »Neue Spur! Ist das der Ringfinger-Mörder?«, daneben prangt ein riesiges Bild, es muss vor der Polizeistation aufgenommen worden sein. Noah. Die Partie um seine Augen ist dezent verpixelt, aber ich und jeder, der ihn kennt, weiß sofort Bescheid.

Diese verdammten Schmierfinken. Ich gehe in die Knie, blättere durch die Zeitung, überfliege die Zeilen. »Erster Verdächtiger … Nachbar des Opfers … keine Stellungnahme seitens der Polizei …« *Das ist doch lächerlich.* Das sind alles nur Mutmaßungen, der Artikel hat null Inhalt, aber Hauptsache, sie packen sein Bild auf die Titelseite.

Ich knete mir den Nacken, starre immer noch völlig entgeistert auf die Zeitung. Dann bewegt sich etwas in meinen Augenwinkeln. Angestrengt kneife ich die Augen zusammen, spähe die Straße hinunter, schrecke hoch.

Die Gestalt.

Sie ist mir gefolgt – ich wusste es. Hastig rapple ich mich auf, stopfe die Zeitung zurück, stolpere in die entgegengesetzte Richtung. Was soll das? Warum werde ich verfolgt? Ich habe doch nichts getan, sind das Journalisten? Die Polizei? Beschatten sie mich? Immer wieder werfe ich einen Blick über die Schulter, glaube, etwas zu sehen, bin mir aber nicht sicher. War es vielleicht doch bloß ein Schatten? *Wer soll dich schon verfolgen?*, höre ich meine innere Stimme spötteln – aber ich bilde mir das doch nicht ein. Und wenn ich die Polizei rufe? Aber was sage ich denen? Das ist bestimmt alles nur Einbildung. Da, wieder! Ein Geräusch! Panisch drehe ich mich um. Aber da ist nichts. Niemand folgt mir. Keine Menschenseele.

Ich muss nach Hause.

Ich muss schlafen.

Sofort.

Elias

Der Raum ist klein, beige-graue Wandverkleidung, vermutlich schalldicht. Um Petes Brust schlingen sich Drähte, eine Manschette schnürt ihm das Blut im rechten Arm ab. Die Verhörspezialistin überwacht den Bildschirm ihres Laptops mit Argusaugen.

Ich murmle: »Sind Sie an einem verfickten Komplott zur Ermordung des verfickten Präsidenten beteiligt?« Gleich darauf fragt die Verhörspezialistin auf dem Bildschirm dasselbe, nur ohne Gefluche.

Dann wieder ich: »Haben Sie in den letzten verfickten sechs Monaten etwas getan, was das Leben …«

Klopfen.

Ich blicke auf meine Armbanduhr. Es ist kurz nach sechs Uhr morgens, ich bin seit zwei Stunden wach und schaue zum dreiunddreißigsten Mal ›The Sentinel‹. Es klopft wieder, ich schalte stumm – vielleicht die Rauchmelder-Überprüfung? So früh? Vorsichtig schleiche ich zur Tür, klemme mir sicherheitshalber die Dienstwaffe zwischen Gürtel und Steißbein. »Wer ist da?«

»Mach auf«, dringt es dumpf aus dem Hausflur. Ich erkenne die Stimme sofort, ziehe den Sicherheitsriegel zurück, öffne.

Mats.

Ohne ein Wort zu verlieren, stapft er an mir vorbei direkt zum Kühlschrank, öffnet ihn, starrt lange hinein. An seiner linken Hand baumelt eine Aldi-Tüte.

»Bitte, bedien dich«, schnappe ich ihm giftig hinterher.

»An was denn?«, knurrt er, knallt den Kühlschrank zu und geht zum Sofa. »Hast du wenigstens Kaffee da?« Schwerfällig lässt er sich fallen, glotzt auf den tonlosen Michael Douglas auf der Mattscheibe.

Ich schließe die Wohnungstür, schlurfe rüber in die Küche, befülle den Wasserkocher, betrachte dabei Mats. Er hat sich die Haare gewaschen, aber nicht gekämmt. Sie stehen zu Berge, als hätte er sie an einem Luftballon gerieben. »Wie hast du mich gefunden?«

»Durchgefragt«, antwortet er, nicht ohne Unterton. Dann schwenkt er seinen Kopf hin und her wie ein Ventilator, schnalzt mit der Zunge. »Deine alte Wohnung war gemütlicher. Warum bist du ausgezogen?«

»Tapetenwechsel.«

Er nickt stumm. Das Wasser brodelt, ich fülle zwei Tassen randvoll, rühre das Instantpulver ein.

»Was guckst du da?«

»›The Sentinel‹ mit Michael Douglas und Kiefer Sutherland.«

»Ist der gut?«

»Nicht besonders.«

»Warum guckst du ihn dann?«

Ich greife nach der Fernbedienung, drücke den Ausschaltknopf. Der Bildschirm leert sich. »Was machst du hier, Mats?«

Er verzieht das Gesicht, atmet schwer. Seine rissigen Lippen stülpen sich erst vor, ziehen sich dann zurück und werden zu einem schmalen, blassen Strich. Es dauert eine Weile, bis sie sich wieder öffnen; bis er sich mir öffnet.

»Gleich am nächsten Tag, als Kronen verschwunden war, standen Dorn und Köpke bei mir auf der Matte. Dann Steiger. Dann CC.« Sein Blick senkt sich, fixiert die Tasse. »Natürlich nicht offiziell, sonst wäre es ja in den Akten gelandet. Es sollte keinesfalls der Anschein erweckt werden, dass ich etwas mit der Sache zu tun haben könnte.« Er lacht kurz auf, schüttelt den Kopf. »Aber jeder von ihnen dachte es. Sie waren sich alle *so* verdammt sicher, dass ich es war. Der Alk-Bulle, der sich nicht im Griff hat und der ›untergetauchte‹ Journalist – das passte einfach zu gut.« Seine Hand greift nach der Kaffeetasse, stellt sie sofort wieder ab. Das Zittern ist zu stark. »Weißt du, was Steiger gesagt hat? Er hoffe, dass ich Kronens Leiche wenigstens tief genug verbuddelt hätte, damit sie ihn nie finden. Ich war nur noch Abschaum in deren Augen, nicht mehr.«

Ich setze mich neben ihn, mustere seine Klamotten. Sie sind zerknittert, aber frisch gewaschen. Er riecht weniger penetrant, sein Blick ist klarer, fokussierter – er scheint zumindest halbwegs nüchtern zu sein.

»Ich habe diesen Mistkerl nicht angerührt, Elias. Das musst du mir glauben.«

Ich nicke schwach, räuspere mich, schieße ins Blaue. »Du wolltest wissen, wo Kronen abgeblieben ist. Deswegen bist du in seine Wohnung eingebrochen.«

Mats seufzt. »Ich dachte, wenn ich ihn finde, müssen sie mir glauben.«

»Und du dachtest, vielleicht führt dich Kronens Verbleib auch zum Ringfinger-Mörder.«

»Das hatte ich gehofft, ja«, murmelt er in seine Handfläche, kratzt sich das schlecht rasierte Kinn. »Dieser Brief von Kronen, dass er untertauchen müsse, weil er bedroht werde: Vielleicht hat dem Ringfinger-Mörder die ganze Publicity nicht gepasst, oder ihm haben die Artikel nicht gefallen – kann ja sein, keine Ahnung, was in dem Hirn von so einem Psychopathen abgeht. Jedenfalls dachte ich: Wenn ich den Zeitungsfritzen finde, finde ich auch unseren Mann, und dann wäre alles vergeben und vergessen. Ich hätte wieder eine weiße Weste und meinen alten Job zurück.« Mats tätschelt unsicher die Tasse, scheint nicht so recht zu wissen, ob er einen neuen Versuch wagen soll.

Ich ziehe die Luft zwischen die Zähne. »Und? Hast du ihn gefunden?« Die Süffisanz ist nicht beabsichtigt, aber kaum zu überhören.

Mats verdreht die Augen. »Säße ich dann hier?«

Wir starren uns wortlos an. Einige Sekunden verstreichen. Dann: »Nein, ich habe ihn nicht gefunden. Ich habe auch in Kronens Wohnung nichts gefunden, rein gar nichts. Auf dem Schreibtisch lagen Dutzende Unterlagen, ich habe sie alle abfotografiert, aber das waren bloß Rechnungen, Mahnungen, irgendwelche halb fertigen Reportagen, kein einziger Hinweis, was mit ihm passiert sein könnte.«

Er grabscht sich die Aldi-Tüte, wuchtet sie hoch und leert den Inhalt auf das Sofa. Ein Konvolut zerknüllter Ausdrucke ergießt sich vor mir: miserabel abfotografiert, verwischt, verwackelt, kaum leserlich. Mit spitzen Fingern ziehe ich einen Zettel nach dem anderen heraus, mustere jeden. Mietwagenabrechnungen. Ein Steuerbescheid. Irgendwelche Wikipedia-Artikel. Ich seufze. Mats redet unterdessen weiter.

»Ich weiß, ich hätte da nicht einbrechen dürfen. Es war ein Fehler, aber ich war so verzweifelt, ich … «, seine Stimme bricht ab, ich sehe kurz auf, taxiere seine feuchten Lider, zögere, gehe dann aber weiter die Unterlagen durch. Rainert & Partner, Kanzlei für Steuer und Recht – erste Mahnung. Deutsche Bahn – Mahnung. Acadonova – Mahnung. SAGA Wohnbau – Mahnung. Kronen hatte viele offene Rechnungen.

»Ich konnte nicht anders: Ich hätte alles dafür gegeben, um wieder mein altes Leben zu bekommen!« Mats bäumt sich auf, schlägt mit der flachen Hand auf den Tisch, sinkt jedoch gleich darauf kraftlos im Sofa zusammen. »Aber ich habe versagt.«

Eine Rechnung des Presseversorgungswerks. Ein Inkassobescheid. Noch eine Mahnung der Acadonova. Acado-was? Ich halte den Zettel unter das Licht, überfliege die Zeilen. »Acadonova UG … 15.4.2018 … Sehr geehrter Herr Kronen … 2. Mahnung … Leistung: Manuskripterstellung/Textsupport erste Rate … Kontakt: Heinrichsstraße 7, 22769 Hamburg.« Ich kneife die Augen zusammen, starre Löcher ins Parkett, überlege.

»Wenigstens du musst mir glauben, Elias! Ich habe Kronen nicht angerührt! Ich habe …«

»Mats, links neben dir, mein Telefon«, unterbreche ich ihn. Er wirkt kurz irritiert, reicht es mir dann aber kommentarlos rüber, redet weiter. Ich höre ihm nicht zu. Meine Finger fliegen über das Display, Google-App, Suchfenster, tippen. Erster Eintrag, klick: Die Seite baut sich auf. »Acadonova.de. Professionelles Ghostwriting, diskret & sicher. Ihr zuverlässiger Partner im Bereich der Texterstellung.« Ein Augenblick verstreicht. Die Luft um mich herum wird dünn. Meine Hand beginnt zu zittern. Ich springe auf.

»Mats, halt die Klappe!«, sage ich, werfe ihm mein Telefon zu, haste durch die Wohnung: Schlüssel, Holster, Ausweis, Schuhe. »Ich fahre, du telefonierst«, herrsche ich ihn an, schlüpfe in meine Weste, ziehe das Hemd darüber.

Mats sitzt auf der Couch, mustert mich aus großen Augen, bewegt sich keinen Millimeter. »Was? Telefonieren?«

Ich stürze zur Tür, reiße sie auf. »Die Website! Ruf da an, wir fahren hin, sofort.«

Sein Blick pendelt zwischen mir, der offenen Tür und dem Smartphone. »Was sollen wir da? Acadonova? Was ist das?«

»Das ist vielleicht die einzige Möglichkeit, deinen Ruf wiederherzustellen«, sage ich, ziehe die Dienstwaffe aus dem Hosenbund hervor, werfe einen kurzen Blick darauf und lasse sie dann im Schulterholster verschwinden. »Und jetzt komm!«

Drei Minuten später brettern wir die Einbahnstraße Richtung Hamburg-West gegen die Fahrtrichtung.

»Du musst hier rein!«, bellt Mats aufgeregt, pocht mit dem Finger gegen die Scheibe der Beifahrertür.

Ich reiße das Lenkrad rum, biege scharf nach links, ein Fußgänger weicht erschrocken zurück auf den Gehsteig. »Ein bisschen früher, Mats!«, blaffe ich ihn an.

»Ja doch – ich kann nicht gleichzeitig navigieren und telefonieren. Es klingelt.«

Aus den Augenwinkeln sehe ich, wie er das Telefon an seine Wange presst. Sekunden vergehen, ich wühle mich durch die Blechkolonnen. Es ist noch zu früh für den völligen Verkehrsinfarkt, aber spät genug für den üblichen Wahnsinn des morgendlichen Berufsverkehrs.

Mats lässt das Telefon sinken, wechselt wieder in die Navigations-App. »Keiner da«, kommentiert er nüchtern. »Nächste rechts.«

Ich nehme die Ampel bei Dunkelorange, Mats stemmt sich gegen das Armaturenbrett, presst seinen Körper in den Sitz. »Was soll das alles?«, fährt er mich an. »Was ist dieses Acadonova?«

Ich überhole rechts, jage die Langenfelder Straße hinunter, rede gegen den aufheulenden Motor an. »Sandra Pohl hat mir doch erzählt, dass Kronen noch etwas aufdecken wollte, aber nicht bei ›Memento‹.« Ein Renault hält in zweiter Reihe, ich bremse runter von 80 auf 20, breche nach links aus, schneide einen nachkommenden Audi. »Er wollte ein Buch herausbringen und den großen Reibach machen, inklusive Ruhm und Ehre nur für sich allein.«

»Hier links!«, unterbricht Mats.

Die Reifen quietschen, diesmal ist die Ampel knallrot. »Acadonova ist eine Ghostwriting-Agentur! Der Zeitraum passt auch – anscheinend hat sich Kronen helfen lassen!«

»Halt!«, brüllt Mats.

Ich steige in die Eisen. »Was? Hätten wir wieder abbiegen müssen?«

»Nein, du bist vorbeigefahren.«

Ich reiße den Kopf herum. Heinrichsstraße 7. Kein Bürogebäude, sondern eine Klinkerbauwohnanlage aus den Siebzigern. Ich wende den Wagen, parke in der Feuerwehrausfahrt.

Vor dem Hauseingang rostet ein Briefkasten vor sich hin, verrät mehr als zwanzig Parteien und die Acadonova. Trotz Sturmklingeln rührt sich nichts, aber wir haben Glück. Eine junge Mutter mit Kinderwagen kündigt sich an und sperrt auf, Mats spielt den Türkavalier, und wir haben freien Zutritt, grasen die Stockwerke ab. Im vierten werden wir fündig.

»Bingo«, ruft Mats, drischt gegen die Tür. Niemand öffnet.

Ich lege mein Ohr an das Holz. »Nichts«, resümiere ich. »Dann heißt es wohl warten.«

»Das heißt es wohl.«

Wir stehen da, beide die Hände in die Hüfte gestemmt, schnaufen. Mats nickt mit dem Kopf Richtung Tür. »Was denkst du?«

Ich schiebe die Unterlippe vor, zucke die Achseln. »Privatwohnung. Das ist eine One-Man-Show, ein Typ, der so tut, als wäre er eine Agentur. Wahrscheinlich wohnt er hier auch. Heute ist Samstag, vielleicht ist er bei der Freundin, bei Mami, im Urlaub?«

Mats schmunzelt. »Ich meinte eigentlich die Tür.«

Mein Gesicht wird hart. Vorwurfsvoll starre ich ihn an.

»Komm schon, die ist alt, das geht leicht! Spazier doch mal den Gang entlang, guck dich im Treppenhaus um, ich versuch mein Glück. Und wenn ich erwischt werde, weißt du von nichts.«

»Das ist doch nicht dein Ernst?«

»Alles, was ich brauche, ist deine EC-Karte.« Mats setzt ein schiefes Lächeln auf, zwinkert mir zu. »Kreditkarte geht auch. Meine ist in der anderen Hose.«

»Klar. Vergiss es. Wir warten«, schnarre ich ihn an. »Es ist noch früh, er kommt vermutlich bald.« Mats seufzt, ich drehe ihm den Rücken zu, versuche es wieder bei der Telefonnummer. Niemand hebt ab. Vielleicht hat einer der Nachbarn eine Privatnummer? Ich will schon klingeln, als ein

Briefsymbol am oberen Displayrand meines Smartphones aufploppt.

Eine Mail aus dem Verteiler, wieder weitergeleitet von Mira. Betreff: »Paul Falk Fahndung?« Mira selbst hat nur einen einzigen Satz geschrieben: »Die Nase hat's verbockt.« Die fehlende Interpunktion und der miserable Satzbau im Absatz darunter enttarnt Köpkes Werk sofort.

»Gestrige Befragung von Paul Falk siehe Protokoll Anhang keine weiteren Erkenntnisse. Nach Konfrontation mit Emma Falks Verhältnis große Aufregung sie mussten ihm Beruhigungsspritzen geben. Heute Morgen war er nicht mehr in seinem Krankenzimmer ist anscheinend abgehauen. Sollen wir Paul Falk zur Fahndung ausschreiben? LG Köpke.«

Wie ferngesteuert schüttelt sich mein Kopf. Dieser Dilettant.

Hinter mir knackt es.

Ich fahre herum, reiße den Mund auf. »Du …« Mehr bringe ich nicht heraus. Die Tür steht einen Spaltbreit offen, Mats kniet davor, grinst. In seiner Hand blitzt etwas Blaues auf. »Bibliothekskarte«, sagt er triumphierend. »Da ist es immer warm, und es gibt gratis WLAN.«

»Was soll das, du Idiot?«, zische ich ihn an. »Ich sagte: Wir warten!«

Mats steckt die Karte ein, zieht eine beleidigte Schnute. »Du kannst ja warten, ich geh da jetzt rein.«

Ich will ihn zurückhalten, aber er ist schneller, verschwindet in der Wohnung und lässt mich im Hausflur zurück. *Dieser verdammte …* Tausend Flüche liegen mir auf der Zunge, aber ich schlucke sie hinunter, habe Angst, dass uns jemand hören könnte.

Plötzlich steht Mats wieder im Türrahmen, sieht mich fragend an. »Wonach suchen wir eigentlich?«

Ich packe ihn am Kragen, will ihn aus der Wohnung ziehen, als sich hinter der Nachbarstür etwas regt. *Verdammt*. Panisch dränge ich Mats zurück, quetsche mich ins Vorzimmer, wirble herum, drücke die Tür sachte ins Schloss.

Wir halten beide die Luft an, lauschen.

Schritte, sie kommen näher, entfernen sich wieder, bleiben gleichmäßig. Erst als sie im Treppenhaus verhallen, wage ich es, auszuatmen. Mats sieht mich mit hochgezogenen Augenbrauen an. Ich könnte ihn umbringen. Aber jetzt, da wir schon mal drinnen sind …

»Wenn jemand kommt, erschieße ich dich und melde es als Einbruch«, knurre ich, remple ihn zur Seite, sehe mich um.

Eine ganz normale Wohnung, wahrscheinlich Einpersonenhaushalt, Vorraum, Wohnzimmer und Küche, ein kleiner Balkon. In dem Zimmer neben dem Bad stehen Aktenschränke und ein Schreibtisch, darauf ein vergilbter Bildschirm, dessen direkter Vorgänger ein Röhrenmonitor gewesen sein muss. Ich finde den Einschaltknopf, der Computer rödelt. »Such in den Akten nach Kronen.« Mats nickt, macht sich am Schrank zu schaffen. Der Desktop baut sich auf, Icons erscheinen – kein Passwortschutz, sehr gut.

»Hier sind nur Sachen für die Steuer, Rechnungen, Belege«, sagt Mats, knallt die Schubladen wieder zu.

Ich klicke auf den Ordner »Dokumente«, finde mich schnell zurecht, aber es liegen nur aktuelle Aufträge drin, alle aus diesem Jahr. Irgendwo muss es doch ein Archiv geben. Administration? Orga? Final? Nichts.

»Was ist damit?« Mats deutet mit dem Finger auf den unteren Bildschirmrand.

Ich öffne die Datei ›Autorenpool‹, eine Excel-Liste. Sie ist ewig lang. Wahllos scrolle ich auf und ab, checke alle Namen mit K, aber kein Kronen und sonst auch niemand Bekanntes. Mir entfährt ein lautstarkes Seufzen.

»Vielleicht stimmt ja die Rechnungsnummer der Mahnung mit einer der Nummern hier in der Liste überein«, raunt mir Mats hoffnungsvoll zu. »Das sind vierzehn Stellen, nein, dreizehn, und das sind … Jetzt mach doch mal Platz.«

Ich rücke beiseite, überlasse ihm den Computer.

»Passt nicht«, erklärt er knapp, sieht mich an, als wüsste ich, was zu tun ist. Aber ich habe keine Ahnung, zucke bloß mit den Achseln. Er überprüft noch mal die Zahlen, murmelt etwas in sich hinein.

Was jetzt? Wie weiter? Ich löse mich vom Schreibtisch, eiere ziellos durch den Raum, lasse den Blick über die Wände gleiten. Ein leeres Whiteboard. Gerahmte Urkunden und Zertifikate. Regale voller Bücher, Akten, Ordner, Kataloge … Ein winziger Impuls durchschießt mich. Mein Blick schnellt zurück zu den Büchern, ich kneife die Augen zusammen, blinzle. ›Die Gischt der sieben Meere‹, der Titel kommt mir bekannt vor. Wo habe ich den schon mal gele… Ein Schauer läuft mir den Rücken hinunter. »Weg da«, fahre ich Mats an, reiße ihm die Maus aus der Hand, scrolle mich durch die Liste. *Wo bist du, wo bist du, wo bist du … JA!* Ein Lächeln huscht über meine Lippen.

Hab ich dich, du Mistkerl!

Linda

Meine Augen klappen auf, ich bin schlagartig wach, voll da, weiß sofort, dass es wieder nur ein Traum war, aber die Panik, sie bleibt, schnürt mir die Kehle zu, gewährt mir keinen einzigen sauberen Atemzug. Meine Hand schnellt zur Brust, verkrampft sich. *Mit links, Linda. Mit links!* Ich rolle zur Seite, aus dem Bett. Keine Luft. Das Fenster! Mit letzter Kraft stoße ich mich vom Boden ab, zerre am Laken, bis es sich von meinem Bein löst, taumle weiter zur Fensterfront. Wo ist dieser verfluchte Schalter für die Außenrollläden? Ich finde ihn nicht – was jetzt? Ins Bad. Ich haste los, hinein in die Unschärfe, stolpere, ramme gegen Kanten, greife ins Nichts, torkle auf etwas zu, und ich hoffe, bete, flehe, dass es … Es ist der Griff des kleinen Fensters im Badezimmer. Ich reiße es auf, spüre die Kälte auf meinem Gesicht, höre mich nach Luft schnappen, aber sie bleibt wie ein Block, bleibt fest, ich bekomme sie nicht in meine Lungen. Gleißende Funken explodieren in meinem Blickfeld, mir wird übel, schwindelig, etwas kämpft sich von innen empor; ich ziehe den Kopf aus dem Fenster, halte ihn über die Toilettenschüssel, übergebe mich. Und endlich ist er mir vergönnt: ein gallig bittersüßer Atemzug.

Ich umklammere den Klodeckel, blicke stur auf das, was gerade aus mir herausgekommen ist: nur Flüssigkeit. Mein Magen scheint damit begonnen zu haben, sich selbst zu verdauen. Mühsam richte ich mich auf, drücke die Spülung, hänge den Kopf in die nächste Schüssel. Als ich am Hahn drehe, gurgelt es in den Rohren, dann erst kommt der Strahl. Wie nennt man noch gleich die Bakterien in abgestandenen Wasserleitungen? Egal. Ich trinke, sauge das Wasser gierig aus dem Hahn.

Was soll dieser verdammte Albtraum bedeuten? Immer wieder derselbe, aber diesmal näher, realer, greifbarer. Die Bewegungen, als hätten meine Muskeln sie ausgeführt. Die Gedanken, als wären sie tatsächlich meinem Hirn entsprungen. Keine losen Traumfetzen, keine Schleier, keine nebulösen, geisterhaften Bilderwolken, nein: präzise Erinnerungen. Als wäre das alles wirklich passiert.

Ich blicke in den Spiegel, ein verschrumpeltes graues Etwas stiert zurück. Sofort wende ich den Blick ab, stecke den Kopf wieder aus dem Fenster, lasse den Wind über meine feuchte Stirn streichen. Was hat Noah mir da nur gegeben? Welche Drogen lösen solche Entzugserscheinungen aus? *Holy shit*, zieht sich irgendwer freiwillig so eine Chemie-Scheiße rein?

Rascheln.

Ich reiße die Augen auf, stoße mit dem Hinterkopf gegen den Fensterrahmen. Was war das? Mein Blick fahndet nach jeder Bewegung. Die Äste des Baumes, die Blätter der Büsche, alles wogt gleichmäßig im Wind. Der Garten hinter dem Haus geht ins benachbarte Grundstück über, kein trennender Zaun, nur üppiges, verwildertes Gestrüpp. Dickicht, das in Dickicht verläuft, verschlungene Äste, Grün in Grün, Schatten über Schatten. Einer davon löst sich, zu groß für eine Pflanze, zu schnell für ein Tier, zu eindeutig für einen Irrtum: die Gestalt.

Ich habe es mir nicht eingebildet.

Panisch ziehe ich den Kopf zurück, donnere das Fenster zu. Die Eingangstür – habe ich abgesperrt? Ich weiß es nicht, ich muss es wissen. Energie durchzuckt mich, ich reiße die Tür auf, haste ins Schlafzimmer und stolpere direkt in meinen Albtraum.

Rubinrote Visionen überschwemmen die Laken, den Boden, die Möbel. Bizarre Schatten tanzen darauf, formen messerscharfe Scherenschnitte, werfen blutige Schlieren an die Wand. »Nein, nein, das ist nicht echt, geht weg!«, schreie ich, fuchtle mit der Hand vor meinem Gesicht, als wären die Bilder bloß ein Schwarm Fliegen. Die schattengepanzerten Formen lösen sich von ihrer Zweidimensionalität, hauchen sich selbst Leben ein, erblühen in Kaskaden aus Farben, Gelenken, Gliedern, werden zu fleischlichen Menschgebilden, bekommen Fratzen aus Hass. »Geht endlich weg!«, schreie ich wieder, taumle in die Ecke. Träume sind Träume und sollten Träume bleiben. *Das sind keine Träume, Linda.* Die Fratze fällt. »Verschwindet!«

Und plötzlich sind da nur noch ein Mann und ein Messer und Emma und ich, und dann ist das Messer verschwunden, und Emma zerläuft in tausend purpurne Bäche, und Noah sieht mich mit seinem Dackelblick an und sagt: Alles wird gut, Linda, alles wird gut.

»Verschwindet!« Ich kralle mich an der Türklinke fest, ziehe mich hoch, stürze aus dem Zimmer und die Treppe hinab. »Das bilde ich mir ein, das sind Wahnvorstellungen!« Ich bin müde, gestresst, vergiftet, verzweifelt, ich muss zu einem Arzt, sie sollen mir irgendetwas geben, damit ich zur Ruhe komme, damit dieser Wahnsinn aufhört. Ich fahre jetzt einfach da hin. Dröhnt mich zu, betäubt mich, knüppelt mich nieder, egal. Hauptsache, es hat ein Ende.

Meine Hand grabscht nach Dingen: Jacke, Schal, Handtasche – habe ich alles dabei, nichts vergessen? Ich drehe mich mehrmals um die eigene Achse, wanke durch den Flur, suche manisch alle Ecken ab, kontrolliere, ob die Fenster geschlossen sind; wühle in meinem Mantel nach dem Autoschlüssel, ziehe die Tür auf, und in dem Moment, als ich gegen etwas Hartes stoße, fällt mir ein, was ich vergessen habe.

Die Gestalt.

Elias

Vom Ersten in den Dritten, vom Dritten in den Fünften und mit 120 Sachen über die Kennedybrücke. Die Sirene heult, das Getriebe faucht, die Reifen quietschen.

Mats krallt sich in den Sitz, brüllt gegen den Lärm an. »Und was zur Hölle bedeutet das jetzt?«

Ich reiße das Lenkrad herum, manövriere den Wagen haarscharf an einem Bus vorbei. »›Die Gischt der sieben Meere‹, das ist Klingbergs Buch, er schreibt unter Pseudonym. Er hat für diese Agentur gearbeitet, das ist die Verbindung! Wenn er Kronens Ghostwriter war, hatte er natürlich Einblick in dessen Recherchen – er wusste, wie der Tatort aussehen muss!« Ein Audi schießt aus einer Seitengasse. Ich breche aus, komme auf die Gegenfahrbahn, kann den Mercedesstern auf der Frontschürze des Lkws beinahe spüren. »Jetzt macht alles Sinn: Klingberg tötet Emma Falk und lässt alles so aussehen, als wäre der Ringfinger-Mörder zurück. So muss es gewesen sein!«

»Wer zum Teufel ist denn jetzt Klingberg?«, krächzt Mats verzweifelt, und mir fällt ein, dass er nicht den blassesten Schimmer hat, wovon ich spreche. »Klingberg ist …« Das Straßennamensschild ploppt in meinem Augenwinkel auf. Ich steige in die Eisen, ziehe hinüber, rumple über einen Grünstreifen. Blaulicht schimmert in den Fenstern, die Hausnummern fliegen vorbei: 2, 12, 14, Vollbremsung.

Heinsweg 18.

»Das erklär ich dir später,« antworte ich, reiße die Fahrertür auf. »Und jetzt komm.« Beim Hauseingang malträtiere ich das Klingelbrett, keine Reaktion. Mats steht etwas abseits, sieht mich ratlos an. »Läute alle durch, bis jemand aufmacht!«, befehle ich ihm, zücke mein Telefon, drücke die vier Anrufe in Abwesenheit weg und wähle zuerst Noah Klingbergs Nummer, dann die von Linda.

Zweimal Mailbox. Verdammt.

Die Gegensprechanlage knarzt, ein Surren gibt die Tür frei, wir stürmen hinein. Im zweiten Stock lugt eine alte Frau aus ihrer Wohnung. »Nächster Stock rechts – versuch's mit der Bibliothek«, raune ich Mats zu, er zögert einen Moment, sieht mich irritiert an, dann klärt sich sein Gesicht, und er spurtet hoch. Ich bleibe bei der Nachbarin, erinnere mich, dass sie schlecht hört.

»Polizei Hamburg, wissen Sie zufällig, ob Noah und Linda Klingberg zugegen sind?«, sage ich übertrieben laut.

Sie sieht mich stirnrunzelnd an. »Sind die nicht im Urlaub?«

»Urlaub? Wieso?«

»Na, wegen der vielen Koffer. Frau Klingberg ist vorgestern mit viel Gepäck los … Oder war das vorvorgestern?«

»Okay, ähm … Sie wissen nicht zufällig, wo sie hingefahren sein könnte?«

Die Alte schüttelt den Kopf. »Ich glaube, sie haben ein Ferienhaus irgendwo in Scharbeutz, aber wo das genau ist, dürfen Sie mich nicht fragen. Wieso wollen Sie …«

»Vielen Dank!«, würge ich sie ab, haste ein Stockwerk höher, halte jäh an. Die Tür steht offen. »Respekt«, sage ich, nicke Mats anerkennend zu.

Er zuckt bloß die Achseln. »Es war nicht abgeschlossen. Kinderspiel.«

Ich ziehe meine Dienstwaffe, gehe an ihm vorbei in die Wohnung, checke jedes Zimmer.

Ausgeflogen.

»Willst du mir jetzt endlich sagen, wer dieser Klingberg ist?«, dringt Mats' Stimme aus dem Flur.

Ich ignoriere ihn, streune durch die Wohnung, in der Hoffnung, dass mich irgendwo eine Idee anspringt. Die Küche ist sauber, das Wohnzimmer aufgeräumt – alles ist so, als wären sie tatsächlich weggefahren. Aber wer macht in so einer Situation Urlaub? Vielleicht ist sie im Büro? Ich zücke mein Telefon, vergrabe den Blick im Display. Wie hieß die Kanzlei noch gleich: EWK? DWK – nein, TWK, danke, Google. Ich klicke die Telefonnummer an, es klingelt kurz, dann schnurrt eine helle Frauenstimme: »TWK und Partner, wie kann ich …«

»Blom, Kripo Hamburg, ich müsste Frau Klingberg sprechen. Dringend.«

»Einen Augenblick bitte, ich verbinde.« Warteschleifenmusik. Ich trete von einem Bein aufs andere, streune ins Arbeitszimmer, pflücke ungeduldig irgendwelche Karten und Zettel von einer Pinnwand. Plötzlich ertönt ein Signal in der Leitung, ich blicke auf das Display: einkommender Anruf, wieder die Nummer von vorhin, Festnetz, 0511-Vorwahl. Das muss irgendwo weiter unten sein, Bremen, Hildesheim oder …

»Es tut mir leid …«, zwitschert es aus dem Telefon, ich presse es wieder ans Ohr. »Frau Klingberg ist nicht im Haus.«

»Ist sie bei einem Kunden? Wie kann ich sie erreichen?«

Es folgt Schweigen, untermalt von den Hintergrundgeräuschen eines Großraumbüros. Dann: »Es tut mir leid, aber das kann ich Ihnen leider nicht sagen.«

Kiefermalmen. »Hören Sie, es handelt sich um einen Notfall. Ich bin von der Polizei, es …«

»Die Rechtsabteilung ist seit der neuen Datenschutzverordnung sehr streng, wir dürfen …«

»Ich scheiß auf die Rechtsabteilung!«

Sekunden verstreichen. Das Schweigen in der Leitung ist diesmal eisiger, so als wäre das gesamte Büro vor Empörung verstummt.

Ich schnalze mit der Zunge, räuspere mich, nestle verlegen an der Pinnwand herum. »Hören Sie«, sage ich, suche nach den richtigen Worten, finde stattdessen einen Flyer. *Ferienhaus Möwenkoje.*

»Frau Klingberg ist krankgemeldet«, ertönt die Stimme aus dem Telefon giftig. »Vielleicht versuchen Sie es ja bei ihr zu Hause.« Besetztzeichen.

Ich pflücke den Flyer von der Wand, drehe ihn um, lese die Adresse. Scharbeutz.

Mats erscheint im Türrahmen, sieht mich vorwurfsvoll an. »Na? Heute schlecht geschlafen?«

Ich knülle den Flyer in meine Tasche, deute auf ein Foto an der Pinnwand: Noah und Linda am Strand, entzweigerissen und wieder zusammengeklebt. »Wenn einer der beiden hier aufkreuzt, rufst du mich an, verstanden?« Er nickt perplex, ich klopfe ihm auf die Schulter. »Okay. Ich muss los.«

»Was? Wo willst du denn hin?«, höre ich ihn in meinem Rücken, aber ich fliege bereits die Treppe hinunter, steige in den Wagen. Als ich die Adresse in Scharbeutz in mein Smartphone eintippe, erscheint schon wieder diese Nummer auf dem Display. Genervt hebe ich ab, klemme mir das Teil zwischen Schulter und Wange. »*Was?*«, brülle ich, schieße aus der Gasse quer über die Bundesstraße. »*Wer ist da?*«

Nichts, keine Reaktion.

Ich blinzle mir den Schweiß aus den Augen, will schon wieder auflegen, als …

»Kommissar Blom?«, ertönt eine brüchige Stimme in meinem Ohr. Sie klingt wie … Und plötzlich weiß ich, dass 0511 die Vorwahl von Hannover ist. Ich weiß, wer am anderen Ende der Leitung ist. Und ich weiß, dass dieser Anruf alles bedeuten kann.

Nur nichts Gutes.

Noah

Sie rennt mit dem Kopf gegen meine Brust, taumelt benommen zurück und sackt im Flur zusammen. Erschrocken stürze ich mich auf sie, greife nach ihrer Hand, will sie stützen, aber sie lässt es nicht zu. Ihr Körper windet sich unter meinen Berührungen, bäumt sich auf, sie schlägt nach mir, bis ihre Glieder ihr den Dienst versagen.

»Linda, ist alles okay?«, frage ich, beiße mir auf die Zunge. Nichts ist okay. Ihre schweißglasierte Stirn, die aufgerissenen Augen, das Zittern ihrer Hände – *oh, mein Gott, ihre rechte Hand.* Apathisch kniee ich neben ihr, kann den Anblick kaum ertragen.

»Was hast du mir gegeben, was machst du hier, was passiert hier?«, japst sie atemlos, will sich erheben, schafft es nicht.

Ich blicke mich rasch um, schließe die Eingangstür, helfe ihr hoch. »Du musst dich beruhigen, Linda!«, sage ich, lege meinen Arm um ihre Hüfte, zerre sie hoch. Mit vereinten Kräften schaffen wir es hinüber zum Sofa. »Leg dich hin.« Sie folgt widerwillig, krallt sich in die Polsterung. Mit einem Satz bin ich in der Küche: ein Glas Wasser, schnell. Meine Hand fährt in die Jackentasche, holt das kleine Döschen hervor. Kurz zögere ich. *Es geht nicht anders.* »Du musst das hier nehmen, dann wird alles gut.«

Ihre Lider flackern, sie fixiert das Glas, dann die Pillen, tritt danach. »Nein! Geh weg mit deinem Gift!«

»Linda, ich verspreche dir: Wenn du die hier nimmst, dann geht es dir besser!«

»Besser?« Sie rappelt sich auf, knickt immer wieder ein. »Diese Scheiße hat mich doch erst so gemacht!«, höre ich sie schreien, während sie weiter mit Kissen um sich schmeißt, aber ich weiche nicht von ihrer Seite. »Was ist da drinnen, du Scheißkerl?!«

Ich würde sie so gerne in meinen Armen wiegen, sie trösten, ihr zuflüstern, dass alles wieder gut wird. Die Zeit wird es richten, sie heilt alle Wunden, morgen ist ein neuer Tag, eine neue Chance. Ich würde meine Schnute ziehen, leise quaken, und trotz all der Trauer, der Verzweiflung und der Aussichtslosigkeit würde sich ein Lächeln in ihr Schluchzen drängen. *Mein Entchen.* Aber das wird diesmal nicht funktionieren. Nichts auf der Welt wird sie beruhigen. Nur diese Tabletten. Und die Wahrheit.

»Was für ein Teufelszeug macht solche Paranoia? Ständig diese Albträume, überall Blut, Emma, du«, plärrt sie, greift sich den Kerzenständer vom Beistelltisch, holt aus.

»Linda, die Pillen machen keine Paranoia, sie verhindern sie!«, platzt es aus mir heraus. Wieder fährt meine Hand in die Tasche, holt diesmal die Packungen hervor. »Das sind Betablocker, Antidepressiva, Neuroleptika – sie unterdrücken psychotische Schübe, beruhigen dich, stabilisieren deine Gedanken.«

Sie zögert. Der Kerzenständer kreist schlingernd über ihrem Kopf, ihre Hand zittert, kann ihn kaum halten. Sekunden verstreichen. Ich lasse mich neben ihr auf der Couch nieder, lege meine Hand auf ihr Knie. Sie zuckt zurück, der Kerzenständer hoch, aber es passiert nichts. »Linda …«, setze ich an, räuspere mich. »Es gibt keinen Ringfinger-Mörder. Das habe ich alles erfunden, ich musste es tun – ich wollte uns doch nur beschützen!«

Sie starrt mich ungläubig an, blinzelt heftig. »Was … was redest du da?«

»Es gibt keinen Ringfinger-Mörder, also ja – doch, früher. Aber er hat nichts mit Emmas Tod zu tun. Ich habe das alles inszeniert, damit sie dich nicht wegsperren. Du musst diese Tabletten nehmen!«

Ihre Pupillen flackern, der Kerzenständer fällt zu Boden, bricht entzwei. »Was … Wieso sollten sie mich … was meinst du damit: wegsperren?«

Ich presse die Lippen zusammen. Einen kurzen Moment spiele ich wieder mit dem Gedanken, ihr eine weitere Lüge aufzutischen, aber es hat keinen Sinn. Ich habe es satt, zu lügen.

»In dieser Nacht«, beginne ich, zögere, atme tief durch. »Ich war oben auf dem Trockenboden, du warst schon im Bett, hattest einen schlechten Tag, eine schlechte Woche.« Wieder halte ich inne, verliere kurz den Faden, setze neu an. »Ich hatte keine Ahnung, dass Emma dir von ihrer Schwangerschaft erzählt hat. Ihr Baby, ihr Glück … Das muss dich furchtbar aufgewühlt haben, du wurdest immer unruhiger, obwohl du ja die Pillen genommen hast.«

Lindas Kopf zuckt auf, sie blinzelt heftig, flüstert etwas, aber ich verstehe es nicht.

»Es war meine Schuld. Ich hätte dich nicht alleine lassen dürfen. Ich war auf dem Trockenboden – nur schnell die Wäsche aufhängen, mehr nicht. Du hattest dich ja auch schon hingelegt. Aber als ich dann nach unten kam, stand die Tür der Nachbarn offen, und mein Schlüsselbund steckte. Ich ging hinein und …« Die Bilder schießen mir wieder in den Kopf, rauben mir den Atem, lähmen meine Zunge. Aber ich habe es im Griff. *Ruhig bleiben, einatmen, ausatmen.* »Ich wusste sofort, dass das nicht du warst! Du würdest das nie tun! Es war dieses andere in dir, dieses …«

»Was redest du da?«, fährt sie mir ins Wort. »Was zum Teufel soll das bedeuten?«

»Ich weiß es doch auch nicht, Linda«, antworte ich kraftlos, verknote die Finger ineinander. »Du hast das, seitdem ich dich kenne, wahrscheinlich schon viel länger. Manchmal warst du einfach kurz weg, wie weggedriftet für eine Minute oder fünf, völlig harmlos eigentlich, ich hab mir nichts Besonderes dabei gedacht. Aber dann kam dein Wunsch nach einem Kind, all die Rückschläge, die Behandlungen, die Fehlgeburten, der Stress, der Druck, die Verzweiflung – das muss etwas in deinem Kopf gemacht haben. Du warst nicht mehr bloß weg, du warst zeitweise eine komplett andere Person, eine … aggressive Person.«

Wie automatisch geht meine Hand zum Schlüsselbein, kratzt an der Narbe unter dem Shirt. *Mit dem Schraubenschlüssel abgerutscht. Mit dem Wasserkocher nicht aufgepasst. Zwei linke Hände.* Alles Notlügen, aber was sollte ich denn sagen? Linda konnte nichts dafür, sie war in diesen Momenten nicht sie selbst. Ich hätte besser aufpassen müssen.

»Am Anfang dachte ich noch, die Therapie könnte dir helfen, aber du hast dich ja immer geweigert, irgendwelche Medikamente zu nehmen, und dann hast du die Sitzungen ganz abgebrochen wegen der Adoptionsbehörde. Die Therapeutin hat dir sogar hinterhergeschrieben, ich kenne die

Briefe, die Mails! Sie hat dich angefleht wiederzukommen, dass du Hilfe brauchst, aber du hast die Mails einfach gelöscht! Bist nie wieder hingegangen, hast kein Wort darüber verloren.«

Lindas Augen ertrinken in Tränen. Ihr ganzer Körper versteift sich, wippt leicht vor und zurück.

Ich beiße mir auf die Lippen, senke den Blick. »Ich wusste mir nicht mehr zu helfen, Linda. Die Medikamente, die sie dir verschrieben hatten – ich habe sie auf anderem Wege besorgt. Dazu noch etwas Stabilisierendes, einen Magenschutz … Und dann habe ich dir in den Kinderwunschforen, wo du immer warst, unter falschem Namen von diesen chinesischen Heilkräutern erzählt.« Die letzten Worte torkeln kaum verständlich über meine Lippen. Ich sehe sie verstohlen an, kann ihr Gesicht nicht lesen.

Sekunden verstreichen, sie antwortet nicht.

Das Schweigen bringt mich um. »Du musst das verstehen, Linda. Alles, was ich getan habe, habe ich nur zu deinem Schutz getan. Es ging nicht anders: Ich konnte nicht zulassen, dass deine Aussetzer häufiger wurden. Dass es außer Kontrolle gerät und …«

»Du elendiger Lügner.«

Ich zucke zusammen. Ihre Stimme ist eisig, ihr Blick durchtränkt von Hass. »Linda, nein, so …«

»Du hast mich belogen, betäubt, hast mich benutzt, damit ich dein Leben finanziere, während du Emma gefickt hast!«

»Linda, ich hatte nie etwas mit Emma! Sie hatte eine Affäre mit irgendwem aus dem Yoga-Studio!«

»Hör auf zu lügen! Die Polizei hat mir deine Aussage gezeigt!«

»Ich musste denen doch irgendetwas erzählen, sie hatten DNA-Spuren von mir gefunden.«

»Und die vielen SMS?«

»Wir haben geschrieben, waren Freunde – ich habe dir nie davon erzählt, weil Emma schon immer ein rotes Tuch für dich war. Sie hatte Probleme mit Paul, ihre Affäre, die Schwangerschaft – sie brauchte jemanden zum Reden, mehr war da nicht.«

»Lüge!« Sie springt auf, stürzt über den Couchtisch, kann sich gerade noch fangen, taumelt, wirbelt herum. »Ich bin doch nicht bescheuert!«

»Linda, bitte …«

»Jedes einzelne Wort aus deinem Mund – nichts als Lügen. Du denkst, du kannst einfach so weitermachen wie bisher. Redest irgendeinen wirren Scheiß. Sie wird es schon schlucken, die tickt doch eh nicht richtig. Warum das alles, Noah? Damit ich dich weiter durchfüttere?«

Meine Lippen öffnen sich, aber ich weiß, dass es keinen Zweck hat. Sie wird mir nicht zuhören, egal, was ich sage.

»Immer brav das Geld nach Hause bringen – dafür bin ich gut genug, aber sonst für nichts zu gebrauchen. Glaubst du, ich kauf dir diesen ganzen Schwachsinn ab? Glaubst du, ich lass mich für verrückt erklären?«

Ein Gedanke schießt mir durch den Kopf. Mein Blick verhärtet sich. »Du hast gesagt, du hast Albträume«, sage ich, schlucke. »Was siehst du? Emma?«

Linda tobt, sie weicht meinem Blick aus, fuchtelt mit den Händen durch die Luft. »Ja … nein … das sind die Pillen, die Entzugserscheinungen!«, stammelt sie unbeholfen.

»Du warst seither nie drüben in der Wohnung, die Polizei

hat dir keine Tatortfotos gezeigt, hab ich recht? Was verfolgt dich in den Träumen, Linda?

Ihr Kopf wird hochrot. »Hör auf!«

»Siehst du, was in dieser Nacht passiert ist? Siehst du Emma, wie sie in ihrem Bett liegt?«

»Das sind Albträume, Wahnvorstellungen.«

»Nein, Linda. Das sind Erinnerungen. Du warst da, hast alles mit eigenen Augen gesehen, deswegen weißt du auch, dass sie einen pastellgrünen Pyjama anhatte.«

Sie fährt herum, starrt mich mit offenem Mund an.

»Sie trug einen pastellgrünen Pyjama mit weißen Knöpfen«, sage ich, sehe ihr direkt in die Augen.

Ihr Blick leert sich.

Und ich weiß, dass sie sich an alles erinnert.

Linda

Die Worte schweben wie Gewitterwolken in der Luft, türmen sich über mir, werden immer dichter, finsterer, vibrieren, bringen meinen Körper zum Zittern. *Sie trug einen pastellgrünen Pyjama,* rumort es wieder irgendwo in der Ferne.

Ich schließe die Augen, halte den Atem an.

Einen Moment lang ist alles still.

Dann brechen die Visionen erneut über mich herein, nicht rubinrot, nicht nachtschwarz, nicht Schatten, Risse oder Formen: glasklare Erinnerungen. Emma, der Sonnenschein, die unbedarfte Schönheit mit den Rehaugen, beleuchtet vom fahlen Schein des Mondes. Sie liegt da in ihrem pastellgrünen Oberteil, über ihrem Kissen ein dämlicher Plüschhase, neben sich stapelweise Magazine. Ich sehe alles.

Ich sehe, wie ich ein Messer aus unserem Messerblock ziehe, wie ich Noahs Schlüssel von der Anrichte nehme, drüben aufsperre und durch den Flur in ihr Schlafzimmer schleiche. Ich sehe die aufblitzende Klinge über Emmas makellosem Gesicht, spüre den kalten Stahlgriff in meiner rechten Hand, sehe, wie sie sich auf den Rücken dreht, im Schlaf leise schnurrt, Emma, die Grinsekatze.

Ich reiße die Augen auf, blicke an mir hinab. Starre auf meine rechte Hand, auf das Fleisch, das ich mir seither in Fetzen von den Fingern schabe, ohne zu wissen, warum.

»Du warst über sie gebeugt, als ich ins Zimmer kam. Das Messer ragte aus ihrem Hals«, höre ich Noah mit brüchiger

Stimme sagen. »Bist einfach nur dagestanden und hast kein Wort gesagt.«

Doch, ich habe etwas gesagt. Ich habe ihr ins Ohr geflüstert, dass ich sie hasse. Dass ich es nicht ausstehen kann, wie sie traumtänzerisch durchs Leben tapst, ohne zu stolpern, ohne ein einziges verfluchtes Mal wenigstens ins Trudeln zu geraten. Sie kannte keine Probleme, keine Sorgen, keine schweren Zeiten, hatte immer nur Glück. Selbst wenn sie fiel, landete sie weich, während ich mein Leben lang bestraft werde wegen eines einzigen Ausrutschers. Sie wollte nicht einmal ein Kind, es wurde ihr einfach so in den Schoß gelegt, einfach so. Das ist unfair! Sie bekommt ein Baby, während ich mich jede Nacht in den Schlaf heule. Warum nicht ich, warum immer jemand anderes, warum sie? Sie hat es nicht verdient. Und deswegen habe ich es ihr genommen: ihr Glück, ihr Leben, ihr Kind … alles.

Ich schüttle den Kopf, hebe den Blick, sehe Noah, wie er mir gegenübersitzt – eingefallen, ausgezehrt, grau wie schmutziger Schnee.

»Ich konnte nichts mehr tun«, flüstert er, kaum hörbar. »Emma war bereits tot.«

Ich sehe die Tränen in seinen Augen, die eingesaugte Unterlippe. Ich sehe das Zucken seines Adamsapfels, die winzigen Härchen auf seinem Handrücken, die ihm zu Berge stehen. Ich sehe seine beiden kleinen Finger, die so fest ineinandergeschlungen sind, dass die Knöchel weiß hervortreten. Und ich weiß, dass alles wahr ist.

»Ich habe Emma umgebracht«, hauche ich, stolpere zurück zur Couch, lasse mich fallen.

»Nein, das warst nicht du!«, protestiert er. »Ich habe dich

in diesem Zustand schon öfter erlebt: Das ist … ein fremder Geist in deinem Körper, du bist eine andere, nicht ansprechbar, komplett weg von dieser Welt.«

»Ich bin nachts in ihre Wohnung geschlichen und habe ihr ein Messer in die Kehle gerammt.«

»Nein, hör mir doch zu: Du bist unschuldig, Linda! Du kannst nichts dafür! Ich hätte besser auf dich aufpassen müssen.«

Mir fehlt die Kraft, zu antworten.

»Bitte Linda, nimm die Pillen. Dann wird es dir besser gehen«, höre ich Noahs Stimme, dann verstehe ich ihn kaum noch. Seine Lippen bewegen sich, aber die Worte – sie hängen in der Luft, kommen nicht bei mir an. Mir wird kalt. Ich kann mich kaum noch aufrecht halten. Wie von einer schweren Last gezogen, sinkt mein Oberkörper nach hinten, ich spüre eine Hand, die mich stützt, dann etwas Weiches. Mein Blick gleitet die Zimmerdecke entlang zum Fenster, fixiert die Forsythie draußen im Garten, deren Zweige immer wieder vom Wind gegen die Scheibe gedrückt werden – tok, tok-tok, tok. Im Sommer trägt sie sonnengelbe Blüten, wunderschön. Tok-tok, tok … Etwas drängt durch meine Lippen. Noahs Stimme wabert in der Ferne. »Trink.« Sie verwirbelt im Gestöber meiner Gedanken. Schlucken. Trinken. Tok-tok.

Dann verschwindet alles.

Als ich die Augen wieder aufschlage, steht das Fenster offen. Ein Zweig lugt verstohlen in den Raum. Ich blicke an mir herab, zwei Decken liegen auf mir. Das Licht ist anders – ich muss eingenickt sein. Mein Kopf fühlt sich aufgeräumter an, die Gedanken nicht mehr wirr und flatterig, sondern geordneter, strukturiert, beinahe klar. Vorsichtig richte ich mich auf, schlage die Decken zurück. Vor mir auf dem Couchtisch stehen ein Glas Wasser und ein kleines Tablettendöschen. Es ist leer.

Schritte auf der Treppe.

Noah eilt herunter, zwei Koffer in der Hand. »Du bist aufgewacht, sehr gut. Wie geht es dir, wirken sie schon?«, fragt er, redet aber sofort weiter. »Ich hab deine Sachen gepackt! Wir machen hier klar Schiff und fahren wieder nach Hamburg, ja?«

Reglos beobachte ich ihn, wie er die Elektrogeräte in der Küche aussteckt, die wenigen Lebensmittel aus dem Kühlschrank räumt.

»Die Polizei kann uns nichts, und die Presse … Das wird auch vorbeigehen. Wir müssen nur Ruhe bewahren, nicht den Kopf verlieren. Du weißt es jetzt, kannst die Pillen immer nehmen, damit wird alles gut.« Er öffnet den Geschirrspüler, beginnt, ihn auszuräumen, redet von Krankschreibung bei der Arbeit, von Terminen, die wir absagen müssen, von etwaigen rechtlichen Schritten gegen die Presse; und ich sitze da, stumm, starre ihn an und begreife, dass er nicht aufhören wird.

Ich habe in einem Luftschloss gelebt, aus dem ich mir selbst die Luft geraubt habe. Es hätte längst einstürzen müssen, doch Noah hat es mit aller Kraft aufrechterhalten, hat geflickt, gestützt, kaschiert. Er wird das Luftschloss immer weiter befüllen, auch wenn es bis auf die Grundmauern abgebrannt ist. Es liegt an mir, das Ganze zu beenden. Die Polizei muss erfahren, was wirklich mit Emma passiert ist.

Und Paul auch. Er hat eine Antwort verdient. Er soll wissen, warum seine Frau sterben musste.

Aber Noah wird das nie zulassen.

Er würde alles tun, um uns zu schützen, das weiß ich jetzt. Er wird nicht akzeptieren, dass ich dieses »uns« in Gefahr bringe. Ich muss ihn ablenken und alleine zur Polizei gehen. Aber vorher will ich die ganze Wahrheit wissen. »Was ist dann passiert?«, frage ich. Noah sieht mich überrascht an, ich bin selbst verwundert über die Kraft meiner Stimme.

»Was meinst du?«

»In der Nacht – was ist dann passiert?«

Er wendet sich ab, schüttelt den Kopf, empfindet eine Pfanne offenbar als nicht sauber genug und beginnt, sie manisch mit Stahlwolle zu schrubben. »Ich hab dich wieder in unsere Wohnung gebracht, dich gewaschen, dir frische Sachen übergezogen und dich ins Bett gelegt. Du hast von alldem nichts mitbekommen, warst wie in Trance.«

»Was ist mit Emma passiert?«

Er schrubbt und schrubbt, Schweiß steht ihm auf der Stirn. Aber er antwortet nicht.

»Noah …«, versuche ich es noch einmal, gehe zu ihm. »Noah, bitte.« Ich will seine Hand nehmen, er fährt herum, schleudert die Pfanne von sich, sprintet aus der Küche in die Diele, wo er unentschlossen vor den bodentiefen Fenstern stehen bleibt und hinaus auf die Einfahrt starrt.

Ich gehe ihm nach. »Noah, du musst mir helfen, es zu verstehen. Was ist in der Nacht passiert?«

»Es gibt nichts zu verstehen!«, blafft er mich an. »Ich wusste nicht, was ich tun sollte. Da war überall Blut, Emma tot … Unser ganzes Leben wäre vorbei gewesen, sie hätten dich behandelt wie eine Schwerverbrecherin, Linda, weggesperrt, zu den Irren! Sie hätten uns für immer getrennt, für immer!«

Wieder verbirgt er sein Gesicht, starrt für einige Sekunden stur hinaus. Dann zieht er die Schiebegardinen vor, atmet schwer.

»Vor ein paar Jahren«, beginnt er schleppend, dreht sich zu mir. »Da habe ich für eine Ghostwriting-Agentur gearbeitet. Ich habe dir nichts davon erzählt, wollte so tun, als wären es Einnahmen aus dem Buchverkauf, damit du stolz auf mich bist.« Seine Miene ist jetzt völlig leblos, starr wie eine Maske. Seine Stimme ohne jeden Klang. »Damals kam ein recht lukrativer Auftrag rein. Ein Journalist brauchte Hilfe bei seinem Buch, es sollte so schnell wie möglich auf den Markt kommen. Der Typ hat ein ziemliches Aufheben um die Angelegenheit gemacht, eigene Geheimhaltungsvereinbarung, Schweigepflicht, Kommunikation über verschlüsselte Cloud-Dienste. Zuerst dachte ich: Was für ein Aufschneider. Aber ich habe mich getäuscht. Es war der Journalist, der die Ringfinger-Story aufgedeckt hat. Keine Ahnung, wie er an die Unterlagen der Polizei gekommen ist, aber er hatte alles: medizinische Berichte, Protokolle, Tatortfotos. Er hat die Dokumente mit mir über eine Cloud geteilt, und ich sollte ihn bei einigen Kapiteln unterstützen. Aber dann hat er die erste Rate nicht bezahlt und war plötzlich spurlos verschwunden. Die Agentur hat den Auftrag storniert, und das war's, ich habe nie wieder etwas von ihm gehört. Aber die Dokumente … Sie wurden nie gelöscht. Sie liegen heute noch verschlüsselt in der Cloud.«

Stille. Sein Blick fixiert den Parkettboden, ich zögere erst, dann gehe ich auf ihn zu, schiebe mich in sein Blickfeld, sodass ihm nichts anderes übrig bleibt, als mich anzusehen. »Noah. Was ist mit Emma passiert?«

Er mustert mich aus feuchten Augen, sucht mein Gesicht ab, als stünden Antworten darauf. »Ich werde die Bilder nie vergessen … die Wunden … Der Stich in ihrem Hals, er sah fast genauso aus.« Er packt mich an den Oberarmen, zieht mich grob an sich, seine spitzen Finger drücken in meine Muskeln. »Verstehst du denn nicht? Sie hätten dich mir weggenommen! Ich musste uns schützen, die Polizei auf eine falsche Fährte führen! Und Emma …« Seine Lippen teilen sich, aber die Worte bleiben ihm in der Kehle stecken. Tränen laufen über seine erhitzten Wangen, tropfen auf mich herab. »Mein Gott, sie war doch schon tot! Sie hat nichts mehr gespürt, sie musste nicht mehr leiden!« Ein Heulkrampf will aus ihm herausbrechen, aber er schluckt ihn hinunter, zieht die Luft zwischen die Zähne ein und stößt ein unheimlich langes Seufzen aus.

»Ich habe das Messer genommen und alles nachgestellt. Es sollte nicht der leiseste Zweifel daran bestehen, dass er es war – dieser Wahnsinnige.«

Dann bricht er schluchzend über mir zusammen, begräbt mich in seiner Umarmung, sodass ich fast keine Luft bekomme. Aber ich halte es aus. Er soll sich beruhigen, sich ausheulen. Dann werde ich ihn bitten, dass wir heute Nacht hierbleiben, weil ich zu müde sei für die Fahrt nach Hamburg. Er wird Ja sagen, und wenn er eingeschlafen ist, schleiche ich mich aus dem Haus. Die nächste Polizeistation ist nicht weit, ich brauche nicht einmal das Auto zu nehmen. Zehn Minuten Fußweg, mehr nicht. Sie sollen den Kommissar aus Hamburg verständigen, ihm werde ich alles erzählen. Dann hört dieser ganze Horror endlich auf, und ich … Ich weiß es nicht. Keine Ahnung, was sie mit mir machen. Was haben Leute wie ich verdient? Lebenslänglich? Wahrscheinlich stecken sie mich in eine Anstalt.

Noah schluchzt immer noch, mein Ohr liegt an seiner Brust, sein Herz schlägt im Takt von Maschinengewehrsalven.

Vielleicht sollte ich ihn gänzlich raushalten. Er kann nichts dafür, hat für mich gelogen, hat Unaussprechliches getan, nur um mich zu schützen. Es wäre fair, wenn ich dasselbe für ihn tun würde. Ich habe Emma getötet, nicht er. Ich könnte behaupten, dass ich den Tatort manipuliert habe, aber wie beweise ich das?

Sein Griff lockert sich. Ich blicke nach oben, betrachte die feuchten Bartstoppeln an seinem Kinn. Er hat den Kopf gedreht, starrt in Richtung Fenster. Wenn er mir den Zugang zu diesen Dokumenten verrät, kann ich behaupten, ich wäre irgendwie da rangekommen. Seine Hand löst sich von meinem Rücken, teilt die Paneele der Gardine, Licht bricht herein. Was ist das für ein Geräusch? Dieses Heulen … ein Motor?

Spannung schießt in Noahs Körper, blitzartig presst er mich wieder an sich, umschlingt mich, drängt mich in den Raum, als …

Splittern. Ohrenbetäubender Lärm. Oben ist unten, unten ist oben, Schmerz durchzuckt meinen Körper. Und das Letzte, was ich sehe, ist ein Regen aus Glas.

Meine Augen klappen auf. Erst kann ich nur verschwommene Konturen erkennen, dann Glassplitter und einen Reifen. Die Welt scheint verdreht – ich liege am Boden, schmecke Metall. Blutspritzer sprenkeln den Teppich, mein Brustkorb fühlt sich an, als lägen Tonnen darauf. Was ist passiert? Ich höre nichts, nur ein schrilles Piepen, es pulsiert – ich blinzle, hole tief Luft, höre mich husten, und mehr Blutspritzer sprenkeln den Teppich.

Allmählich klärt sich mein Sichtfeld. Da, wo die bodentiefen Fenster waren, steht jetzt ein schwarzer Jeep, er ragt fast zur Hälfte in den Raum. Die Gardinen hängen zerfetzt im Kühlergrill, von der Decke rieselt Putz auf die Motorhaube, hinter dem rechten Vorderreifen wuchert Geäst hervor. Ich runzle die Stirn, drehe den Kopf, den Körper, ächze vor Schmerz, meine Arme zittern. Kraftlos sinke ich wieder zusammen, starre an die Decke, schnappe nach Luft. Das Piepen, es verklingt, wird Teil einer dumpfen Geräuschwolke. Dann schreit jemand. Mein Kopf rollt zur Seite. Vor mir schraubt sich ein dunkler Turm in die Höhe, etwas weiter weg kauert eine Gestalt. Erinnerungen setzen ein, Gedanken drängen an die Oberfläche.

»Noah?«, sage ich, höre meine Stimme krächzen. Das Schreien wird lauter, ich verstehe es nicht. Es sind bloß Wortklumpen, sie fliegen durch die Luft, dringen nicht zu mir vor. Aber ich erkenne jetzt die Gestalt. Es ist Noah. Blut sickert aus seinem Ohr, auf seiner Stirn klafft eine Wunde, er hält beide Arme schützend vor seinen Kopf. Seine Lippen teilen sich immer wieder, er spricht, er redet mit dem Turm, aus dem etwas Metallisches ragt. Ich starre empor, blinzle, bis der Turm Mensch wird. Seine schweren Stiefel stehen neben meinem Gesicht, sein Körper zieht sich scheinbar endlos in die Höhe. Die Stimmen werden prägnanter, und plötzlich weiß ich, wer vor mir steht.

Paul.

Mir fällt ein, dass er und Emma letztes Jahr im Sommer hier waren, ich habe ihnen das Ferienhaus eine Woche überlassen. Das Metall in seiner Hand saust jetzt auf Noah nieder, der im nächsten Moment zu Boden geht.

»Nein, nicht!«, krächze ich, strecke meinen Arm aus. »Paul, bitte!«

Sein Schatten weicht von mir, er beugt sich hinab zu Noah, reißt ihn an den Haaren wieder hoch, drückt das Metall gegen seine Stirn. Es ist der Lauf eines Gewehrs.

Panik fährt mir in die Glieder, gibt mir Kraft, lässt mich hochschnellen. »Nein, bitte, tu ihm nichts!«, brülle ich, komme irgendwie auf die Beine.

»Bleib zurück!«, schnauzt er mich an. »Das hier geht dich nichts an!«

Ich taumle gegen die Wand, jeder Schritt schmerzt. Mein Blick oszilliert zwischen Noah, dem Gewehr und … Paul sieht schrecklich aus. Blutleere Lippen, eingefallene Wangen, blass wie Wachs. Seine Nase ist geschient, eine Halskrause hängt ihm lose vom Nacken. Sein sonst so drahtiger, kompakter Körper wirkt verzogen, schief, als hätte man ihn auseinandergenommen und falsch zusammengesetzt. Unter seinem Pullover hängen blutverschmierte Mullbinden heraus.

»Bitte, tu ihm nichts!«, stammle ich wieder, versuche, das Zittern in meiner Stimme zu unterdrücken. »Noah kann nichts dafür!«

Paul reißt den Kopf herum, sieht mich mit irrem Blick an.

»Noah kann nichts dafür? *Noah kann nichts dafür?*« Er lacht hysterisch auf. »Oh, Linda, du bist genauso blind wie ich! Soll ich dir mal etwas über deinen Mann erzählen, soll ich?«

»Nein, hör mir zu …«

Aber er hört mir nicht zu, zerrt Noah an den Haaren nach oben. »Er hat Emma gevögelt, wusstest du das? Er hat ihr ein Kind gemacht, Linda. Dein Mann! Meiner Emma! Wahrscheinlich hat dein Göttergatte diesem Psychopathen sogar extra die Tür aufgehalten, damit er für ihn die Drecksarbeit erledigt!«

»Nein, so ist es nicht gewesen!«

»Doch Linda, sieh es ein, du …«

»Ich war es! Ich habe Emma umgebracht.«

Paul reckt den Kopf, sieht mich irritiert an.

»Es gab keinen Ringfinger-Mörder, es gab keinen Psychopathen, hörst du? Noah hatte nie eine Affäre mit Emma, das war alles eine Lüge, er kann nichts dafür, er hat mich gedeckt.«

Pauls Mund steht weit offen, Sekunden vergehen. Dann: »Was zur Hölle redest du da?«

»Noah hat das alles erfunden, ich habe Emma getötet! Ich war eifersüchtig auf ihr Baby, ich … ich … Ich kann dir das nicht so genau erklären, ich bin krank, verstehe es selbst nicht wirklich, aber ich werde mich der Polizei stellen! Gleich jetzt, sofort. Aber bitte: Lass Noah gehen!«

Paul wippt von einem Fuß auf den anderen, seine Finger umspielen den Abzug, er malträtiert seine Unterlippe. »Das ist doch lächerlich.«

Ich mache einen Schritt auf ihn zu, schlucke schwer, plappere los: »Bitte, Paul, Noah wollte mich nur beschützen, ich habe Emma in dieser Nacht umgebracht, ich hatte es nur verdrängt, vergessen, ich weiß es nicht, ich …«

»*Halt die Klappe!*«, platzt es aus ihm heraus. Er stößt Noah zu Boden, reißt die Waffe herum und richtet sie auf mich.

Ich erstarre, aber nur für eine Sekunde. »Ich weiß, es klingt verrückt, aber du musst mir glauben!«

»Halt jetzt sofort die Klappe, Linda!«

Er kommt auf mich zu, das Gewehr wippt vor meinen Augen auf und ab. Ein Fingerzucken, und alles ist vorbei, aber es ist mir egal. Ich öffne die Lippen, will weiterreden, als plötzlich …

»Waffe runter!«

Elias

»Waffe runter, sofort!«, belle ich wieder, behalte Falk im Blick, während ich nach einem geeigneten Weg ins Haus suche. Er muss quer über die Einfahrt direkt in die Fenster gebrettert sein, nur das Heck des Jeeps ragt noch aus dem Mauerwerk.

»Verschwinden Sie!«, dringt es aus dem Inneren des Hauses.

Ich höre nicht hin, schiele zur Eingangstür, aber sie ist keine Alternative. Ich darf Falk keinesfalls aus den Augen lassen. Mir bleibt nichts anderes übrig, als mich durch den schmalen Spalt zwischen Wrack und kaputtem Fenster zu zwängen.

»Das geht nicht, Herr Falk, das wissen Sie«, antworte ich, setze behutsam einen Fuß vor den anderen, halte die Luft an, schiebe mich Zentimeter für Zentimeter vorwärts. Eine Scherbe streift durch mein Haar, ritzt meinen Nacken.

»Bleiben Sie stehen«, höre ich ihn wutentbrannt keifen.

Ich habe es fast geschafft, einen Schritt noch, dann bin ich drin. »Ich habe vorhin mit Ihrem Vater telefoniert«, sage ich, um ihn zu beschäftigen. »Seinen Jeep kann ich ihm nicht wieder heil zurückbringen, aber Sie schon.« Der Gurtalarm des Wagens fiept bockig, es riecht nach verbrannten Kabeln, Diesel, Alkohol. Meine Augen suchen den Raum ab: Noah am Boden, Linda an der Wand, Paul vor ihr. Sein Blick ist glasig, die Hände zittern, er bewegt sich abgehackt, fahrig, wirkt vollkommen aufgelöst, zu allem bereit. Sein Gewehr zielt auf Linda. Ich mache mir keine Illusionen, dass es nicht geladen sein könnte – Falks Vaters war sicher, dass Paul nicht nur sein Jagdgewehr, sondern auch Munition mitgehen hat lassen. »Ihre Eltern machen sich Sorgen um Sie, Herr Falk. Beruhigen Sie sich. Nehmen Sie die Waffe runter und seien Sie vernünftig. Wir können das hier friedlich beenden, niemand muss davon erfahren.«

Er wirbelt herum, richtet die Waffe gegen mich. »Ich sagte: Verschwinden Sie endlich!«

Ich blicke in die klaffende Mündung, erstarre für eine Sekunde, schlucke die Angst runter. »Die beiden werden ihre gerechte Strafe bekommen, ich verspreche es Ihnen! Sie müssen das hier nicht tun.«

»Gerechte Strafe?« Ein gereiztes Lachen bricht aus ihm heraus. »Dieser Mistkerl verdient keine gerechte Strafe, er verdient den Tod! Er hat sie auf dem Gewissen, er hat sie mir genommen, hat sie geschwängert, hat sie …« Seine Stimme reißt ab, er beißt sich auf die Lippen, verliert die Konzentration. Der Lauf des Gewehrs neigt sich etwas zu Boden.

Ich schüttle schwach den Kopf. »Wenn das stimmt, was Linda behauptet, hatte Noah nie ein Verhältnis mit Ihrer Frau«, sage ich, versuche, so beruhigend wie möglich zu sprechen. »Und ich denke, sie sagt die Wahrheit!«

Falk ist sichtlich irritiert, auch Linda hebt den Kopf, sieht mich perplex an. Sie haben nicht mitbekommen, dass ich schon länger vor dem Haus stand und alles mit anhören konnte, dass ich nur auf den richtigen Moment gewartet habe. »Ich bin Zeuge, Lindas Aussage gilt als Schuldeingeständnis. Und die beiden werden vor Gericht sicher alles bestätigen, hab ich recht?«

Noah und Linda nicken gleichzeitig. Falks Kopf wippt schlingernd zwischen seinen Schultern, sein Kinn zittert, das Gewehr ebenfalls, es scheint ihm zunehmend schwererzufallen, es zu halten. Aber eine Bewegung seines Zeigefingers reicht aus …

Ich muss ihn dazu bringen, die Waffe niederzulegen. »Hören Sie, nichts kann Ihnen Emma zurückgeben, niemand kann Ihnen den Schmerz nehmen, ich weiß. Aber das, was Sie vorhaben, macht alles nur noch schlimmer.«

»Paul, bitte«, erklingt Lindas brüchige Stimme. »Es tut mir so leid, es tut mir so unendlich leid! Ich weiß, dass ich es nie wiedergutmachen kann, aber bitte, leg die Waffe weg.«

Falks Blick irrlichtert durch den Raum. Er versteift sich, wirbelt um die eigene Achse, sein Mund klappt stumm auf und zu.

»Bitte!«, fleht Noah.

»Legen Sie die Waffe weg«, sage ich. »Lassen Sie die Gerichte ihre Arbeit tun.«

Falk schwitzt, taumelt, seine Knie zittern, die Mündung des Gewehrs sinkt immer mehr, zeigt fast zu Boden, und ich bin mir sicher, dass er sie jeden Moment fallen lassen wird. Doch er reißt sie hoch. »Ihr wollt mich doch nur verarschen! Wer soll diesen Schwachsinn glauben?«

Verdammt, mein Finger legt sich auf den Abzug. Die Zeit des Redens ist vorbei. »Falk, jetzt lassen Sie endlich die Waffe fallen!«, brülle ich, aber er denkt gar nicht daran, fährt herum, richtet sie auf Noah, schreit: »Du hast sie auf dem Gewissen, du hast sie mir genommen!«

Noah zuckt zusammen, geht auf die Knie. »Paul, ich schwöre, ich hatte nie etwas mit Emma, sie hat dich geliebt! Das mit ihrem Kollegen war ein Ausrutscher, ein Unfall, es hat sie fertiggemacht!«

Aus den Augenwinkeln bemerke ich, wie Linda an Falk heranrobbt. *Lass das, halt dich raus!* Noah stammelt vor sich hin, Falk lässt den Sicherungsbolzen zurückschnappen, Linda robbt weiter. *Was soll das? Leg dich hin!* Sie ist gleich bei ihm, versucht sich aufzurichten. *Das wird ein Blutbad, gerät außer Kontrolle.* »Legen Sie die Waffe weg, sofort!«

»Schwachsinn! Du hast sie mir genommen!«

Falks Finger legt sich auf den Abzug. »Du hast sie getötet!«

»Paul, ich flehe dich an!«

Aber Falk reagiert nicht, hält den Atem an. Sein Körper dreht sich leicht, er schiebt den rechten Fuß nach hinten, hebt den Ellbogen an. Mir fällt ein, dass sein Vater Förster war, Jäger. Er hat ihm Schießen beigebracht. Er hat ihm beigebracht, wie man den Rückstoß einer großkalibrigen Waffe abfedert.

Falk wird es tun.

Er wird schießen.

Das Einzige, was Noah noch retten kann, ist eine 9-Millimeter-Kugel.

Ich ziele, halte die Luft an, drücke ab.

Das Projektil bohrt sich in Falks rechte Schulter, ein Schrei gellt auf, er geht kurz in die Knie, lässt das Gewehr sinken, reißt es gleich darauf wieder hoch. *Tu es nicht, bitte!* Die Mündung wandert, gleitet durch den Raum, richtet sich auf mich. *Du verdammter Idiot.* Ich ziele auf seinen Arm, drücke ab, treffe die Brust. Blut spritzt auf, besprenkelt sein Gesicht, sein Oberkörper bebt, er wankt, stolpert nach hinten … Aber er fällt nicht. *Du verdammter Idiot, du* … Dann löst sich ein weiterer Schuss.

Sein Schuss.

Lauter. Voller. Dumpfer. Der Schuss eines Gewehrs. Großes Kaliber aus nächster Nähe.

Schmerz detoniert in meiner Brust, presst sämtliche Luft aus meinen Lungen. Die Wucht reißt mich um, holt mich von den Beinen, ich gehe zu Boden, schlage hart auf. Knochen knacken, Flecken tanzen, ich kriege keinen einzigen Atemzug in meinen Körper. Luft! Atme! Nicht ersticken. Nicht sterben. Nicht jetzt. Nicht so. Ich winde mich ekstatisch, versuche hochzukommen, schaffe es nicht, krieche rücklings weiter, will den Kopf heben, will sehen, was passiert, aber alles verschwimmt. Sämtliche Muskeln streiken. Ich sacke zusammen, versinke in Schwärze, kann nur noch lauschen. Der Gurtalarm des Jeeps fiept immer noch. Glas knirscht unter meinem Körper, meine Lunge pfeift. Ich höre ein Wimmern, ein Schluchzen. Und jemand röchelt – zäh, rasselnd, aber gleichmäßig.

Falk.

Er lebt.

Noah

Stille macht sich breit.

Ich halte mir immer noch die Hände ans Gesicht, atme meine eigene, verbrauchte Luft, wage nicht die kleinste Regung, kein Muskelzucken, kein Wort. Nach einigen Sekunden öffne ich die Augen, spähe zwischen den Fingern hindurch, blinzle einmal, zweimal, dreimal, Dutzende Male – so als würde nach dem nächsten Augenaufschlag alles anders werden. Aber das wird es nicht.

Vor mir liegt ein Schlachtfeld.

Der Kommissar liegt verdreht am Boden, Paul gegenüber, mitten im Raum. Ich reiße die Hände vom Gesicht, sehe mich um, wo ist … Gott sei Dank. Sie kauert neben dem Couchtisch, zusammengerollt, die Arme schützend um den Kopf geschlungen. Ihr Körper bebt, Splitter glitzern in ihren Haaren, leises Wimmern dringt zu mir herüber, aber ich sehe kein Blut, höre sie atmen – scheinbar ist sie nicht getroffen worden. Ich schüttle die Starre von mir ab, kriechen zu ihr, komme nicht weit.

Ein Geräusch.

Mein Blick schnellt zu Paul. Sein Brustkorb hebt und senkt sich unregelmäßig, sein Gesicht ist wachsbleich, er ringt nach Atem, röchelt, aber er lebt, hat die Augen offen, starrt zur Decke. Das Gewehr liegt auf seiner Brust, er umklammert es eisern, den Finger am Abzug. Wir müssen hier raus, sofort! Ich versuche, lautlos weiterzurobben, meine

Glieder schrappen über Scherben, sie bohren sich in meine Knie, in die Handballen. »Linda«, wispere ich. »Linda, komm!«

Sie hebt ihren Kopf, sieht mich an, verheult, zerschunden, aber sie reagiert, richtet sich auf. Doch sie antwortet nicht. Er antwortet.

»So nicht …«, zischt Paul heiser.

Linda erschrickt, ihre nackten Füße schlittern über eine Scherbe, sie geht zu Boden.

»Du bleibst hier.« Seine Stimme ist monoton, die Worte kommen mehr gekeucht als gesprochen. Aus den Augenwinkeln sehe ich, wie Pauls Hand den Lauf des Gewehrs noch fester umschließt.

Tränen schießen mir in die Augen. »Lauf!«, sage ich zu Linda, robbe weiter.

»Du hast sie mir weggenommen.«

Linda rappelt sich wieder hoch, sieht hinüber zu Paul, dann zu mir, beginnt zu schluchzen.

»Lauf jetzt, schnell!«

»Du bleibst hier!«, röchelt Paul wieder, diesmal entschlossener.

Mein Herz setzt einen Schlag aus, ich bewege mich keinen Millimeter. Lindas Pupillen flackern, Tränen kullern ihr über die Wangen, unsere Blicke treffen sich. »Lauf«, formen meine Lippen. Dann wandeln sie sich zu einem Lächeln. So soll sie mich in Erinnerung behalten.

Mit einem Lächeln.

»Schon gut, Paul«, antworte ich, drehe mich langsam zu ihm, hebe die Hände. Die klaffende Gewehrmündung prangt mir entgegen. Mein Blick schnellt zum Kommissar, er liegt flach auf dem Boden, rührt sich nicht. »Ich laufe nicht weg«, sage ich wieder, sehe Paul jetzt direkt an. Er liegt auf dem Rücken, den Kopf in den Nacken gelegt. Die Blutlache unter ihm tränkt das Parkett.

»Du hast sie mir weggenommen«, faucht er gurgelnd, rot gefärbter Speichel tropft ihm aus dem Mundwinkel. Sein Blick wird trüber, aber nicht leer. Er taxiert mich scharf, behält mich im Auge, und ich weiß, dass ihn rein gar nichts davon abhalten wird, das zu tun, weswegen er gekommen ist.

Zitternd hebt sich der Gewehrlauf. Meine Augen schließen sich, ich denke an alles und nichts.

An die Abende, an denen Linda heulend in meinen Armen lag. An die Nächte, in denen wir uns geliebt haben. Ich denke an diesen einen Nachmittag am See, an die Kutschfahrt in Wien, an unsere Hochzeit, wie umwerfend sie aussah in ihrem Kleid. Meine Frau. Meine Linda. Mein Entchen. Ich denke an all das Richtige im Falschen. An das Große im Kleinen. An die Stunden, in denen es ihr vergönnt war, einfach nur glücklich zu sein. An die schönsten Momente unseres Lebens. Darin will ich weiterleben. In uns.

Ein Schuss explodiert.

Er hallt von den Wänden wider. Mein Herz hämmert. Plötzlich noch ein Schuss. Und noch einer. Es passiert so schnell, mein Hirn hat nicht die Zeit, zu reagieren. Der Schock diktiert alles, ich spüre nichts. Keinen Aufschlag, keinen Schmerz, kein Leben, das aus mir weicht. Dann ein anderes Geräusch. Etwas kracht zu Boden.

Ich reiße die Augen auf. Sehe den Kommissar aufrecht an der Wand lehnen, die Pistole in der Hand. Sein Hemd ist zerfetzt, aber da ist kein Blut, nur weißes Futter, drahtiges Stoffgeflecht. Er stößt sich von der Wand ab, stolpert nach vorne, tritt mit der Fußspitze gegen …

Paul.

Sein Blick ist immer noch auf mich gerichtet, aber er ist leer, seine Lider starr, nichts regt sich mehr. Die Blutlache unter ihm ist fast so groß wie er selbst.

Meine Lippen öffnen sich, Luft dringt pfeifend durch meine Kehle. *Ich lebe. Ich lebe noch!* Erleichterung überkommt mich, Freudentränen kullern über meine Wangen, ich …

Dann sehe ich das Gewehr.

Rauchschwaden wabern aus der Mündung, es zeigt in meine Richtung. *Was zum …?* Ein Stöhnen dringt zu mir, lässt mich erzittern. »Nein«, hauche ich. Dann brülle ich: »Linda!« Ich stürze zu ihr hinab, nehme ihren Kopf in meine Hände, befühle ihren Hals, suche Puls, aber ich bin zu aufgeregt, spüre nichts. »Linda!« Ich drehe ihr Gesicht zu mir, es kippt zur Seite. »Rufen Sie einen Krankenwagen!« Da ist Blut, überall Blut, es quillt aus ihrem Rücken, läuft an meinen Fingern hinab. »Warum hast du das getan?«, brülle ich sie an. *Die Kugel war für mich bestimmt, einzig und allein für mich!*

Sie schlägt die Augen auf, ihre Lider scheinen tonnenschwer. »Noah«, flüstert sie heiser, ihr heißer Atem entweicht stoßweise, wird immer unregelmäßiger, rasselnder.

»Linda, du musst ruhig bleiben, einatmen, ausatmen.« Ihre Augen springen, suchen mein Gesicht ab, als hätte sie vergessen, wer ich bin. Ich versuche zu lächeln, streiche ihr durchs Haar. »Die Sanitäter kommen gleich. Halte durch, Linda!«

Sie erwidert mein Lächeln, kann es kaum auf ihren zitternden Lippen halten. »Das tu ich doch schon so lange.« Tränen schießen ihr in die Augen.

»Ich weiß, aber du musst jetzt noch ein bisschen länger durchhalten. Nur noch ein kleines bisschen.« Ihre Augen schwimmen. »Du wirst nicht sterben, hörst du? Das lasse ich nicht zu!« Ich rede auf sie ein, versuche, sie bei Bewusstsein zu halten. »Erzähl mir doch noch mal … Wie war das damals, als du und Bibi das Vogelbaby entdeckt habt? Was habt ihr dann getan? Es wieder ins Nest gelegt?« *Bleib wach.* »Weißt du noch, als wir uns kennenlernten, wie kalt es da war? Wie wir gefroren haben?« *Bleib bei mir.* »Der Esel auf Sizilien, der einfach nicht ausgewichen ist. Weißt du noch? Du hast so gelacht, als ich ihn wegschieben wollte und er sich keinen Zentimeter bewegt hat.« *Ich brauche dich!* »Erinnerst du dich, Linda?« Ich rede und rede und rede. So viel, so schnell, so atemlos, als hinge ihr Leben an meinen Worten. Als könnte ich darüber bestimmen, ob sie weiterlebt.

Ihre Lider schließen sich.

»Linda?«

Ihr Atem wird flach.

»Linda!«

Ich schüttle sie sanft, dann heftig. Blaulicht zuckt über den scherbengesprenkelten Boden. »Sie sind da, Linda! Hörst du? Wach auf!« Keine Reaktion. »Sie werden dich ins Krankenhaus bringen und wieder zusammenflicken, so eine Schusswunde ist nichts, das steckst du locker weg, du hast schon so viel ausgehalten, das ist nichts! Gar nichts.«

Ihr Körper liegt schwer und schlaff in meinen Händen, in der Ferne knallen Autotüren zu. Ich reiße den Kopf hoch, brülle: »*Hier, wir sind hier! Schnell!*«, blicke wieder hinab, erstarre.

Ihre Augen sind geöffnet.

Für einen Moment denke ich … Aber sie blinzelt. Sie blinzelt, sieht mich direkt an aus ihren graublauen, wunderschönen Augen. Ein Lachen bricht aus mir heraus. *Sie ist stark. Sie wird es überleben. Ich weiß es.* »Die Sanitäter sind da, du hast es fast geschafft«, wispere ich, wische ihr meine Tränen von der Stirn. »Ich liebe dich, Linda.«

Ihre Hand hebt sich, legt sich auf meine Wange, streichelt sie sanft. »Schon gut, Noah. Alles wird gut!« Sie lächelt. Sie lächelt, so wie sie immer lächelt, wenn ich sie tröste.

Ja, mein Entchen. Alles wird gut. Ich nehme ihre Hand in meine, küsse sie.

»Platz da!«

Jemand drängt sich zwischen uns, stößt mich ruppig weg. Ich kippe zur Seite, robbe den Boden entlang bis zur Wand, schluchze, heule, kann es kaum ertragen, nicht bei ihr zu sein. Die Männer vom Rettungsdienst stürzen auf sie herab, schreien sich Kommandos zu. *Sie ist stark, sie wird kämpfen.* Alles wirkt wie in Zeitlupe. Die Sanitäter verschwimmen vor meinen Augen, ihre Bewegungen ziehen Schlieren nach sich. *Sie hat schon so viel ausgehalten, sie wird auch das durchstehen.* Eine Liege wird ausgeklappt, zwei hieven sie hoch, einer presst ihr eine Sauerstoffmaske ans Gesicht. »Sie hat Blutgruppe A positiv!«, rufe ich ihnen zu, weiß nicht, ob sie es registriert haben. Ich rapple mich hoch, stolpere auf sie zu, werde zurückgehalten.

»Sie haben es gehört«, sagt der Kommissar. »Lassen Sie die Sanitäter machen.« Er hält mich fest, ich sinke auf die Knie, kann nur zusehen. Die Sirene setzt ein, ich schließe die Augen. Als ich sie wieder öffne, biegt der Wagen am Ende der Straße um die Ecke. Und der Griff des Kommissars lockert sich.

Elias

Die Kollegen aus Scharbeutz tun, was sie tun sollen. Zwei Streifenpolizisten sichern den Tatort, einer telefoniert die übliche Liste ab. SpuSi, Bestatter, die verantwortlichen Behörden in Schleswig-Holstein. Die in Hamburg übernehme ich, habe ich gesagt. Viel mehr wollten sie gar nicht wissen.

»Euer Fall, euer Bier«, mault mir der Wachhabende zu, mustert dann argwöhnisch das Einschussloch auf der Schutzweste, die zwischen meinem offen stehenden Hemd hervorlugt. »Tragen Sie die immer drunter?«

»Seit einem kleinen Zwischenfall mit einem Heckenschützen bei einer Raststätte gehe ich nie mehr ohne aus dem Haus«, versuche ich abzuwiegeln.

»Alter US-Militärbestand?«

»Privatkauf, ebay-Kleinanzeigen. Durch die Polizei-Standardweste wäre das Projektil einfach durchgegangen.«

»Vater Staat ist knapp bei Kasse, was?«, knurrt er zurück, zieht die Nase hoch und setzt ein bitteres Lächeln auf.

Ich nicke bloß, betrachte den Wachhabenden einen Moment. Alles an ihm ist grau. Die Haare, seine Haut, der Blick – keine Ahnung, wie lange er noch bis zur Pensionierung hat, aber ich bin mir sicher, er weiß es bis auf den Tag genau.

Plötzlich steht Klingberg neben ihm, wackelt aufgeregt hin und her. »Fahren wir jetzt? Wir müssen …«

»Herr Klingberg«, unterbreche ich ihn forsch. »Ich habe

gesagt, warten Sie in der Küche. Ich komme gleich zu Ihnen.«

Mit tränennassen Augen funkelt er mich an, die Lippen zu dünnen Strichen gepresst. Er will etwas sagen, lässt es dann aber doch, trottet ab wie ein geprügelter Köter.

Der Wachhabende sieht ihm mit hochgezogenen Augenbrauen hinterher, wendet sich dann zu mir. »Klingberg? Ist der von hier?«

»Nein, seine Frau, Linda Klingberg.«

Sowie ich den Namen ausspreche, wird sein Gesicht hart, angespannt, die Linien um seine Mundwinkel vertiefen sich. »Die Frau, die abtransportiert wurde? Das war die kleine Klingberg?«

Verwundert blicke ich ihn an. »Kennen Sie sie?«

»Nicht direkt, nein. Aber die Familie. Nicht gerade Glückspilze, die Klingbergs«, antwortet er zögerlich, schüttelt dabei langsam den Kopf. »Zuerst stirbt die Mutter bei der Geburt, dann die Sache mit ihrem Vater.«

»Wieso?«, frage ich, starre an seiner Schulter vorbei in Richtung Klingberg. »Was ist mit dem Vater passiert?«

Die Mundwinkel des Wachhabenden gehen noch ein Stockwerk tiefer. »Tragische Geschichte. Hat sich das Leben genommen. War wahrscheinlich besser so.«

»Wie meinen Sie das?«

Er dreht sich um, blickt lange und angespannt in Richtung Klingberg, wendet ihm dann wieder den Rücken zu, so als wollte er sichergehen, dass er uns nicht hören kann. »Es gab damals 'ne Handvoll Anschuldigungen«, erklärt er mit gedämpfter Stimme. »Nichts Hieb- und Stichfestes, aber genug für eine Anzeige. Doch zu einer Anklage ist es nie gekommen. Zwei Tage vor der ersten Anhörung haben sie ihn in der Garage gefunden. Erhängt.«

»Was wurde ihm vorgeworfen?«

Der Wachhabende krümmt die Schultern, tritt noch einen Schritt näher. »Er war Mathelehrer an der hiesigen Gemeinschaftsschule, sehr bemüht, hatte ein offenes Ohr für alle seine Schüler. Aber irgendwann ist wohl aufgefallen, dass bei ihm nur die kleinen Mädchen nachsitzen mussten und das bevorzugt auf seinem Schoß, wenn Sie verstehen, was ich meine.«

Ich antworte nicht, nicke bloß wie ferngesteuert, versuche, zu begreifen.

»Wie auch immer«, wechselt der Wachhabende abrupt das Thema, drückt den Rücken gerade. »Bis Ihre Kollegen aus Hamburg eintreffen, halten wir hier die Stellung. Aber sagen Sie denen, sie sollen sich beeilen. Wir haben noch anderes zu tun, verstanden?«

Wieder wippt mein Kopf automatisch vor und zurück.

Der Wachhabende tippt sich mit Zeige- und Mittelfinger an die Stirn, spuckt aus, geht ab.

Eine Sekunde später steht Klingberg neben mir. »Fahren wir jetzt zu Linda?«, japst er wieder los, hört nicht mehr auf. Seine Worte prasseln wie Regen auf mich ein.

Mühsam richte ich meinen Blick auf ihn. »Herr Klingberg«, unterbreche ich seinen Redefluss. »Ich kann Sie nicht einfach zu Ihrer Frau bringen. Nicht nach all dem, was passiert ist.«

Er schluckt, ringt mit sich. Sein Mund schnappt auf, aber ich bin schneller.

»Ist das alles tatsächlich so abgelaufen?«, frage ich. »Linda hat Emma getötet? Es gab keinen Angriff auf Sie, keinen Ringfinger-Mörder? Sie haben alles inszeniert, um Ihre Frau zu schützen?«

Klingberg nickt hastig, protestiert dann aber: »Nein. Sie war es nicht. Es war dieses andere in ihr, diese Krankheit. Können Sie wenigstens in der Ambulanz …«

»Was ist das für eine Krankheit?«, unterbreche ich ihn, will jetzt alles wissen.

»Ich weiß es nicht genau«, stöhnt er lautstark, schüttelt den Kopf. »Linda hat mit mir nie über die Zeit vor unserer Beziehung geredet, aber irgendetwas muss vorgefallen sein, etwas Schlimmes, etwas sehr, sehr Schlimmes.«

Ich presse die Zähne zusammen, will schlucken, kann nicht. Meine Kehle ist trocken wie Stroh.

»Sie war einmal in Therapie, aber nicht lange. Ich habe heimlich ihre Mails gelesen, die Therapeutin wollte sie umfassend behandeln, zwei Sitzungen die Woche, medikamentöse Unterstützung, tiefenpsychologische Aufarbeitung und so weiter. Da stand etwas davon, dass sie Muster einer Persönlichkeitsstörung aufweise, dass irgendein traumatisches Erlebnis vorliegen müsse – die Therapeutin hat sie regelrecht angefleht, wieder in Behandlung zu gehen. Aber Linda hat die Mail einfach gelöscht.« Klingbergs Augenbrauen zucken, sein Mund bewegt sich, als würde er etwas zwischen den Zähnen zermahlen. »Kurz darauf hatte sie zum ersten Mal einen dieser längeren … Aussetzer. Ich glaube, die Schübe kamen, wenn alles zu viel wurde. Wenn Druck und Stress und Verzweiflung so groß waren, dass sie es einfach nicht mehr ausgehalten hat in ihrem Körper. Dann … ich kann es schwer erklären … dann war sie nicht mehr sie. Jemand anderes war in ihrem Körper. Linda hätte Emma nie etwas antun können, das müssen Sie mir glauben!«

Ich blicke stur zu Boden, bohre Sicheln in meine Handflächen. Ist doch scheißegal, was ich glaube. Emma Falk ist tot. Paul Falk ist tot. Linda und Noah Klingberg werden dafür zur Rechenschaft gezogen – so oder so. Aber der Ringfinger-Mörder läuft immer noch frei herum.

Das war meine Chance. Die einzige Möglichkeit, endlich Frieden zu finden, die Bilder aus meinem Kopf zu verbannen. Lechefsky, Kiel, Kemp, die toten Frauen meiner Träume, ihre entstellten Gesichter und Körper … All die Tage, Wochen, Jahre, in denen ich mich gefragt habe: Warum? Warum ist er mir entwischt, dieser Mistkerl? Ich dachte wirklich, ich hätte eine neue Chance bekommen.

Aber es war nur eine Lüge. Der Ringfinger-Mörder ist immer noch irgendwo da draußen. Seine Opfer sind immer noch in meinem Kopf.

»Bitte, ich muss wissen, wie es Linda geht. Nur ein Anruf!«, drängt Klingberg wieder.

Ich ignoriere ihn. »Und Ihre Verletzungen?«, frage ich. »Warum waren Sie so zugerichtet, als man Sie fand? War das auch Linda?«

Klingberg tritt von einem Bein aufs andere, die Sehnen an seinem Hals stehen hervor wie dicke Drähte. »Nein, Herrgott. Das war ich selbst. Als ich Linda in unsere Wohnung gebracht hatte, ging ich wieder hinüber, um alles nachzustellen. Aber ich war in Panik, unkonzentriert … Ich hatte den Schlüssel vergessen und mich ausgesperrt. Ich konnte Linda ja nicht aufwecken – alles wäre aufgeflogen, sie hätte tausend Fragen gestellt. Also habe ich den Angriff inszeniert, habe mir die Verletzungen selbst zugefügt. Dass ich dabei ohnmächtig werde, war nicht geplant. Es sollte nur echt wirken, ich bin mit dem Kopf gegen die Wand gelaufen und … ja.«

Dieser Irre. Dieser komplett Wahnsinnige. »Und die Tatwaffe?«

»Unser Küchenmesser. Lag im Keller versteckt. Ich habe es in die Elbe geschmissen, kurz nach der Tatnacht. Hören Sie, wenn Sie mir mein Telefon geben, rufe ich selbst an.« Er streckt mir seine Handfläche entgegen.

»Es tut mir leid, Herr Klingberg«, sage ich, fahre in meine Manteltasche. »Ihr Telefon ist ein Beweismittel. Strecken Sie bitte Ihre andere Hand aus.« Ich hole die Handschellen hervor, sein Gesicht wird hart. Ich spüre, dass etwas in ihm aufflammt. Verzweiflung, Wut, alles zusammen. Meine Muskeln spannen sich, machen sich bereit, ihn festzuhalten.

Doch er hebt bloß die Arme. »Bitte«, dringt es heiser aus seinem Mund.

Ich zögere einen Moment. Dann lege ich ihm die Handschellen an. »Die Ärzte werden sich um Ihre Frau kümmern«, sage ich halblaut, deute zum Auto, lasse ihn hinten einsteigen. »Jetzt müssen wir erst einmal nach Hamburg.« Er steigt ein, ich knalle die Tür zu, bleibe draußen stehen. *Gratuliere Blom, da war sie wieder: die letzte Gelegenheit, wie ein echter Mensch zu handeln.* Scheiß drauf. Er hat eine Frau verstümmelt und einen Mord vertuscht, ich kann doch nicht einfach mit ihm in ein Krankenhaus spazieren. Anrufen bringt ohnehin nichts – Schluss. Wir fahren nach Hamburg, und ich übergebe ihn Steiger. Vielleicht entschuldigt der sich sogar bei mir. Vielleicht entschuldigt sich sogar CC bei mir. Ist doch toll! Ich habe ihnen dieses lästige Ringfinger-Debakel erspart – wahrscheinlich geben sie mir eine Beförderung oder zumindest eine Zulage. Dann lade ich Mats auf ein Bier ein, und wir schwelgen ein bisschen in Erinnerungen, quatschen über die tolle Zeit, in der dieser verfickte Psychopath einfach ungestraft Frauen abschlachten durfte. *Verfluchte Scheiße noch mal.*

Meine Hand donnert auf das Autodach.

Warum?

Warum dieser Irre und seine irre Frau?

Warum nicht er?

Es fühlt sich so falsch an, so sinnlos, so unrecht – der Ringfinger-Mörder ist immer noch da draußen. Und ich bin machtlos.

»Alles in Ordnung?«, dringt eine Stimme zu mir herüber.

Ich atme tief durch, drehe mich um. »Alles okay«, antworte ich, winke dem Wachhabenden zu. »Wir fahren jetzt.« Er nickt verhalten. Ich marschiere um den Wagen, steige ein, werfe einen Blick in den Rückspiegel. Klingberg starrt stumm aus dem Fenster. Von mir aus kann es bis Hamburg so bleiben.

Ich stecke den Schlüssel in die Zündung, krame in der Manteltasche nach meinem Smartphone, will es entsperren, starre auf Linda und Noah. Es ist sein Telefon. Das Foto auf dem Sperrbildschirm muss schon etwas älter sein, Linda hat kürzere Haare, Noah ist braungebrannt, sie posieren am Strand, strahlen sich verliebt an. *Sie sehen so unschuldig aus, so …*

Schluss jetzt. Emma Falk ist tot. Sie hat sie umgebracht, er hat sie verunstaltet, hat alles vertuscht, die Polizei gezielt getäuscht und … Meine Gedanken stocken, setzen sich fest, drehen Schleifen. »Sie waren David Kronens Ghostwriter, richtig?«, frage ich, fixiere ihn im Rückspiegel. »Daher konnten Sie alles so genau nachstellen. Was hat er Ihnen gezeigt? Tatortfotos? Medizinische Berichte?«

Klingberg würdigt mich keines Blickes, nuschelt etwas kaum Verständliches zur Glasscheibe gewandt.

»Wie bitte?«

»Ich sagte: Können Sie sich selbst anschauen.«

Ein Ruck geht durch meinen Körper. »Kronens Unterlagen existieren noch? Wo?«

»Sie liegen in einer verschlüsselten Cloud.«

Ich hebe mein Smartphone hoch, wackle damit herum. »Zeigen Sie mir den Zugang.«

»Wenn wir zu Linda fahren, sofort«, antwortet er patzig, wirft mir einen giftigen Blick zu.

Meine Miene verhärtet sich. Das kann ich nicht zulassen. Andererseits, wenn ich ihn nur … Was soll schon passieren? »Ein Anruf im Krankenhaus, mehr nicht«, sage ich, lasse mein Smartphone in der Hand kreisen. »Zuerst der Zugang, dann der Anruf. Deal?«

Er fletscht die Zähne, funkelt mich an. Doch seine Gesichtszüge werden schnell weich. »Deal«, antwortet er mit brüchiger Stimme.

Ich reiche ihm mein Telefon, beobachte im Rückspiegel, wie er etwas eintippt. Zwei Minuten später habe ich es wieder und gebe ihm seins.

»Danke«, knurrt er.

Augenblicklich versinke ich im Display, mustere den Ordner voller PDFs, Bilder, Word-Dateien: Kronens Unterlagen, fein säuberlich abgelegt.

Von der Rückbank dringt ein Wählton, Klingberg räuspert sich, schnalzt ungeduldig mit der Zunge. Ich presse die Lippen zusammen, spähe in den Rückspiegel.

In zirka zehn Sekunden wird eine Frau abheben und ihn in eine andere Abteilung weiterleiten. Dort geht eine weitere Frau ran. Er nennt ihr seinen Namen, sein Anliegen, und sie wird ihm mitteilen, dass die neue Datenschutzverordnung leider sehr streng sei, die Rechtsabteilung keine Ausnahmen kenne … Und er wird fluchen und ausflippen und das Telefon durch den Wagen schleudern.

Ich sollte ihm den Ärger ersparen und ihm gleich sagen, dass er keine Auskunft bekommen wird. Vielleicht würde er mich dann weniger hassen. Aber ich tue es nicht.

Stattdessen klicke ich mich durch die Unterlagen, suche jede Zeile nach Hinweisen ab, fresse alles in mich hinein wie ein Irrer. Ich kann nicht anders, mein Hirn tickt so, gewährt mir keine Pause, keine Ausnahme. Seit knapp drei Jahren lebe ich nicht, sondern existiere bloß noch, und das aus einem einzigen Grund: wegen ihm. Wegen dem, was er ihnen angetan hat – Lechefsky, Kiel, Kemp –, was er Mats angetan hat.

Solange der Ringfinger-Mörder frei ist, werde ich es nicht sein. Solange er irgendwo da draußen ein Leben führen darf, bleibt es mir verwehrt. Also mache ich weiter. Bis ich ihn erwische.

Oder es mich erwischt.

TEIL VIER

Vier Monate später

Ich schlage die sechste Zeitung an diesem Vormittag auf, spüre, wie meine Mundwinkel unablässig nach oben wandern.

Und so beginnt er wieder, der obskure Medienzirkus. Aber diesmal anders: kein kleines Vorspiel, kein schüchternes Präludium, nein – *bäng!* Titelseite, überall. »Der Ringfinger-Mörder ist wieder da!«

›Süddeutsche‹, ›Bild‹, ›Memento‹, ›FAZ‹ – alle sind sie aufgesprungen, alle wollen Teil des großen Spektakels sein. Die große Ringfinger-Mörder-Freak-Parade zieht durch den Blätterwald.

Und ich? Ich lehne mich zurück und genieße die Show. Denn endlich weiß ich, dass sie nichts wissen. Dass sie, wie früher, bloß ihre Schaumschläger und Wichtigtuer auf die Bühne schicken. Desinformation für das Volk! Selbst ernannte Experten und Superanalytiker, Gerichtsreporter und Medienkriminologen, sie trippeln wieder übers Parkett, plustern sich auf, buhlen um Aufmerksamkeit. Und alles, was sie zur Schau stellen, ist geballtes Nichtwissen, aufgeblasen zur »Schlagzeile des Jahrhunderts«. Es ist einfach nur lächerlich.

Aber bei den »Profis« wird es nicht viel anders aussehen. Ich kann sie mir richtig vorstellen: all die Psychologen und Anthropologen und Was-weiß-ich-ologen, die in irgendwelchen verstaubten Institutszimmerchen hocken und jetzt – vielleicht gerade in dieser Sekunde – mein blutiges Symbol analysieren. Die Linienführung, der Schwung, die Krümmung der

Bögen, sie werden jeden noch so kleinen Klecks mit Argusaugen begutachten und mit den früheren Symbolen vergleichen. Und »ja, Herr Kollege« und »vielleicht, Herr Kollege« und »das könnte sein, Herr Kollege« – mit rauchenden Köpfen schmieren sie sich gegenseitig Honig ums Maul, ich kann es richtig vor mir sehen. Und sie werden sich die gleichen Fragen wie früher stellen. Ist der Ringfinger-Mörder eher ein passiver oder ein aktiver Typ? Ist er willensstark oder schwach? Ist er schüchtern? Ein Einzelgänger? Ist er überhaupt ein Er oder nicht vielleicht doch eine Frau? Fragen, Fragen, Fragen, nichts als Fragen. Sie werden sich die Nächte um die Ohren schlagen, sämtliche Archive durchwühlen, immer mein Symbol vor Augen. Griechische Mythologie. Römische Mythologie. Arabisch, asiatisch, satanisch. Und dieses Wort erst: Lügenweib? Was will uns der Ringfinger-Mörder damit sagen? Was können wir daraus über seine Psyche schließen? Hat er eine problematische Vergangenheit mit seiner Mutter? Ist er sexuell misshandelt worden – vielleicht von einer weiblichen Vertrauensperson? Vielleicht, meine Herren Experten, vielleicht. Aber vielleicht geht euch das auch alles einfach nichts an. Warum sollte ich euch überhaupt etwas sagen wollen? Die Welt dreht sich nicht ausschließlich um euch, meine teuren Herren Experten. Das denkt nur ihr! Und deswegen könnt ihr auch nicht aufhören, euren eigenen Schwanz zu jagen. Oh, wie gerne ich euch dabei beobachten würde. Die Ratlosigkeit in euren Augen. Die abgekauten Bleistiftenden. Die durchschwitzten Hemden. Die Ausreden gegenüber euren Familien, dass es mal wieder länger wird im Büro,

sage ich, greife nach meinem Wasserglas und lasse den letzten Tropfen Flüssigkeit über meine trockenen Lippen gleiten.

Ich lese schon zu lange, meine Stimme versagt allmählich, wird rau und spröde und verliert an Klangfarbe. Aber gleich ist es geschafft. Gleich ist die Lesung zu Ende.

Ich wäre so gerne unsichtbar, lese ich weiter, dann könnte ich unbemerkt durch eure Reihen tanzen und sehen, wie sehr ihr auf der Stelle tretet. Leider ist mir dieses Vergnügen verwehrt. Ich muss mich mit der bloßen Vorstellung eurer dummen Gesichter begnügen. Aber das reicht mir. Es wird alles so sein wie immer: Ihr werdet mich nie schnappen. Ihr seid schlicht und einfach zu blöde dazu. Ich könnte in meinem inkaorangen BMW vorfahren und ein leuchtendes Shirt tragen mit der Aufschrift »ICH BIN DER RINGFINGER-MÖRDER«, und ihr würdet trotzdem nicht den leisesten Hauch eines Verdachts haben, wer ich bin.

Ich spreche die letzten Worte, spüre das warme Scheinwerferlicht auf meinem Gesicht, sauge es auf, genieße es, lasse meinen Blick durch das Publikum wandern; sehe die Spannung in den Gesichtern, die erhobenen Augenbrauen, die eingekniffenen Lippen, die Hände, die zum Applaus ansetzen, aber sich noch nicht so recht trauen.

Ich liebe diesen Moment, koste ihn aus, solange es geht. Dann gebe ich die Hände frei: »Danke, vielen Dank!«

Beifall setzt ein.

Und meine Lesung ist beendet.

Noah

Ich gebe es ungern zu, aber Applaus und Rampenlicht sind zwei Dinge, die mich am Laufen halten, auch wenn ich weiß, dass die Bewunderung nicht echt ist. Keiner dieser Heuchler hat auch nur einen Funken Sympathie für mich oder mein Buch übrig. Das Einzige, was diese Gaffer hierhertreibt, ist die Sensationslust, mehr nicht.

Mein Mund ist ausgedörrt von der trockenen Luft und dem vielen Reden. Und von den Tabletten. Sie verwandeln meinen Speichel in gallertartige Masse, es ist ekelhaft. Aber ohne die Pillen ist es schwierig geworden.

Die Moderatorin lugt hinter dem Vorhang hervor, kommt auf mich zu, klatscht ebenfalls. Ihre perlweißen Zahnreihen erinnern mich daran, zu lächeln. Ich vergesse immer wieder, meine Erfolgreicher-Autor-Maske aufzusetzen. Sie nimmt auf dem Stuhl neben mir Platz, grinst in den Applaus, bis er erlischt. Wir halten uns beide die Mikrofone vors Gesicht, und das Gespräch beginnt.

— Wow. Einfach nur Wow! Was für eine Dramatik.

— Danke schön.

— Ich muss mich übrigens bei Ihnen entschuldigen: Ich habe Sie vorhin mit Ihrem richtigen Namen angekündigt, dabei verwenden Sie ja Ihr Pseudonym.

— Das macht nichts, mein wahrer Name ist kein Geheimnis, man kennt ihn ja aus den Medien.

— Also bleiben wir dabei?

— Wie Sie möchten.

— Okay. Dann … Herr Klingberg, vielen Dank für diese außerordentlich tolle Lesung.

— Ich lese immer wieder gerne in meiner Heimatstadt.

— Die Entstehungsgeschichte Ihres Buches und die Art und Weise, wie Sie die Auszüge daraus präsentieren, ist ja eine ganz besondere. War das alles von Anfang an so geplant?

— Nein. Die ersten beiden Kapitel habe ich nur auf meinem Blog veröffentlicht – einige Medien haben dann darüber berichtet. Die Kooperation mit dem ›Memento‹-Magazin entstand erst danach. Dort fand man die Idee spannend, und ja … jetzt erscheint dort jede Woche ein Kapitel in der Literaturbeilage.

— Bis …

— Bis ich das ganze Buch veröffentliche.

— Das bereits heiß erwartet wird. Wir müssen hier sicher niemandem von dem Hintergrund des Buches berichten. Das schreckliche Schicksal von Emma Falk und dem als Ringfinger-Mörder bekannten Serienmörder ist ja quasi in aller Munde. Schon bei den früheren Fällen gab es Ideen für Romanumsetzungen, aber dieses Buch – besonders von Ihnen – ist jetzt noch mal eine ganz andere Nummer. Sie veröffentlichen ja Details über die Ringfinger-Fälle, die der Öffentlichkeit bislang nicht zugänglich waren. Was ist das zum Beispiel für ein Symbol, das Sie vorhin erwähnt haben?

— Wie bei allen Interviews muss ich an dieser Stelle die Ratschläge meines Anwalts beherzigen und sagen: Nein, ich veröffentliche keine Details zu den realen Fällen. Alle Beschreibungen entspringen meiner Fantasie. Sollte also der reale Ringfinger-Mörder seinen Opfern nicht nur, wie bisher bekannt, den Ringfinger abtrennen, sondern damit auch ein blutiges Symbol sowie das Wort »Lügenweib« an die Wände der Tatorte schreiben, so ist das eine rein zufällige Parallele zu meinem fiktiven Ringfinger-Mörder.

— Ich verstehe natürlich diese juristische Absicherung, aber Hand aufs Herz: Einem Großteil Ihrer Leser fällt es schwer, an Zufälle zu glauben – besonders wenn man bedenkt, wie sehr Sie in den Polizeiskandal rund um den Mord an Emma Falk verwickelt sind. Das Interesse an Ihren Auszügen ist jedenfalls enorm: Ich kann mich nicht erinnern, dass in der langen Geschichte der »Hamburger Kriminächte« je ein Schriftsteller bei uns war, der vor ausverkauftem Saal gelesen hat, obwohl sein Buch noch gar nicht erschienen ist.

— Das freut mich. Meine mediale Dauerpräsenz hat sicher einiges dazu beigetragen.

— In der Tat … der Trubel um Ihre Person spaltet ja nicht nur die Öffentlichkeit, sondern auch die Medien, wobei die kritischen Stimmen deutlich überwiegen. ›Der Spiegel‹ beschreibt sie als – ich zitiere – »mediengeil und eiskalt berechnend«, die ›TAZ‹ schreibt »Hansdampf in allen Medienhäusern, der sein Schicksal zum Hype aufbläst« und die ›Süddeutsche‹ rief sogar zum Boykott Ihrer Veranstaltungen auf. Können Sie die Kritik verstehen?

— Sehen Sie: Ich bin der Mann, dem vorgeworfen wurde, am Tod von Emma Falk zumindest Mitschuld zu haben. Manche Medien haben mich sogar gleich zum Ringfinger-Mörder erklärt, ohne jeden Beweis. Selbst als sich in den vergangenen Wochen der Spieß umgedreht hat und sich alle

Vorwürfe der Polizei als Nebelkerzen herausgestellt haben, gab es keine Entschuldigung seitens der Verlagshäuser. So funktioniert deren System. Journalisten geben ungern zu, dass sie sich geirrt haben. Und jetzt, da ich ein Buch über diesen Fall herausbringe – noch dazu aus der Sicht des Ringfinger-Mörders –, ist das für die Presse natürlich ein gefundenes Fressen. Mir ist das egal. Unsere Anwälte werden das mit den jeweiligen Verlagshäusern klären. Derweil nutze ich die mediale Aufmerksamkeit und alle anderen Kanäle, die mir zur Verfügung stehen, um so viele Menschen wie möglich zu erreichen.

— Alles für das Buch?

— Nein. Das Buch ist meine Art, mit dem umzugehen, was mir widerfahren ist. Eine kreative Aufarbeitung, wenn man so will. Ich schlüpfe darin ja quasi in die Perspektive desjenigen, der für all das verantwortlich ist.

— Ist das nicht schmerzhaft?

— Ist es. Und anstrengend, aber mit jedem Kapitel verstehe ich die Psyche des Ringfinger-Mörders besser. Es ist fast so, als schreibe ich mich in seinen Kopf, als wüsste ich tatsächlich, wer er ist. Ich habe mich intensiv mit ihm beschäftigt, habe viel zu dem damaligen Polizeiskandal recherchiert, natürlich auch wegen des laufenden Prozesses.

— Was haben Sie empfunden, als Sie selbst ins Visier der Ermittlungen geraten sind?

— Ich fühlte mich ohnmächtig. Ausgeliefert und ohnmächtig. Es war eine völlig absurde Entwicklung. Die Verantwortlichen haben einen Sündenbock gesucht und mich vorgeschoben, aus hanebüchenen Gründen, wie sich immer mehr herausstellt. Alle Anschuldigungen sind eine Farce.

Angebliche Videobänder, auf denen ich gestehe, dass ich ein Verhältnis mit Emma Falk hatte, gibt es gar nicht! Die Polizei legt ein dubioses Gesprächsprotokoll vor, das ich nie unterzeichnet habe. Es gibt DNA-Proben, zu denen ich nie mein Einverständnis gegeben habe. Sie lassen meine Wohnung durchsuchen, stellen alles auf den Kopf, finden rein gar nichts. Man hat sogar versucht, mir einen Strick daraus zu drehen, dass ich mit Emma Falk befreundet war und wir hin und wieder SMS geschrieben habe. Die Polizei wollte mich systematisch zum Täter erklären, um davon abzulenken, dass sie den eigentlichen Täter nicht erwischen. Der Ringfinger-Mörder ist ja immer noch auf freiem Fuß.

— Der Ermittler, den Sie hauptsächlich beschuldigen …

— Elias Blom.

— Darf man den Namen öffentlich nennen?

— Man muss es sogar. Damit das einmal bekannt wird. Es ist derselbe Ermittler, der bei den früheren Fällen bereits verantwortlich war und trotz aller Skandale wieder bemüht wurde. Ich habe gehört, dass sie ihn mittlerweile in eine andere Abteilung versetzt haben, genau wie damals. Nichts hat Konsequenzen. Die verschieben einfach Personalien, das war's. Aber ich will mich nicht nur auf einzelne Personen fixieren, die ganze Sondereinheit – die gesamte Hamburger Polizei steht in der Verantwortung. Die Fehler, die hier begangen wurden, haben Leben gekostet.

— Sie werfen der Polizei vor, für den Tod von …

— Ich werfe der Polizei vor, für den Tod von Paul Falk verantwortlich zu sein, korrekt. Anstatt den Ringfinger-Mörder zu verfolgen, haben die Ermittler Paul absichtlich im Glauben gelassen, dass ich etwas mit dem Mord an seiner Frau zu tun haben könnte. Diese grob fahrlässige Handlung hat letztlich zu seinem tragischen Ende geführt.

— Gab es eine Stellungnahme seitens der Polizei zu diesem Vorwurf?

— Offiziell spricht man von ermittlungstaktischen Gründen. In Anbetracht der Geschehnisse ein absolut unterirdisches Statement.

— Eine Tragödie. Leider sind wir schon über der Zeit, aber gestatten Sie mir noch eine letzte Frage.

— Gerne.

— Haben Sie keine Angst?

— Angst? Wovor?

— Vor dem Ringfinger-Mörder. Immerhin schreiben Sie ja ein Buch über ihn aus seiner Perspektive – aus der Perspektive eines Verbrechers, der vier Frauen das Leben genommen hat und immer noch auf freiem Fuß ist.

— Ich habe keine Angst vor einem Feigling, der wehrlose Frauen tötet.

— Okay. Dann … vielen Dank, dass Sie bei uns waren, wir haben es alle genossen. Ich danke Ihnen, meine Damen und Herren, dass Sie den Abend mit uns geteilt haben. Es war eine großartige Lesung – danke schön!

Und dann ist es vorbei. Alle im Saal erheben sich. Noch einmal lasse ich den Blick schweifen, noch einmal bade ich im Applaus, verbeuge mich, genieße, was ich mir schon immer gewünscht habe: mein Name, mein Buch, mein Publikum.

Mein Traum.

Dann eile ich von der Bühne. Aus den Augenwinkeln sehe ich Menschen auf mich zuströmen, aber ich beschleunige meinen Schritt. Bloß keine Autogramme, das hier war anstrengend genug, ich muss meine Kräfte schonen. Morgen bin ich bei den Lübecker Literaturtagen, übermorgen war auch irgendetwas.

Backstage kommen noch einige Leute auf mich zu, bedanken sich. Ich versuche, alles rasch abzuwickeln, verschwinde in der Garderobe, warte, bis sich die Hektik vor der Tür legt. Dann lasse ich mich auf die Couch fallen, atme durch.

Ich fische mein Smartphone aus der Tasche, tippe die PIN ein. Ein paar entgangene Anrufe, irgendwelche SMS, Dutzende Mails. Die ›Berliner Zeitung‹ will ein Interview. Soll sie kriegen. Den Rest ignoriere ich.

Dann starre ich das Telefon einfach nur an. Mein Zeigefinger schwebt vor dem Display, kreist wie ein Falke über ihrem Namen. Sekunden verstreichen, das Display wird eine Nuance dunkler, will sich schon abschalten, als ich den Finger senke. Lindas Nummer wird gewählt, ich hebe das Telefon an mein Ohr, räuspere mich, warte wie gebannt.

Ihre Stimme ertönt: »Willkommen in der Mailbox von Linda Klingberg. Leider bin ich aktuell nicht erreichbar. Bitte hinterlassen Sie mir eine Nachricht, und ich rufe Sie zurück, sobald es mir möglich ist. Vielen Dank.«

Der Piepton schrillt, eine Träne kullert meine Wange hinab. Ich öffne den Mund, will etwas sagen, aber es kommt nur Luft. Sekunden vergehen. Das Piepen ertönt abermals, kappt die Leitung.

Keine Ahnung, wie viele stumme Nachrichten ich ihr schon hinterlassen habe. Irgendwann ist ihr Speicher voll mit nichts.

Ich rapple mich hoch, stopfe das Telefon wieder in die Tasche, klaube meine Sachen zusammen. Den Gang runter ist ein Notausgang zum Treppenhaus, der direkt in die Parkgarage führt. Niemand wird mich sehen. Ich lege mein Ohr an die Tür, lausche. Stille. Vorsichtig drücke in die Klinke nach unten, spähe hinaus. Keiner da. Schnell den Gang runter …

»Herr Klingberg!«

Zu früh gefreut.

Die Moderatorin stöckelt auf mich zu, zwingt mich mit ihrem mitleidigen Lächeln zum Halt. »Ich wollte Ihnen nur noch sagen …« Sie druckst herum, knetet ihre Hände, ringt mit sich. Dann: »Es zählt vielleicht nicht viel, aber … Ich verstehe Sie. Ich weiß, dass Sie das nicht für Geld tun, Sie haben ja nicht einmal ein Honorar verlangt.« Ihr Blick gräbt sich in meinen Blick, durchbricht meine Mauern. »Wäre mir diese Ungerechtigkeit widerfahren, ich würde auch alles dafür tun, dass die Verantwortlichen zur Rechenschaft gezogen werden.«

Mein Augenlid beginnt zu zittern. Wie angewurzelt stehe ich da, starre zu Boden. Sie wirkt nett, scheint ehrlich zu meinen, was sie sagt. Man trifft nicht viele solche Leute, besonders nicht in dieser Branche. Ich sollte bleiben und mit ihr reden. Nicht über den Fall oder das Buch oder das, was ich tue, nein. Vielleicht über das Wetter. Über Literatur. Über Kleinigkeiten – was man halt so redet. Ich sollte Linda und diese ganze Scheißgeschichte vergessen, hierbleiben und mit ihr ein bisschen über dies und das und das Wetter reden.

Aber ich kann es nicht.

»Danke«, antworte ich abgehackt. »Ich muss jetzt los.« Sie

nickt kurz, schneidet sich ein Lächeln aus den Rippen. Dann marschiere ich gen Ausgang.

Wahrscheinlich werde ich nie vergessen können.

Der Fahrstuhl hält mit einem aufsässigen Rucken, öffnet sich quietschend. Ich trete hinaus, suche die Reihen ab. Tiefgaragen sehen alle gleich aus, besonders nachts. Ich angle den Schlüssel aus meiner Manteltasche, drücke den Knopf, irgendwo hinter zwei Blechlinien leuchtet der Waschbeton orange auf. So weit hinten? Mein Gedächtnis ist ein Sieb. Liegt wahrscheinlich auch an den Tabletten.

Ich schlängle mich durch die Autos, gähne. Am liebsten würde ich nur noch schlafen. Kein Essen, kein Freizeitprogramm, einfach bloß schlafen, Interviews geben, Lesungen abhalten und wieder schlafen. Diesem ganzen Wahnsinn ein Ende bereiten.

Ich öffne die Fahrertür, schleudere die Tasche auf den Beifahrersitz, steige ein, starte den Motor. Die Scheinwerfer blenden auf, lassen die Betonwand im kühlen Blau der Xenonlampen erstrahlen. Meine Hände legen sich auf das Lenkrad, ich atme tief durch, nehme einen seltsamen Geruch wahr. »Route wird berechnet«, dringt es plötzlich aus den Boxen, meine Stirn legt sich in Falten. Wann habe ich den Heimweg eingegeben? Das Navi ist fertig: Fahrtzeit vierundfünfzig Minuten. *Was ist das nur für ein Geruch?* Meine Hand geht zum Touchscreen, zieht den Ausschnitt der Karte weiter. Aber noch bevor ich das Ziel sehe, weiß ich, dass es nicht unser Zuhause ist. Ich weiß, dass der Geruch nicht von mir kommt.

Und ich weiß, dass ich nicht alleine bin.

Ein Klicken ertönt, dann eine Stimme. Tief, metallisch, verzerrt. Als säße ein Roboter auf der Rückbank. »Hände wieder ans Lenkrad.« Er presst seinen kalten, metallischen Finger in meinen Nacken. »Wird's bald!«

Ich spüre seinen Atem, es ist also kein Roboter. Und es ist auch kein Finger.

»Augen geradeaus.«

Der Pistolenlauf bohrt sich zwischen meine Muskelstränge. Ich zucke zusammen, reiße die Hand vom Navi zurück und lege sie da hin, wo er sie haben will. Instinktiv geht mein Blick in den Rückspiegel: schwarz in schwarz in schwarz. Wahrscheinlich trägt er eine Sturmhaube. Wahrscheinlich benutzt er einen Stimmenverzerrer. Wahrscheinlich war das alles eine dumme Idee.

»*Geradeaus, hab ich gesagt!*«

Ich gehorche. Schlucke. Seine behandschuhte Pranke greift zwischen den Sitzen hindurch nach meiner Tasche, zieht sie zu sich auf die Rückbank. Endlich weiß ich, wonach es riecht. Schuhpaste.

Eine bekannte Tonfolge dringt an mein Ohr, die Melodie meines Smartphones, wenn es sich abschaltet. Dann herrscht Stille. Ich höre meine Atemzüge, höre mein Herz hämmern, spüre jede Schweißperle, die mir den Rücken hinabkriecht. Aber ich flippe nicht aus. Die Tabletten helfen mir dabei. Sie nehmen dem Leben die Spitzen, kappen alle Extreme ab, halten einen im Normbereich.

»Ich bin also ein Feigling, soso«, dröhnt es aus dem schwarzen Schatten von der Rückbank. »Dann finden wir mal heraus, was du bist.« Der Pistolenlauf bohrt sich stärker in meinen Nacken »Die Adresse ist schon eingegeben, du musst nur Gas geben und lenken. Und wehe, du machst irgendwelche Dummheiten, verstanden?«

Ich nicke, lege den Gang ein, fahre aus der Lücke und die Serpentinen hinauf. Als wir uns der Ausfahrt nähern, spüre ich seinen Atem nicht mehr. Mein Blick sucht die Decke ab: Kameras. Er weiß, was er tut.

»Eine falsche Bewegung, und dir steckt 'ne Kugel im Rückgrat«, dringt es dumpf zu mir vor.

Ich lasse das Fenster herunter, entwerte den Parkbon, die Schranke geht in die Höhe und gibt den Weg frei. Ich fahre. Regen prasselt auf die Windschutzscheibe.

»Bei der nächsten Kreuzung rechts halten«, tönt das Navi. Die nächste Stimme, die mir sagt, was ich zu tun habe. Mein Leben ist nur noch fremdbestimmt. Was soll's. Ich fahre rechts, dann links, die Auffahrt hinauf, nehme die zweite Ausfahrt im Kreisverkehr, halte mich an die Geschwindigkeitsbegrenzung, schweige, behalte den Rückspiegel im Auge, behalte *ihn* im Auge.

Als wir die Tore der Stadt hinter uns lassen und das Navi mich in einen Schotterweg fernab jeglicher Straßenbeleuchtung einbiegen lässt, werfe ich wieder einen Blick in den Rückspiegel. Alles verschwindet im Regen und in der Nacht. Ich kann ihn nicht mehr sehen. Plötzliche Panik überfällt mich, die Stille, die Dunkelheit … »Wohin fahren wir?«, platzt es aus mir heraus.

»Ruhe. Mach die Scheinwerfer aus«, krächzt es blechern von der Rückbank.

Ich gehorche. Beinahe lautlos rollen wir im Schritttempo durchs Schwarz, ich sehe kaum noch den Weg, orientiere mich an der schmalen Linie im Navi, die schnurgerade auf ein riesiges graues Rechteck zuläuft. Angestrengt spähe ich aus der Frontscheibe, meine Augen gewöhnen sich schnell an Dunkelheit, die graue Kontur zeichnet sich immer deutlicher ab. Dann schiebt der Wind eine Wolkenwand beiseite, und der fahle Schein des Mondes gibt endlich alles preis: Backsteinwände, meterhoch. Zwei Schornsteine prangen links und rechts, ragen über das riesige Gebäude hinaus, es muss eine Art Fabrik sein, eine Produktionshalle. Aber je näher wir dem Monstrum kommen, desto klarer wird mir: Hier wird schon lange nichts mehr produziert.

»Geradeaus weiter«, keift der Roboter. »Durch das Tor.«

Ich blicke kurz in den Rückspiegel, sehe ihn wieder, bin beruhigt. Der Wagen rumpelt über Schutt und Abfall, kämpft sich durch Schlaglöcher in die Halle vor.

»Stehen bleiben.«

Ich bremse ruckartig ab, verharre. Regen prasselt immer noch aufs Dach.

Er steigt aus, deutet mir, es ihm gleichzutun.

Als ich die Tür öffne, dringt der Geruch von Rost und Kupfer in meine Nase. Es knirscht bei jedem Schritt, der ganze Boden ist übersät mit Unrat, aber ich kann nicht erkennen, mit was genau. Das Dach ist zwar bloß noch Gerippe, der Mond scheint hindurch, aber das schwache Licht reicht bloß, um festzustellen, dass wir uns in einer riesigen, verfallenen Halle befinden, in der kein Mensch meine Schreie hören wird.

»Was ist das hier?«, frage ich, wende mich ihm zu.

»Ein Ort, an dem wir ungestört reden können.« Im Mondschein bekommt der Schatten eine Form. Der Roboter ist in etwa so groß wie ich, aber mindestens doppelt so breit und ganz in Schwarz gehüllt. Vor seinem Gesicht prangt ein Gerät, es blinkt grün – wahrscheinlich der Stimmenverzerrer.

»Reden? Über was?«

Er macht einen Schritt auf mich zu, hält mir die Pistole vor die Brust. »Dachtest du wirklich, du kommst mit der Nummer durch? Dass du einfach in meinem Namen morden kannst? Ohne Konsequenzen?«

»Ich habe Emma Falk nicht umgebracht«, antworte ich trocken.

Ein raues Lachen dringt unter seiner Sturmmaske hervor, mischt sich mit dem knarzenden Geräusch des Geräts. »Wir wissen beide, dass das eine Lüge ist.« Er drückt die Mündung gegen meine Stirn. »Wo sind die Unterlagen?«

»Ich habe keine Ahnung, wovon Sie sprechen.«

Ein Klicken ertönt. »Du hältst dich wohl für ganz clever, was? Raus damit: Wo sind Kronens Unterlagen?«

Ich presse die Lippen zusammen, im nächsten Moment reißt er die Waffe in die Höhe, zieht sie mir über den Schädel. »Wo sind sie?«

Dunkelheit überfällt mich, spuckt mich jedoch gleich wieder aus, gönnt mir keine einzige Sekunde gnädige Ohnmacht. Die Welt kippt, ich sacke zusammen, schlage hart am Boden auf.

»Wo sind sie, verdammt?«, brüllt er, versetzt mir einen Tritt nach dem anderen, und ich pruste und schreie und winde mich vor Schmerzen, bis ich es nicht mehr ertragen kann. Bis es aus mir herausschießt. »Auf meinem Laptop«, keuche ich atemlos. »In meiner Tasche, der Laptop, auf der Speicherkarte. Sie ist verschlüsselt.«

Er lässt von mir ab, geht zum Wagen, holt den Laptop und

platziert ihn auf dem Rücksitz. Als er ihn aufklappt, erstrahlt seine Sturmmaske im blauen Schein des Bildschirms. »Wie kommst du überhaupt an diese Unterlagen?«

Ich huste, spucke Blut, bringe erst nach einigen Sekunden eine Antwort über die Lippen. »Kronen hatte einen Ghostwriter für sein Buch … mich.« Schmerz flammt in meiner Brust auf. Vielleicht ist eine Rippe geprellt, vielleicht auch zwei.

»Ihr Schreiberlinge seid doch alle aufmerksamkeitssüchtige Huren«, höre ich ihn höhnen. »Wie lautet das Passwort?«

Ich gebe es ihm anstandslos, atme gegen den Schmerz an.

»Sind dein Buch und deine Unterlagen auch hier drauf?«

Ich nicke.

Er grunzt abfällig. »Genau das war dein Fehler!«, sagt er, hackt auf den Laptop ein. »Du bist zu gierig. Du wärst mit dem Mord davongekommen, aber das war dir nicht genug. Wolltest einen auf Autor machen, auf Klugscheißer, der die Psyche des Serienmörders versteht, der so denken kann wie er, so fühlen kann …« Er klappt den Laptop zu, zieht die Speicherkarte heraus, steckt sie ein und kommt auf mich zu. »Aber genau das hat dich verraten.« Seine Waffe richtet sich wieder gegen mich, der Regen wird stärker, prasselt durch das marode Dach auf uns herab. »Gibt es Kopien?«

Ich schüttle den Kopf.

»Sicher?« Die Mündung wandert meinen Körper entlang, macht Halt bei meinem Schritt.

»Es gibt keine Kopien«, versichere ich ihm, stoße einen schmerzverzerrten Seufzer aus. »Was hat mich verraten?«

Die Gestalt antwortet nicht, lässt einige Sekunden verstreichen, zuckt dann mit den Achseln, packt mich am Kragen und zieht mich hoch. »Du hast Kronens Unterlagen etwas zu genau studiert, hast dich zu sehr davon inspirieren lassen. Aber das ist jetzt auch egal.« Er schleudert mich gegen das Auto, drückt mir einen Zettel und einen Stift in die Hand. »Wir schreiben jetzt einen Brief an die Nachwelt«, sagt er, richtet die Waffe auf mich. »Ich, Noah Klingberg, gestehe den Mord an Emma Falk, blablabla, kann mit der Schuld nicht leben … Dir fällt schon was ein, Schreiberling. Dann bringen wir das hier schnell und schmerzlos hinter uns.«

»Es war der inkaorange BMW«, sage ich heiser, versuche, einen sicheren Stand zu finden, glaube das alles nicht.

»Genau, und jetzt schreib.«

Ich kann es einfach nicht glauben, dass das hier passiert. Dass ich wirklich hier mit diesem Psychopathen stehe und jede Sekunde meine letzte sein könnte. Ich kann nicht glauben, dass ich mich tatsächlich darauf eingelassen habe. Aber es ist so. Mein Herz hämmert. Regen prasselt mir in den Nacken. Jetzt oder nie. »Ich hätte den inkaorangen BMW nicht einbauen dürfen«, sage ich, drehe mich um.

»Schreib endlich!«

»Ich hätte meine Nase nicht in jedes Käseblatt des Landes halten dürfen, nicht überall und jedem von diesem Buch erzählen sollen. Alle wollten die Auszüge, und ich ließ es zu, jeder durfte sie abdrucken, gratis. Ich habe daraus gelesen, bin in jedem noch so popeligen Podcast damit aufgetreten. Talkshows, Literaturrunden, ich habe wirklich alles abgegrast. Und in jedem verdammten Kapitel kam er vor, der inkaorange BMW.«

Sein Mund klappt auf, aber es kommt nichts heraus. *Ein Königreich für seine Gedanken.*

»Es scheint fast so, als hätte ich es darauf angelegt, dass Sie, und zwar nur Sie, wissen, dass ich Kronens Unterlagen habe.«

Er wirbelt herum, dreht sich um die eigene Achse, sucht die Gegend ab.

Zu spät, Dreckskerl.

Ich fische den Autoschlüssel aus meiner Hosentasche, werfe ihn in irgendeinen Schutthaufen. »Und es scheint fast so, als wären wir nicht hier, weil Sie es wollen, sondern weil ich es will.«

Dann schließe ich die Augen. Meine Aufgabe ist erledigt. Das Einzige, was mir bleibt, ist beten.

Elias

»Polizei!«, brülle ich, schnelle hinter dem Betonpfosten hervor, reiße die Pistole hoch. »Waffe weg, und runter auf die Knie!«

Die Gestalt zuckt zusammen, erstarrt. Für den Bruchteil einer Sekunde habe ich die Hoffnung, dass alles hier und jetzt endet. Aber die Hoffnung ist trügerisch.

Blitzschnell hechtet er hinter Noah, packt ihn im Schwitzkasten, presst ihm die Pistole an den Kopf. »Halt«, dröhnt es blechern hinter seiner Maske hervor. »Oder er stirbt.«

»Geben Sie auf, es hat keinen Sinn«, antworte ich, nähere mich Schritt für Schritt. »Von Kronens Akten gibt es Dutzende Kopien. Lassen Sie uns das beenden, ich weiß, wer Sie sind.«

Er antwortet nicht, hört mir wahrscheinlich nicht einmal zu. Mit jedem Schritt, den ich vorwärtsgehe, macht er einen zurück, dirigiert Noah wie einen lebenden Schutzschild. Er sucht nach einem Ausweg, überlegt, wie er hier rauskommen kann – zumindest würde ich das so machen. Ich muss ihn beschäftigen.

»Der BMW war Ihr Fehler, Sie hätten damit nicht zu Lechefsky fahren sollen«, rufe ich. »Aber wahrscheinlich hatten sie gar nicht vor, sie zu töten, richtig?«

Keine Reaktion.

Der Regen wird immer stärker, ich kneife die Augen zusammen, versuche, die schweren Tropfen aus meinen Wimpern zu blinzeln. »Lechefsky ist Ihnen zum Verhängnis geworden, Lechefsky und Kronens Neugier. Er wollte damals noch mehr aus der Story herausholen, hat weiterrecherchiert und Leute befragt, bis er bei einem alten Mann gelandet ist, der nur zwei Straßen von Natascha Lechefsky entfernt wohnte, im Bondweg. Ein Oldtimer-Liebhaber, er erzählte Kronen, dass ihm in der Mordnacht ein inkaoranger BMW aufgefallen bei, er sei sonst nie dagestanden, und am Morgen sei er wieder verschwunden gewesen.«

Ein Blitz zuckt auf, wirft groteske Schatten an die mit Graffiti übersäten Wände. Kurz darauf explodiert der Donner, grollt durch die Halle wie ein Erdbeben. »Das wirklich Interessante war, dass der Alte meinte, er hätte das auch einem Polizisten erzählt. Aber in den internen Polizeiakten, die Kronen von seinem Informanten zugespielt bekommen hatte, war nirgends die Rede davon. Er witterte also den nächsten Ermittlungsskandal und bat seinen Informanten um mehr Material. Dann brechen seine Aufzeichnungen ab. Er verschwindet spurlos. Und der alte Mann im Bondweg verunglückt tödlich bei einem Sturz auf der Kellertreppe.«

Immer noch keine Reaktion. Er schleift Noah weiter durch die Halle, watet durch Schutt und Asche und tiefe Lachen, gibt bloß ein angestrengtes, metallisches Knarzen von sich.

»Wissen Sie, was in dem Protokoll des Polizisten stand, der damals den alten Mann im Bondweg befragt hat? Er schrieb: keine besonderen Angaben.«

»Hauen Sie ab«, brüllt die Gestalt endlich, schreit gegen den prasselnden Regen an. »Sonst bring ich ihn um.«

Aber ich denke nicht daran, beschleunige meinen Schritt, komme den beiden immer näher. »Warum haben Sie das getan? Bei Lechefsky kann ich es mir noch zusammenreimen: eine, die sich für Geld schlagen lässt, war genau Ihr Ding, hm? Aber an den Gerüchten damals war etwas dran, sie hat tatsächlich heimlich Videos gemacht und Sie damit erpresst, richtig? Das konnten Sie sich natürlich nicht gefallen lassen. Sie sind zu ihr gefahren, wollten die Videos, es kam zum Streit, und zack – noch mehr Probleme.«

Er wird langsamer. Klingberg scheint sich immer schwerer zu machen, er liegt wie ein Brett in seinem Arm, hakt sich bei jedem Stein und jeder Ecke ein.

»Eine Leiche und der Weg zum Auto viel zu weit, der Kofferraum des Cabriolets ein Witz, für Zersägen ohnehin keine Zeit. Lechefskys Körper musste bleiben, wo er war, und die einzige Option, die Ihnen blieb, war das Tatmotiv.«

»Ich bring ihn um!«

»Schwachsinn! Alles Schwachsinn: Lügenweib, der Ringfinger, das Symbol, die Einstiche, das war alles bloß Ablenkung. Irgendwelche hingerotzten Einfälle, zusammengemixt aus billigen Hollywoodstreifen. Die Ermittler sollten einen Psychokiller suchen, irgendeinen Ritualmörder, der von Frauen besessen ist. Und wenn Sie den Fall übernommen hätten, wäre das auch so gelaufen. Aber stattdessen hat Bering mich und Mats darauf angesetzt, und Sie hatten ein Problem: Wir haben Ihnen den Scheiß nicht abgekauft.«

Wieder ein Blitz, wieder erstrahlt alles im bleichen Schein entladener Energie. Donner grollt. Die Gestalt weicht immer mehr zurück, nähert sich einem klaffenden Loch in der Backsteinmauer.

Ich kneife die Augen zusammen, recke den Kopf, spähe an ihnen vorbei.

Zeit, dem Ganzen ein Ende zu setzen.

»Wo wollen Sie eigentlich hin?«, sage ich trocken, nicke überdeutlich. »Zu Ihrem Auto, das auf der Rückseite des Gebäudes parkt?«

Die Gestalt erstarrt.

Mats tritt aus der Dunkelheit hervor, entsichert die Beretta. »Mit vier Platten kommen Sie nicht weit.«

Seine Pistole zuckt hin und her, sein Mund klappt auf, aber es kommt nur Bitzeln, Rauschen und Knarzen, etwas stimmt mit dem Stimmenverzerrer nicht, wahrscheinlich der Akku, die Feuchtigkeit, was auch immer. Er reißt ihn sich vom Hals, schleudert ihn zu Boden.

»Lassen Sie die Waffe fallen«, sage ich wieder. »Es hat keinen Sinn mehr!«

Doch er steht bloß da, schnauft, bleckt seine bernsteinfarbenen Zähne. Alle Nerven liegen blank.

Und Steigers Bass dröhnt: »Die Goldjungs vom Chef, endlich wieder vereint.«

Kleine Wölkchen wabern um seine Sturmmaske, sie hat sich wie ein Schwamm vollgesogen, glänzt vor Feuchtigkeit.

Ich drehe mein Handgelenk leicht, blicke auf die Uhr. »Warum haben Sie nicht einfach bei Lechefsky aufgehört?«

Steiger schnaubt aus. »Ihr habt nicht aufgehört!«, brüllt er. »Der Tatort war euch zu glatt, die Wunden zu akkurat, das Motiv schwammig – ihr habt den Psychokiller einfach nicht schlucken wollen.«

»Und deswegen mussten noch mehr Menschen sterben? Zwei tote Frauen, nur damit Sie das wahre Mordmotiv vertuschen können und wir Ihnen nicht auf die Schliche kommen?«

»Nein, nicht nur«, keucht er atemlos, lässt Blitz und Donner passieren. Ein sardonisches Grinsen blitzt unter seiner Maske hervor. »Es war die reinste Genugtuung, euch beide scheitern zu sehen. Die Goldjungs vom Chef, endlich entzaubert.« Seine Stimme trieft vor Arroganz. »Jeder hat gesehen, dass ihr auf der Stelle tretet, dass ihr nicht das Zeug dazu habt, den Fall zu lösen, wirklich jeder! Und was macht Bering? Dieser Idiot befördert euch auch noch!«

»Und deswegen haben Sie Kronen alles geliefert, was er brauchte, um uns fertigzumachen. Sie haben ihm wahrscheinlich noch haargenau erklärt, was er wie verdrehen muss, damit ein waschechter Skandal daraus wird.«

»Alles musste er nicht verdrehen. Den Schluckspecht da drüben haben nur Sie nicht sehen wollen, Blom«, antwortet er spöttelnd.

Mats schnauzt irgendetwas zurück, ich blicke auf die Uhr. *Wo bleiben die denn?*

»Bering, Mats, mich – Sie haben uns alle abgesägt, damit Sie die Mordkommission übernehmen und den Helden spielen dürfen. Keine Ringfinger-Morde mehr! Sie haben der Stadt wieder Frieden gebracht und …«

»Sie können sich Ihr Geschwafel sparen!«, fährt er mir ins Wort, spuckt aus. »Diese Zeitschinderei ist doch lächerlich. Man hört sie längst.«

Ich presse die Lippen zusammen, lausche. Aus der Ferne dringt das Heulen der Sirenen durch die Halle. *Endlich.* »Ich gebe Ihnen noch eine letzte Chance, die Richter gnädig zu stimmen«, rufe ich. »Lassen Sie Klingberg gehen. Ich werde sagen, Sie hätten sich freiwillig gestellt.«

Steiger presst ein gequältes Lachen aus seinen Lungen.

»Kein Gericht der Welt hat Mitleid mit einem wie mir.« Er tritt Klingberg von hinten in die Beine, zwingt ihn in die Knie, drückt die Pistole an seinen Hinterkopf. »Ich will einen Wagen, vollgetankt, in einer Stunde vor dem Tor. Und die Kavallerie zieht sich zurück. Sonst ist Ihr Freund Geschichte!«

Ich fixiere ihn, dann Klingberg. Geiselbefreiungen dauern, es sind langwierige Psychospiele. Verhandeln, hinauszögern, täuschen, nachgeben, drohen, geben, nehmen – so etwas kann sich ewig hinziehen. Aber Klingberg wird durchhalten, er hat es bis hierhin geschafft, er wird es auch weiter schaffen.

Die Sirenen werden lauter. Ich will etwas sagen, als plötzlich …

»Nein.«

Noah

Ich blicke empor, durch das Gerippe des Daches, hinein ins All. Die Blitze zucken über uns. Unsummen an blinder Energie, vergeudet an die Nacht. Die Sterne strahlen, als hätte der Regen sie blank gewaschen. Aber das ist natürlich Unsinn.

Seine Pistole drückt fester gegen meinen Hinterkopf, mein Blick senkt sich wieder, betrachtet die Lache, in der ich knie, all den Unrat um uns. »Ich will einen Wagen«, hallt es in mir nach. »Vollgetankt, in einer Stunde.« Und ich spüre, wie sich der Stoff meiner Hose mit Regenwasser vollsaugt, wie die Feuchtigkeit emporkriecht und meine Beine klamm und eisig werden.

Der Wagen wird nicht kommen. *Wir brauchen Zeit*, wird der Kommissar sagen. *Haben Sie Geduld.* Und wir warten und warten, und sie bringen uns Burger oder Pizza oder Pommes, und vielleicht schlafe ich sogar hier, mit dem Gesicht im Dreck, halte mein Maul, rede nur, wenn ich gefragt werde, mache, was er mir sagt. Pisse vor ihm, scheiße vor ihm, harre aus, bis ein Scharfschütze endlich freie Schussbahn hat. Es ist, als würde das alles jetzt schon passieren, obwohl ich immer noch in der Pfütze knie und zu Boden starre. Und ich sage wieder »Nein«, denn das ist es, was ich zu sagen habe. »Nein.«

Aber er will es nicht akzeptieren, schrappt mit der Pistole über meinen Schädel, brüllt mich an, »Halt die Klappe!« und »Fresse!« und noch irgendwas. Ich höre es kaum. Der Regen schluckt das meiste, der Rest verglüht irgendwo in meinem Inneren, zerfällt zu Nichts. Ich frage mich kurz, ob ich sterben möchte, aber das ist es nicht. Es ist einfach so, dass ich keine Angst mehr davor habe; und ich sage wieder »Nein«, stemme den Fuß in den Boden, richte mich auf, drehe mich um.

»Nein.«

Die Mündung der Pistole klafft mir entgegen. Seine Stimme explodiert: »Knie dich hin, verdammt! Sonst blas ich dir den Schädel weg!«

Knien? Ich will nicht mehr knien. Ich will gar nichts mehr, bloß meinen Kopf ausschalten, nicht mehr nachdenken, nicht bedenken, ausdenken, überdenken, zurückdenken, Schluss, aus, Ende. Sie sollen uns einfach in Ruhe lassen. Ich will nur noch bei dir sein, Linda, mehr nicht. Alles andere ist mir egal.

»Nein«, sage ich wieder, starre ihn an.

Eine Sekunde später bricht Metall durch meine Lippen, Zähne splittern, Schmerz flammt auf, und er schreit: »*Geh in die Knie!*«

Aber ich bleibe stehen und schlucke Blut. Aus meinen Augenwinkeln sehe ich Blaulicht über die Wände tanzen, Sirenen heulen, die Halle füllt sich mit Einsatzwagen. Autotüren knallen, Stimmen plärren, Polizisten rufen sich etwas zu, der Kommissar schreit meinen Namen, und der Mann, der mir seine Pistole in den Mund bohrt, hat Tränen in den Augen.

Ich neige den Kopf zurück, ziehe das blutverschmierte Metall aus meinem Mund und sage: »Nein.«

Dann wende ich mich von ihm ab und gehe den Polizisten entgegen.

Lippen teilen sich, Augen zucken, Waffen werden hochgerissen, zielen an mir vorbei, das alles ist mir egal. Ich gehe durch die Menge zu einem Einsatzwagen, öffne die Tür, setze mich auf die Rückbank und schließe die Augen. Keine Ahnung, ob sie ihn erschießen oder verhaften, das interessiert mich nicht. Mich interessiert nur eines:

Linda.

Ein Tag danach

Elias

CC tigert von Wand zu Wand, den Blick tief in meinem Bericht vergraben. Er schüttelt immer wieder den Kopf, zieht die Augenbrauen hoch und seufzt. Sein Smartphone liegt unbeachtet auf dem Schreibtisch. Kein gutes Zeichen.

Die Uhr sagt Viertel nach zwölf. So geht das jetzt seit einer halben Stunde. Bis auf das Knirschen von Dorns Zähnen herrscht Stille. Ich blicke zur Seite, mustere ihn. Ein Hund ohne Herrchen. Steif wie eine Litfaßsäule steht er in der Ecke, starrt stur geradeaus, schiebt seinen Unterkiefer hin und her. Mir fällt auf, dass ihm weder Fluppe noch sein silberner Zahnstocher aus dem Maul hängen, so sieht man ihn eigentlich nie. Er passt sich wohl schon seiner neuen Rolle an – CC hat ihn zum interimistischen Leiter der Mordkommission ernannt. Vielleicht ist er deswegen bei diesem Termin dabei. Vielleicht wollte er aber auch einfach nur zusehen, wie mir der Kopf abgerissen wird.

»Sie wussten also seit dem Vorfall in Scharbeutz über Steiger Bescheid?«, unterbricht CC die Stille.

Ich wende den Kopf, blicke ihn an. Sein Gesicht ist knallrot. »Mehr oder weniger«, beginne ich zögerlich, versuche, alles in meinem Kopf zu sortieren. »Aus Kronens Recherchen ging hervor, dass ein Zeuge einen inkaorangen BMW-Oldtimer in der Tatnacht gesehen hat. Steiger besaß zu der Zeit so ein Modell, er hat die Zeugenaussage aufgenommen, aber nie protokolliert, und dann hat dieser Zeuge auch noch einen tödlichen Unfall gehabt, einen Tag nach Kronens Verschwinden. Also ja: Es sprach einiges für Steiger. Aber ich wusste es nicht genau, und es wäre unmöglich gewesen, ihm das nachzuweisen. Die Aussage eines verstorbenen alten Mannes, protokolliert in den dubiosen Aufzeichnungen eines verschwundenen Journalisten, der in seiner gesamten Karriere nichts anderes getan hat, als die Polizei anzuschwärzen – das ist juristisch gesehen dünner als Luft. Die Tatsache, dass Steiger so einen BMW besessen hat, ist kein Beweis für seine Schuld. Noch dazu ein schwammiges Motiv – die Staatsanwaltschaft hätte, wenn überhaupt, einen Indizienprozess gegen Steiger einleiten können, und der wäre ziemlich sicher mit einem Freispruch ausgegangen.«

CCs Augenlid beginnt zu zucken. »Sie sagen mir also: Alles, was seit dem Vorfall in Scharbeutz passiert ist, basierte auf Ihrer Vermutung, dass Steiger der Ringfinger-Mörder ist.« Er sieht mich lange und durchdringend an, ich drücke den Rücken gerade, will antworten, aber er lässt mich nicht. »Alles«, wiederholt er. »Der ganze Zirkus! Der Presserummel, den Klingberg angezettelt hat. Seine Interviews, die Vorwürfe gegen die Polizei, alles. Nur damit Klingberg mit maximaler Öffentlichkeit seine kleinen Geschichten vom inkaorangen BMW in die Welt hinausposaunen konnte?«

»Es war die einzige Möglichkeit, Steiger zu überführen«, rechtfertige ich mich. »Ich musste ihn dazu bringen, einen Fehler zu begehen, und Klingberg war der perfekte Köder. Steiger ahnte vermutlich die ganze Zeit über, dass Klingberg irgendwie an Kronens Unterlagen gekommen sein musste, aber als der inkaorange BMW in Klingbergs Geschichten auftauchte, war das der Beweis. Und als Noah dann anfing, diese auch noch überall herumzuposaunen, wurde er zu einer Gefahr für Steiger. Zum einen wusste er nicht, was Kronen noch alles herausgefunden hatte, und zum anderen wollte er verhindern, dass jemand anfängt, Fragen zu stellen. Klingbergs Ringfinger-Mörder fährt einen inkaorangen BMW, Steiger fuhr einen – wahrscheinlich hatte er Angst, dass diese Parallele früher oder später auffallen würde. Also wollte er Klingberg loswerden, und wir haben ihn dabei erwischt. Es hat zwar ein bisschen gedauert, aber …«

»Vier Monate!«, fällt mir CC barsch ins Wort. »Vier Monate hat es gedauert.« Er hält mir seine Hand vors Gesicht, spreizt alle Finger bis auf den Daumen ab. »Vier! Vier Monate lassen Sie uns im Fall Emma Falk ermitteln, obwohl er längst geklärt ist. Vier Monate Ermittlungsarbeit umsonst! Vier Monate lügen Sie den kompletten Polizeiapparat an, gehen auf Tauchstation, zuerst Urlaub, dann Krankenstand – und wozu? Um mit diesem Klingberg diesen wahnwitzigen Plan auszuhecken! Einem Mann, der, wenn ich Ihren Bericht richtig verstehe, den Mord seiner psychisch kranken Frau gedeckt hat. Der Sie und mich und alle Ermittler in die Irre geführt hat! Das ist ein Straftäter, Blom! Dieser Mann wird ins Gefängnis wandern, und Sie arbeiten mit ihm zusammen! Ist Ihnen die Tragweite dieser Handlung bewusst?«

CCs Augen, sein Gesicht, die Luft um ihn herum – alles glüht.

Aber ich lasse mich davon nicht einschüchtern. Nicht mehr. »Natürlich ist mir das bewusst«, antworte ich, erwidere seinen Blick. »Und Noah Klingberg ist das auch bewusst. Die Abmachung war: Er spielt den Köder, bis Steiger auffliegt. Danach wird alles, was er und Linda getan haben, aufgedeckt. Das unterschriebene Geständnis liegt dem Bericht bei.«

»Das habe ich gesehen«, antwortet CC kühl. »Aber ich kann es kaum glauben. Was hatte er davon?«

»Mehr Zeit bei seiner Frau im Krankenhaus«, sage ich, blicke zu Boden. »Mehr wollte er nicht.«

Stille. Starren. Zähneknirschen. Dann ermatten CCs Gesichtszüge, sein Körper scheint sämtliche Spannung zu verlieren, und er muss seinen Steiß auf der Schreibtischkante abstützen. »Ich weiß nicht, Blom. Ich weiß es einfach nicht«, hechelt er atemlos, schüttelt dabei den Kopf. »Wie soll ich das jemals der Dienstaufsicht erklären? Wie soll ich das irgendwem erklären? Warum mussten Sie alles im Alleingang machen und diese ganze Causa Klingberg verheimlichen?«

Ich lecke mir über die Lippen. Will er es nicht verstehen, oder begreift er es einfach nicht? »Sobald bekannt geworden wäre, dass Klingberg im Besitz von Kronens Akten war, hätte ihn Steiger sofort wegen des Mordes an Emma Falk verhaften lassen und alles beschlagnahmt«, entgegne ich, vielleicht eine Spur zu forsch. »Das konnte ich nicht zulassen.«

»Aber die Akten wären ja nicht aus der Welt gewesen, wir hätten Steiger immer noch überführen können.«

»Ohne Zeugen, Beweise oder nachweisbares Motiv? Wir hätten ihn nicht einmal dem Untersuchungsrichter vorführen können. Bei allem Respekt, aber Sie wissen genau wie ich, dass die Angelegenheit bloß bei der Dienstaufsicht gelandet wäre. Das hier ist kein Hollywoodstreifen, niemand wandert allein durch Indizien hinter Gitter.«

»Kein … Das, was Sie abgezogen haben, das ist Hollywood!«

»Manchmal muss man gegen die Regeln des Systems verstoßen, um diejenigen zu finden, die diese Regeln für ihre eigenen Zwecke missbrauchen.«

»Ach, das ist doch …«, wiegelt CC ab, wirft den Kopf in den Nacken und gibt ein lautstarkes Stöhnen von sich.

Er fragt mich noch ein Dutzend weitere Dinge. Warum dieses nicht und jenes, warum ausgerechnet Mats – nur Fragen und Anschuldigungen, kein Dank. Aber wenn ich ehrlich bin, habe ich auch nicht damit gerechnet. Nach Jahren gelingt es der Polizei endlich, einen Serienmörder zu fassen, und dann kommt er aus den eigenen Reihen: Das ist pures PR-Gift, ein nicht wiedergutzumachender Schaden. Besonders für CC. Immerhin hat er Steiger den Posten als Leiter der Mordkommission gegeben, einem Psychopathen. Wahrscheinlich wäre es ihm am liebsten gewesen, ich hätte die Angelegenheit unter den Tisch fallen lassen. Wahrscheinlich wäre das allen am liebsten gewesen.

Irgendwann gehen ihm die Fragen aus.

»Okay, Blom«, seufzt er, vergräbt das Gesicht in den Händen. »Wir haben ja Ihren Bericht. Kümmern Sie sich jetzt um die Causa Klingberg, die Dienstaufsicht wird uns beiden sicher bald einen Termin einstellen. Bis dahin …« Er sieht auf, blickt zur Tür.

Ich runzle die Stirn, schüttle ungläubig den Kopf. »Was ist mit den ganzen Aufzeichnungen? Ich muss das Team doch briefen, das Material für die Staatsanwaltschaft aufbereiten und …«

»Welche Aufzeichnungen?«, fragt CC entnervt.

»Die Aufzeichnungen! Klingberg war verkabelt, das Auto

war verkabelt, der Laptop. Die Staatsanwaltschaft braucht doch die Audio-Mitschnitte, damit Steigers Aussagen als Beweismittel aufgenommen werden können.«

»Ach, das.« CC sieht desinteressiert zu Dorn, nickt in seine Richtung. »Übergeben Sie das an den Kollegen, aber das eilt nicht, wir haben ja das Geständnis.«

Ich richte mich ruckartig auf. »Sie haben was?«

»Steiger hat ein umfassendes Geständnis abgelegt.«

Ich verstehe die Welt nicht mehr. Er hat alles zugegeben? Warum sollte er das tun? Steiger muss doch wissen, dass die Richter deswegen um keinen Deut milder urteilen werden. Das Geständnis kommt zu spät, das Verbrechen ist zu schwerwiegend, das ergibt doch keinen Sinn.

»Ich weiß«, ertönt CCs Stimme. »Ich hab es auch nicht glauben können, nachdem er gestern geschwiegen hat wie ein Grab. Aber heute Vormittag ist er zur Vernunft gekommen. Lechefsky, Kemp, Kiel, das mit dem alten Mann im Bondweg, er hat Dorn sogar erzählt, wo wir die Leiche von diesem Kronen finden.«

Er hat … *Das ist doch alles nicht zu glauben.* »Sie haben Dorn die Befragung leiten lassen?«, bricht es aus mir heraus.

CC verdreht die Augen. »Beruhigen Sie sich, Blom!«, erwidert er gedehnt. »Es ist okay. Ich verstehe ja Ihre Bedenken, aber Steiger wollte nur mit Dorn reden, wollte sich bei ihm für alles entschuldigen, und dann hat er gestanden. Das ist keine zwei Stunden her, nicht wahr?«

Ich reiße den Kopf herum, fixiere Dorn, aber er weicht meinem Blick aus, nickt CC bloß stumm zu und zermahlt Luft zwischen den Zähnen. Ich kneife die Augen zusammen. *Seine Zähne …*

»Das Geständnis reicht für lebenslänglich«, höre ich CC im Hintergrund sagen. »Also kein Grund zur Sorge.«

Ich wende mich ihm wieder zu, antworte trocken: »Na, dann ist ja alles erledigt. Kann ich gehen?«

CC sieht mich verwundert an, überlegt einen Moment. »Ja. Abmarsch, alle beide.«

Ich erhebe mich, gehe zur Tür, Dorn tut es mir gleich. Als ich sie hinter mir schließen will, werfe ich noch einen letzten Blick in den Raum, betrachte CC, wie er mit verschränkten Armen aus dem Fenster starrt. Sein Smartphone liegt immer noch auf dem Tisch, es hat die ganze Zeit über kein einziges Mal vibriert. Vielleicht ist es ausgeschaltet. Vielleicht übernimmt aber auch schon jemand anderes die Anrufe.

Ich schließe die Tür, folge Dorn. Wir gehen schweigend nebeneinander den Flur entlang, warten auf den Fahrstuhl, betreten ihn gleichzeitig. Dorn drückt die Taste für den vierten Stock, ich drücke gar nichts, starre ihn bloß an, zähle die Sekunden, bis sich die Tür geschlossen hat.

Er rümpft die Nase. »Müssen Sie nicht ins Erdgeschoss?«, raunt er mir abschätzig zu.

Ich antworte nicht, gehe einen Schritt auf ihn zu, noch einen, noch einen, bis ich ganz dicht neben ihm stehe. Und ich flüstere: »Wenn Steiger morgen oder übermorgen oder ir·gend·wann mit aufgeschnittenen Pulsadern in seiner Zelle liegt: Ich schwöre Ihnen, ich werde alle Überwachungsbänder durchgehen, jeden Quadratzentimeter absuchen, alles auf den Kopf stellen, bis ich ihn finde.«

Dorn presst die Lippen zusammen, schluckt schwer.

»So leicht kommt er mir nicht davon, haben Sie das verstanden?«

Der Fahrstuhl macht einen Ruck, Dorn bewegt sich keinen Millimeter.

»Ob Sie das verstanden haben?«, wiederhole ich forsch. Die Tür öffnet sich mit einem Ping.

Er nickt.

»Gut«, sage ich, trete beiseite. »Und jetzt gehen Sie und holen Ihren Scheißzahnstocher zurück.«

Dorn räuspert sich, nickt abermals und stakst mit langen Schritten aus dem Fahrstuhl.

Die Tür schließt sich wieder, ich will die Taste fürs Erdgeschoss drücken, zögere. Dann drücke ich 1. UG. Ich habe noch etwas Zeit … Vielleicht ist Mira an ihrem Platz und hat Lust, einen Kaffee zu trinken. Wenn sie nicht da ist, könnte ich bei Mats vorbeischauen und ihm von dem Gespräch mit CC erzählen. Vielleicht kaufe ich mir auch neue Vorhänge. Oder ich fahre nach Hause und schaue mir ›The Sentinel‹ mit Michael Douglas und Kiefer Sutherland an. Zum letzten Mal.

Und dann verbrenne ich die DVD.

Ein Jahr und acht Monate später

Noah

»So, das hätten wir«, sagt der Vollzugsbeamte, schiebt mir die Plastiktüte mit meinen Sachen über den Tisch. »Jetzt noch der Papierkram.«

Ich nicke lächelnd, mustere seinen Kollegen, der mit unbeweglicher Miene neben ihm steht. Sein Gesicht kommt mir nicht bekannt vor, was ich seltsam finde. Ich dachte, die meisten hier zu kennen, aber vielleicht ist er auch neu oder von einem anderen Gefängnis hierher versetzt worden.

»Hier noch eine kleine Unterschrift«, höre ich, greife blind nach dem Kugelschreiber, blicke hinab, stocke. Vor mir liegen keine Entlassungspapiere, sondern mein Buch.

»Für meinen Sohn«, sagt der Beamte, setzt dabei ein verschmitztes Lächeln auf. »Macht es Ihnen etwas aus?«

Es macht mir natürlich nichts aus. »Wie heißt er denn?«, frage ich freundlich.

»Gerd.«

Ich schreibe das Übliche, klappe das Buch zu, schiebe es dem Beamten hin. Keine Ahnung, wie viele Bücher ich hier drinnen schon signieren musste, ich habe aufgehört zu zählen. Alleine der Gefängnisdirektor hat mir dreißig Exemplare vorgelegt, angeblich für irgendeinen Wohltätigkeitsbasar. Ich habe sie alle ohne Murren unterschrieben. Immerhin hat er mir auch den Laptop erlaubt, auf dem ich das Buch während der Haft schreiben konnte.

»Vielen Dank! Hier bräuchte ich noch Ihren Namen, dann

bringt Sie der Kollege raus und … tsellawie.« Der Vollzugsbeamte mit dem Namensschild Gerd Blumhoff spricht genauso schlecht Französisch, wie er lügt, aber ich nicke bloß freundlich, nehme meine Sachen und lasse den Sohn schön grüßen. Dann folge ich seinem Kollegen in den Korridor. Seine Blicke bemerke ich erst nach der vierten Sicherheitstür.

»Sind Sie so ’ne Art Berühmtheit?«, fragt er mürrisch.

Ich zucke die Achseln. »Nicht wirklich. Ich habe bloß ein Buch geschrieben, das sich ganz gut verkauft.«

Er schließt eine weitere Tür auf, schiebt die Unterlippe vor. »Wie viel haben Sie denn verkauft?«

»In Deutschland kann ich das gar nicht sagen«, antworte ich, gehe voran. »Aber weltweit zirka acht Millionen.«

»Hm«, brummt er, belässt es dabei. Bis zur letzten Sicherheitskontrolle gehen wir schweigend nebeneinanderher. Die Wärter nicken sich zu, Signale ertönen, automatische Türen schwingen surrend auf und geben den Weg frei. Der Beamte begleitet mich noch nach draußen, rümpft die Nase.

»Da haben Sie nicht gerade das beste Wetter für Ihre Freilassung erwischt.«

Ich will einen Scherz machen, verkneife ihn mir aber. Erstens, weil ich denke, dass er ihn ohnehin nicht verstehen würde, und zweitens, weil ich sie schon beim Auto warten sehe.

Als mich der Kommissar bemerkt, steigt er trotz des eisigen Novembernieselregens aus dem Wagen. »Willkommen in der Freiheit«, ruft er mir entgegen, lächelt mit blassen Lippen.

»Danke, dass Sie gekommen sind, Herr Blom«, antworte ich.

Er nickt. »So war es abgemacht.«

Wir stehen uns steif gegenüber, suchen wahrscheinlich beide nach den richtigen Worten, der richtigen Begrüßung, der richtigen Art, mit unserer Vergangenheit umzugehen. Ich hatte im Gefängnis lange Zeit, mich auf diesen Moment vorzubereiten. Aber jetzt ist es doch irgendwie anders.

»Hey«, dringt es plötzlich aus dem Inneren des Wagens. »Seid ihr Pflanzen, oder warum steht ihr wie angewurzelt im Regen? Einsteigen, es zieht!«

Der Kommissar nickt mir zu, steigt ein. Ich tue es ihm gleich, öffne die Beifahrertür, stopfe meine Sachen in den Fußraum und lasse mich in den Sitz plumpsen.

»Na endlich«, sagt der andere Kommissar.

Ich drehe mich zur Rückbank, erblicke mein Buch in seinen Händen, aufgeschlagen auf Seite …

»Zweiundzwanzig? Sie sind erst auf Seite zweiundzwanzig?«

Er richtet sich auf, grinst mich verlegen an. »Zu meiner Schmach muss ich gestehen: ja. Im Gegensatz zum Rest der Welt habe ich Ihr Buch immer noch nicht gelesen. Aber Elias hat es mir mitgebracht, und bisher liest es sich recht nett.«

»Nett?«, wiederhole ich, sehe ihn mit hochgezogenen Augenbrauen an. »Sie finden es nett?«

Er verdreht die Augen. »Ja, Herrgott, keine Ahnung. Wir Jägers waren noch nie große Leser, ich kenn mich mit Büchern nicht aus. Wann kommt denn der Film? Gibt's da schon mehr Infos?«

»Ich weiß da auch nicht viel mehr als die Medien«, seufze ich. »MGM hat sich die Filmrechte gesichert, wahrscheinlich werden sie die Handlung in die USA verlegen.«

»Ein richtiger Hollywoodstreifen also«, flötet der Kommissar verträumt, strahlt dabei das Buch an. Seine Augen sehen weitaus klarer aus als bei unserer letzten Begegnung. Er sieht überhaupt besser aus, die Reaktivierung zum Ermittler scheint ihm gutzutun.

»Gibt es schon Namen?«

»Wie gesagt, ich bin wenig involviert, aber in einer Mail war die Rede von Kiefer Sutherland.«

Ein spitzes Lachen ertönt. Erschrocken blicken wir beide zu Blom, er vergräbt sein Gesicht in den Handflächen und gackert irre vor sich hin.

»Haben Sie was gegen Kiefer Sutherland?«, frage ich irritiert.

»Nein, nein«, sagt er, wedelt mit einer Hand hin und her. »Es ist nur … Ach, vergessen Sie's.« Er beißt sich auf die Lippen, würgt sein eigenes Lachen ab. Dann startet er den Motor, und wir fahren vom Gefängnis-Parkplatz auf die Straße.

»Und jetzt?«, dringt es wieder von der Rückbank. »Wollen Sie auf Ihre Freiheit anstoßen? Ich kenne da eine Bar, die mixen eine hervorragende Virgin Mary.«

»Nein, danke«, antworte ich, lehne meine Stirn gegen die Scheibe. »Ich will lieber gleich zu ihr.«

Der Wagen gleitet durch die Häuserschluchten der Großstadt, ich kann meinen Blick kaum von der Fensterscheibe lösen. Es ist knapp zwanzig Monate her, dass ich mich das letzte Mal in Freiheit bewegen konnte. Von der Zelle aus sah man nur den Innenhof des Gefängnisses – der Hof und ein Stück Himmel, das war mein Panorama. Natürlich gab es noch Fernsehen, Bücher, die Transporte zu den Gerichtsterminen, aber das ist nicht dasselbe. Es geht nicht darum, was du siehst. Es geht darum, dass du nicht entscheiden darfst, was du siehst. Im Gefängnis ist alles fremdbestimmt. Sie sagen dir, was du zu tun hast, wann du es tun sollst, wie du es tun sollst. Essen, schlafen, aufwachen, Sport – sämtliche Entscheidungen werden dir abgenommen. Aber damit ist jetzt Schluss.

Ich drücke den Fensterheber, die Scheibe fährt hinunter. Draußen hat es bloß um die zehn Grad, aber ich genieße den Fahrtwind, lasse ihn über mein Gesicht streichen, versuche, alle Impressionen aufzusaugen. Das Fließen der Menschenmengen, die hupenden Fahrzeuge, die Mode in den Schaufenstern – eigentlich hat sich nicht viel geändert. Man sieht mehr Leute auf Rollern über die Gehwege flitzen, der Verkehr ist noch schlimmer geworden, aber sonst … Ein Lachen huscht über meine Lippen. Ich amüsiere mich über meine eigene Verwunderung, dass sich in nicht einmal zwei Jahren kaum etwas verändert hat. Was dachte ich, wie die Welt 2021 aussehen wird? Fliegende Autos und Urlaub auf dem Mars?

»Fanden Sie's sehr schlimm im Knast?«, fragt der Kommissar von der Rückbank, reißt mich aus meinen Gedanken. Ich antworte irgendetwas Unverbindliches, überlege. Fand ich es sehr schlimm? Ich weiß es nicht. Ich war nie im Gefängnis, also doch, aber ich habe nie wirklich dort gelebt, nie ganz. Ich habe zwei Leben gelebt, eines hinter Gittern und eines bei dir, Linda, immer nur bei dir.

Wenn morgens der Weckruf kam, stand ich auf, aber eigentlich blieb ich neben dir liegen, strich durch dein feuerrotes Haar und sah dich einfach nur an. Wenn sie uns das Frühstück vorsetzten, nahm ich immer Tee, denn du trinkst keinen Kaffee, und natürlich vegetarisch. Den Hofgang verbrachte ich meist allein, aber war es doch nie. Ich habe für dich die Bänke von Krabbelviechern befreit, damit du dich zu mir setzen konntest. Habe Schattenplätze gesucht, wenn die Sonne zu grell war für deinen blassen Teint. Und wenn die Zeit einfach nicht vergehen wollte und mir langweilig wurde, ging ich in meinen Haftraum und imitierte Sylvester Stallone. Bei Film-Charaktere-Nachmachen kann ich Rocky Balboa am besten, aber dein Pate ist einmalig, richtig authentisch, da kann dir niemand das Wasser reichen, nicht einmal Marlon Brando persönlich. Ich bat in der Kantine immer um einen Äpfli anstelle eines Apfels, weil du dann über beide Ohren gestrahlt hast und ich dein Lachen so sehr liebe. Und wenn um Punkt zweiundzwanzig Uhr das Licht ausging, lag ich wieder neben dir, spürte dein Gesicht an meiner Schulter, deinen Atem an meinen Wangen, deine Stimme, die mir von deinem Tag erzählte.

Ich habe im Gefängnis gelebt, ja. Aber ich war nie wirklich dort. Ich war immer nur bei dir, Linda, immer. Und jetzt, nach einem Jahr, sieben Monaten und achtundzwanzig Tagen, werde ich tatsächlich gleich bei dir sein.

Und ich habe eine Scheißangst davor.

Elias

Ich biege eine später ab, nehme lieber die Fuhlsbüttler Straße. Der Rübenkamp ist um diese Uhrzeit immer dicht. Draußen sieht man kaum Menschen, und wenn, dann eingehüllt in klatschnasse Funktionsklamotten oder versteckt in den Hauseingängen. Regensalven streichen über die Windschutzscheibe, Klingberg scheint sich nicht daran zu stören. Er lässt das Fenster offen, starrt hinaus, als führen wir durch Disneyland. Ich habe ihn einige Male im Gefängnis besucht, aber noch nie so angespannt erlebt wie heute. Nicht einmal nach der Urteilsverkündung, als sie ihm die vollen zweieinhalb Jahre aufgebrummt haben. Wenigstens haben sie im Nachhinein die letzten zehn Monate auf Bewährung ausgesetzt.

»Eins würde mich noch interessieren«, kommt es erneut von der Rückbank.

Ich verdrehe die Augen. Es ist toll, dass Mats seinen Job zurückbekommen hat und wir wieder zusammenarbeiten, aber ich hatte komplett verdrängt, dass er ununterbrochen quasseln muss.

»Wie viel Kohle haben Sie mit dem Buch gemacht?«

Klingberg blickt stur aus dem Fenster, redet wie fremdgesteuert. »Das weiß ich nicht genau.«

»Hatten Sie vom Gefängnis aus keinen Zugriff auf Ihr Konto?«

»Doch, aber alle Einnahmen gehen an die AG ICD-11.«

Mats' Kopf taucht im Rückspiegel auf. »Was ist das denn?«,

fragt er entsetzt. »Irgendwas vom Finanzamt?« Seine Stirn legt sich in Falten.

»Nein«, antwortet Klingberg, dreht den Kopf leicht zu mir, lächelt in sich hinein. »Das ist eine Arbeitsgruppe zur Erforschung, Behandlung und Aufklärung von dissoziativen Identitätsstörungen der Universitätsklinik Hamburg. Sie können auch etwas dazu beitragen, Herr Jäger, jede Spende ist willkommen.« In den letzten Satz packt er eine Extraladung Schwermut, setzt seinen Dackelblick auf und richtet ihn direkt auf Mats.

Der verschwindet schnell wieder aus dem Rückspiegel, räuspert sich, druckst herum. »Ähm, ja, gerne, also … klar. Kann man das von der Steuer absetzen?«

Jetzt kann ich mir ein Lächeln auch nicht mehr verkneifen.

Klingberg setzt nach. »Natürlich. Ich schicke Ihnen die Nummer des Spendenkontos zu.«

Dann kommt nichts mehr von der Rückbank. Mats Ende. Erst als ich auf den Parkplatz einbiege und den Wagen ausrollen lasse, meldet er sich wieder zu Wort. »Sollen wir Sie nachher abholen?«, fragt er, diesmal mit gedämpfter Stimme.

Klingberg antwortet erst nicht, starrt nur aus dem Fenster in Richtung des Eingangstores. Dann: »Nein, alles gut. Ich komme zurecht.«

Er reibt mit den Handflächen nervös über den Stoff seiner Jeans, wippt beinahe unmerklich mit dem Oberkörper vor und zurück. Der Regen lässt etwas nach, prasselt nur noch unregelmäßig auf das Autodach.

»Gehen Sie zu ihr«, sage ich mit gedämpfter Stimme. »Alles wird gut.«

Sein Kopf fährt herum. Er starrt mich an, als wäre ich ein

Hellseher. Es dauert einige Sekunden, bis ihm bewusst wird, dass ich nicht seine Gedanken, sondern bloß sein Buch gelesen habe. Ein Lächeln sickert in seine Miene, und er nickt mir zu. »Vielen Dank, dass Sie mich zu ihr gebracht haben.«

Ich nicke ebenfalls.

Es verstreicht wieder eine Handvoll Zeit, dann atmet er tief durch, grabscht sich seine Sachen und steigt aus. Ich sehe ihm nach.

Er geht, als wäre der Nebel eine Wand.

Hinter mir knallt die Autotür zu, kurze Zeit später drängt sich Mats in mein Sichtfeld, lässt sich schwerfällig auf den Beifahrersitz plumpsen. Auch er sieht Klingberg nach, streicht dabei nachdenklich mit dem Daumen über das Buch.

Eine Weile sitzen wir einfach nur da.

»Meinst du, wir sollten ihm nachgehen?«, fragt er dann mit gedämpfter Stimme.

»Nein, ich denke nicht.«

Wir blicken beide aus dem offenen Fenster, bis der Nebel Klingberg vollständig verschluckt hat und selbst sein Schlurfen nicht mehr zu hören ist.

»Hast du das Buch eigentlich je zu Ende gelesen?«

Ich nicke. »Klar, solltest du auch.«

Er dreht den Kopf, starrt das Buch an. »Ich bin kein großer Leser, das weißt du doch«, sagt er leise, kratzt sich am Kinn. »Wie geht es denn aus?«

Ein Lächeln huscht über meine Lippen. »Genau so.«

Irritiert sieht er auf. »Wie meinst du das?«

»Die beiden Ermittler holen ihn ab und bringen ihn zu

seiner Frau«, antworte ich. »So wie wir das gerade gemacht haben.«

»Was für ein Zufall«, sagt Mats, ehrlich erstaunt, mustert das Buch mit hochgezogenen Augenbrauen. »Und dann?«

Genervt drehe ich den Zündschlüssel, lege den Rückwärtsgang ein. »Lies es doch selbst!«

»Jetzt sag schon! Was passiert dann?«

Ich blicke über die Schulter, will zurücksetzen, zögere, nehme den Fuß wieder vom Gas. Einen Moment lang überlege ich, ob wir Klingberg vielleicht doch nachgehen sollten. Dann verwerfe ich den Gedanken wieder, starre blind aus der Heckscheibe. »Er …«, setze ich an, doch mir versagt die Stimme. Die Straße verschwimmt.

Mats wendet den Blick ab, sieht erneut zum Eingangstor. Ein letzter Regentropfen klatscht gegen die Scheibe, dann sind die Wolken leer, und der aschfarbene Himmel lichtet sich über dem Friedhof.

»Er geht an ihr Grab«, sage ich schließlich, atme tief durch. »Er geht an ihr Grab, kniet nieder und bricht in Tränen aus. Der letzte Satz des Buches lautet:

›Jetzt ist alles gut, mein Entchen, jetzt ist alles gut.‹«

Danksagung

Ich habe dieses Buch alleine geschrieben, aber es ist nicht allein durch mich entstanden. Viele Menschen haben in vielerlei Hinsicht daran mitgewirkt – zu viele, um jeden Einzelnen zu nennen. Einige davon möchte ich dennoch hervorheben.

Allen voran danke ich den Mitarbeiter:innen der Polizei Schleswig-Holstein und der Polizei Hamburg, die sich dazu bereiterklärt haben, mir einen kleinen Einblick in den Arbeitsalltag von Polizist:innen zu gewähren. Ohne diese Erfahrungen würde sich das Buch an vielen Stellen weitaus weniger authentisch anfühlen. Außerdem möchte ich mich bei Dr. Herwig Brandtner für die rechtsmedizinische Beratung bedanken. Im Biologieunterricht habe ich leider zu oft geschlafen – danke fürs Aushelfen.

Ein großer Dank gilt auch dem Team bei dtv, insbesondere meiner Lektorin Hannelore Hartmann, der Programmleiterin Allgemeine Belletristik Bianca Dombrowa und Nadine Jendrusch sowie meiner Literaturagentin Caterina Schäfer. Euer Glaube und eure Unterstützung haben aus einem Manuskript dieses Buch werden lassen.

Danken möchte ich auch allen Probeleser:innen, deren wichtiges Feedback das Skript an einigen Stellen entscheidend verbessern konnte. Schwarmintelligenz ist einfach besser als zwei Augen und ein Hirn.

Und zu guter Letzt das größte Dankeschön. Es gibt, wie gesagt, viele Menschen, die an einem Buch mitwirken, die es begleiten, optimieren, pflegen und hegen. Doch in diesem Fall hat eine Person weitaus mehr beigetragen. Es gab eine Zeit, da sah ich keinen Weg für AUSWEGLOS, das Skript lag bereits im digitalen Mülleimer. Aber du hast es wieder herausgeholt. Du hast mich aufgepäppelt, mir Mut gemacht, bist mir monatelang zur Seite gestanden und hast mir den Rücken freigehalten. Ohne dich gäbe es dieses Buch nicht. Danke, Anna. Für alles.